KB175914

임동석중국사상100

열녀전

列女傳

劉向 撰 / 林東錫 譯註

"상아, 물소 뿔, 진주, 옥. 진귀한 이런 물건들은 사람의 이목은 즐겁게 하지만 쓰임에는 적절하지 않다. 그런가 하면 금석이나 초목, 실, 삼베, 오곡, 육재는 쓰임에는 적절하나 이를 사용하면 닳아지고 취하면 고갈된다. 그렇다면 사람의 이목을 즐겁게 하면서 이를 사용하기에도 적절하며, 써도 닳지 아니하고 취하여도 고갈되지 않고, 똑똑한 자나 불초한 자라도 그를 통해 얻는 바가 각기 그 자신의 재능에 따라주고, 어진 사람이나 지혜로운 사람이나 그를 통해 보는 바가 각기 그 자신의 분수에 따라주되 무엇이든지 구하여 얻지 못할 것이 없는 것은 오직 책뿐이로다!"

《소동파전집》(34) 〈이씨산방장서기〉에서 구당(丘堂) 여원구(呂元九) 선생의 글씨

책 머리에

중국인이면 누구나 "하늘 반은 여자가 이고 있다婦女能頂半邊天"라는 말을 알고 있다. 아무리 고대 남존여비의 사상이 세상을 지배했다 해도 결국 여성의 역할과 존재에 대한 긍정적인 가치는 무시할 수 없었다. 여자는 어머니이며 누이이며 할머니이며, 고모, 이모이고 딸이며 아내이다. 그 어디에 함께 하지 않는 곳이 있겠는가? 그리고 어머니로부터 영향을 받지 않은 위인은 세상이 있을 수 없으며 아내의 정신적 도움 없이 성공한 지도자는 없었다. 지금 나로서도 이만큼 세상을 바로 보고 살 수 있게 된 것이 바로 어머니로부터의 훈도와 영향이 아닌 것이 없음을 깨닫게 된다. 이에 누구나 그렇듯이 어머니를 생각하면 훌륭한 전을 하나 써서 세상에 알릴 수 있었으면 하고 소박한 바람을 가슴에 품고 산다.

더구나 역사의 흐름 속에 여인이 작용하지 않은 변화는 있을 수 없었으며 여인의 존재 없이 이루어진 공이나 업적이란 세상 어디에도 없었다. 남녀란 역할과 위치가 다를 뿐 능력이나 생각, 가치나 존재가 다르거나 경중의 차이란 있을 수 없다.

여기에 실린 124전傳의 여인들은 학술적인 연구에 중요한 자료의 가치를 넘어 나아가 지금의 우리에게도 많은 것을 생각하게 한다. 물론 현대적 입장에서 보면 문제점이 한두 가지가 아닐 것이다. 시대의 변화에 따른 여성관과 가치, 그리고 여성의 존재에 대한 모든 서술은 다를 수 있다. 그럼에도 고대 여성에 대한 기록으로 최초의 독립적 한 단위로 성립되는 과정에 과연 어떤 관점이 작용하였는가에 대한 문제와 그 뒤로 어떤 영향을 미쳤는가에 대한 문제는 지금도 중요한 잣대로 판단하기에 좋은 자료를 제공하고 있기 때문이다.

이 책은 여인의 역할과 임무를 예찬하기 위해 쓰인 것은 아니지만, 7가지 유형에 따른 여인들의 전기로서는 역대 여인전의 전범을 이루고 있다.

어머니로서의 의표를 세운 여인들, 똑똑하고 명석한 여인들, 어질고 지혜로운 여인들, 정숙하고 순종하는 여인들, 절개와 의리를 지킨 여인들, 말솜씨에 뛰어나며 어떤 일도 소통시킬 수 있는 능력을 가졌던 여인들 등 긍정적이고 아름다운 여인들을 6권으로 묶고, 다시 재앙을 불러오고 세상을 망친 여인들도 함께 실음으로 해서 당시 봉건사회 때의 여인에 대한 얽매인 관념을 벗어나지는 못했지만 그래도 이러한 전기를 기록으로 남기고자 한 것이 이미 하나의 출발이었던 것이다. 그 뒤로 과연 정사正史에도 정식으로 여인들에 대한 전기를 하나의 표제로 삼아 기록하게 되었으니 이를테면 정사 속의 〈열녀전〉은 《후한서後漢書》, 《진서晉書》, 《위서魏書》, 《북사北史》, 《수서隋書》, 《구당서舊唐書》, 《신당서新唐書》, 《송사宋史》, 《요사遼史》, 《금사金史》, 《명사明史》 등에 두루 올라 있다.

물론 동등한 생명과 존재 자체로서의 가치를 지닌 여인들을 어떤 유형으로 나눈다는 자체가 모순일 수 있겠지만 먼 한나라 때 유향(劉向: B.C.77~B.C.6)이라는 학자가 당시 궁중과 사회 현상에 새로운 가치를 부여하고 사회 기풍을 바로잡고자 풍간諷諫의 목적으로 쓴 것임에도 지금 우리에게 시사하는 바는 역시 크다고 하겠다.

이미 우리나라에도 2001년 5월 12일에는 "동아시아 여성의 유형"이라는 대회 명칭아래 '《열녀전列女傳》'에 대한 여성학적 탐구'라는 부제로 학술회의까지 열렸던 적이 있었다.(중어중문학회, 한국여성연구원, 여성신학연구소 공동주최 -이화여대)

그리고 《열녀전》 책 역시 이미 두세 종이 출간되었다. 그러나 대체로 제8권 《속열녀전續列女傳》은 번역이나 주석을 하지 않고 있다. 물론 이는 유향 자신이 편찬한 것이 아니라 뒷사람이 보충하여 속전續傳으로 실은 것이기에 본전

위주로 출간하였기 때문이리라 본다. 그러나 역자는 이번 역주에는 이들까지 모두 역주하여 연구자의 도움이 될 수 있도록 하였다. 중국 판본에도 항상 이들을 함께 묶어 소개하며 다루고 있어, 모두 빠짐없이 정리하는 것이 합리적이라 여겼다. 그리고 '참고 및 관련자료' 난을 설정하여 관련된 기록들을 한 곳에 모아 둠으로써 같은 기록의 상이점을 변별하거나, 역주의 정확한 근거를 제공할 수 있도록 최선을 다하였다.

이를 통해 역사 속의 여인들을 다시 한 번 되짚어 볼 수 있는 기회가 될 것으로 믿으며, 아울러 오늘날 우리에게 던져주는 여러 가지 문제를 해결할 수 있는 자료로 제공한다는 의미에서, 천둔淺鈍하나마 역주를 마쳐 이에 문세하게 되었다. 많은 이들의 질정과 편달을 바란다.

줄포 임동석 부곽재에서 적음.

일러두기

1. 이 책은 사부비요본四部備要本《열녀전교주列女傳校注》(淸, 梁端 校注, 中華 書局 印本, 1978, 臺灣)과 사고전서본四庫全書本《고열녀전古列女傳·속고열녀전 續古列女傳》(文淵閣本 史部七, 傳記類三 總錄之屬), 그리고 사부총간본四部叢刊本 《고열녀전古列女傳》(상해서점 인본, 1989)을 저본으로 하여 완역상주完譯詳注한 것이다.
2. 현대 주역본注譯本은《신역열녀전新譯列女傳》(黃淸泉 注譯, 三民書局, 1996. 臺北), 《열녀전금주금역列女傳今註今譯》(張敬 註譯, 臺灣商務印書館, 1994. 臺北)이 있으 며 아주 훌륭한 자료로 참고하였다.
3. 분장分章은 본문 총 8권 124장은 원본대로 한 것이며, 특히《속열녀전》도 함께 이어 제목에 따라 순서대로 일련번호를 부여하고, 다시 괄호 안에 권장의 번호를 넣어 찾기 쉽도록 하였다.
4. 주는 인명·지명·사건명·연대 등과 역문의 부가 설명, 추가 내용 등을 위주로 하였으며 장이 바뀌는 곳에 반복하여 실은 것도 있다.
5. 매 편 말미에 '참고 및 관련 자료' 난을 만들어 본문의 내용이 전재된 모든 다른 책에서의 기록을 모아 대조와 연구에 편리하도록 하였다.
6. 책 뒤에《열녀전》관련 서발 등의 관련 기록을 원문으로 실어 본서의 연구에 도움이 되도록 하였다.
7.《열녀전列女傳》도화圖畵는〈사부총간본四部叢刊本〉의 그림을 활용한 것이다.
8. 원의原義의 충실을 기하기 위해 직역으로 하였다. 문장이 순통하지 못하거나 오류가 발견되면 질정叱正과 편달鞭撻을 내려주기 바란다.
9. 본《열녀전列女傳》완역完譯 상주詳注의 작업에 참고한 문헌은 대략 다음과 같다.

❈ 참고문헌

1. 《列女傳》陸費逵(總勘) 高時顯·吳汝霖(輯校) 〈四部備要〉本 史部. 上海中華書局이 汪氏振綺堂補刊本校刊本을 영인한 것. 1978. 臺灣中華書局 臺北.

2. 《古列女傳·續列女傳》漢, 劉向(撰) 〈四庫全書〉本 史部 傳記類 總錄之屬

3. 《古列女傳》漢, 劉向(撰) 〈四部叢刊〉本 涵芬樓本을 영인한 것. 上海書店, 1989. 上海.

4. 《新譯列女傳》黃淸泉(注譯), 三民書局, 1996. 臺灣 臺北.

5. 《列女傳今註今譯》張敬(註譯), 臺灣商務印書館, 1994. 臺灣 臺北.

6. 《列女傳》張迅齊(編譯), 常春樹書坊, 1977. 臺灣 臺北.

7. 《列女傳》이숙인(옮김), 예문서원, 1996. 서울.

8. 《列女傳》朴良淑(編譯), 자유문고, 1994. 서울.

9. 《太平御覽》《藝文類聚》《文選》《史記》《漢書》《後漢書》《說苑》《新序》《韓詩外傳》《西京雜記》《晏子春秋》《國語》《淮南子》《孔子家語》《左傳》《周易》《詩經》《四書》《二十五史》《十三經》

기타 공구서 기재 생략.

해 제

1. 《열녀전列女傳》

'열녀列女'는 '많은 여인들'이라는 뜻이며 이에 따라 역대 여인들의 이야기를 전으로 쓴 전기체라는 표제를 책 제목으로 삼은 것이다. 이 책은 한나라 유향劉向이 편찬한 것으로 일명 《고열녀전古列女傳》이라고도 한다.

《한서漢書》 예문지藝文志 유가류儒家類에 유향의 〈서序〉 67편이 저록되어 있으며 그 주에 "《신서》, 《설원》, 《열녀전송도》 등이다"(新序, 說苑, 列女傳頌圖也)라 하였다.

그리고 《직재서록해제直齋書錄解題》에는 《열녀전》 9권이라 하였고, 《문헌통고文獻通考》에는 《고열녀전》 8권, 《속열녀전》 1권이라 하였다. 그리고 《수서隋書》 경적지經籍志에는 14권이라 하였고, 《숭문총목崇文總目》에는 15편이라 하였다.

그러나 원래 7편이었으며 따로 송의頌義와 그림圖이 1편이 있었으며 동한 반소班昭가 14편으로 정리하면서 진영陳嬰 이하 16전傳을 증보하였다.

증공曾鞏의 〈고열녀전서古列女傳序〉에 "이 책은 모의편 등으로 이루어져 있으며 각기 그 의를 찬송하였으며 그 상황을 그림으로 그려 그 전의 마무리를 짓고 있다. 전은 사마천의 사기와 같으며 송은 시경이 사언과 같고, 그림은 병풍으로 그렸다"(此書有母儀等篇, 而各頌其義, 圖其狀, 總其卒篇. 傳如太史公記, 頌如詩之四言, 而圖爲屛風云)라고 하였다.

그러면서 증공은 《고열녀전》은 반소의 작이라 여겼으나 증거가 없어 인정을 받지 못하고 있다.

7편은 모의母儀, 현명賢明, 인지仁智, 정순貞順, 절의節義, 변통辯通, 얼폐孽嬖이며 이 유형에 따라 각 1권씩으로 하고, 각 권마다 15명(1권만은 14인)으로 총 104전이다. 그리고 각 전의 끝에 4언8구 정도의 송을 넣어 마무리하고 있다.

유향 원전 이후 다시 20전을 넣어 송문이 없는 것을 따로 《속열녀전續列女傳》이라 하며 이는 누가 증보하여 속집으로 한 것인지는 밝혀지지 않았다. 그리하여 이 두 전을 합하면 모두 124전이 되는 셈이다.

유향은 바로 성제(成帝: 서한 8대 황제) 유오(劉驁. B.C.32~B.C.7년 재위)의 후궁과 외척의 일을 보고 통치자들, 그리고 주위의 여인들과 일반 여인들에게 계감誡鑑을 삼고자 이 책을 지었다고 하였다. 즉 성제 때 "조씨가 안에서 음란한 짓을 하고 외척이 조정을 휘두를 때"(趙氏亂內, 外戚擅朝) 이를 경계하고자 고금 여인들의 각종 언행과 행태를 유형별로 나누어 전으로 찬집한 것이다. 여기서 조씨란 성양후成陽侯의 딸 조비연趙飛燕과 합덕合德 자매가 성제의 총애를 믿고 온갖 음란한 행위를 다하며, 성제 태후 왕씨 형제(王鳳 등)들이 정권을 휘어잡아 조정을 좌지우지하는 시기였다. 이리하여 나라의 기강이나 도덕은 땅에 떨어졌으며, 민심이 극도로 혼란에 빠지게 되어 서한은 기울어 가는 형세를 맞이하게 된 것이다.

특히 조비연은 미천한 신분에 첩여婕妤로 들어가 황후의 지위에까지 올랐지만 자식을 낳지 못하자, 자식을 낳은 궁인은 모조리 죽이는 등 잔인하고 포악한 짓을 일삼았으며, 아울러 궁중에서 온갖 음란한 짓을 공공연하게 저지르고 있었다. 이로 인해 성제는 후사가 없이 제위를 마치게 된 것이다. 이 때문에 역대 이래 여인들의 행적을 모아 7가지 유형별로 이를 정리하여 풍간諷諫의 소임을 다하고자 한 것이다.

이 책은 원래 반소班昭, 기무수綦毋邃, 우정절虞貞節 등의 주가 있었으나 지금은 사라지고 뒤에 청대 왕조원王照圓, 양단소梁端蕭, 도관道管 등의 주가 있었으며 지금은 주로 진한장陳漢章의 《열녀전교보列女傳校補》가 널리 통행되고 있다.

증공의 〈열녀전서록列女傳序錄〉에는 "조대고(曹大家, '조대고'로 읽음)가 주를 달았으며 그 7편을 정리하여 14편으로 하였다. 송의와 더불어 15편이 된 것이며 거기에 진영 어머니의 고사 및 동한 이래 일을 더하여 16개 고사를 넣었다. 이는 유향 본래의 책이 아니다"(曹大家所註, 離(釐)其七篇爲十四與頌義, 凡十五篇, 而益以陳嬰母及東漢以來凡十六事, 非向本書然也)라 하였다.

그리고 전증錢曾의 《독서민구기讀書敏求記》에는 "이 책은 유우이비有虞二妃로 시작하여 조도후趙悼后까지를 《고열녀전》이라 하며 주교부인周郊婦人으로부터 동한 양예梁嬟까지 시기별로 차례를 삼은 것으로 《속열녀전》이라 한다. 송의頌義와 대서大序는 목록 앞에 실려 있으며 소서 7편은 목록 중간에 실려 있고 송의 각 사람의 전 다음에 실려 있다"(此本始於有虞二妃至趙悼后, 號古列女傳. 周郊婦人至東漢梁嬟等, 以時次之, 別爲一篇, 號續列女傳. 頌義·大序列於目錄前, 小序七篇見目錄中間, 頌見各人傳後)라 하여 그 체제와 형식을 설명하고 있다.

전문은 대략 《사기》의 기사와 같은 형식을 취하고 있으며, 결말은 《좌씨전左氏傳》의 형태를 띠어 매번 "군자위君子謂"라는 말을 넣어 평어를 곁들였으며 《시경》의 2구절을 인용하여 마무리 겸 찬양이나 풍자의 뜻으로 사용하고 있다. 그러나 《시경》 구절의 인용은 대체로 단장취의斷章取義한 면이 없지 않으며 이 때문에 원의와 맞지 않은 것도 있다. 체례는 이처럼 혹 《한시외전韓詩外傳》이나 《설원說苑》, 《신서新序》 등과 유사하여 유향 특유의 체제 형식을 창조한 것으로 보고 있다.

이에 《열녀전》(《고열녀전》 포함) 전체를 수록된 인물을 살펴보면 다음과 같다.

1권 모의편母儀篇: 어머니로서 의표儀表를 보인 여인들의 전기
① 순의 두 비 아황과 여영
② 후직의 어머니 강원
③ 설의 어머니 간적

④ 하우의 아내 도산씨
⑤ 탕의 아내 유신
⑥ 주실삼모 태강, 태임, 태사
⑦ 위 정공 아내 정강
⑧ 위 장공의 부인 장강
⑨ 공보목백의 아내 경강
⑩ 초나라 자발의 어머니
⑪ 맹자의 어머니
⑫ 노나라 아홉 아들의 어머니
⑬ 망묘의 후처
⑭ 제나라 전직자의 어머니

2권 현명편賢明篇: 똑똑하고 명석한 여인들의 전기
① 주 선왕의 아내 선강
② 제환공의 부인 위희
③ 진문공의 부인 제강
④ 진목공의 부인 목희
⑤ 초장왕의 부인 번희
⑥ 주남 대부의 아내
⑦ 송나라 포소의 처 여종
⑧ 진 조최의 처
⑨ 도 대부 답자의 처
⑩ 유하혜의 처
⑪ 검루의 처

⑦ 한나라 어사대부 장탕의 어머니

⑧ 한나라 준불의의 어머니

⑨ 한나라 승상 양창의 처

⑩ 한나라 곽광의 아내 곽현

⑪ 한나라 엄연년의 어머니

⑫ 한나라 풍소의

⑬ 한나라 왕장의 처

⑭ 한나라 반첩여

⑮ 한나라 조비연

⑯ 왕망의 딸 효평왕후

⑰ 갱시제의 아내 갱시부인

⑱ 양홍의 아내

⑲ 명제의 부인 명덕마후

⑳ 양소의 딸 양예

이상에서 보듯이 《속열녀전》에는 모두 20인이 들어 있으며 그 유형에 대해서는 각 전마다 앞에 이를 명기하되 그 소속을 보면 다음과 같다.

(1) 〈모의편〉 2인(준불의모, 명덕마후)

(2) 〈현명편〉에 3인(진영지모, 한양부인, 양홍지처)

(3) 〈인지편〉에 4인(주교부인, 장탕지모, 엄연년모, 왕장처녀)

(4) 〈정순편〉에 1인(효평왕후)

(5) 〈절의편〉에 4인(섭정지자, 왕손씨모, 왕릉지모, 한풍소의)

(6) 〈변통편〉 3인(진국변녀, 반녀첩여, 양부인예)

(7) 〈얼폐편〉에 3인(곽부인현, 한조비연, 경시부인)

그 중 성제成帝와 동시대 인물로는 왕장처녀와 반첩여, 조비연 등 3전이 있으며, 성제 이후로는 효평왕후, 갱시부인, 양홍처, 명덕마후, 양부인에 등 5명이다. 그 외 12명은 모두 성제 이전 여인들이다.

다음으로 《열녀전》의 판본과 교주校注 문제이다.

수서 경적지에 열녀전은 "여러 차례 전사傳寫를 거듭한 것으로 송대 이미 옛 면모는 사라지고 말았다"라고 하였다. 그리고 전증錢曾의 《독서민구기》에는 열녀전 각 편은 모두 그림이 있으며, 각 권 앞의 표제는 진晉나라 때 고개지顧愷之가 그린 것이라 하였다.

이에 지금은 고증할 수 있는 판본은 다음과 같다.

(가) 그림이 있는 판본

1) 남송南宋 건안여씨建安余氏 각본刻本: 하의문何義門이 말한 만권당본萬卷堂本이다.

2) 장사長沙 엽씨葉氏 관고당觀古堂 소장의 명각본明刻本: 그림은 명대明代 그린 것이며, 상해上海 함분루涵芬樓에서 축인縮印하였고 지금 상무인서관의 사부총간본四部叢刊本이다.

3) 청대 완복阮福이 송본宋本을 모각한 것으로 고개지顧愷之의 그림을 축소하여 실었다. 지금의 상무인서관 〈총서집성본叢書集成本〉이다.

4) 명대 신안新安 왕씨王氏의 《증집열녀전曾輯列女傳》 16권으로 구영仇英이 그림을 그렸으며 〈지부족재知不足齋〉 장본이다.

(나) 주석이 있는 판본

1) 고대 조대고曹大家, 기무수綦毋邃, 우정절虞貞節 등의 주가 있었다 하나

지금은 모두 실전되었으며 청대淸代 이르러 활발한 주석 작업이 이루어졌다.

　2) 양단梁端, 無非의 《열녀전교주列女傳校注》: 고지규顧之逵가 송본宋本을 근거로 한 〈중간본重刊本〉에 주석 작업을 가한 것으로 《사기史記》, 《전한서前漢書》, 《후한서後漢書》, 《좌전左傳》, 《국어國語》, 《상서尙書》, 《삼가시三家詩》, 《초사楚辭》, 《예기禮記》, 《대대례기大戴禮記》, 《태평어람太平御覽》, 《예문유취藝文類聚》, 《문선文選》 등과 각종 제자서諸子書, 그리고 청대 교감학校勘學을 동원하여 비교적 상세히 주석을 달았다.

　3) 왕조원王照圓의 《열녀전보주列女傳補注》: 왕조원은 학의행郝懿行의 처실로 남편의 《이아의소爾雅義疏》에 영향을 받아 세밀하게 주석하였고 과거의 오류를 바로잡았다. 단 이상 두 판본은 주석만 있고 그림은 싣지 않고 있다.

　4) 그 외에도 손이양孫詒讓의 〈찰기고정류사札記考訂六事〉에 실린 서안瑞安 손씨孫氏 간본이 있으며, 고광기顧廣圻의 《열녀전고증列女傳考證》(顧氏小牘書堆本) 등이 있다.

2. 유향劉向

유향은 서한 때의 경학가·문학가·목록학자로 널리 알려져 있으며 생몰 연대는 대체로 B.C.77년부터 B.C.6년, 즉 서한 소제(昭帝, 劉弗陵, B.C.86~74 재위) 원봉元鳳 4년에 태어나, 선제(宣帝; 劉詢, B.C.73~49 재위), 원제(元帝; 劉奭, B.C.48~33 재위), 성제(成帝; 劉驁, B.C.32~7 재위)를 거쳐 애제(哀帝; 劉欣, B.C.6~1 재위) 원년에 72세로 생을 마친 인물이다.

정치적으로 그의 말년에는 외척 왕씨가 집권하여 왕권의 쇠락과 혼란을 거듭한 끝에, 그의 사후 13년만에는 결국 서한 왕조가 무너지고 왕망의 찬탈로 '신'이 들어서는 시기이기도 하다.

유향의 본명은 경생更生이며 자는 자정子政이었으나, 성제 즉위 초년에 이름을 향向으로 바꾸었으며 이 이름이 지금도 널리 알려져 있다.

그는 한 왕조의 시조인 고조 유방劉邦의 이복동생 초원왕楚元王, 劉交의 4세손인 황족으로서 유덕劉德의 아들이다. 특히 유향의 아들들도 모두 학문에 뜻을 두어 맏이인 유급劉伋은 《역易》으로써 교수가 되어 군수郡守에까지 올랐고, 둘째 유사劉賜는 구경승九卿丞을 지냈으며, 막내아들 유흠劉歆은 아버지의 학문을 그대로 이어받아 중국 학술사에 빛나는 《칠략》을 지어 목록학의 한 장을 성취한 것으로도 유명하다.

유향은 선제 때부터 성제에 이르기까지 연랑輦郎·간대부諫大夫·낭중郎中· 급사황문給事黃門·산기간의대부散騎諫議大夫·산기중정급사중散騎中正給事中· 중랑中郎·광록대부光祿大夫·중루교위中壘校尉 등을 지냈으며 한때 임금의 노여움을 사서 여러 차례 하옥되기도 하였다.

그는 《춘추곡량전春秋穀梁傳》·《춘추좌씨전春秋左氏傳》 등에 밝아 선제 때 에는 '명유준재名儒俊材'로 선발되어 〈부송賦頌〉 수십 편을 바치기도 하였으며,

석거각회의石渠閣會議에 참여하여 오경이동五經同異에 대한 강론을 펼치기도 하였다.

　원제 때에는 음양재이陰陽災異에 대한 문제와, 외척 환관의 탄핵 문제에 연루되어 하옥되었다. 성제 때 다시 비부秘府의 책을 교정하여 유명한 《별록別錄》을 지어 목록학의 개조開祖가 되었으며, 고래의 길흉화복에 대한 징험徵驗을 모아 《홍범오행전론洪範五行傳論》을 썼다. 그리고 《시》・《서》 속의 현비賢妃・정부貞婦와 흥국현가興國顯家의 부녀들 이야기를 모아 《열녀전》을 완성하기도 하였다. 그리고 유별로 교훈적인 이야기와 문장을 모아 찬집한 《신서》와 《설원》은 오늘날까지 유가의 전범과 방증 자료로 널리 이용되고 있다. 특히 《홍범오행전론》은 당시의 정치 혼란을 재이와 부서符瑞・점험占驗에 맞추어 이론화한 것으로, 뒷날 점법占法에 지대한 영향을 미친 저술이기도 하다.

　그의 대표 저술 중 《설원》은 군도君道・신술臣術로 시작하여 수문修文・반질反質에 이르기까지 오늘날 20권으로 되어 있으며, 당시까지의 교훈적 일화와 명문을 모아 유가의 정치이론과 가치관을 그대로 반영한 대작이다. 그에 비하여 《신서》는 《춘추》의 근본사상을 바탕으로 상고부터 한대에 이르기까지 가언선행嘉言善行을 포양褒揚하여 태평지기太平之基, 만세지리萬世之利의 사회정의에 대한 관념을 정론화한 것으로 평가받고 있다.

　한편 《한서》 예문지에 그의 〈사부〉 33편의 목록이 있으나 지금은 몇몇 잔편단장殘篇斷章 외에는 모두 소실되었고, 다만 〈구탄九嘆〉이 《초사楚辭》 속에 들어 있을 뿐이다. 이는 유향이 경서를 전교典校할 때, 굴원屈原을 추념하기 위해 굴원에 의탁하여 쓴 것으로, 그 자신이 교집校輯하면서 《초사》 16편 속에 함께 실은 것이다. 이 《초사》는 동한東漢에 이르러 왕일王逸이 주를 달아 《초사장구》라는 책으로 정리되어, 현존 최고最古의 《초사》 전본으로 귀중한 자료가 되고 있다.

유향은 주소奏疏문장의 보존과 고서古書에 대한 교수校讐에도 심혈을 기울여 그에 대한 회록을 남겼는데 특히 〈간영창릉소諫營昌陵疏〉와 《전국책회록戰國策廻錄》이 유명하다.

한편 그의 산문은 간약창달簡約暢達하고 종용서완從容舒緩하여 당송唐宋 고문가에게 큰 영향을 끼치기도 하였다. 그 외에도 학술적으로는 고적을 전교하여 이룩한 《별록》은 그의 아들 유흠이 이를 바탕으로 《칠략》으로 완성, 중국 목록학의 선하先河를 개도開導한 것으로 오늘날까지 학술사의 중요한 일문을 차지하고 있다. 이의 대략은 반고班固의 《한서》 예문지로써 알 수 있으며, 원서는 이미 사라졌다. 청대에 이르러 홍이훤洪頤煊, 마국한馬國翰, 요진종姚振宗이 집일한 것이 있어 그 대강을 엿볼 수 있다. 그 외에 《열선전》(이는 송대 陳振孫의 僞作으로 보기도 한다)과 《전국책》 33권 등도 널리 알려져 있다.

그의 문집은 《수서》 경적지에 《유향집》 6권의 목록이 보이나 지금은 없어졌고, 명대 장부(張溥; 1602~1641)가 집일한 《유저정집劉子政集》이 《한위육조백삼가집漢魏六朝百三家集》에 수록되어 있다.

유향의 전기는 《한서》 권36 초원왕전楚元王傳에 유교劉交·유향劉向·유흠劉歆이 함께 실려 있다. 그중 〈유향전〉을 전재하여 참고로 삼는다.

向字子政, 本名更生. 年十二, 以父德任爲輦郎. 旣冠, 以行修飭擢爲諫大夫. 是時, 宣帝循武帝故事, 招選名儒俊材置左右. 更生以通達能屬文辭, 與王褒·張子僑等並進對, 獻賦頌凡數十篇. 上復興神僊方術之事, 而淮南有枕中鴻寶苑祕書. 書言神僊使鬼物爲金之術, 及鄒衍重道延命方, 世人莫見, 而更生父德武帝時治淮南獄得其書. 更生幼而讀誦, 以爲奇, 獻之, 言黃金可成. 上令典尙方鑄作事, 費甚多, 方不驗. 上乃下更生吏, 吏劾更生鑄僞黃金, 繫當死. 更生兄陽城侯安民上書, 入國戶半, 贖更生罪. 上亦奇其材, 得踰冬減死論. 會初立穀梁春秋, 徵更生受穀梁, 講論五經於石渠. 復拜爲郎中給事黃門, 遷散騎諫大夫給事中.

元帝初卽位, 太傅蕭望之爲前將軍, 少傅周堪爲諸吏光祿大夫, 皆領尙書事, 甚見尊任. 更生年少於望之・堪, 然二人重之, 薦更生宗室忠直, 明經有行, 擢爲散騎宗正給事中, 與侍中金敞拾遺於左右. 四人同心輔政, 患苦外戚許・史在位放縱, 而中書宦官弘恭・石顯弄權. 望之・堪・更生議, 欲白罷退之. 未白而語泄, 遂爲許・史及恭・顯所譖愬, 堪・更生下獄, 及望之皆免官. 語在望之傳. 其春地震, 夏, 客星見昴・卷舌間. 上感悟, 下詔賜望之爵關內侯, 奉朝請. 秋, 徵堪・向, 欲以爲諫大夫, 恭・顯白皆爲中郎. 冬, 地復震. 時恭・顯・許・史子弟侍中諸曹, 皆側目於望之等, 更生懼焉, 乃使其外親上變事, 言:

竊聞故前將軍蕭望之等, 皆忠正無私, 欲致大治, 忤於貴戚尙書. 今道路人聞望之等復進, 以爲且復見毁讒, 必曰嘗有過之臣不宜復用, 是大不然. 臣聞春秋地震, 爲在位執政太盛也, 不爲三獨夫動, 亦已明矣. 且往者高皇帝時, 季布有罪, 至於夷滅, 後赦以爲將軍, 高后・孝文之間卒爲名臣. 孝武帝時, 兒寬有重罪繫. 按道侯韓說諫曰:「前吾丘壽王死, 陛下至今恨之; 今殺寬, 後將復大恨矣!」上感其言, 遂貰寬, 復用之, 位至御史大夫, 御史大夫未有及寬者也. 又董仲舒坐私爲災異書, 主父偃取奏之, 下吏, 罪至不道, 幸蒙不誅, 復爲太中大夫, 膠西相, 以老病免歸. 漢有所欲興, 常有詔問. 仲舒爲世儒宗, 定議有益天下. 孝宣皇帝時, 夏侯勝坐誹謗繫獄, 三年免爲庶人. 宣帝復用勝, 至長信少府, 太子太傅, 名敢直言, 天下美之. 若乃羣臣, 多此比類, 難一二記. 有過之臣, 無負國家, 有益天下, 此四臣者, 足以觀矣.

前弘恭奏望之等獄決, 三月, 地大震. 恭移病出, 後復視事, 天陰雨雪. 由是言之, 地動殆爲恭等.

臣愚以爲宜退恭・顯以章蔽善之罰, 進望之等以通賢者之路. 如此, 太平之門開, 災異之原塞矣.

書奏, 恭·顯疑其更生所爲, 白請考姦詐. 辭果服, 遂逮更生繫獄, 下太傅韋玄成·諫大夫貢禹, 與廷尉雜考. 劾更生前爲九卿, 坐與望之·堪謀排車騎將軍高·許·史氏侍中者, 毀離親戚, 欲退去之, 而獨專權. 爲臣不忠, 幸不伏誅, 復蒙恩徵用, 不悔前過, 而敎令人言變事, 誣罔不道. 更生坐免爲庶人. 而望之亦坐使子上書自寃前事, 恭·顯白令詣獄置對. 望之自殺. 天子甚悼恨之, 乃擢周堪爲光祿勳, 堪弟子張猛光祿大夫給事中, 大見信任. 恭·顯憚之, 數譖毀焉. 更生見堪·猛在位, 幾已得復進, 懼其傾危, 乃上封事諫曰:

「臣前幸得以骨肉備九卿, 奉法不謹, 乃復蒙恩. 竊見災異並起, 天地失常, 徵表爲國. 欲終不言, 念忠臣雖在畎畝, 猶不忘君, 惓惓之義也. 況重以骨肉之親, 又加以舊恩未報乎! 欲竭愚誠, 又恐越職, 然惟二恩未報, 忠臣之義, 一杼愚意, 退就農畝, 死無所恨.

臣聞舜命九官, 濟濟相讓, 和之至也. 衆賢和於朝, 則萬物和於野. 故簫韶九成, 而鳳皇來儀; 擊石拊石, 百獸率舞. 四海之內, 靡不和寧. 及至周文, 開基西郊, 雜遝衆賢, 罔不肅和, 崇推讓之風, 以銷分爭之訟. 文王旣沒, 周公思慕, 歌詠文王之德, 其詩曰: 『於穆淸廟, 肅雍顯相; 濟濟多士, 秉文之德.』當此之時, 武王·周公繼政, 朝臣和於內, 萬國驩於外, 故盡得其驩心, 以事其先祖. 其詩曰: 『有來雍雍, 至止肅肅, 相維辟公, 天子穆穆.』言四方皆以和來也. 諸侯和於下, 天應報於上, 故周頌曰『降福穰穰』, 又曰『飴我釐麰』. 釐麰, 麥也, 始自天降. 此皆以和致和, 獲天助也.

下至幽·厲之際, 朝廷不和, 轉相非怨, 詩人疾而憂之曰: 『民之無良, 相怨一方.』衆小在位而從邪議, 歙歙相是而背君子, 故其詩曰: 『歙歙訿訿, 亦孔之哀! 謀之其臧, 則具是違; 謀之不臧, 則具是依!』君子獨處守正, 不橈衆枉, 勉彊以從王事則反見憎毒讒愬, 故其詩曰: 『密勿從事, 不敢告勞, 無罪無辜,讒口嗸嗸!』當是之時, 日月薄蝕而無光, 其詩曰:『朔日辛卯, 日有蝕之, 亦孔之醜!』又曰:『彼月而微, 此日而微, 今此下民, 亦孔之哀!』又曰:『日月鞠凶, 不用其行; 四國無政, 不用其良!』天變見於上, 地變動於下, 水泉沸騰, 山谷易處. 其詩曰:『百川沸騰, 山冢崒崩, 高岸爲谷, 深谷爲陵. 哀今之人, 胡憯莫懲!』霜降失節, 不以其時, 其詩曰:『正月繁霜, 我心憂傷; 民之訛言, 亦孔之將!』言民以是爲非, 甚衆大也. 此皆不和, 賢不肖易位之所致也.

自此之後, 天下大亂, 篡殺殃禍並作, 厲王奔彘, 幽王見殺. 至乎平王末年, 魯隱之始卽位也, 周大夫祭伯乖離不和, 出奔於魯, 而春秋爲諱, 不言來奔, 傷其禍殃自此始也. 是後尹氏世卿而惠恣, 諸侯背畔而不朝, 周室卑微. 二百四十二年之間, 日食三十六, 地震五, 山陵崩阤二, 彗星三見, 夜常星不見, 夜中星隕如雨一, 火災十四. 長狄入三國, 五石隕墜, 六鶂退飛, 多麋, 有蜚, 蜮, 鸜鵒來巢者, 皆一見. 晝冥晦. 雨木冰. 李梅冬實. 七月霜降, 草木不死. 八月殺菽. 大雨雹. 雨雪雷霆失序相乘. 水·旱·饑·蝝·螽·蝝蜂午並起. 當是時, 禍亂輒應. 弑君三十六, 亡國五十二, 諸侯奔走, 不得保其社稷者, 不可勝數也. 周室多禍: 晉敗其師於貿戎; 伐其郊; 鄭傷桓王; 戎執其使; 衛侯朔召不往, 齊逆命而助朔; 五大夫爭權, 三君更立, 莫能正理. 遂至陵夷不能復興.

由此觀之, 和氣致祥, 乖氣致異; 祥多者其國安, 異衆者其國危, 天地之常經, 古今之通義也. 今陛下開三代之業, 招文學之士, 優游寬容, 使得並進. 今賢不肖渾殽, 白黑不分, 邪正雜糅, 忠讒並進. 章交公車, 人滿北軍. 朝臣舛午, 膠戾乖刺, 更相讒愬, 轉相是非. 傳授增加, 文書紛糾, 前後錯繆, 毀譽渾亂. 所以營或耳目, 感移心意, 不可勝載. 分曹爲黨, 往往羣朋, 將同心以陷正臣. 正臣進者, 治之表也; 正臣陷者, 亂之機也. 乘治亂之機, 未知孰任, 而災異數見, 此臣所以寒心者也. 夫乘權藉勢之人, 子弟鱗集於朝, 羽翼陰附者衆, 輻湊於前, 毀譽將必用, 以終乖離之咎. 是以日月無光, 雪霜夏隕, 海水沸出, 陵谷易處, 列星失行, 皆怨氣之所致也. 夫遵衰周之軌迹, 循人之所刺, 而欲以成太平, 致雅頌, 猶卻行而求及前人也. 初元以來六年矣. 案春秋六年之中, 災異未有稠如今者也. 夫有春秋之異, 無孔子之救, 猶不能解紛, 況甚於春秋乎?

原其所以然者, 讒邪並進也. 讒邪之所以並進者, 由上多疑心, 旣已用賢人而行善政, 如或譖之, 則賢人退而善政還. 夫執狐疑之心者, 來讒賊之口; 持不斷之意者, 開羣枉之門. 讒邪進則衆賢退, 羣枉盛則正士消. 故易有否泰. 小人道長, 君子道消, 君子道消, 則政日亂, 故爲否. 否者, 閉而亂也. 君子道長, 小人道消, 小人道消, 則政日治, 故爲泰. 泰者, 通而治也. 詩又云『雨雪麃麃, 見晛聿消』, 與易同義. 昔者鯀·共工·驩兜與舜·禹雜處堯朝, 周公與管·蔡並居周位, 當是時, 迭進相毀, 流言相謗, 豈可勝道哉! 帝堯·成王能賢舜·禹·周公而消共工·管·蔡, 故以大治, 榮華至今. 孔子與季·孟偕仕於魯, 李斯與叔孫俱宦於秦, 定公·始皇賢季·孟·李斯而消孔子·叔孫, 故以大亂, 汚辱至今. 故治亂榮辱之端, 在所信任; 信任旣賢, 在於堅固而不移. 詩云『我心匪石, 不可轉也』. 言守善篤也. 易曰『渙汗其大號』, 言號令如汗, 汗出而不反者也. 今出善令, 未能踰時而反, 是反汗也; 用賢未能三旬而退, 是轉石也. 論語曰: 『見不善如探湯.』今二府奏佞諂不當在位, 歷年而不去. 故出令則如反汗, 用賢則如轉石, 去佞則如拔山, 如此望陰陽之調, 不亦難乎!

是以羣小窺見間隙, 緣飾文字, 巧言醜詆, 流言飛文, 譁於民間. 故詩云: 『憂心悄悄, 慍于羣小.』小人成羣, 誠足慍也. 昔孔子與顏淵·子貢更相稱譽, 不爲朋黨; 禹·稷與皐陶傳相汲引, 不爲比周. 何則? 忠於爲國, 無邪心也. 故賢人在上位, 則引其類而聚之於朝, 易曰『飛龍在天, 大人聚也』; 在下位, 則思與其類俱進, 易曰『拔茅茹以其彙, 征吉』. 在上則引其類, 在下則推其類, 故湯用伊尹, 不仁者遠, 而衆賢至, 類相致也. 今佞邪與賢臣並在交戟之內, 合黨共謀, 違善依惡, 歙歙訿訿, 數設危險之言, 欲以傾移主上. 如忽然用之, 此天地之所以先戒,災異之所以重至者也.

　自古明聖, 未有無誅而治者也, 故舜有四放之罰, 而孔子有兩觀之誅, 然後聖化可得而行也. 今以陛下明知, 誠深思天地之心, 迹察兩觀之誅, 覽否泰之卦, 觀雨雪之詩, 歷周・唐之所進以爲法, 原秦・魯之所消以爲戒, 考祥應之福, 省災異之禍, 以揆當世之變, 放遠佞邪之黨, 壞散險詖之聚, 杜閉羣枉之門, 廣開衆正之路, 決斷狐疑, 分別猶豫, 使是非炳然可知, 則百異消滅, 而衆祥並至, 太平之基, 萬世之利也.

　臣幸得託肺附, 誠見陰陽不調, 不敢不通所聞. 竊推春秋災異, 以(効)[救]今事一二, 條其所以, 不宜宣泄. 臣謹重封昧死上.」

　恭・顯見其書, 愈與許・史比而怨更生等. 堪性公方, 自見孤立, 遂直道而不曲. 是歲夏寒, 日青無光, 恭・顯及許・史皆言堪・猛用事之咎. 上內重堪, 又患衆口之寖潤, 無所取信. 時長安令楊興以材能幸, 常稱譽堪. 上欲以爲助, 乃見問興:「朝臣斷斷不可光祿勳, 何(也)[邪?]」興者傾巧士, 謂上疑堪, 因順指曰:「堪非獨不可於朝廷, 自州里亦不可也. 臣見衆人聞堪前與劉更生等謀毀骨肉, 以爲當誅, 故臣前言堪不可誅傷, 爲國養恩也.」上曰:「然此何罪而誅? 今宜奈何?」興曰:「臣愚以爲可賜爵關內侯, 食邑三百戶, 勿令典事. 明主不失師傅之恩, 此最策之得者也.」上於是疑. 會城門校尉諸葛豐亦言堪・猛短, 上因發怒免豐. 語在其傳. 又曰:「豐言堪・猛貞信不立, 朕閔而不治, 又惜其材能未有所効, 其左遷堪爲河東太守, 猛槐里令.

　顯等專權日甚. 後三歲餘, 孝宣廟闕災, 其晦, 日有蝕之. 於是上召諸前言日變在堪・猛者責問, 皆稽首謝. 乃因下詔曰:「河東太守堪, 先帝賢之, 命而傅朕. 資質淑茂, 道術通明, 論議正直, 秉心有常, 發憤悃愊, 信有憂國之心. 以不能阿尊事貴, 孤特寡助, 抑厭遂退, 卒不克明. 往者衆臣見異, 不務自修, 深惟其故, 而反晻昧說天, 託咎此人. 朕不得已, 出而試之, 以彰其材. 堪出之後, 大變仍臻,衆亦嘿然. 堪治未期年, 而三老官屬有識之士詠頌其美, 使者過郡, 靡人不稱. 此固足以彰先帝之知人, 而朕有以自明也. 俗人乃造端作基, 非議詆欺, 或引幽隱, 非所宜明, 意疑以類, 欲以陷之, 朕亦不取也. 朕迫于俗, 不得專心, 乃者天著大異, 朕甚懼焉. 今堪年衰歲暮, 恐不得自信, 排於異人, 將安究之哉? 其徵堪詣行在所.」拜爲光祿大夫, 秩中二千石, 領尙書事. 猛復爲太中大夫給事中. 顯幹尙書事, 尙書五人, 皆其黨也. 堪希得見, 常因顯白事, 事決顯口. 會堪疾瘖, 不能言而卒. 顯誣譖猛, 令自殺於公車. 更生傷之, 乃著疾讒・摘要・救危及世頌, 凡八篇, 依興古事, 悼己及同類也. 遂廢十餘年.

成帝卽位, 顯等伏辜, 更生乃復進用, 更名向. 向以故九卿召拜爲中郞, 使領護三輔都水. 數奏封事, 遷光祿大夫. 是時帝元舅陽平侯王鳳爲大將軍秉政, 倚太后, 專國權, 兄弟七人皆封爲列侯. 時數有大異, 向以爲外戚貴盛, 鳳兄弟用事之咎. 而上方精於詩書, 觀古文, 詔向領校中五經祕書. 向見尙書洪範, 箕子爲武王陳五行陰陽休咎之應. 向乃集合上古以來歷春秋六國至秦漢符瑞災異之記, 推迹行事, 連傳禍福, 著其占驗, 比類相從, 各有條目, 凡十一篇, 號曰洪範五行傳論, 奏之. 天子心知向忠精, 故爲鳳兄弟起此論也, 然終不能奪王氏權.

久之, 營起昌陵, 數年不成, 復還歸延陵, 制度泰奢. 向上疏諫曰:

「臣聞易曰:『安不忘危, 存不忘亡, 是以身安而國家可保也.』故賢聖之君, 博觀終始, 窮極事情, 而是非分明. 王者必通三統, 明天命所授者博, 非獨一姓也. 孔子論詩, 至於『殷士膚敏, 祼將于京』, 喟然歎曰:『大哉天命! 善不可不傳于子孫, 是以富貴無常; 不如是, 則王公其何以戒愼, 民萌何以勸勉?』蓋傷微子之事周, 而痛殷之亡也. 雖有堯舜之聖, 不能化丹朱之子; 雖有禹湯之德, 不能訓末孫之桀紂. 自古及今, 未有不亡之國也. 昔高皇帝旣滅秦, 將都雒陽, 感寤劉敬之言, 自以德不及周, 而賢於秦, 遂徙都關中, 依周之德, 因秦之阻. 世之長短, 以德爲效, 故常戰栗, 不敢諱亡. 孔子所謂『富貴無常』, 蓋謂此也.

孝文皇帝居霸陵, 北臨廁, 意悽愴悲懷, 顧謂羣臣曰: 『嗟乎! 以北山石爲槨, 用紵絮斮陳漆其間, 豈可動哉!』張釋之進曰: 『使其中有可欲, 雖錮南山猶有隙; 使其中無可欲, 雖無石槨, 又何慼焉?』夫死者無終極, 而國家有廢興, 故釋之之言, 爲無窮計也. 孝文寤焉, 遂薄葬, 不起山墳.

易曰: 『古之葬者, 厚衣之以薪, 臧之中野, 不封不樹. 後世聖人易之以棺槨.』棺槨之作, 自黃帝始. 黃帝葬於橋山, 堯葬濟陰, 丘壟皆小, 葬具甚微. 舜葬蒼梧, 二妃不從. 禹葬會稽, 不改其列. 殷湯無葬處. 文·武·周公葬於畢, 秦穆公葬於雍橐泉宮祈年館下, 樗里子葬於武庫, 皆無丘隴之處. 此聖帝明王賢君智士遠覽獨慮無窮之計也. 其賢臣孝子亦承命順意而薄葬之, 此誠奉安君父, 忠孝之至也.

夫周公, 武王弟也, 葬兄甚微. 孔子葬母於防, 稱古墓而不墳, 曰: 『丘, 東西南北之人也, 不可不識也.』爲四尺墳, 遇雨而崩. 弟子修之, 以告孔子, 孔子流涕曰: 『吾聞之, 古者不修墓.』蓋非之也. 延陵季子適齊而反, 其子死, 葬於嬴·博之間, 穿不及泉, 斂以時服, 封墳掩坎, 其高可隱, 而號曰: 『骨肉歸復於土, 命也, 魂氣則無不之也.』夫嬴·博去吳千有餘里, 季子不歸葬. 孔子往觀曰: 『延陵季子於禮合矣.』故仲尼孝子, 而延陵慈父, 舜禹忠臣, 周公弟弟, 其葬君親骨肉, 皆微薄矣; 非苟爲儉, 誠便於體也. 宋桓司馬爲石槨, 仲尼曰『不如速朽.』秦相呂不韋集知略之士而造春秋, 亦言薄葬之義, 皆明於事情者也.

逮至吳王闔閭, 違禮厚葬, 十有餘年, 越人發之. 及秦惠文·武·昭·嚴襄五王, 皆大作丘隴, 多其瘞臧, 咸盡發掘暴露, 甚足悲也. 秦始皇帝葬於驪山之阿, 下錮三泉, 上崇山墳, 其高五十餘丈, 周回五里有餘; 石槨爲游館, 人膏爲燈燭, 水銀爲江海, 黃金爲鳧雁. 珍寶之臧, 機械之變, 棺槨之麗, 宮館之盛, 不可勝原. 又多殺宮人, 生薶工匠, 計以萬數. 天下苦其役而反之, 驪山之作未成, 而周章百萬之師至其下矣. 項籍燔其宮室營宇, 往者咸見發掘. 其後牧兒亡羊, 羊入其鑿, 牧者持火照求羊, 失火燒其臧槨. 自古至今, 葬未有盛如始皇者也, 數年之間, 外被項籍之災, 內離牧豎之禍, 豈不哀哉!

是故德彌厚者葬彌薄, 知愈深者葬愈微. 無德寡知, 其葬愈厚, 丘隴彌高, 宮廟甚麗, 發掘必速. 由是觀之, 明暗之效, 葬之吉凶, 昭然可見矣. 周德既衰而奢侈, 宣王賢而中興, 更爲儉宮室, 小寢廟. 詩人美之, 斯干之詩是也, 上章道宮室之如制, 下章言子孫之衆多也. 及魯嚴公刻飾宗廟, 多築臺囿, 後嗣再絕, 春秋刺焉. 周宣如彼而昌, 魯·秦如此而絕, 是則奢儉之得失也.

陛下卽位, 躬親節儉, 始營初陵, 其制約小, 天下莫不稱賢明. 及徙昌陵, 增埤爲高, 積土爲山, 發民墳墓, 積以萬數, 營起邑居, 期日迫卒, 功費大萬百餘. 死者恨於下, 生者愁於上, 怨氣感動陰陽, 因之以饑饉, 物故流離以十萬數, 臣甚愍焉. 以死者爲有知, 發人之墓, 其害多矣; 若其無知, 又安用大? 謀之賢知則不說, 以示衆庶則苦之; 若苟以說愚夫淫侈之人, 又何爲哉! 陛下慈仁篤美甚厚, 聰明疏達

蓋世, 宜弘漢家之德, 崇劉氏之美, 光昭五帝·三王, 而顧與暴〈秦〉亂君競爲奢侈, 比方丘隴, 說愚夫之目, 隆一時之觀, 違賢知之心, 亡萬世之安, 臣竊爲陛下羞之. 唯陛下上覽明聖黃帝·堯·舜·禹·湯·文·武·周公·仲尼之制, 下觀賢知穆公·延陵·樗里·張釋之之意. 孝文皇帝去墳薄葬, 以儉安神, 可以爲則; 秦昭·始皇增山厚臧, 以侈生害, 足以爲戒. 初陵之橅, 宜從公卿大臣之議, 以息衆庶.」

書奏, 上甚感向言, 而不能從其計.

向睹俗彌奢淫, 而趙·衛之屬起微賤, 踰禮制. 向以爲王教由內及外, 自近者始. 故採取詩書所載賢妃貞婦, 興國顯家可法則, 及孽嬖亂亡者, 序次爲列女傳, 凡八篇. 以戒天子. 及采傳記行事, 著新序, 說苑凡五十篇奏之. 數上疏言得失, 陳法戒. 書數十上, 以助觀覽, 補遺闕. 上雖不能盡用, 然內嘉其言, 常嗟歎之.

時上無繼嗣, 政由王氏出, 災異浸甚. 向雅奇陳湯智謀, 與相親友, 獨謂湯曰:

「災異如此, 而外家日(甚)[盛], 其漸必危劉氏. 吾幸得同姓末屬, 絫世蒙漢厚恩, 身爲宗室遺老, 歷事三主. 上以我先帝舊臣, 每進見常加優禮, 吾而不言, 孰當言者?」向遂上封事極諫曰:

「臣聞人君莫不欲安, 然而常危, 莫不欲存, 然而常亡, 失御臣之術也. 夫大臣操權柄, 持國政, 未有不爲害者也, 昔晉有六卿, 齊有田·崔, 衛有孫·甯, 魯有季·孟, 常掌國事, 世執朝柄. 終後田氏取齊; 六卿分晉; 崔杼弒其君光; 孫林父·甯殖出其君衎, 弒其君剽; 季氏八佾舞於庭, 三家者以雍徹, 並專國政, 卒逐昭公. 周大夫尹氏筦朝事, 濁亂王室, 子朝·子猛更立, 連年乃定. 故經曰『王室亂』, 又曰『尹氏殺王子克』, 甚之也. 春秋擧成敗, 錄禍福, 如此類甚衆, 皆陰盛而陽微, 下失臣道之所致也. 故書曰:『臣之有作威作福, 害于而家, 凶于而國.』孔子曰『祿去公室, 政逮大夫』, 危亡之兆. 秦昭王舅穰侯及涇陽·葉陽君專國擅勢, 上假太后之威, 三人者權重於昭王, 家富於秦國, 國甚危殆, 賴穰范雎之言, 而秦復存. 二世委任趙高, 專權自恣, 壅蔽大臣, 終有閻樂望夷之禍, 秦遂以亡. 近事不遠, 卽漢所代也.

漢興, 諸呂無道, 擅相尊王. 呂產·呂祿席太后之寵, 據將相之位, 兼南北軍之衆, 擁梁·趙王之尊, 驕盈無厭, 欲危劉氏. 賴忠正大臣絳侯·朱虛侯等竭誠盡節以誅滅之, 然後劉氏復安. 今王氏一姓乘朱輪華轂者二十三人, 青紫貂蟬充盈幄內, 魚鱗左右. 大將軍秉事用權, 五侯驕奢僭盛, 並作威福, 擊斷自恣, 行汙而寄治, 身私而託公, 依東宮之尊, 假甥舅之親, 以爲威重. 尙書九卿州牧郡守皆出其門, 筦執樞機, 朋黨比周. 稱譽者登進, 忤恨者誅傷; 游談者助之說, 執政者爲之言. 排擯宗室, 孤弱公族, 其有智能者, 尤非毀而不進. 遠絕宗室之任, 不令得給事朝省, 恐其與己分權; 數稱燕王·蓋主以疑上心, 避諱呂·霍而弗肯稱. 內有管·蔡之萌, 外假周公之論, 兄弟據重, 宗族磐互. 歷上古至秦漢, 外戚僭貴未有如王氏者也. 雖周皇甫·秦穰侯·漢武安·呂·霍·上官之屬, 皆不及也.

物盛必有非常之變先見，爲其人微象．孝昭帝時，冠石立於泰山，仆柳起於上林．而孝宣帝即位，今王氏先祖墳墓在濟南者，其梓柱生枝葉，扶疏上出屋，根垂地中；雖立石起柳，無以過此之明也．事勢不兩大，王氏與劉氏亦且不並立，如下有泰山之安，則上有累卵之危．陛下爲人子孫，守持宗廟，而令國祚移於外親，降爲皁隸，縱不爲身，奈宗廟何！婦人內夫家，外父母家，此亦非皇太后之福也．孝宣皇帝不與舅平昌・樂昌侯權，所以安全之也．

夫明者起福於無形，銷患於未然．宜發明詔，吐德音，援近宗室，親而納信，黜遠外戚，毋授以政，皆罷令就弟，以則效先帝之所行，厚安外戚，全其宗族，誠東宮之意，外家之福也．王氏永存，保其爵祿，劉氏長安，不失社稷，所以褒睦外內之姓，子子孫孫無疆之計也．如不行此策，田氏復見於今，六卿必起於漢，爲後嗣憂，昭昭甚明，不可不深圖，不可不蚤慮．易曰：『君不密，則失臣；臣不密，則失身；幾事不密，則害成．』唯陛下深留聖思，審固幾密，覽往事之戒，以折中取信，居萬安之實，用保宗廟，久承皇太后，天下幸甚．」

書奏，天子召見向，歎息悲傷其意，謂曰：『君具休矣，吾將思之．』以向爲中壘校尉．

向爲人簡易無威儀，廉靖樂道，不交接世俗，專積思於經術，晝誦書傳，夜觀星宿，或不寐達旦．元延中，星孛東井，蜀郡岷山崩雍江．向惡此異，語在五行志．懷不能已，復上奏，其辭曰：

「臣聞帝舜戒伯禹，毋若丹朱敖；周公戒成王，毋若殷王紂．詩曰『殷監不遠，在夏后之世』，亦言湯以桀爲戒也．聖帝明王常以敗亂自戒，不諱廢興，故臣敢極陳其愚，唯陛下留神察焉．

謹案春秋二百四十二年，日蝕三十六，襄公尤數，率三歲五月有奇而壹食．漢興訖竟寧，孝景帝尤數，率三歲一月而一食．臣向前數言日當食，今連三年比食．自建始以來，二十歲間而八食，率二歲六月而一發，古今罕有．異有小大希稠, 占有舒疾緩急, 而聖人所以斷疑也. 易曰:『觀乎天文, 以察時變.』昔孔子對魯哀公, 並言夏桀‧殷紂暴虐天下, 故曆失則攝提失方, 孟陬無紀, 此皆易姓之變也. 秦始皇之末至二世時, 日月薄食, 山陵淪亡, 辰星出於四孟, 太白經天而行, 無雲而雷, 枉矢夜光, 熒惑襲月, 孽火燒宮, 野禽戲廷, 都門內崩, 長人見臨洮, 石隕于東郡, 星孛大角, 大角以亡. 觀孔子之言, 考暴秦之異, 天命信可畏也. 及項籍之敗, 亦孛大角. 漢之入秦, 五星聚于東井, 得天下之象也. 孝惠時, 有雨血, 日食於衝, 滅光星見之異. 孝昭時, 有泰山臥石自立, 上林僵柳復起, 大星如月西行, 眾星隨之, 此為特異. 孝宣興起之表, 天狗夾漢而西, 久陰不雨者二十餘日, 昌邑不終之異也. 皆著於漢紀. 觀秦‧漢之易世, 覽惠‧昭之無後, 察昌邑之不終, 視孝宣之紹起, 天之去就, 豈不昭昭然哉! 高宗‧成王亦有雊雉拔木之變, 能思其故, 故高宗有百年之福, 成王有復風之報. 神明之應, 應若景嚮, 世所同聞也.

臣幸得託末屬, 誠見陛下有寬明之德, 冀銷大異, 而興高宗‧成王之聲, 以崇劉氏, 故狠狠數奸死亡之誅, 今日食尤屢, 星孛東井, 攝提炎及紫宮, 有識長老莫不震動, 此變之大者也. 其事難一二記, 故易曰『書不盡言, 言不盡意』, 是以設卦指爻, 而復說義. 書曰『伻來以圖』, 天文難以相曉, 臣雖圖上, 猶須口說, 然後可知, 願賜清燕之閒, 指圖陳狀.」

上輒入之, 然終不能用也. 向每召見, 數言公族者國之枝葉, 枝葉落則本根無所庇廕; 方今同姓疏遠, 母黨專政, 祿去公室, 權在外家, 非所以彊漢宗, 卑私門, 保守社稷, 安固後嗣也.

向自見得信於上, 故常顯訟宗室, 譏刺王氏及在位大臣, 其言多痛切, 發於至誠. 上數欲用向為九卿, 輒不為王氏居位者及丞相御史所持, 故終不遷. 居列大夫官前後三十餘年, 年七十二卒. 卒後十三歲而王氏代漢. 向三子皆好學: 長子伋, 以易教授, 官至郡守; 中子賜, 九卿丞, 蚤卒; 少子歆, 最知名.

〈劉向〉상. 《中國大百科全書》에 실린 이미지 상

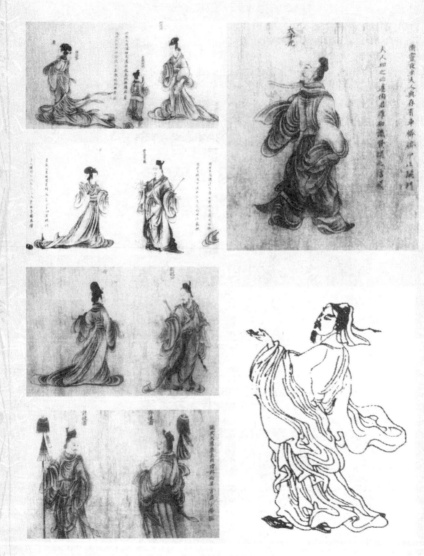

〈列女傳圖〉와 顧愷之

〈女史箴圖〉 顧愷之 大英博物館 소장

차 례

◈ 책머리에

◈ 일러두기

◈ 해제

列女傳 을

卷五 절의전節義傳

卷六 변통전辯通傳

卷七 얼폐전孽嬖傳

卷八 속열녀전續列女傳

⊛ 부록

列女傳 上

卷一 모의전母儀傳

卷二 현명전賢明傳

卷三 인지전仁智傳

卷四 정순전貞順傳

제5권
절의전節義傳

절의節義는 어떠한 난관에서도 절개와 의리를 지킨 여인들의 이야기를 모아 기록한 것이다.

〈四部備要本〉目錄 注에 "惟若節義, 必死無避, 好善慕節, 終不背義, 誠信勇敢, 何有險詖? 義之所在, 赴之不疑, 姜姒法斯, 以爲世基" 라 하였다.

〈虞姬〉(項羽 寵妃) 清 上官周《晚笑堂畫傳》

060(5-1) 魯孝義保
노나라 효공의 의로운 보모

효의보孝義保는 노魯나라 효공孝公 칭稱의 보모이며 장씨臧氏의 어머니
로서 과부였다.

처음에 효공의 아버지 무공武公이 그의 두 아들 장자 괄括과 둘째
희戱를 데리고 주周나라 선왕宣王에게 조회를 간 적이 있었다. 그 때
선왕은 무공의 둘째 아들 희를 노나라 태자로 삼았다. 무공이 죽고
희가 무공의 뒤를 이어 왕이 되었는데 이가 바로 의공懿公이다. 효공은

당시 공자 칭이라고 불렸으며, 형제
가운데 나이가 가장 어려 의보가
자신의 어린 아들을 데리고 궁으로
들어와 공자 칭을 기르게 되었다.

무공의 큰아들 괄에게 백어伯御
라는 아들이 있었는데, 그가 노
나라 사람들과 난을 일으켜 숙부
의공을 공격하여 죽이고 스스로
자립하여 왕이 되고 난 다음 궁에
있던 공자 칭을 찾아 장차 죽여
없애고자 하였다.

의보는 백어가 장차 칭을 죽이
려는 한다는 소리를 듣고 자신의
아들에게 칭의 옷을 입혀 칭의

노효의보(魯孝義保)

처소에 눕혀 놓았다. 백어는 의보의 아들이 칭인 줄 알고 죽여 버렸다. 의보는 드디어 칭을 안고 궁을 빠져 나와, 칭의 외삼촌인 노나라 대부를 밖에서 만나게 되었다. 외삼촌 노나라 대부가 물었다.

"칭은 죽었소?"

의보가 대답하였다.

"죽지 않았습니다. 바로 여기 있습니다."

외삼촌이 다시 물었다.

"어떻게 살아남을 수 있었소?"

의보가 말하였다.

"제 아들과 바꾸었습니다."

그리고 의보는 도망쳐 버렸다.

그로부터 11년이 되자 노나라 대부는 칭이 의보에게 있다는 것을 알고, 주나라 천자에게 청하여 백어를 죽이고 대신 칭을 세워 임금자리에 앉힐 수 있었는데 이가 바로 효공이다. 노나라 사람들이 의보를 높이 평가하였다.

《논어論語》에 "6척밖에 되지 않는 어린 고아를 맡길 수 있어야 한다"라 하였으니 의보 같은 이를 두고 한 말이다.

송頌:

"백어가 난을 일으킨 것은 노나라 궁전에서 시작되었네.

효공에게는 의보라는 젖어미가 있었으니 바로 그 장씨의 과모가 충정을 다하였네.

어린 효공을 자기 자식과 바꾸어 몰래 숨겨 주었다네.

보모가 이와 같았으니 역시 그 진실함을 믿을 수 있었네."

孝義保者, 魯孝公稱之保母臧氏之寡也.

初, 孝公父武公與其二子長子括中子戲朝周宣王, 宣王立戲爲魯太子. 武公薨, 戲立, 是爲懿公. 孝公時號公子稱最少, 義保與其子俱入宮, 養公子稱. 括之子伯御與魯人作亂, 攻殺懿公而自立, 求公子稱於宮, 將殺之.

　義保聞伯御將殺稱. 乃衣其子以稱之衣, 臥於稱之處, 伯御殺之. 義保遂抱稱以出, 遇稱舅魯大夫於外, 舅問:「稱死乎?」

　義保曰:「不死, 在此.」

　舅曰:「何以得免?」

　義保曰:「以吾子代之.」

　義保遂以逃.

　十一年, 魯大夫皆知稱之在保, 於是請周天子殺伯御立稱, 是爲孝公. 魯人高之.《論語》曰:「可以託六尺之孤.」其義保之謂也.

　　頌曰:『伯御作亂, 由魯宮起.
　　　　　孝公乳保, 臧氏之母.
　　　　　逃匿孝公, 易以其子.
　　　　　保母若斯, 亦誠足恃.』

【魯孝公】西周시대 노나라 군주이며 姬姓, 이름은 稱. 魯 武公의 아들이며 懿公의 아우. 38년간(B.C.806~769) 재위함.

【武公】노나라 군주로 姬姓이며 이름은 敖. 伯禽(周公 旦의 아들)의 玄孫이며 獻公의 아들. 10년간(B.C.825~816) 재위함.

【周宣王】서주시대 周나라 천자. 姬姓이며 이름은 靖(靜). 46년간(B.C.827~782) 재위함.

【立戲爲魯太子】《國語》周語(上)와《史記》魯周公世家 참조. 마땅히 長子 括을 세우고 中子 戲는 세우지 않아야 함을 말함.

【括之子伯御】《史記》〈魯周公世家〉에는 “括之子伯御”라 하였으나 《國語》
 周語(上)의 韋昭 주에는 “括, 武公長子伯御也”라 함.
【周天子】宣王 姬靖(姬靜)을 가리킴.
【六尺之孤】《論語》泰伯篇의 구절. 가히 어린 고아를 맡길 수 있음을 뜻함.

참고 및 관련 자료

1.《論語》泰伯篇

曾子曰:「可以託六尺之孤, 可以寄百里之命, 臨大節而不可奪也. 君子人與? 君子
人也.」

2.《國語》周語(上)

魯武公以括與戲見王, 王立戲, 樊仲山父諫曰:「不可立也! 不順必犯, 犯王命必誅,
故出令不可不順也. 令之不行, 政之不立, 行而不順, 民將棄上. 夫下事上, 少事長,
所以爲順也. 今天子立諸侯而建其少, 是敎逆也. 若魯從之而諸侯效之, 王命將有
所壅, 若不從而誅之, 是自誅王命也. 是事也, 誅亦失, 不誅亦失, 天子其圖之!」
王卒立之. 魯侯歸而卒, 及魯人殺懿公, 而立伯御.

3.《史記》魯周公世家

懿公九年, 懿公兄括之子伯御與魯人攻弑懿公, 而立伯御爲君. 伯御即位十一年,
周宣王伐魯, 殺其君伯御, 而問魯公子能道順諸侯者, 以爲魯後. 樊穆仲曰:「魯懿
公弟稱, 肅恭明神, 敬事耆老; 賦事行刑, 必問於遺訓而咨於固實; 不干所問, 不犯
所知(咨).」宣王曰:「然, 能訓治其民矣.」乃立稱於夷宮, 是爲孝公. 自是後, 諸侯
多畔王命.

061(5-2) 楚成鄭瞀
초나라 성왕의 부인 정무

　　정무鄭瞀는 정鄭나라 여자이며 영씨嬴氏 성을 가진 잉첩媵妾으로 초楚나라 성왕成王의 부인이다.

　　처음에 성왕이 누대 위에 올라가 후궁들을 내려다보고 있었다. 그때 궁인들은 모두 쏠려 쳐다보았는데, 자무子瞀만은 똑바로 걸으면서 돌아보지도 않고 그 느린 걸음이 변화가 없었다. 왕이 말하였다.

　　"걸어가는 자는 나를 보라."

　　그런데도 자무는 돌아보지도 않는 것이었다.

초성정무(楚成鄭瞀)

　　"나를 보라. 내가 너를 부인夫人으로 삼겠노라."

　　그러나 자무는 그대로 걸어가며 돌아보지 않는 것이었다.

　　왕이 다시 말하였다.

　　"쳐다보아라. 나는 너에게 천금千金을 줄 것이고, 너의 부형에게 봉록을 주리라."

　　그래도 자무는 끝내 쳐다보지 않았다.

　　이에 왕은 누대에서 내려와 자무에게 물었다.

　　"부인은 중한 자리이며 봉작封爵은

후한 녹禄이다. 누대를 한 번 돌아보기만 해도 이들을 얻을 수 있는데 너는 끝까지 돌아보지 않았다. 어찌된 일이냐?”

자무가 대답하였다.

“제가 듣기로 여자는 단정함과 온화한 얼굴을 용모로 삼아야 한다고 하더이다. 지금 대왕께서는 누대에 계시는데 제가 올려다보는 것은 의절儀節을 잃는 것이 됩니다. 그리고 제가 쳐다본다면 부인으로 삼아 존귀하게 삼아 주신다고 말씀하시며 봉록과 작위를 제시하신 다음에 제가 돌아다보게 된다면, 이는 첩이 부귀를 탐내고 이익을 좋아하는 여자로서 의리를 저버리는 것이 됩니다. 의리를 잊어버리고 어찌 왕을 모실 수 있겠습니까?”

왕이 말하였다.

“훌륭하도다.”

그리고 드디어 그녀를 부인으로 삼았다.

그로부터 1년 후 왕은 공자公子 상신商臣을 태자로 삼고자 영윤令尹 자상子上에게 물었다. 자상이 말하였다.

“임금께서는 아직 나이가 어리시고 게다가 그 외에 총애하시는 다른 공자들이 많습니다. 그를 태자로 삼았다가 나중에 다시 쫓아낸다면 틀림없이 혼란이 일어날 것입니다. 그리고 상신은 벌 눈에 이리 목소리를 가져 남에게 무슨 일이든 해냅니다. 그를 세울 수 없습니다.”

왕이 물러나와 자무에게 물었더니 자무도 역시 이렇게 말하는 것이었다.

“영윤의 말은 믿을 만하니 따르는 것이 좋겠습니다.”

그런데 왕은 듣지 않고 드디어 상신을 태자로 세웠다.

그 후 상신은 감정이 좋지 않던 영윤 자상에게 채蔡나라를 구해 준 일을 트집 잡아 참소하여 죽여 버렸다. 그러자 자무는 보모에게 이렇게 말하였다.

“내 듣기로 부인의 일이란 음식을 다루는 일을 할 뿐이라 하더이다. 비록 그렇다고 해도 내 감추고 있을 수 없는 일이 있습니다. 지난날 자상이 상신을 태자로 세우는 것이 옳지 않다고 하였는데, 태자가 그것을 원망하여 자상을 참소하여 죽인 것입니다. 왕께서 잘 살피지 못하여 결국 죄 없는 사람을 죽도록 한 것입니다. 이는 흑백이 뒤바뀐 것이며 상하가 뒤틀린 것입니다. 왕에게는 총애하는 자식이 많은데 그들은 모두 나라를 차지하고 싶어합니다. 게다가 태자는 탐욕스럽고 잔인하여 결국 자신이 지킬 바를 잃게 되지나 않을까 두렵습니다. 또 왕께서는 명철하지 못하여 이를 밝혀 내지 못하고 있습니다. 적자와 서자 사이에 분쟁이 생기면 틀림없이 화가 일어날 것입니다."

뒤에 성왕이 다시 상신 대신 공자公子 직職을 태자로 세우려 하였는데 직은 상신의 배다른 아우였다. 자무가 물러나 다시 그 보모에게 이렇게 말하였다.

"내 듣건대 믿음은 의심을 받아서는 안 된다고 하더이다. 그런데 지금 왕께서는 기필코 직으로 태자의 자리를 바꾸고자 하십니다. 나는 화란이 곧 일어날 것이라 두려워합니다. 이를 왕에게 말씀드렸으나 왕께서는 저의 말을 들어 주지 않으십니다. 그는 태자 될 자가 내 아들이 아니기 때문에 나를 참소하는 여자라 의심하는 것이겠지요? 무릇 의심을 받으며 살아 있다면 많은 사람 그 누가 그렇지 않음을 알아주겠습니까? 의롭지 않은 채 살아가느니보다는 차라리 죽음으로써 이를 밝히느니만 못합니다. 장차 왕께서 내가 죽었다는 것을 듣고 나면 틀림없이 태자를 폐하는 일이 옳지 않았음을 깨닫게 될 것입니다."

그리고 스스로 목숨을 끊었다. 보모는 자무의 이러한 이야기를 왕에게 전하였다. 이 때 태자는 왕이 자신을 폐하려 한다는 사실을 알고 드디어 군사를 일으켜 난을 벌여 왕궁을 포위하였다. 왕은 곰의 발바닥을 먹고 죽겠노라 청하였지만 이를 얻어먹을 수 없게 되자 드디어 스스로 목숨을 끊고 말았다.

군자가 말하였다.

"지극히 인자하지 않고서 누가 제 몸을 가지고 훈계할 수 있으랴?"

《시詩》에 "차라리 생명을 버릴지언정 절의는 바꿀 수 없도다"라 하였으니 이를 두고 한 말이다.

송頌:

"자무는 선견지명을 갖추고 절의를 고집하여 변함없었네.
　돌아보지 않은 일로 해서 마침내 성왕의 짝이 되었네.
　상신이 난을 일으킬 것임을 알고 심히 강하게 간언하였고,
　자기 아들 아니라고 혐의를 받을까 죽음으로 진실을 밝혔네."

　鄭瞀者, 鄭女之嬴媵, 楚成王之夫人也. 初, 成王登臺, 臨後宮,
宮人皆傾觀, 子瞀直行不顧, 徐步不變.
　王曰:「行者顧.」
　子瞀不顧.
　王曰:「顧, 吾以女爲夫人.」
　子瞀復不顧.
　王曰:「顧, 吾又與女千金, 而封若父兄.」
　子瞀遂行不顧.
　於是王下臺而問曰:「夫人, 重位也. 封爵, 厚祿也. 臺顧而遂
得之, 而遂不顧, 何也?」
　子瞀曰:「妾聞婦人以端正和顏爲容. 今者, 大王在臺上而
妾顧, 則是失儀節也. 不顧, 告以夫人之尊, 示以封爵之重而
後顧, 則是妾貪貴樂利以忘義理也. 苟忘義理, 何以事王?」
　王曰:「善.」
　遂立以爲夫人.
　處期年, 王將立公子商臣以爲太子, 王問之於令尹子上, 子上
曰:「君之齒未也, 而又多寵. 子旣置而黜之, 必爲亂矣. 且其人
蜂目而豺聲, 忍人也, 不可立也.」
　王退而問於夫人, 子瞀曰:「令尹之言, 信可從也.」

王不聽, 遂立之. 其後商臣以子上救蔡之事, 譖子上而殺之.

子瞀謂其保曰:「吾聞婦人之事, 在於饋食之間而已. 雖然, 心之所見, 吾不能藏. 夫昔者子上言太子之不可立也, 太子怨之, 譖而殺之, 王不明察, 遂辜無罪. 是白黑顚倒, 上下錯謬也. 王多寵子皆欲得國, 太子貪忍, 恐失其所; 王又不明, 無以照之. 庶嫡分爭, 禍必興焉.」

後王又欲立公子職. 職, 商臣庶弟也.

子瞀退而與其保言曰:「吾聞信不見疑, 今者王必將以職易太子, 吾懼禍亂之作也, 而言之於王, 王不吾應. 其以太子爲非吾子, 疑吾譖之者乎? 夫見疑而生, 衆人孰知其不然. 與其無義而生, 不如死以明之. 且王聞吾死, 必寤太子之不可釋也.」

遂自殺. 保母以其言通於王. 是時太子知王之欲廢之也, 遂興師作亂, 圍王宮. 王請食熊蹯而死, 不可得也. 遂自經.

君子曰:「非至仁孰能以身誠?」

詩曰:『舍命不渝.』此之謂也.

頌曰:『子瞀先識, 執節有常.
　　　興於不顧, 卒配成王.
　　　知商臣亂, 言之甚強.
　　　自嫌非子, 以殺身盟.』

【鄭瞀】鄭나라의 子瞀.
【鄭】나라 이름으로 姬姓이며 新鄭(지금의 河南 新鄭)에 도읍하였으며 戰國시대 韓나라에 망하여 신정은 한나라 도읍이 됨.

【鄭女之嬴媵】秦나라의 성씨가 嬴氏이며 그 딸이 楚나라로 시집을 갈 때 정나라 子瞀가 그 몸종(媵妾)으로 갔음을 말함. '잉(媵)'은 귀족이 시집갈 때 데리고 가는 몸종. 남자의 경우 '媵臣'이라 하며, 여자는 '媵妾'이라 함.《公羊傳》莊公 19년에 "諸侯娶一國, 則兩國往媵之"라 함.

【楚成王】춘추시대 초나라 임금. 文王의 아들 熊頵. 46년간(B.C.671~626) 재위함.

【公子商臣】楚 穆王. 성왕을 이어 12년간(B.C.625~614) 재위함.

【君之齒未也】여기서 군은 왕을 가리키며 齒未는 아직 이를 갈지 않을 정도로 나이가 어림을 말함.

【旣置而黜之】이미 태자를 세워 놓았다가 다시 이를 폐출함. 楚나라는 少子를 태자로 세우는 일이 자주 있었음을 말함. 만약 商臣을 세운 뒤 어린 아들이 태어나 사랑한다면 틀림없이 상신을 폐출하여 어린 막내를 세워 난을 초래하였을 것이라는 뜻.

【蜂目豺聲】벌의 눈과 같고 이리의 목소리 같음. 매우 잔인한 상을 타고났음을 비유함.

【忍人】남에게 차마 못할 짓도 함. 매우 잔인함.

【辜無罪】아무 죄가 없음을 죄로 삼음.

【又欲立公子職】《渚宮舊事》에는 이 다음에 "子瞀進曰: '夫摘奸擾滑亂之所生, 古人 有言, 持敵不强, 必爲所傷. 王必將易子, 不如亟先施太子.' 王不聽"의 구절이 더 있음.

【庶弟】庶母 소생의 동생.

【熊蹯】熊掌. 곰 발바닥. 이는 익히기가 매우 어려워 시간을 끌어 밖의 원조를 구하고자 한 것임.

【舍命不渝】《詩經》鄭風 羔裘의 구절. '不渝'는 '不變'과 같은 뜻임.

참고 및 관련 자료

1.《詩經》鄭風 羔裘

羔裘如濡, 洵直且侯. 彼其之子, 舍命不渝. 羔裘豹飾, 孔武有力. 彼其之子, 邦之 司直. 羔裘晏兮, 三英粲兮. 彼其之子, 邦之彦兮.

2. 《文選》(30) 和王主簿怨情 注

列女傳曰: 楚成鄭子瞀者, 楚成王之夫人也. 初, 成王登臺, 子瞀不顧, 王曰:「顧, 吾與女千金.」子瞀遂行不顧.

3. 기타 참고 자료

《渚宮舊事》

진나라 태자비 회영

회영懷嬴은 진秦나라 목공穆公의 딸이며 진晉나라 혜공惠公의 태자太子, 圉의 비妃이다. 태자 어圉가 진秦나라에 인질로 가 있을 때 목공은 자신의 딸 영을 어의 처로 삼아 주었다.

6년이 지나 어는 장차 자신의 나라로 도망가고자 부인 영씨에게 이렇게 말하였다.

"내가 고국을 떠나온 지 수년이 되었소. 부자지간의 만남도 없이 이렇게 잡혀 있건만 그렇다고 진秦나라와 우리나라 진晉나라의 우정이 더 돈독해진 것도 없소. 무릇 날아가는 새도 고향으로 돌아가고 여우도 죽을 때는 머리를 제 살던 언덕으로 향한다는데, 나도 머리를 진晉나라 쪽으로 향한 채 죽을 것 같소. 그대는 나와 함께 진나라로 갈 수 있겠소?"

그러자 영씨는 이렇게 대답하였다.

"당신은 진晉나라의 태자입니다. 우리나라 진나라에서 이렇게 치욕을 당하고 있소. 그대가 고국으로

진어회영(晉圉懷嬴)

가고 싶어하는 것은 당연한 것이 아니겠습니까? 비록 그렇기는 하나 우리 군주께서 저를 당신의 아내가 되어 건즐巾櫛로 모시게 한 것은 그대를 안심시키기 위한 것입니다. 지금 제가 족히 당신을 묶어 두지 않으면 이는 저의 불초함을 드러내는 것이요, 만일 당신을 따라 진晉나라로 간다면 이는 우리 군주를 버리는 것이 되며, 당신의 계획을 누설한 다면 이는 아내 된 자의 의리를 저버리는 것이 됩니다. 이 세 가지 중에 한 가지도 행동으로 옮길 수가 없습니다. 비록 저는 그대를 따라가지 못하지만 그대는 떠나십시오! 저는 감히 이를 누설하지도 않을 것이며 감히 그대를 따라가지도 않을 것입니다."

태자 어는 마침내 진晉나라로 도망쳐 돌아갔다.

군자가 말하였다.

"회영은 부부 사이의 어려운 문제를 잘 처리하였다."

송頌:

"진晉나라 태자 어圉는 진秦나라에 인질이 되어 회영을 배필로 맞이하였네.
어가 장차 함께 도망갈 것을 권하자 회영은 이에 따르지는 못하였지만,
역시 비밀을 누설 않고 마음을 다잡기를 굳게 하였네.
따라가겠다고 말도 못한 채 그렇다고 남편만을 따랐다는 명분도 남기기를 원치 않았네."

懷嬴者, 秦穆之女, 晉惠公太子之妃也. 圉質於秦, 穆公以嬴妻之.

六年, 圉將逃歸, 謂嬴氏曰:「吾去國數年, 子父之接忘而秦晉之友不加親也. 夫鳥飛反鄉, 狐死首邱, 我其首晉而死, 子其與我行乎?」

嬴氏對曰:「子, 晉太子也, 辱於秦. 子之欲去不亦宜乎? 雖然,寡君使婢子侍執巾櫛, 以固子也. 今吾不足以結子, 是吾不肖也; 從子而歸, 是棄君也; 言子之謀, 是負妻之義也: 三者無一可行, 雖吾不從子也, 子行矣! 吾不敢泄言, 亦不敢從也.」

子圉遂逃歸.

君子謂:「懷嬴善處夫婦之間.」

頌曰:『晉圉質秦, 配以懷嬴.

圉將與逃, 嬴不肯聽.

亦不泄言, 操心甚乎.

不告所從, 無所阿傾.』

【秦穆】 秦 穆公. '秦 繆公'으로도 표기하며 춘추시대 진나라 군주로 춘추오패의 하나. 39년간(B.C.659~621) 재위함. 嬴姓으로 이름은 任好. 秦 德公의 아들로 12나라를 병합하여 西戎의 패권을 차지함. 한편 진나라는 周나라 제후국으로 처음 雍(지금의 陝西 鳳翔縣)에 도읍하였다가 전국시대 孝公에 이르러 商鞅의 변법을 채택하여 咸陽(지금의 섬서 함양)으로 옮기고 戰國七雄의 가장 강력한 나라로 발전하였으며 秦始皇(嬴政)에 이르러 중국을 통일하였음.

【晉惠公】 춘추시대 晉나라 군주. 姬姓이며 이름은 夷吾. 14년간(B.C.650~637) 재위함.

【太子】 진나라 태자 圉를 말함. 혜공이 죽고 文公을 거쳐 즉위하여 임금이 되었으며 이가 晉 懷公임. 7년간(B.C.627~621) 재위함.

【六年】 태자 圉는 魯 僖公(釐公) 17년(B.C.643)에 秦나라에 인질로 갔다가 22년(B.C.638)에 晉나라로 도망하여 귀국하였으며 그 기간이 6년임.

【鳥飛反鄉】 首邱初心과 같음. 새도 날아서 고향으로 돌아옴. 《楚辭》 九章 哀郢에 "鳥飛反故鄉兮, 狐死必首丘"라 함.

【寡君】 자신의 나라 임금을 낮추어 부르는 겸칭. 여기서는 秦 穆公을 가리킴.

【阿傾】 어느 한쪽의 편만 들어 그 명분을 높임.

1. 본장은 유일하게 《시경》이나 경서의 구절을 인용하지 않고 있다.

063(5-4) 楚昭越姬
초나라 소왕의 부인 월희

초楚나라 소왕昭王의 월희越姬는 월왕越王 구천句踐의 딸이다. 소왕이 연회를 베풀며 즐길 때, 채희蔡姬라는 첩을 왼편에 두고 월희는 오른편에 두었다.

어느 날 왕이 몸소 말 네 마리가 끄는 수레를 타고 달려, 부사附社의 누대에 올라 운몽雲夢의 원유苑囿를 바라보았다. 사대부와 따르는 자들도 바라보며 모두 즐거워하였다.

왕이 두 첩을 돌아보며 물었다.

"즐거운가?"

이에 채희가 대답하였다.

"즐겁습니다."

왕이 말을 이었다.

"나는 살아서 너희와 이렇게 즐거움을 누리듯이 죽어서도 너희와 함께 이렇게 살고 싶구나."

그러자 채희가 말하였다.

"옛날에 저의 채나라 군주께서는 백성들로 하여금 그대 대왕 섬기기를 말발굽처럼 하라고 하였습니다. 그 때문에 천한 이 몸이 대왕께서 즐겁게 여기시도록 뇌물로

초소월희(楚昭越姬)

바쳐진 것입니다. 지금은 이렇게 비빈妃嬪과 나란히 되었으니 살아서 함께한 이 즐거움을 죽어서도 함께해 드리고 싶습니다."

이에 왕이 문서 기록하는 관리를 돌아보며 이렇게 쓰도록 하였다.

"채희는 나를 따라 죽겠다고 허락하였다."

그러고는 다시 월희에게 물었다.

그러자 월희는 이렇게 대답하였다.

"즐겁기는 즐겁습니다! 그러나 영원히 그렇게 할 수는 없습니다."

왕이 물었다.

"내가 죽어서도 살았을 때처럼 너와 함께하고 싶다는데 못하겠다는 것이냐?"

월희가 대답하였다.

"옛날 선군先君 장왕莊王께서는 즐거움에 빠진 채 3년 동안 정사政事를 돌보지 않았던 적이 있습니다. 그러나 마침내 자신을 바로잡아 결국 천하의 패업을 이루었습니다. 저는 군왕께서는 우리 선군을 법으로 본받아 이러한 즐거움을 접으시고 정사에 부지런히 힘쓰실 줄로 여겼습니다. 그런데 지금 그렇지 못하시면서 게다가 저에게 죽음까지 요구하고 있으시니 그것이 될 일이겠습니까? 또 군왕께서는 예물로 비단과 말을 보내 저를 우리나라에서 데리고 왔습니다. 우리나라 군주께서 태묘太廟에서 그것을 수락하였지만 죽음까지는 약속하지 않았습니다. 저는 여러 고모들에게 부인은 죽음으로써 군주의 선함을 드러내어야 하며 그로써 임금의 총애를 늘려나가야 한다고 들었지, 미혹한 암군을 구차하게 무조건 따라 죽는 것을 영광으로 여기라는 말은 듣지 못하였습니다. 저는 감히 명령을 들어드릴 수 없습니다."

이에 왕은 깨달은 바가 있어 월희의 말은 공경하기는 하였지만, 그래도 여전히 채희를 더 사랑하였다.

25년의 세월이 흘러 소왕이 진陳나라를 구원하기 위한 전쟁에 나갔는데 두 여자도 따랐다. 왕이 군중에서 병이 났다. 그 때 붉은 구름이 해를 끼고 있는 모습이 마치 날아가는 까마귀 같았다. 왕은 주周나라에 사람을 보내어 사관史官에게 무슨 징조인지 물어 오도록 하였다. 그 사관은 이렇게 말하였다.

"이것은 왕의 몸에 재앙이 닥친다는 것입니다. 그러나 이 재앙을 장군이나 재상에게 떠넘길 수 있습니다."

장군과 재상이 이를 듣고 자신들이 희생이 되기를 신에게 기도하였다. 그러자 왕은 이렇게 말하였다.

"장상은 나에 있어서 팔다리와 같다. 지금 재앙을 장상에게 옮긴다 한들 그 재앙이 어찌 이 몸에서 떠나는 것이겠는가?"

그리고 사관의 말을 듣지 않았다. 그러자 곁에 있던 월희가 말하였다.

"위대하시도다! 군왕의 덕이여! 제 몸으로 왕을 따르고자 합니다. 지난날은 놀이와 즐거움 때문에 감히 대왕의 요구를 허락할 수 없었지만, 지금은 왕께서 예로 되돌아오셨으며, 나라 모든 사람들이 왕을 위해 죽을 수 있다고 하는데 하물며 이 첩이야 어떠하겠습니까? 청컨대 먼저 저 호리狐狸를 몰아 지하로 달려가기를 원합니다."

왕이 말하였다.

"지난날 놀이에 즐거울 때의 일은 장난이었소! 만약 그대가 약속을 반드시 지키겠다고 죽는다면 이는 나의 부덕不德을 드러내는 것이오."

월희가 말하였다.

"옛날에 첩은 비록 입으로 말하지 않았지만 마음으로는 이미 허락을 하였습니다. 제가 듣기로 신信이란 그 마음을 배반하지 않는 것이며, 의義란 그 일을 거짓으로 꾸미지 않는 것이라 하였습니다. 첩은 왕의 의義를 위해 죽는 것이지, 왕의 즐거움을 위해 죽는 것이 아닙니다."

그리고 월희는 스스로 목숨을 끊었다.

왕의 병세가 악화되어 세 아우 가운데 한 사람에게 왕위를 물려주려 하였으나 셋 모두 거절하였다. 왕은 결국 군중에서 세상을 떠났고 채희는 끝내 따라 죽지 않았다. 왕의 아우 자려子閭와 자서子西, 자기子期 가 서로 이렇게 의논하였다.

"어머니에게 신의信義가 있으니 그 자식은 틀림없이 인仁할 것이다."

그리고 군사를 배치시키고 벽을 막고 월희의 아들 웅장熊章을 맞아 왕으로 세웠다. 이가 바로 혜왕惠王이다. 그런 다음 군대를 해산시키고 돌아와 소왕의 장례를 치렀다.

군자가 말하였다.

"월희는 미더워 능히 의를 위해 죽을 수 있었다.

《시詩》에 "훌륭한 말씀은 어김이 없어 그대와 죽음도 함께 하리라"라 하였으니 월희를 두고 한 말이다.

송頌:

"초나라 소왕, 연회 때 첩에게 함께 죽기를 요구하였네.

채희는 허락하였지만 월희는 예로써 고집하였네.

끝내 홀로 죽음으로 절의를 지키니 신하들이 훌륭하다 여겼도다.

이 두 채희와 월희의 그 덕은 서로 비교가 될 수 없도다."

楚昭越姬者, 越王句踐之女, 楚昭王之姬也. 昭王讌遊, 蔡姬在左, 越姬參右. 王親乘駟以馳逐, 遂登附社之臺, 以望雲夢之囿, 觀士大夫逐者, 旣驩.

乃顧二姬曰:「樂乎?」

蔡姬對曰:「樂.」

王曰:「吾願與子生若此, 死又若此.」

蔡姬曰:「昔弊邑寡君, 固以其黎民之役, 事君王之馬足. 故以婢子之身爲苞苴玩好, 今乃比於妃嬪, 固願生俱樂, 死同時.」

王顧謂史書之:「蔡姬許從孤死矣.」

乃復謂越姬.

越姬對曰:「樂則樂矣! 然而不可久也.」

王曰：「吾願與子生若此，死若此，其不可得乎？」

越姬對曰：「昔吾先君莊王淫樂，三年不聽政事，終而能改，辛霸天下. 妾以君王爲能法吾先君，將改斯樂而勤於政也. 今則不然，而要婢子以死，其可得乎？且君王以束帛乘馬，取婢子於弊邑，寡君受之太廟也，不約死. 妾聞之諸姑，婦人以死彰君之善，益君之寵，不聞其以苟從其闇死爲榮，妾不敢聞命.」

於是王寤，敬越姬之言，而猶親嬖姬也.

居二十五年，王救陳，二姬從. 王病在軍中，有赤雲夾日如飛鳥.

王問周史，史曰：「是害王身；然可以移於將相.」

將相聞之，將以身禱於神.

王曰：「將相之於孤，猶股肱也，今移禍焉，庸爲去是身乎？」

不聽. 越姬曰：「大哉！君王之德！以是妾願從王矣. 昔日之遊淫樂也，是以不敢許，及君王復於禮，國人皆將爲君王死，而況於妾乎？請願先驅狐狸於地下.」

王曰：「昔之遊樂，吾戲耳！若將必死，是彰孤之不德也.」

越姬曰：「昔日妾雖口不言，心旣許之矣. 妾聞信者不負其心，義者不虛設其事，妾死王之義，不死王之好也.」

遂自殺.

王病甚，讓位於三弟，三弟不聽，王薨於軍中，蔡姬竟不能死. 王弟子閭與子西·子期謀曰：「母信者，其子必仁.」

乃伏師閉壁，迎越姬之子熊章立，是爲惠王，然後罷兵，歸葬昭王.

君子謂：「越姬信能死義.」

詩曰：『德音莫違，及爾同死.』越姬之謂也.

頌曰:『楚昭遊樂, 要姬從死.
　　　　蔡姬許王, 越姬執禮.
　　　　終獨死節, 群臣嘉美.
　　　　維斯兩姬, 其德不比.』

【越】나라 이름. 姒姓이며 夏代 少康의 庶子 無余가 세웠다 함. 會稽(지금의 浙江 紹興)에 도읍하였으며 전국시대 楚나라에게 멸망함. 춘추 말 吳나라와 항쟁으로 유명함. 《史記》〈越王句踐世家〉참조.

【句踐】'勾踐'으로도 표기하며 越나라 임금으로 姒姓. 允常의 아들로 吳나라에게 치욕을 당하고 臥薪嘗膽의 고통을 거쳐 오나라를 멸하고 霸者의 지위에 올랐음.

【讌】편안함.

【參右】驂乘과 같음. 수레 곁에 함께 타는 것.

【乘駟】말 네 필이 끄는 수레를 탐.

【雲夢】지명. 춘추시대 楚王의 遊獵區. 雲夢澤.

【囿】고대 제왕의 원유. 각종 동물과 식물을 키우는 곳. 園林.

【馬足】말 앞을 뜻함.

【莊王】楚 莊王. 춘추오패의 하나로 초나라 군주. 미성(羋姓)이며 이름은 旅(呂, 侶). B.C.613~591년까지 23년간 재위. '絶纓', '三年不飛' 등의 고사를 남겼으며 남쪽 초나라를 강국으로 키운 영명한 군주.

【二姬】원문은 '越姬'로 되어 있음.

【股肱】임금의 보필. 팔과 다리처럼 중요한 좌우 신하라는 뜻.

【狐狸】《國語》吳語에 "夫諺曰:'狐狸之而狐搰之, 是以無成功.'"이라 하고 韋昭 주에 "埋, 藏也. 搰, 發也"라 하였으며 여기서는 '埋葬'을 뜻함.

【三弟】昭王의 아우 公子 申, 公子 結, 公子 閭를 가리킴.

【壁】《史記》〈楚世家〉에는 '塗'로 되어 있음.

【德音莫違】《詩經》邶風 谷風의 구절.

1. 《詩經》邶風 谷風 → 022 참조.

2. 《說苑》君道篇

楚昭王之時, 有雲如飛鳥, 夾日而飛三日, 昭王患之, 使人乘驛東而問諸太史州黎,
州黎曰:「將虐於王身, 以令尹司馬說焉, 則可.」令尹司馬聞之, 宿齋沐浴, 將自以身
禱之焉. 王曰:「止, 楚國之有不穀也, 由身之有匈脇也; 其有令尹司馬也, 由身之有
股肱也. 匈脇有疾, 轉之股肱, 庸爲去是人也?」

3. 《左傳》哀公 6년

是歲也, 有雲如衆赤鳥. 來日以飛, 三日. 楚子使問諸周大史. 周大史曰:「其當王
身乎. 若禜之, 可移於令尹 · 司馬.」王曰:「除腹心之疾, 而置諸股肱, 何益? 不穀不
有大過, 天其夭諸. 有罪受罰, 又焉移之?」遂弗禜.

4. 《史記》楚世家

十月, 昭王病於軍中, 有赤雲如鳥, 來日而蜚. 昭王問周太史, 太史曰:「是害於楚王,
然可移於將相.」將相聞是言, 乃請自以身禱於神, 昭王曰:「將相孤之股肱也, 今移
禍庸去是身乎?」弗聽.

5. 《藝文類聚》卷28

列女傳曰: 楚昭王燕遊, 蔡姬在左, 越姬參乘. 王親乘馴以逐, 登附莊之臺, 以望雲夢
之囿, 乃顧謂二女曰:「樂乎! 吾願與子生若此.」

6. 기타 참고자료

《文選》49 後漢書皇后紀論 주

064(5-5) 蓋將之妻
갑나라 장수 구자의 아내

갑蓋나라 편장偏將 구자邱子의 처이다. 융戎이 갑을 정벌하여 그 임금을
죽이고 나서 갑나라 신하들에게 명령을 내렸다.

"감히 자살하는 자가 있으면 그 처자까지 모두 죽이리라."

그럼에도 구자는 자살하려 하였지만 주위 사람들이 구해 죽을 수가
없었다. 이윽고 그가 집으로 돌아오자 그의 처가 이렇게 말하였다.

"제가 듣기로 장군 된 자가 절의와 용기가 있어 살기를 바라지 않기

갑장지처(蓋將之妻)

때문에 병사와 백성도 온 힘을 바
쳐서 죽음도 두려워하지 않는 것
이요, 이로써 전쟁에 이기고 공격
해서 취할 수 있는 것이며 그 때문
에 능히 나라를 온전히 하고 군주
를 편안하게 하는 것이라 하더이
다. 무릇 전쟁에서 용기를 잊는 것
은 효가 아니요, 임금이 죽었는데
따라 죽지 않는 것은 충이 아닙니
다. 지금 군대는 패하고 임금이 죽
었는데 그대는 어찌 홀로 살아남
았습니까? 충과 효를 그 몸에서
잊어버리고 어찌 차마 돌아올 수
있었습니까?"

구자가 말하였다.

"갑은 소국이고 융은 대국입니다. 나는 힘을 다하고 능력을 다하였지만 임금께서는 불행히 죽고 말았소. 나도 진실로 자살하려 하였지만 남이 구해 죽을 수가 없었다오."

처가 말하였다.

"지난 그때는 남이 구하여 그렇게 되었다면, 지금은 다시 어떻게 하실 것입니까?"

구자가 말하였다. "나는 내 몸을 아끼는 것이 아니오. 융이 자살하는 사람은 처자식까지도 죽이겠다고 하였소. 그 때문에 죽지 못하는 것이오. 또 내가 죽는다 한들 돌아가신 임금에게 무슨 이익이 되겠소?"

처가 말하였다.

"제가 듣기로 임금에게 우환이 생기면 그것은 곧 신하의 치욕이며, 임금에게 치욕이 생기면 신하는 죽어야 한다고 하더이다. 지금 임금이 살해되었는데, 그대는 살아 있으니 이를 의義라 할 수 있습니까? 많은 병사와 백성들이 죽고 나라 또한 멸망하였는데, 혼자만 살아있으니 이를 인仁이라 할 수 있습니까? 처자를 걱정한답시고 인의를 잊고, 돌아가신 군주를 배반하여 강포한 새 임금을 섬긴다면 이를 충忠이라 할 수 있습니까? 사람으로서 충신의 도와 인의의 행동이 없다면 현賢이라 할 수 있습니까? 《주서周書》에 '임금을 먼저 하고 신하는 뒤로 하며, 부모를 먼저 하고 형제는 뒤로 하며, 형제를 먼저 하고 벗은 뒤로 하며, 벗을 먼저 하고 처자는 뒤로 한다'라 하였습니다. 처자는 사사로운 애정이며 임금 섬기는 일은 공의公義입니다. 지금 처자를 이유로 신하로서의 절의를 잃고, 군주 섬기는 예가 없이 충신의 공도를 버리며, 처자에 대한 사사로운 애정을 핑계로 목숨을 훔쳐 구차하게 살고 있으니 저 같은 이도 부끄럽게 여기거늘 하물며 당신은 어떻겠습니까? 저는 그대와 더불어 치욕을 무릅쓰면서까지 살 수는 없습니다."

그리고는 결국 자살하였다. 융의 군주가 그들을 어질게 여겨 태뢰太牢로써 제사 지내고 장수의 예로써 장례를 치러 주었다. 그리고 그의 아우에게 금 백 일鎰을 하사하고 경卿으로 삼아 갑 땅을 따로 다스리도록 하였다.

군자가 말하였다.

"갑 나라 장수의 처는 깨끗하고 의를 좋아하였다."

《시詩》에 "저 훌륭한 군자는 그 덕을 되돌리지 않도다"라 하였으니 이를 두고 한 말이다.

송頌:

"갑나라 장수의 처, 절개 지님이 날카로웠네.

융이 갑을 멸망시켜 구자 홀로 삼아남자,

처는 죽지 못함을 부끄러이 여겨 다섯 가지 영광을 들어 밝혔네.

남편 위해 먼저 죽으니 마침내 그 이름 밝게 남겼네."

蓋之偏將邱子之妻也. 戎伐蓋, 殺其君.

令於蓋群臣曰:「敢有自殺者, 妻子盡誅.」

邱子自殺, 人救之不得死.

旣歸, 其妻謂之曰:「吾聞將節勇而不果生, 故士民盡力而不畏死, 是以戰勝攻取, 故能存國安君. 夫戰而忘勇, 非孝也; 君亡不死, 非忠也. 今軍敗君死, 子獨何生? 忠孝忘於身, 何忍以歸?」

邱子曰:「蓋小戎大, 吾力畢能盡, 君不幸而死, 吾固自殺也, 以救故不得死.」

妻子曰:「曩日有救, 今又何也?」

邱子曰:「吾非愛身也. 戎令曰:『自殺者誅及妻子』, 是以不死, 死又何益於君?」

其妻曰:「吾聞之: 主憂臣辱, 主辱臣死. 今君死而子不死,

可謂義乎? 多殺士民, 不能存國而自活, 可謂仁乎? 憂妻子
而忘仁義, 背故君而事强暴, 可謂忠乎? 人無忠臣之道, 仁義
之行, 可謂賢乎? 周書曰:『先君而後臣, 先父母而後兄弟,
先兄弟而後交友, 先交友而後妻子.』妻子私愛也, 事君公
義也. 今子以妻子之故, 失人臣之節, 無事君之禮, 棄忠臣之
公道, 營妻子之私愛, 偸生苟活, 妾等恥之, 況於子乎? 吾不能
與子蒙恥而生焉.」

遂自殺. 戎君賢之, 祠以太牢, 而以將禮葬之, 賜其弟金百鎰,
以爲卿, 而使別治蓋.

君子謂:「蓋將之妻, 潔而好義.」

詩曰:『淑人君子, 其德不回.』此之謂也.

頌曰:『蓋將之妻, 據節銳精.

　　　戎旣滅蓋, 邱子獨生.

　　　妻恥不死, 陳設五榮.

　　　爲夫先死, 卒遺顯名.』

【蓋】'갑'으로 읽으며 지명. 고대의 小國.

【偏將】副將.

【戎伐蓋】西戎이 갑나라를 멸함. 《竹書紀年》에 "周幽王六年, 西戎滅蓋"
　이라 함.

【忘】'亡'과 같음. 고대 통용자.

【先君而後臣】이 구절은 《尙書》 周書와 《逸周書》에 보이지 않음. 일문으로
　여겨짐.

【太牢】소·양·돼지를 잡아 지내는 제사나 연회. 아주 엄청난 대접을 뜻함.

【淑人君子】《詩經》小雅 鼓鐘의 구절.
【五榮】사람으로서의 다섯 가지 영예. 忠·孝·仁·義·賢을 뜻함.

참고 및 관련 자료

1.《詩經》小雅 鼓鐘

鼓鐘將將, 淮水湯湯. 憂心且傷. 淑人君子, 懷允不忘. 鼓鐘喈喈, 淮水湝湝. 憂心
且悲. 淑人君子, 其德不回. 鼓鐘伐鼛, 淮有三洲. 憂心且妯. 淑人君子, 其德不猶.
鼓鐘欽欽, 鼓瑟鼓琴. 笙磬同音. 以雅以南, 以籥不僭.

〈美人紈扇圖〉明 작자 미상

065(5-6) 魯義姑姊
노나라 의로운 시골 부인

　노魯나라 의고자義姑姊는 노나라 시골 부인이다. 제齊나라가 노나라를
침략하여 교외에 이르러 제나라 장수가 살펴보았더니, 어떤 부인이
한 아이를 안고 또 한 아이의 손을 이끌고 걸어가고 있는 것이었다.
군대가 바짝 따라갔더니, 안고 있던 아이는 내려놓고 손을 잡고 가던
아이를 안아 산으로 달아나는 것이었다. 버려진 아이가 울면서 따라갔
지만 부인은 돌아보지도 않은 채 달아나고 있었다.

　제나라 장수가 울고 있는 아이
에게 물었다.

　"저기 달아나는 사람이 너의 어
머니냐?"

　아이가 대답하였다.

　"그렇습니다."

　"그럼, 네 어머니가 안고 가는
아이는 누구냐?"

　아이가 대답하였다.

　"모릅니다."

　제나라의 장수는 군사를 시켜
그 여자를 쫓도록 하였다. 군사
들이 활을 겨누어 소리쳤다.

　"서라! 서지 않으면 쏘겠다."

노의고자(魯義姑姊)

마침내 그 부인이 돌아오게 되었다.

제나라 장수가 물었다.

"안고 있는 아이가 누구냐? 버린 아이는 누구냐?"

부인은 이렇게 대답하였다.

"안고 있던 아이는 제 오빠의 자식이며 버린 아이는 바로 제 자식입니다. 군대가 밀려오는 것을 보고 제 힘으로 둘을 모두 살필 수 없어 그 때문에 제 자식을 버린 것입니다."

제나라의 장수가 말하였다.

"어머니에게 있어서 자식은 친하고 사랑스러운 존재이다. 마음이 심히 고통스러울 터인데 지금 그러한 아이를 버리고 도리어 오빠의 자식을 안고 갔으니 어찌된 일인가?"

부인이 말하였다.

"자신의 자식을 살리겠다는 것은 사사로운 사랑이며, 오빠의 아이를 살리는 것은 공적인 의무입니다. 무릇 공적인 의무를 버리고 사사로운 사랑으로 향한다면 오빠의 자식은 죽게 되고 내 자식만 살게 됩니다. 다행히 무사하게 도망쳐 살더라도 노나라 군주가 저를 백성으로 용납하지 않을 것이며, 대부들도 나를 인정하지 않을 것이며, 서민과 나라사람들 또한 나를 상대하지 않을 것입니다. 무릇 이와 같이 되면 나의 옆구리나 어깨조차 용납될 곳이 없으며, 두 발을 포개어도 밟을 땅이 없게 될 것입니다. 당신은 비록 가슴 아플 것이라고 말하지만, 유독 의에 대한 것이니 어찌할 수 있겠습니까? 그 때문에 차마 내 자식을 버리는 의를 행한 것입니다. 의를 버리고서는 노나라에서 살 수 없습니다."

이에 제나라 장수가 병사들을 멈추게 하고 사람을 제나라 군주에게 보내 이렇게 말을 전하도록 하였다.

"노나라는 정벌할 수 없습니다. 국경에 이르렀더니 촌에 묻혀 사는 하찮은 부인일 뿐인데, 도리어 절의를 지키며 행하여 사사로움으로써 공公을 해치지 않더이다. 그런데 하물며 조정의 신하나 사대부들이야 어찌하겠습니까? 청컨대 돌아가겠습니다."

제나라 군주가 이를 허락하였다. 노나라의 임금이 이를 듣고 부인에게 비단 백 단端을 선물로 내리고 '의고자義姑姊'라 호를 지어 주었다.

군자가 말하였다.

공정하고 진실한 믿음을 성실히 수행하여 의를 실행하는 데 과감하였다. 무릇 의는 큰 것이로다! 비록 필부에게 그러한 덕행이 있을지라도 나라는 그에 의지할 수 있는 것인데 하물며 예의로써 나라를 다스림에 있어서랴?

《시詩》에 "훌륭한 덕행이 있으면 사방 나라에서 이를 본받는다"라 하였으니 이를 두고 한 말이다."

송頌:

"제나라가 노나라를 칠 때 의고가 절의를 지니고 있었네.

군대를 보고 산으로 피해 달아나면서 제 자식은 버리고 조카를 안고 갔네.

제나라 장수 그 까닭 묻고는 의리에 따라 행동함을 훌륭히 여겼네.

한 부인 의로 인하여 제나라 병사들이 공격을 그쳤다네."

魯義姑姊者, 魯野之婦人也. 齊攻魯至郊, 望見一婦人, 抱一兒, 攜一兒而行, 軍且及之, 棄其所抱, 抱其所攜而走於山. 兒隨而啼, 婦人遂行不顧.

齊將問兒曰:「走者爾母耶?」

曰:「是也.」

「母所抱者誰也?」

曰:「不知也.」

齊將乃追之. 軍士引弓將射之曰:「止! 不止吾將射爾.」

婦人乃還. 齊將問:「所抱者誰也? 所棄者誰也?」

對曰:「所抱者妾兄之子也, 所棄者妾之子也. 見軍之至, 力不能兩護, 故棄妾之子.」

齊將曰:「子之於母, 其親愛也, 痛甚於心, 今釋之, 而反抱兄之子, 何也?」

婦人曰:「己之子私愛也, 兄之子公義也. 夫背公義而嚮私愛, 亡兄子而存妾子, 幸而得幸, 則魯君不吾畜, 大夫不吾養, 庶民國人不吾與也. 夫如是, 則脅肩無所容, 而累足無所履也. 子雖痛乎, 獨謂義何? 故忍棄子而行義, 不能無義而視魯國.」

於是齊將按兵而止. 使人言於齊君曰:「魯未可伐也. 乃至於境, 山澤之婦人耳, 猶知持節行義, 不以私害公, 而況於朝臣士大夫乎? 請還.」

齊君許之. 魯君聞之, 賜婦人束帛百端, 號曰「義姑姊」. 公正誠信, 果於行義. 夫義其大哉! 雖在匹婦, 國猶賴之, 況以禮義治國乎?

詩云:『有覺德行, 四國順之.』此之謂也.

頌曰:『齊君攻魯, 義姑有節.
　　　見軍走山, 棄子抱姪.
　　　齊將問之, 賢其推理.
　　　一婦爲義, 齊兵遂止.』

【姑姊】아버지보다 나이가 많은 고모를 가리킴. 아버지보다 나이가 어린 고모는 姑妹라 부름.
【畜】수용하여 머물러 있도록 함.

【視】生과 같은 뜻. 王照圓《補注》에 "視, 猶生也. 如'長生久視'之視"라 함.
【公正誠信】梁端의 《校注》에 "以他傳例之, '公正'上當有'君子謂義姑姊'六字,
因'義姑字'復出, 誤脫耳"라 함.
【有覺德行】《詩經》大雅 抑의 구절. 각은 高大正直함을 뜻함.

참고 및 관련 자료

1. 《詩經》大雅 抑→022 참조.

〈紅衣舞女壁畵〉(唐) 1957 陝西 長安 唐墓 벽화

066(5-7) 代趙夫人
대나라 대왕의 부인

대代나라의 조부인趙婦人은 조나라 간자簡子의 딸이며 양자襄子의 누나로서 대왕代王의 부인이다. 간자가 죽어 이미 장례는 치렀지만, 아들 양자는 아직 상복을 벗기 전이었는데도 북쪽으로 하옥산夏屋山에 올라 대왕을 유인하였다. 그는 요리를 담당하는 사람으로 하여금 자루가 달린 긴 국자를 가지고 대왕과 그 시종들의 식사 시중을 들도록 하였다. 그 국자로 음식을 푸면서 재인宰人 각솔으로 하여금 그 국자로 몰래 대왕과 시종들을 쳐서 죽이도록 하였다. 이렇게 하여 군대를 일으켜 대나라 땅을 평정하고 그 누나 조부인을 맞아 왔다.

대조부인(代趙夫人)

그러자 부인이 아우에게 이렇게 말하였다.

"나는 선군의 명을 받들어 이 대나라 왕을 섬겨 온 지 십여 년이 되었네! 대나라가 큰 잘못을 저지른 일이 없는데도 그대가 대나라 군주에게 잔혹한 짓을 하여 지금 대나라는 이미 망하고 말았다. 그런데 내 장차 어찌 조나라로 돌아갈 수 있겠는가? 또 내 듣기로 부인의

의로움이란 두 남편을 섬기지 않는 것이라 하였는데 내 어찌 두 남편이
있을 수 있겠는가? 나를 맞아 다시 어디로 시집보내려 하는가? 아우로
인하여 남편에게 오만하게 구는 것은 의롭지 못한 일이며, 남편을
위하느라 아우에게 원한을 품는 일은 어질지 못한 짓이다. 나는 감히
원망할 수도 없지만 그렇다고 역시 돌아갈 수도 없다."

그리고는 통곡하면서 하늘을 부르짖고는 미계麻笄라는 땅에서 스스로
목숨을 끊었다. 대나라 사람들은 모두가 그를 가슴에 새겼다.

군자가 말하였다.

"조부인은 부부간의 도리에 잘 처신하였다."

《시詩》에 "어긋남이 없고 해침이 없으면 모두가 본받지 않을 자
누가 있으랴'라 하였으니 이를 두고 한 말이다.

송頌:

"조양자는 바로 대나라 조부인의 아우라네.
대나라 왕을 습격하여 멸망시키고 그 누나를 데려가려 하니
누나는 의리 내세워 예절이 무엇인지를 말하였다네.
결국 돌아가지도 원망하지도 않고 그 자리에 남아 들에서 죽었다네."

代趙夫人者, 趙簡子之女, 襄子之姊, 代王之夫人也. 簡子
旣葬, 襄子未除服, 北登夏屋, 誘代王. 使廚人持斗以食代王及
從者, 行斟, 陰令宰人各以一斗擊殺代王及從者, 因擧兵平代地,
而迎其姊趙夫人.

夫人曰:「吾受先君之命事代之王, 今十有餘年矣! 代無大故,
而主君殘之, 今代已亡, 吾將奚歸? 且吾聞之: 婦人之義無二夫,
吾豈有二夫哉? 欲迎我何之? 以弟慢夫, 非義也; 以夫怨弟,
非仁也. 吾不敢怨, 然亦不歸.」

遂泣而呼天, 自殺於靡笄之地. 代人皆懷之.

君子謂:「趙夫人善處夫婦之間.」

詩曰:『不僭不賊, 鮮不爲則.』此之謂也.

頌曰:『惟趙襄子, 代夫人弟.

　　　襲滅代王, 迎取其姉.

　　　姉引義理, 稱引節禮.

　　　不歸不怨, 遂留野死.』

【代】옛날 나라 이름. 지금의 河北 蔚縣 동북에 있었음. 戰國 초 趙襄子에게
　망함.

【趙簡子】춘추 말기 晉나라 正卿. 趙文子의 손자이며 趙景子의 아들. 趙鞅의
　아버지.

【襄子】趙襄子. 진나라 경으로 簡子의 아들. 이름은 무휼(無卹).

【除服】상복을 벗음. 상기를 마침을 뜻함.

【夏屋】산 이름. 지금의 山西 代縣 동북에 있음.

【斗】술을 따르는 자루가 있는 국자.《史記》〈趙世家〉에는 '銅枓'라 하였음.

【宰人各】宰人은 주방에서 일하는 사람이며 '各'은 '雒'으로도 표기하며 그 사람
　의 이름.

【主君】여기서는 진나라 정경 趙襄子를 지칭함.

【靡笄】산 이름. 지금의 河北 蔚縣 동북에 있음. '靡'는 '摩', '磨'와 같음. 비녀를
　갈아 이로써 자살함.《史記》〈趙世家〉에는 "襄子平代地, 其姉聞之, 泣而呼天,
　摩笄自殺, 代人憐之, 所死地名之爲摩笄之山"이라 하였음.

【不僭不賊】《詩經》大雅 抑의 구절.

1. 《詩經》大雅 抑 →022 참조.

2. 《史記》〈趙世家〉

襄子姊前爲代王夫人. 簡子旣葬, 未除服, 北登夏屋, 請代王. 使廚人操銅枓以食代
王及從者, 行斟, 陰令宰人各以枓擊殺代王及從官, 遂興兵平代地. 其姊聞之, 泣而
呼天, 摩笄自殺. 代人憐之, 所死地名之爲摩笄之山. 遂以代封伯魯子周爲代成君.
伯魯者, 襄子兄, 故太子. 太子蚤死, 故封其子.

3. 《戰國策》(燕策一)

張儀爲秦破從連橫, 謂燕王曰:「大王之所親, 莫如趙. 昔趙王以其姊爲代王妻,
欲幷代, 約與代王遇於句注之塞. 乃令工人作爲金斗, 長其尾, 令之可以擊人. 與代
王飲, 而陰告廚人曰:『卽酒酣樂, 進熱歠, 卽因反斗擊之.』於是酒酣樂進取熱歠.
廚人進斟羹, 因反斗而擊之, 代王腦塗地. 其姊聞之, 摩笄以自刺. 故至今有摩笄
之山, 天下莫不聞. 夫趙王之狼戾無親, 大王之所明見知也. 且以趙王爲可親邪?
趙興兵而攻燕, 再圍燕都而劫大王, 大王割十城乃卻以謝. 今趙王已入朝澠池, 效河
間以事秦. 大王不事秦, 秦下甲雲中‧九原, 驅趙而攻燕, 則易水‧長城非王之有也.
且今時趙之於秦, 猶郡縣也, 不敢妄興師以征伐. 今大王事秦, 秦王必喜, 而趙不敢
妄動矣. 是西有强秦之援, 而南無齊‧趙之患, 是故願大王之熟計之也.」
燕王曰:「寡人蠻夷僻處, 雖大男子, 裁如嬰兒, 言不足以求正, 謀不足以決事. 今大
客幸而敎之, 請奉社稷西面而事秦, 獻常山之尾五城.」

4. 《史記》〈張儀列傳〉

北之燕, 說燕昭王曰:「大王之所親莫如趙. 昔趙襄子嘗以其姊爲代王妻, 欲幷代,
約與代王遇於句注之塞. 乃令工人作爲金斗, 長其尾, 令可以擊人. 與代王飲, 陰告
廚人曰:『卽酒酣樂, 進熱啜, 反斗以擊之.』於是酒酣樂, 進熱啜, 廚人進斟, 因反斗
以擊代王, 殺之, 王腦塗地. 其姊聞之, 因摩笄以自刺, 故至今有摩笄之山. 代王
之亡, 天下莫不聞. 夫趙王之狼戾無親, 大王之所明見, 且以趙王爲可親乎? 趙興兵
攻燕, 再圍燕都而劫大王, 大王割十城以謝. 今趙王已入朝澠池, 效河間以事秦. 今大
王不事秦, 秦下甲雲中‧九原, 驅趙而攻燕, 則易水‧長城非大王之有也. 且今時趙
之於秦猶郡縣也, 不敢妄擧師以攻伐. 今王事秦, 秦王必喜, 趙不敢妄動, 是西有彊
秦之援, 而南無齊‧趙之患, 是故願大王孰計之.」燕王曰:「寡人蠻夷僻處, 雖大男
子裁如嬰兒, 言不足以采正計. 今上客幸敎之, 請西面而事秦, 獻恆山之尾五城.」

5.《太平御覽》441

列女傳曰: 代趙夫人者, 趙襄子之姊也. 襄子誘代王殺之. 因舉兵平代, 取地而迎夫人. 夫人曰:「吾受先君之命事代之王, 今代已亡, 吾將奚歸? 吾聞: 婦人之義無二夫, 欲迎我何之? 以弟慢夫, 非義; 以夫怨弟, 非仁也.」自殺於靡笄.

067(5-8) 齊義繼母
제나라의 의로운 계모

제齊나라 의계모義繼母는 제나라에 두 아들을 둔 어머니이다.

선왕宣王 때에 어떤 사람이 길에서 싸우다가 죽었는데, 관리가 나와 조사해 보았더니 한 사람에게 찔려 피살되었다는 것이다. 그런데 마침 두 형제가 그 곁에 있어 관리가 누가 죽였는지를 묻자 형이 대답하였다.

"내가 죽였소."

그러자 동생이 나서서 이렇게 말하는 것이었다.

"형이 아니라 내가 죽였습니다."

1년이 지나도록 그 관리는 판단할 수가 없어 이 일을 재상에게 보고하였지만 재상 역시 알아낼 수가 없었다.

그리하여 왕에게 보고하였더니 왕은 이렇게 말하였다.

"지금 둘 다 풀어 준다면 그 가운데 죄가 있는 자를 놓아 주는 것이 되고, 둘 모두 죽인다면 이는 그 가운데 무고한 자까지 죽이는 것이 되오. 과인이 헤아리건대 그들의 어머니는 능히 그 자식의 선악을 알고 있을 것이니 그 어머니에게

제의계모(齊義繼母)

이를 물어 그가 살리거나 죽이거나 하고 싶은 자식이 누구인지 의견을 들도록 합시다.”

재상이 그들의 어머니를 불러 이렇게 물었다.

“당신의 아들이 사람을 죽였소. 그런데 형제가 서로 대신 사형을 받겠다고 하고 있어 관리로서도 능히 판결을 내릴 수가 없소. 임금께 이를 보고하였더니 임금께서는 어질고 은혜가 있는 분이라 그 때문에 그들의 어머니인 당신에게 누구를 죽이고 누구를 살릴 것인가를 묻도록 하였소.”

그 어머니가 울면서 이렇게 말하였다.

“작은 놈을 죽이십시오.”

재상이 어머니의 말을 받아 이렇게 다시 질문을 하였다.

“무릇 어린 아들이라면 대체로 더 안쓰러워하는 법인데 지금 작은 아들을 죽이고자 하는 것은 무슨 까닭이오?”

그러자 그 어머니가 이렇게 대답하였다.

“작은아들은 제가 낳은 자식이고, 큰아들은 전처의 소생입니다. 그 아버지가 병들어 죽음에 이르렀을 때 저에게 이렇게 부탁하였습니다. ‘저 아이를 잘 길러 돌봐 주시오!’ 이에 제가 ‘그렇게 하겠습니다’라고 하였지요. 그의 부탁을 받아 그것을 허락한 지금에, 어찌 그 부탁을 잊고 그러한 약속에 믿음을 저버릴 수 있겠습니까? 또 형을 죽이고 아우를 살린다면 이는 사사로운 애정으로 공적인 의무를 폐기하는 것이 되며, 부탁한 말을 배반하고 신의를 저버린다면 죽은 이를 속이는 것이 됩니다. 무릇 약속을 지키지 못하고 이미 허락한 말에 믿음이 없다면, 어떻게 세상을 살아갈 수 있겠습니까? 비록 자식의 일이 가슴 아프지만 유독 의리를 실행하는 면에서는 어떻겠습니까?”

눈물이 흘러 그 어미의 소매를 적셨다. 재상이 들어 왕에게 이를 보고하자 왕은 그 어머니의 의리를 훌륭히 여기고, 그 행실을 높이 사 두 사람을 모두 사면시켰다. 그리고 그 어머니를 존중하여 의모義母라 호를 지어 주었다.

군자가 말하였다.

"의모는 신의가 있고 의를 좋아하였고 예법을 지켰으며 겸양하였다. 《시詩》에 "저 훌륭한 군자여! 사방에서 그를 모범으로 여기네"라 하였으니 이를 두고 한 말이다.

송頌:

"의리 있는 계모는 진실로 믿음직하고 공정하며 예를 알았도다. 아들 형제가 각각 죄를 지었다고 서로 양보하여 거짓으로 자백하니 관리도 판결하지 못하여 왕이 그들 어미에게 물었다네. 믿음을 지키고자 의리로써 행하니 마침내 두 아들 모두 풀려나게 되었다네."

齊義繼母者, 齊二子之母也. 當宣王時, 有人鬪死於道者, 吏訊之, 被一創, 二子兄弟立其傍.

吏問之, 兄曰:「我殺之.」

弟曰:「非兄也, 乃我殺之.」

期年, 吏不能決; 言之於相, 相不能決.

言之於王, 王曰:「今皆赦之, 是縱有罪也; 皆殺之, 是誅無辜也. 寡人度其母能知子善惡, 試問其母, 聽其所欲殺活.」

相召其母問之曰:「母之子殺人, 兄弟欲相代死, 吏不能決. 言之於王, 王有仁惠, 故問母何所欲殺活?」

其母泣而對曰:「殺其少者.」

相受其言, 因而問之曰:「夫少子者, 人之所愛也, 今欲殺之, 何也?」

其母對曰:「少者妾之子也, 長者前妻之子也. 其父疾且死之時, 屬之於妾曰:『善養視之!』妾曰:『諾.』今旣受人之託,許人以諾, 豈可以忘人之託, 而不信其諾耶? 且殺兄活弟, 是以私愛廢公義也; 背言忘信, 是欺死者也. 夫言不約束, 已諾不分, 何以居於世哉? 子雖痛乎, 獨謂行何?」

泣下沾襟. 相入言於王, 王美其義, 高其行, 皆赦不殺. 而尊其母號曰「義母」.

君子謂:「義母信而好義, 絜而有讓.」

詩曰:『愷悌君子, 四方爲則.』此之謂也.

頌曰:『義繼信誠, 公正知禮.
　　　親假有罪, 相讓不已.
　　　已不能決, 王以問母.
　　　據信行義, 卒免二子.』

【宣王】齊 宣王. 전국시대 田氏齊의 임금으로 이름은 辟彊. B.C.319~301년까지 11년간 재위함.

【度】'탁'으로 읽으며 '헤아리다, 忖度하다'의 뜻.

【養視】양육하며 보살펴 줌.

【絜】禮法을 잘 지켜 나감.

【愷悌君子】《詩經》大雅 卷阿의 구절.

【親假】親子와 假子. 가자는 직접 낳은 아들이 아닌 경우를 뜻함.

참고 및 관련 자료

1.《詩經》大雅 卷阿

有卷者阿, 飄風自南. 豈弟君子, 來游來歌, 以矢其音. 伴奐爾游矣, 優游爾休矣. 豈弟君子, 俾爾彌爾性, 似先公酋矣. 爾土宇昄章, 亦孔之厚矣. 豈弟君子, 俾爾彌爾性, 百神爾主矣. 爾受命長矣, 茀祿爾康矣. 豈弟君子, 俾爾彌爾性, 純嘏爾常矣. 有馮有翼, 有孝有德, 以引以翼. 豈弟君子, 四方爲則. 顒顒卬卬, 如圭如璋, 令聞令望. 豈弟君子, 四方爲綱. 鳳凰于飛, 翽翽其羽, 亦集爰止. 藹藹王多吉士, 維君子使, 媚于天子. 鳳凰于飛, 翽翽其羽, 亦傅于天. 藹藹王多吉人, 維君子命, 媚于庶人. 鳳凰鳴矣, 于彼高岡. 梧桐生矣, 于彼朝陽. 菶菶萋萋, 雝雝喈喈. 君子之車, 旣庶且多. 君子之馬, 旣閑且馳. 矢詩不多, 維以遂歌.

2.《藝文類聚》18

齊義繼母贊曰:「聖教玄化, 禮貴信誠. 至哉繼母, 行合典經. 不遺宿諾, 義割私情. 表德來裔, 垂則後生.」

3. 기타 참고자료

《太平御覽》422

〈洗兒圖〉

068(5-9) 魯秋潔婦
노나라 추호자의 정결한 부인

결부潔婦는 노魯나라 추호자秋胡子의 처이다. 추호자는 혼인한 지 닷새 만에 집을 떠나 진陳나라에 가 벼슬을 하게 되었다. 그리고 5년 만에 집으로 돌아오는 길이었다. 추호자가 거의 집 가까이 왔을 때 길가에서 어떤 부인이 뽕잎을 따고 있는 모습을 보자, 추호자는 기쁜 마음에 수레에서 내려 이렇게 말을 걸었다.

"이같이 더운 날씨에 뽕잎을 따시는구려. 나는 먼 길을 가고 있소.

노추결부(魯秋潔婦)

뽕나무 그늘 아래서 잠시 밥도 먹고 짐도 내려놓고 좀 쉬고 싶소."

부인은 대꾸도 없이 쉬지 않고 계속 뽕잎을 땄다. 그러자 추호자가 다시 말을 걸었다.

"힘써 농사짓는다 해도 풍년을 만나느니만 못하고 힘써 뽕잎을 딴다 해도 나라의 대신을 만나 팔자 피는 것만 못한 것이라오. 나는 돈이 있소. 부인에게 이 돈을 주고 싶소."

부인이 말하였다.

"아! 무릇 뽕을 따고 힘써 일하는 것은 실을 잣고 옷감을 짜서 옷과

양식을 만들어 양친을 봉양하고 남편을 섬기려는 것입니다. 나는 황금을 원하지 않습니다. 원컨대 대신께서는 다른 뜻을 갖지 않기를 바랍니다. 저 역시 음탕한 짓을 할 생각이 없습니다. 당신의 노자와 상자에 든 황금을 거두십시오."

추호자는 그곳을 떠나 집으로 돌아왔다. 어머니를 뵙고 가지고 온 금을 모두 어머니에게 드렸다. 그리고는 사람을 시켜 부인을 불러오도록 하였더니 들어온 부인은 방금 뽕잎을 따던 바로 그 여인이었다. 추호자는 부끄러웠다. 부인은 이렇게 말하였다.

"당신은 어른이 되어 자신을 수양하고는 부모를 남겨 두고 벼슬길에 올랐습니다. 그리하여 5년 만에 돌아왔으니 의당 기쁜 마음에 수레를 빨리 몰아 먼지를 일으키며 급히 달려 왔어야 함에도, 지금 당신은 길가의 부인에게 한눈을 팔아 그대의 짐을 내려놓고 황금을 주겠다고 유혹하였으니 이는 어머니를 잊은 것입니다. 어머니를 잊는 것은 불효이며, 여색을 좋아하여 음탕한 생각을 한 것은 더러운 행동입니다. 행동이 더럽다는 것은 의롭지 못한 것입니다. 무릇 어버이를 섬김에 효를 다하지 않았다면 임금을 섬기는 일에도 충성스럽지 못하였을 것입니다. 가정에 의롭지 못하였다면 관직에도 제대로 하지 못하였을 것입니다. 효와 의가 아울러 사라졌으니 틀림없이 어떤 일도 이룰 수 없을 것입니다. 저는 차마 이러한 당신을 보고 있을 수 없습니다. 그대는 다시 장가를 드세요. 나 또한 그런 사람의 아내가 될 수 없습니다."

그리고는 드디어 동쪽으로 내달아 물에 몸을 던져 죽고 말았다.

군자가 말하였다.

"깨끗한 부인은 훌륭한 일에 정성스러웠다."

무릇 불효 중에는 그 어버이는 사랑하지 아니하면서 다른 사람을 사랑하는 것보다 더 큰 것이 없다 하였는데 추호자에게 바로 그런 점이 있었던 것이다.

군자가 말하였다.

"선善을 보거든 그에 미치지 못한 듯이 하고 선하지 못한 것을 보거든

끓는 물에 손을 집어넣듯이 하라고 하였으니 추호자의 부인을 두고
한 말이다.”

《시詩》에 “마음 씀씀이 그토록 편협하니 이 때문에 비판을 받는
것이지”라 하였으니 이를 두고 한 말이다.

　송頌:

“추호자가 서쪽으로 벼슬살이 갔다가 5년 만에 돌아오게 되었네.

처를 만나 알아보지 못하고 도리어 음심을 품었다네.

아내는 정절을 지켜 두 마음이 없었으며 추호자는 돌아와 아내임을 알았네.

의롭지 못한 남편을 치욕으로 여겨 드디어 동쪽으로 내달아 물에 빠져
죽었다네.”

潔婦者, 魯秋胡子妻也. 旣納之五日, 去而宦於陳, 五年乃歸.
見路旁婦人採桑. 秋胡子悅之, 下車謂曰:「若曝採桑, 吾行
道遠, 願託桑蔭下餐下齎休焉.」

婦人採桑不輟. 秋胡子謂曰:「力田不如逢豐年, 力桑不如
見國卿. 吾有金, 願以與夫人.」

婦人曰:「嘻! 夫採桑力作, 紡績織紝, 以供奉衣食, 奉二親,
養夫子, 吾不願金. 所願卿無有外意, 妾亦無淫泆之志. 收子之
齎與笥金.」

秋胡子遂去. 至家, 奉金遺母, 使人喚婦至, 乃嚮採桑者也.

秋胡子慚, 婦曰:「子束髮修身, 辭親往仕, 五年乃還, 當所悅
馳驟, 揚塵疾至, 今也, 乃悅路旁婦人, 下子之裝, 以金予之,
是忘母也. 忘母不孝, 好色淫泆, 是汚行也. 汚行不義. 夫事親
不孝, 則事君不忠; 處家不義, 則治官不理, 孝義並亡, 必不遂矣,
妾不忍見, 子改娶矣, 妾亦不嫁.」

遂去而東走, 投河而死.

君子曰:「潔婦精於善.」

夫不孝莫大於不愛其親而愛其人, 秋胡子有之矣.

君子曰:「見善如不及, 見不善如探湯, 秋胡子婦之謂也.」

詩云:『惟是褊心, 是以爲刺.』此之謂也.

頌曰:『秋胡西仕, 五年乃歸.

　　　遇妻不識, 心有淫思.

　　　妻執無二, 歸而相知.

　　　恥夫無義, 遂東赴河.』

【宦】원문에는 '官'으로 되어 있음.

【下齎】齎(재)는 짐. 짐을 내려놓음.

【笥】음식이나 옷 따위를 갈무리하는 대나무 그릇.

【束髮】성년이 됨을 뜻함. 고대 성년식을 거치면 남자는 머리를 틀어 얹고 여자는 비녀를 꽂음.

【事親不孝】《孝經》廣至德章에 "子曰: '君子之事親孝, 故忠可移於君.'"이라 함.

【處家不義】《孝經》廣至德章에 "居家理, 故治可移於官"이라 함.

【夫不孝~而愛其人】《孝經》聖治章에 "父母之道, 天性也, 君臣之義也. ……故不愛其親而親他人者, 謂之悖德; 不敬其親而敬他人者, 謂之悖禮"라 함.

【妾不忍見, 子改娶矣, 妾亦不嫁】〈三民本〉에는 「妾不忍見子改娶矣, 妾亦不嫁」로 표점을 처리하고 "나는 차마 그대가 새롭게 장가드는 것을 볼 수 없습니다. 나도 다시 개가하지는 않을 것입니다"로 풀이하였으나 의미상 순통하지 않은 것으로 여김.

【見善如不及】《論語》季氏篇에 "孔子曰:「『見善如不及, 見不善如探湯.』吾見其人矣, 吾聞其語矣.『隱居以求其志, 行義以達其道.』吾聞其語矣, 未見其人也.」"라 함.

【惟是褊心】《詩經》魏風 葛屨의 구절.

【赴河】물로 뛰어들어 자결함.

참고 및 관련 자료

1.《詩經》魏風 葛屨

糾糾葛屨, 可以履霜. 摻摻女手, 可以縫裳. 要之襋之, 好人服之. 好人提提, 宛然左辟, 佩其象揥. 維是褊心, 是以爲刺.

2.《文選》(21)〈秋胡詩〉顔延年

(注)列女傳曰: 魯秋胡潔婦者, 魯秋胡子之妻. 秋胡子旣納之, 五日, 去而官於陳, 五年乃歸. 未至其家, 見路傍有美婦人方採桑, 秋胡子悅之, 下車謂曰:「今吾有金, 願以與夫人.」婦人曰:「嘻! 夫採桑奉二親, 吾不願人之金.」秋胡子遂去. 歸至家, 奉金遺其母. 其母使人呼其婦, 婦至, 乃向採桑者也. 秋胡子見之而慚. 婦曰:「束髮脩身, 辭親往仕, 五年乃得還, 當見親戚. 今也乃悅路旁婦人, 而下子之裝, 以金與之, 是忘母, 不孝也. 妾不忍見不孝之人.」遂去而走, 自投河而死.

(詩)

椅梧傾高鳳, 寒谷待鳴律.	影響豈不懷, 自遠每相匹. 婉彼幽閑女, 作嬪君子室.
峻節貫秋霜, 明豔侔朝日.	嘉運旣我從, 欣願自此畢. 燕居未及好, 良人顧有違.
脫巾千里外, 結綬登王畿.	戒徒在昧旦, 左右來相依. 驅車出郊郭, 行路正威遲.
存爲久離別, 沒爲長不歸.	嗟余怨行役, 三陟窮晨暮. 嚴駕越風寒, 解鞍犯霜露.
原隰多悲涼, 迴飆卷高樹.	離獸起荒蹊, 驚鳥縱橫去. 悲哉遊宦子, 勞此山川路.
超遙行人遠, 宛轉年運徂.	良時爲此別, 日月方向除. 孰知寒暑積, 僶俛見榮枯.
歲暮臨空房, 涼風起座隅.	寢興日已寒, 白露生庭蕪. 勤役從歸願, 反路遵山河.
昔醉秋未素, 今也歲載華.	䲜月觀時暇, 桑野多經過. 佳人從此務, 窈窕援高柯.
傾城誰不顧, 弭節停中阿.	年往誠思勞, 事遠闊音形. 雖爲五載別, 相與昧平生.
捨車遵往路, 鳧藻馳目成.	南金豈不重? 聊自意所輕. 義心多苦調, 密比金玉聲.
高節難久淹, 朅來空復辭.	遲遲前塗盡, 依依造門基. 上堂拜嘉慶, 入室問何之?
日暮行采歸, 物色桑楡時.	美人望昏至, 慚歎前相持. 有懷誰能已? 聊用申苦難.
離居殊年載, 一別阻河關.	春來無時豫, 秋至恆早寒. 明發動愁心, 閨中起長歎.

慘悽歲方晏, 日落遊子顔. 高張生絶弦, 聲急由調起. 自昔枉光塵, 結言固終始.
如何久爲別, 百行譽諸己? 君子失明義, 誰與偕没齒? 愧彼行露詩, 甘之長川汜.

3.《太平御覽》441

魯秋潔婦者, 魯秋胡子妻也. 秋胡子既納之五日而去, 官於陳, 五年乃歸. 未至家見
路傍有一美婦人方採桑, 秋胡子下車謂曰:「苦暴採桑, 吾行道遠, 願託桑陰下餐.」
婦人採桑不輟. 秋胡子謂曰:「力田不如逢年, 力桑不如郎. 今吾有金, 願與夫人.」
曰:「嘻! 夫採桑力作, 紡績織以衣食, 奉二親, 養夫子而已矣. 吾不願人之金也. 收子
之資與子笥金.」秋胡還家, 奉金遺母, 母使人呼婦. 婦至, 乃向採桑者. 婦曰:「君辭家
遠仕五年方還, 當乍驅揚塵疾至, 今也, 乃悅道旁婦人, 是忘母不孝, 好色淫泆, 是汙
行也. 妾不忍見不義不孝之人, 子改娶矣, 妾亦不嫁.」遂去而東走, 投河而死.

4.《太平御覽》520

劉向列女傳曰: 魯有秋胡子, 既納妻五日而官於陳, 五年乃歸. 未至其家, 見路傍有
美婦人方採桑葉. 秋胡子說之, 下車謂曰:「苦暴獨採桑, 吾行道遠, 願託桑蔭下飡.」
於是, 下齎休焉.」婦人採桑不輟. 秋胡子謂曰:「力田不如逢年, 力桑不如見郎. 今吾
有金, 願以與夫人.」婦人曰:「嘻! 夫採力作, 紡績織紝, 以供衣食, 奉二親, 養夫子而
已矣. 吾不願人之金. 所願卿事上無有外意, 妾事夫家亦無淫泆之志. 子去矣. 收子
之齎與子笥金.」秋胡子遂去. 歸至家, 奉金遺其母. 母使人呼其婦, 至乃向採桑
者也. 秋胡子見之而慙, 婦曰:「子束髮脩身, 辭親往仕, 五年乃還, 當驅喜乍馳乍驟,
揚塵疾至, 思見親. 今者, 乃說路旁婦人而下子之裝, 以金予之, 是忘母也. 忘母
不孝, 好色淫泆, 是汙行. 不義. 夫事親不孝, 則事君不忠; 處家不義, 則治官不理,
孝義並亡, 於身不遂, 妾不忍見不孝不義之人. 子改娶矣, 妾亦不嫁.」遂去而東走,
自投於河而死.

5.《西京雜記》卷6. 兩秋胡曾參毛遂

杜陵秋胡者, 能通《尚書》, 善爲古隸字, 爲翟公所禮, 欲以兄女妻之. 或曰:「秋胡已
經娶而失禮, 妻遂溺死, 不可妻也.」馳象曰:「昔魯人秋胡, 娶妻三月而遊宦三年,
休, 還家, 其婦採桑於郊, 胡至郊而不識其妻也, 見而悅之, 乃遺黃金一鎰. 妻曰:
「妾有夫, 遊宦不返, 幽閨獨處, 三年于茲, 未有被辱如今日也.」採不顧. 胡慚而退,
至家, 問家人妻何在. 曰:『行採桑於郊, 未返.』既還, 乃向所挑之婦也. 夫妻並慚.
妻赴沂水而死. 今之秋胡, 非昔之秋胡也.

6.《藝文類聚》卷18

魯秋胡潔婦者, 魯秋胡之妻也. 秋胡子旣納之, 五日而去, 宦於陳, 五年乃歸. 未至家, 見路傍有一美婦人, 方採桑. 秋胡子下車謂曰:「若曝獨採桑, 吾行道遠. 願託桑陰下一食.」婦人採桑不輟, 秋胡子謂曰:「力田不如逢少年, 力桑不如見公卿. 今吾有金, 願與夫人.」婦人曰:「採桑力作, 紡織經織, 以供衣食, 奉二親, 養夫子而已矣. 吾不願人之金也.」秋胡子還家, 奉金遺母. 母使人呼其婦, 婦乃向採桑婦, 婦乃自投於河而死.

7.《藝文類聚》卷83

列女傳曰: 秋胡子旣宦於陳, 五年乃歸. 未至, 見路傍有一美婦人, 方採桑. 秋胡子下車謂之曰:「吾有金, 願與夫人.」婦笑曰:「嘻! 夫採桑以作, 紡績經織. 以供衣食, 奉二親. 養夫子而已矣. 吾不願人之金.」

8.《藝文類聚》卷88

列女傳: 秋胡子納妻五日而婦採桑. 自投河死.

〈長信宮鎏金宮女銅燈〉(西漢) 1968 河北 滿城 출토

069(5-10) 周主忠妾
주나라 대부의 충직한 시녀

주周나라 대부의 충직한 시녀는 주나라 대부의 처가 시집 올 때
데리고 온 잉첩滕妾이다. 그 대부는 호가 주보主父로서 위衛나라 출신
이다. 주나라에서 벼슬을 하고 있었는데 2년 만에 고향 위나라에 다니러
오게 되었다. 그런데 그동안 그의 처는 이웃 남자와 정을 통하고 있던
터라 그 남자가 주보에게 들킬 것을 두려워하자 주보의 처는 이렇게
말하였다.

"걱정하지 마십시오! 내가 독약
을 탄 술을 담가서 봉해 두고 기다
리고 있습니다."

그런 지 삼 일 후에 주보가 집에
도착하자 그 처는 이렇게 말하였다.

"내가 당신을 위로하고자 술을
담가 봉하여 놓고 기다리고 있었
습니다."

그리고는 그 하녀 잉비를 시켜
준비된 술을 가지고 와서 올리도
록 하였다. 잉비는 그것이 독약을
탄 술임을 알았다. 생각해 보니 그
술을 주보에게 올린다면 주보를
죽이는 것이 되어 불의이며, 또 사실

주주충첩(周主忠妾)

대로 말한다면 주모主母를 죽이게 될 것이니 이는 불충이 되는 것이었다. 잉비는 머뭇거리다가 거짓으로 넘어지는 척하며 그 술을 엎질러 버리고 말았다. 주보는 노하여 벌로 그녀에게 매질을 하였으며 이윽고 그 일이 끝나고 말았다.

그런데 주보의 처는 잉비가 자신의 일을 말해 버리면 어쩌나 두려워 다른 일을 트집잡아 태형이라는 벌로 쳐서 죽이려 하였다. 몸종은 매맞아 죽을 것임을 알았지만, 끝내 독주에 대해서는 말하지 않았다. 그런데 주보의 동생이 그 사실을 듣고 모든 것을 주보에게 고하였다. 주보가 깜짝 놀라 잉비를 풀어 주고 오히려 그의 처를 태형에 처하여 죽여 버렸다.

그런 일이 있고 난 후 주보는 사람을 시켜 잉비에게 몰래 이렇게 물어 보도록 하였다.

"너는 그때 그 사실을 알면서도 어찌 말하지 않았는가? 도리어 거의 죽음까지 이르렀는가?"

그러자 잉비는 이렇게 말하는 것이었다.

"주인을 죽게 하고 저만 사는 것은 주인의 명예를 욕되게 하는 것입니다. 제가 죽으면 그것으로 죽었지 어찌 말할 수 있는 일이었겠습니까?"

주보는 그의 의리를 높이 사고 그의 뜻을 귀하게 여겨 장차 자신의 첩으로 들이고자 하였다.

그러자 잉비는 사양하면서 이렇게 말하였다.

"주인이 욕되게 죽었는데 첩 혼자 산다는 것은 무례無禮입니다. 또 주인의 자리를 대신 차지하는 것은 역례逆禮입니다. 무례와 역례 중에 하나만 저질렀어도 이미 지나친 것인데 지금 이 두 가지 일을 다 저지른다면 살아갈 수 없는 일입니다."

그리고는 스스로 목숨을 끊으려 하였다. 주보가 이 사실을 알고는 후한 예물을 주어 다른 곳으로 시집보내려 하자, 사방 이웃들이 다투어 그녀를 데려가겠다고 나섰다.

군자가 말하였다.

"충성스런 첩은 아주 어질고 후덕하였도다."

무릇 명성이란 미약한 것이라 해서 소문이 나지 않는 것은 아니며, 행실이란 감춘다고 해서 드러나지 않는 것은 아니다.

《시詩》에 "보답 없는 말이란 있을 수 없고, 보답 없는 덕이란 있을 수 없도다"라 하였으니 이를 두고 한 말이다.

송頌:

"주나라 주보의 충직한 시녀, 자혜롭고도 질서를 알았도다.

음란한 주보의 처, 독주로 남편을 죽이고자 하여

그를 시켜 술 바치게 하니, 거짓으로 넘어져 술을 엎질러 독살을 막았도다.

충심으로 그 주인 온전케 하였으니 끝내 복을 받았도다."

周主忠妾者, 周大夫妻之媵妾也. 大夫號主父, 自衛仕於周, 二年, 且歸. 其妻淫於鄰人, 恐主父覺, 其淫者憂之, 妻曰:「無憂也! 吾爲毒酒封以待之矣.」

三日, 主父至, 其妻曰:「吾爲子勞, 封酒以待.」

使媵婢取酒而進之. 媵婢心知其毒酒也, 計念進之則殺主父, 不義; 言之, 又殺主母, 不忠; 猶與, 因陽僵覆酒, 主父怒而笞之, 旣已. 妻恐媵婢言之, 因以他過笞欲殺之, 媵知將死, 終不言. 主父弟聞其事, 具以告主父, 主父驚, 乃免媵婢而笞殺其妻.

使人陰問媵婢曰:「汝知其事, 何以不言? 而反幾死乎?」

媵婢曰:「殺主以自生, 又有辱主之名, 吾死則死耳, 豈言之哉?」

主父高其義, 貴其意, 將納以爲妻.

媵婢辭曰:「主辱而死, 而妾獨生, 是無禮也; 代主之處, 是逆禮也. 無禮逆禮, 有一猶愈, 今盡有之, 難以生矣.」

欲自殺, 主聞之, 乃厚幣而嫁之. 四鄰爭娶之.

君子謂:「忠妾爲仁厚.」

夫名無細而不聞, 行無隱而不彰.

詩云:『無言不讎, 無德不報.』此之謂也.

頌曰:『周主忠妾, 慈惠有序.

　　　主妻淫僻, 藥酒毒主.

　　　使妾奉進, 僵以除賊.

　　　忠全其主, 終蒙其福.』

【媵妾】 귀족이 시집갈 때 따라가는 婢妾.

【主父】 비첩이 남자 주인을 부를 때 主父라 하며 여자 주인은 主母라 부름.

【猶與】 '猶豫'와 같음. 결정을 하지 못하고 머뭇거림. 쌍성연면어.

【陽】 '佯'과 같음.

【厚幣】 후한 예물.

【無言不讎】《詩經》 大雅 抑의 구절.《詩經》에는 '無言不讎'로 되어 있음.

참고 및 관련 자료

1.《詩經》大雅 抑 →022 참조.

2.《戰國策》燕策(一)

燕王曰:「夫忠信, 又何罪之有也?」對曰:「足下不知也. 臣鄰家有遠爲吏者, 其妻私人. 其夫且歸, 其私之者憂之. 其妻曰:『公勿憂也, 吾已爲藥酒以待之矣.』後二日, 夫至. 妻使妾奉巵酒進之. 妾知其藥酒也, 進之則殺主父, 言之則逐主母, 乃陽僵棄酒. 主父大怒而笞之. 故妾一僵而棄酒, 上以活主父, 下以存主母也. 忠至如此, 然不免於笞, 此以忠信得罪者也. 臣之事, 適不幸而有類妾之棄酒也. 且臣之事足下, 亢義益國, 今乃得罪, 臣恐天下後事足下者, 莫敢自必也. 且臣之說齊, 曾不欺之也? 使之說齊者, 莫如臣之言也, 雖堯・舜之智, 不敢取也.」

3.《戰國策》燕策(一)

王曰:「安有爲人臣盡其力, 竭其能, 而得罪者乎?」對曰:「臣請爲王譬. 昔周之上地嘗有之. 其丈夫官(宦)三年不歸, 其妻愛人. 其所愛者曰:『子之丈夫來, 則且奈何乎?』其妻曰:『勿憂也, 吾已爲藥酒而待其來矣.』已而其丈夫果來, 於是因令其妾酌藥酒而進之. 其妾知之, 半道而立. 慮曰:『吾以此飲吾主父, 則殺吾主父; 以此事告吾主父, 則逐吾主母. 與殺吾(主)父・逐吾主母者, 寧佯躓而覆之.』於是因佯僵而仆之. 其妻曰:『爲子之遠行來之, 故爲美酒, 今妾奉而仆之.』其丈夫不知, 縛其妾而笞之. 故妾所以笞者, 忠信也. 今臣爲足下使於齊, 恐忠信不諭於左右也. 臣聞之曰: 萬乘之主, 不制於人臣; 十乘之家, 不制於衆人; 疋夫徒步之士, 不制於妻妾. 而又況於當世之賢主乎? 臣請行矣, 願足下之無制於羣臣也.」

4.《史記》蘇秦列傳

燕王曰:「若不忠信耳, 豈有以忠信而得罪者乎?」蘇秦曰:「不然. 臣聞客有遠爲吏而其妻私於人者, 其夫將來, 其私者憂之, 妻曰『勿憂, 吾已作藥酒待之矣』. 居三日, 其夫果至, 妻使妾舉藥酒進之. 妾欲言酒之有藥, 則恐其逐主母也; 欲勿言乎, 則恐其殺主父也. 於是乎詳僵而弃酒. 主父大怒, 笞之五十. 故妾一僵而覆酒, 上存主父, 下存主母, 然而不免於笞, 惡在乎忠信之無罪也? 夫臣之過, 不幸而類是乎!」燕王曰:「先生覆就故官.」益厚遇之.

5.《文選》(11) 天台山賦 注

劉向列女傳曰:「名無細而不聞, 行無隱而不彰.」

6.《藝文類聚》卷35

列女傳曰: 周室大夫仕於周, 妻淫於鄰. 主父還, 恐覺之. 爲毒藥, 使婢進上, 婢恐殺主父, 因僵覆酒. 主父怒而笞之. 妻因他過, 欲殺婢, 婢就杖將死而不言. 主父弟聞之, 復以言告主父, 主父乃厚幣嫁之.

7. 기타 참고자료

《國語》魯語(下)・《禮記》檀弓(下)・《太平御覽》441・《孔子家語》曲禮子夏問

위나라의 절개 있는 유모

위魏나라 절개 있는 유모乳母는 위나라 공자公子의 유모이다. 진秦나라
가 위나라를 공격하여 위나라를 깨뜨리고 위왕 하瑕를 죽이고, 또
여러 공자들도 죽여 버렸는데 그 중 한 공자만은 잡지 못하였다. 그리
하여 위나라 전국에 이렇게 영을 내렸다.

"공자를 잡아 오는 사람에게는 황금 천 일鎰을 하사할 것이며, 공자를
숨겨 주는 자에게는 그 죄로 일족을 멸할 것이다."

위절유모(魏節乳母)

절의 있는 유모가 공자를 데리
고 도망을 나왔다. 위나라의 옛 신
하 한 사람이 유모를 보고 곧 알아
보고는 이렇게 물었다.

"유모에게 아무 탈이 없었습
니까?"

유모는 이렇게 말하였다.

"아! 내가 공자를 어떻게 죽도록
그냥 둘 수 있었겠습니까?"

그 옛 신하가 다시 말하였다.

"지금 공자는 어디에 숨어 있소?
내 듣기로 진나라가 공자를 잡아
오면 금 천 일을 내리고, 숨기는 자
는 그 죄로 가족에게 모두 죽음을

내린다라고 영을 내렸다 합니다. 유모가 만일 이를 알리게 되면 천금을 얻을 것이고, 알면서도 말하지 않으면 그대의 형제들까지 살아남을 자가 없을 것입니다."

유모는 이렇게 말하였다.

"나는 공자가 있는 곳을 모릅니다."

그러나 그 신하는 이렇게 말하였다.

"나는 공자가 유모와 함께 달아났다는 말을 듣고 있소."

유모는 이렇게 말하였다.

"내가 비록 알고 있다 하더라도 말할 수 없습니다."

그 신하가 다시 물었다.

"지금 위나라는 무너지고 그 왕족도 이미 멸족당하였습니다. 그런데 그대가 공자를 숨겨 주고 있으니 누구를 위해 그렇게 하는 것입니까?"

유모는 크게 한숨을 쉬면서 이렇게 말하였다.

"이익을 보겠다고 윗사람을 배반하는 것은 역逆이며, 죽음을 두려워하여 의리를 저버리는 것은 난亂입니다. 지금 그러한 역과 난을 가지고 이익을 구하는 일이라면 저는 할 수 없습니다. 또 무릇 남의 자식을 맡아서 길러 준다 함은 살리기에 힘쓰는 것이지 죽이기 위함이 아닙니다. 그런데 어찌 상금의 이익이냐 죽음의 두려움이냐 하는 것을 두고, 의를 바로 세우는 일을 폐하고 절개에 어긋나는 행동을 할 수 있겠습니까? 제가 살아 있는 한 공자가 잡히게 되는 짓을 할 수는 없습니다."

드디어 유모는 공자를 안고 깊숙한 곳으로 도망을 갔다. 위나라의 그 신하가 진나라 군사에게 이 사실을 알리자 진나라 군사가 쫓아가 발견하고는 다투어 그녀에게 활을 쏘았다. 유모가 자신의 몸으로 공자를 가리고 있어 화살이 그녀 몸에 수십 개가 박혀 그녀는 공자와 함께 죽고 말았다.

진나라 왕이 이를 듣고 그녀의 충성을 지킴과 의리에 죽음을 귀히 여겨 이에 경卿에 상당하는 예로써 장례를 치르고 태뢰太牢로 제사를 지내 주었다. 또 그녀의 오빠에게 사랑을 베풀어 오대부五大夫에 임명하고 금 백 일鎰을 하사하였다.

군자가 말하였다.

"절의 있는 유모는 자혜롭고 돈후하였다. 의리를 중시하고 재물은 가벼이 여겼다."

《예禮》에 "어린아이의 방은 궁 안에 설치하고 여러 어머니와 보모를 택하되 반드시 마음이 넓고 자혜로우며, 온화하고 공경심이 있으며, 신중하며 말이 적은 자를 구하여 자식의 스승으로 삼는다. 그 다음으로 자상한 자를 택하며 모두 그 아들과 같은 방에 거하도록 하여 온전히 그를 길러 내도록 한다. 다른 사람은 특별한 일없이 아이한테 접근할 수 없다"라 하였다. 무릇 자혜롭기에 능히 사랑할 수 있는 것이다. 젖을 먹이고 있는 개는 호랑이에게도 덤벼드는 것이며, 알을 품고 있는 닭은 살쾡이에게도 맞서 싸우는 것이니, 이는 은애가 그 깊은 가슴속에서 솟아나기 때문이다.

《시詩》에 "길가에 죽은 사람 있으면 누군가가 묻어 주기도 하는 법"이라 하였으니 이를 두고 한 말이다.

송頌:

"진나라가 이윽고 위나라를 멸하고 그 자손을 찾겠다고 현상금을 걸었다네.
어린 공자의 유모가 공자 데리고 멀리 달아나 숨었다네.
절의 지키며 자신의 임무를 고집하며 이익을 위해 배반하는 일은 없었네.
드디어 죽음도 두려워하지 않으니 그 이름 드러나 후세까지 남았네."

魏節乳母者, 魏公子之乳母. 秦攻魏, 破之, 殺魏王瑕, 誅諸公子, 而一公子不得.

令魏國曰:「得公子者賜金千鎰, 匿之者罪至夷.」

節乳母與公子俱逃.

魏之故臣見乳母而識之曰:「乳母無恙乎?」

乳母曰:「嗟乎! 吾奈公子何?」

故臣曰:「今公子安在? 吾聞秦令曰: 有能得公子者賜金千鎰, 匿之者罪至夷. 乳母倘言之, 則可以得千金; 知而不言, 則昆弟無類矣.」

乳母曰:「吾不知公子之處.」

故臣曰:「我聞公子與乳母俱逃.」

母曰:「吾雖知之, 亦終不可以言.」

故臣曰:「今魏國已破亡, 族已滅, 子匿之尚誰爲乎?」

母吁而言曰:「夫見利而反上者逆也, 畏死而棄義者亂也, 今持逆亂以求利, 吾不爲也. 且夫凡爲人養子者, 務生之, 非爲殺之也. 豈可利賞畏誅之故, 廢正義而行逆節哉? 妾不能生而令公子禽也.」

遂抱公子逃於深澤之中. 故臣以告秦軍, 秦軍追見爭射之, 乳母以身爲公子蔽, 矢著身者數十, 與公子俱死. 秦王聞之, 貴其守忠死義, 乃以卿禮葬之, 祠以太牢, 寵其兄爲五大夫, 賜金百鎰.

君子謂: 節乳母慈惠敦厚, 重義輕財.」

禮:『爲孺子室於宮, 擇諸母及阿者, 必求其寬仁慈惠, 溫良恭敬, 愼而寡言者使爲子師, 次爲慈母, 次爲保母, 皆居子室, 以養全之. 他人無事不得往.』夫慈故能愛, 乳狗搏虎, 伏雞搏狸, 恩出於中心也.

詩云:『行有死人. 尚或墐之.』此之謂也.

頌曰:『秦旣滅魏, 購其子孫.
　　　公子乳母, 與俱遁逃.
　　　守節執事, 不爲利違.
　　　遂死不顧, 名號顯遺.』

【魏王瑕】 전국시대 위나라 군주. 《史記》〈魏世家〉에는 ‘假’로 되어 있음.

【無恙】 안부를 묻는 말로 “아무 탈이 없었습니까?”의 뜻.

【無類】 살아남을 자가 없다는 뜻.

【五大夫】 작위 이름. 진나라 때 12등급 중에 제9등급의 지위.

【禮, 魏孺子～他人無事不得往】 《禮記》 內則의 구절.

【孺子】 어린아이를 가리킴. 여기서는 제후의 양자를 지칭함.

【阿者】 《예기》 내칙에는 ‘可者’로 되어 있으며 鄭玄의 주에 “傅御之屬也” 라 함.

【寬仁慈惠】 《예기》 내칙에는 ‘寬裕慈惠’로 되어 있음.

【子師】 《예기》 내칙 鄭玄 주에 “子師, 敎示以善道者”라 함.

【慈母】 《예기》 내칙 정현 주에 “慈母, 知其嗜欲者也”라 함.

【保母】 《예기》 내칙 정현 주에 “保母, 安其居處者也”라 함.

【乳狗】 강아지에게 젖을 먹이고 있는 어미개.

【伏雞】 알을 품고 있는 어미닭.

【行有死人】 《詩經》 小雅 小弁의 구절.

참고 및 관련 자료

1. 《詩經》 小雅 小弁

弁彼鸒斯, 歸飛提提. 民莫不穀, 我獨于罹. 何辜于天, 我罪伊何. 心之憂矣, 云如之何. 踧踧周道, 鞫爲茂草. 我心憂傷, 惄焉如擣. 假寐永嘆, 維憂用老. 心之憂矣, 疢如疾首. 維桑與梓, 必恭敬止. 靡瞻匪父, 靡依匪母. 不屬于毛, 不離于裏. 天之生我, 我辰安在. 菀彼柳斯, 鳴蜩嘒嘒. 有漼者淵, 萑葦淠淠. 譬彼舟流, 不知所屆. 心之憂矣, 不遑假寐. 鹿斯之奔, 維足伎伎. 雉之朝雊, 尚求其雌. 譬彼壞木, 疾用無枝. 心之憂矣, 寧莫之知. 相彼投兔, 尚或先之. 行有死人, 尚或墐之. 君子秉心, 維其忍之. 心之憂矣, 涕旣隕之. 君子信讒, 如或酬之. 君子不惠, 不舒究之. 伐木掎矣, 析薪扡矣. 舍彼有罪, 予之佗矣. 莫高匪山, 莫浚匪泉. 君子無易由言, 耳屬于垣. 無逝我梁, 無發我笱. 我躬不閱, 遑恤我後.

2. 《韓詩外傳》 卷九

秦攻魏, 破之. 少子亡而不得. 令魏國曰:「有得公子者, 賜金千斤; 匿者, 罪至十族.」

公子乳母與俱亡. 人謂乳母曰:「得公子者賞甚重. 乳母當知公子處而言之.」乳母應之曰:「我不知其處, 雖知之, 死則死, 不可以言也. 爲人養子, 不能隱而言之, 是畔上畏死. 吾聞: 忠不畔上, 勇不畏死. 凡養人子者, 生之, 非務殺之也. 豈可見利畏誅之故, 廢義而行詐哉? 吾不能生而使公子獨死矣.」遂與公子俱逃澤中. 秦軍見而射之, 乳母以身蔽之, 著十二矢, 遂不令中公子. 秦王聞之, 饗以太牢, 且爵其兄爲大夫. 詩曰:『我心匪石, 不可轉也.』

3.《禮記》內則

異爲孺子室於宮中, 擇於諸母與可者, 必求其寬裕慈惠, 溫良恭敬, 愼而寡言者, 使爲子師, 其次爲慈母, 其次爲保母, 皆居子室, 他人無事不往.

071(5-12) 梁節姑姊
양나라의 절개 있는 고모

　양梁나라의 절개 있는 고모는 양나라의 한 부인이다. 집에 화재가
났는데 오빠의 아들과 자신의 아들이 그 방 안에 있었다. 그는 우선
오빠의 아들을 구하려 뛰어들었으나, 찾지 못하고 자신의 아들만 찾아
내었을 뿐이며, 오빠의 아들은 찾아낼 수가 없었다. 불이 거세어져서
다시 안으로 들어갈 수 없게 되었지만, 그래도 부인이 불 속으로 뛰어
들어가려 하자, 그 남편이 저지하면서 이렇게 말하였다.

양절고자(梁節姑姊)

　"당신은 본래 오빠의 아이를 데
리고 나오려 하였으나 황망한 상
황이라 우리 아들을 잘못 데리고
나왔소. 그 깊은 마음을 뭐라고 표
현할 수 있겠소? 그것이 어찌 스스
로 불 속으로 뛰어들어 죽어야 할
일이겠소!"
　그러자 부인이 말하였다.
　"이 양나라에서 어찌 집집마다
다니면서 사람들에게 그렇게 된
일이라 밝힐 수 있겠습니까? 의롭
지 못한 인간이라는 멍에를 쓰게
될 터이니 무슨 면목으로 형제와
나라 사람들을 대면할 수 있겠습

니까? 내 자식을 다시 불 속으로 던지고 싶지만 그렇게 되면 어미가
지녀야 할 은혜를 저버리는 것이 됩니다. 나는 형세로 보아 살아갈
수가 없습니다."

결국 부인은 불로 뛰어들어 타 죽고 말았다.

군자가 말하였다.

"절개 있는 고모는 깨끗하여 오점 하나 남기지 않았도다."

《시詩》에서 "저 훌륭하신 우리 님이여, 차라리 목숨을 버릴지언정
절의는 변치 않네"라 하였으니 이를 두고 한 말이다.

송頌:

"양나라의 절의 있는 고모, 의에 근거하여 도리를 지켰네.

자식과 조카가 함께 있던 집에 큰 불이 일어나니,

그 조카 구하려다 황망하여 제 자식만 데리고 나왔네.

거세진 불 속으로 몸을 던져 사심이 없었음을 밝혔도다."

梁節姑姊者, 梁之婦人也. 因失火, 兄子與己子在內中, 欲取
兄子輒得其子, 獨不得兄子.

火盛不得復入, 婦人將自趣火, 其友止之曰:「子本欲取兄
之子, 慌恐卒誤得爾子, 中心謂何? 何至自赴火!」

婦人曰:「梁國豈可戶告人曉也? 被不義之名, 何面目以見兄
弟國人哉? 吾欲復投吾子, 爲失母之恩, 吾勢不可以生.」

遂赴火而死.

君子謂:「節姑姊潔而不汙.」

詩曰:『彼其之子, 舍命不渝.』此之謂也.

頌曰:『梁節姑姉, 據義執理.
　　　子姪同內, 火大發起.
　　　欲出其姪, 輒得厥子.
　　　火盛自投, 明不私己.』

【內中】안방. 방 안을 뜻함.
【趣】'趨'와 같음. 달려감.
【其友】《太平御覽》에는 '其夫'로 되어 있어 '남편'으로 해석하였다.
【彼其之子】《詩經》鄭風 羔裘의 구절.

참고 및 관련 자료

1.《詩經》鄭風 羔裘 →061 참조.

2.《藝文類聚》卷80

列女傳曰: 梁姑姉, 其室失火, 兄子與二子在內, 欲取兄子, 輒得其子. 火盛不得復入,
婦人曰:「梁豈可戶告人曉耶? 被不義之名. 何面見兄弟國人哉!」遂赴火而死.

3. 기타 참고자료

《太平御覽》422

072(5-13) 珠崖二義
주애 고을의 후처와 전처 소생의 딸

이의二義란 주애珠崖 고을 장관의 후처와 전처의 딸이다. 딸의 이름은 초初로서 나이는 13살이었다. 주애 고을에는 진주가 많이 났다. 초의 계모는 큰 진주를 꿰어 만든 팔찌를 끼고 있었다. 마침 군수가 죽어 고향으로 장례를 치르러 관을 운송하게 되었다. 그곳의 법에는 진주를 몰래 지니고 관문關門으로 들어서는 자는 사형에 처하도록 되어 있던 터라 계모는 그 진주 팔찌를 풀어 집에 두었다. 그런데 그의 아홉 살 난 아들이 그 진주를 좋은 것이라 여겨 이를 떠나는 어머니의 화장갑 속에 넣어 두었다. 그런데 아무도 그 사실을 몰랐다. 그들이 장례를 마치고 지역을 통과하는 관문에 이르렀을 때 관문을 지키는 관리가 통관하는 사람의 몸을 차례로 수색을 하다가 계모의 화장갑에서 진주 열 알을 찾아 내었다.

관리가 말하였다.

"아! 이것은 법에 저촉되는 것이라 어쩔 수 없소. 누가 벌을 받겠소?"

주애이의(珠崖二義)

초初가 곁에서 좌우를 둘러보다가 어머니가 자신이 진주를 화장갑 속에 숨겨 놓았다고 말할 것임이 두려워 얼른 이렇게 말하였다.

"제가 벌을 받겠습니다."

관리가 말하였다.

"어떻게 이런 짓을 하였는가?"

초가 대답하였다.

"아버지가 불행하게 돌아가시자 어머니는 팔찌를 풀어서 버렸습니다. 그런데 제가 아까운 생각이 들어 이를 다시 주워 어머니 화장갑 속에 넣어 두었습니다. 어머니는 모르는 일입니다."

계모가 이 말을 듣고는 허둥지둥 다가가 초에게 다그쳐 묻자 초는 이렇게 말하였다.

"어머니가 버리신 진주를 제가 다시 주워 어머니의 화장갑 속에 넣어 두었습니다. 마땅히 제가 벌을 받아야 합니다."

계모는 초의 말을 듣고서 정말로 초가 한 일이라고 여기기는 하였지만, 그래도 어린 초가 벌을 받는다고 생각하니 가여운 생각이 들어 관리에게 이렇게 말하였다.

"잠시만 기다려 주십시오. 아이를 문초하지 말았으면 고맙겠습니다. 아이는 정말 모르는 일입니다. 이 진주는 제 팔에 끼고 있던 것입니다. 남편이 불행을 당하여 제가 풀어서 갑 속에 넣어 두었던 것입니다. 상 치를 날은 임박하고 길은 멀어 어린 아이와 함께 가느라 그만 깜박 잊은 것입니다. 당연히 제가 벌을 받아야 합니다."

그러자 초가 완강하게 말하였다.

"사실은 제가 주워 넣은 것입니다."

계모가 다시 말하였다.

"딸아이는 단지 양보하는 것입니다. 실은 제가 넣은 것입니다."

그리고는 눈물을 흘리며 스스로 그치지를 못하는 것이었다. 딸 역시 다시 이렇게 말하였다.

"어머니는 제가 고아가 된 것이 불쌍해서 저를 억지로라도 살리려고 그러시는 것입니다. 어머니는 전혀 모르는 일입니다."

그리고 다시 울음을 터뜨려 눈물이 목을 타고 교차하여 흘렀다. 장례를 치르러 왔던 많은 사람들이 모두 울음을 터뜨려 곁에 있던 사람도 감동하여 코가 찡하고 눈물을 휘젓지 아니하는 자가 없었다. 관문을 지키는 관리도 붓을 잡아 심문 내용을 쓰려고 하였지만 한 글자도 쓸 수 없었다. 관리도 눈물이 흘러 해가 마치도록 결정을 내릴 수 없었다.

이에 그는 이렇게 말하였다.

"어미와 자식의 의리가 이와 같으니 내가 차라리 벌을 받겠소! 더 이상 심문할 수가 없겠소. 또 서로 자기가 하였다고 우기니 누가 옳은지 어떻게 알겠소?"

그 관리는 진주를 내던져 버리고 그들을 보내 주었다. 그들이 떠나고 나서 비로소 어린 아들이 혼자서 아무도 모르게 저지른 일이었음이 밝혀졌다.

군자가 말하였다.

"두 의리 있는 여자는 자혜롭고 효성스러웠다."

《논어論語》에 "아버지는 자식의 잘못을 숨겨 주고, 자식은 아버지의 잘못을 덮어 주니, 정직이란 바로 이 가운데 있다"라 하였으니 바로 계모와 전처의 딸은 죽음까지 무릅쓰며 서로 양보한 것과 같다. 그 슬픔이 주위 사람을 감동시켰으니 정직하다고 이를 만하다.

송頌:

"주애의 부인은 진실로 어머니로서의 은덕을 갖추었네.
전처의 딸과 서로 양보하니 그 딸 역시 어질었도다.
관문으로 진주를 가지고 들어간 것이 자신의 잘못이라 서로 우겼으니
두 의로움이 이와 같아 세상 사람에게 전해질 만하였도다."

二義者, 珠崖令之後妻及前妾之女也, 女名初, 年十三. 珠崖多珠, 繼母連大珠以爲繫臂. 及令死, 當送喪. 法: 內珠入於關者, 死. 繼母棄其繫臂珠, 其子男年九歲, 好而取之, 置之母鏡奩中, 皆莫之知.

遂奉喪歸, 至海關, 關候士吏搜索, 得珠十枚於繼母鏡奩中, 吏曰:「嘻! 此值法無可奈何, 誰當坐者?」

初在, 左右顧, 心恐母云置鏡奩中, 乃曰:「初當坐之.」

吏曰:「其狀何如?」

對曰:「君不幸, 夫人解繫臂棄之, 初心惜之, 取而置夫人鏡奩中, 夫人不知也.」

繼母聞之, 據疾行問初, 初曰:「夫人所棄珠, 初復取之, 置夫人奩中, 初當坐之.」

母意亦以初爲實, 然憐之, 乃因謂吏曰:「願且待, 幸勿劾兒, 兒誠不知也. 此珠妾之繫臂也. 君不幸, 妾解去之而置奩中, 迫奉喪道遠, 與弱小俱, 忽然忘之, 妾當坐之.」

初固曰:「實初取之.」

繼母又曰:「兒但讓耳, 實妾取之.」

因涕泣不能自禁. 女亦曰:「夫人哀初之孤, 欲强活初耳, 夫人實不知也.」

又因哭泣, 泣下交頸. 送葬者盡哭, 哀動傍人, 莫不爲酸鼻揮涕. 關吏執筆書劾, 不能就一字, 關候垂泣, 終日不能忍決.

乃曰:「母子有義如此, 吾寧坐之! 不忍加文, 而又相讓, 安知孰是?」

遂棄珠而遣之.

旣去後, 乃知男獨取之.

君子謂:「二義慈孝.」

《論語》曰:『父爲子隱, 子爲父隱, 直在其中矣.』若繼母與假
女推讓爭死, 哀感傍人, 可謂直耳.

頌曰:『珠崖夫人, 甚有母恩.

假繼相讓, 維女亦賢.

納珠於關, 各自伏愆.

二義如此, 爲世所傳.』

【珠崖】 '朱厓'로도 표기하며 西漢시대 郡 이름. 진주가 많이 나는 곳이었으며
지금의 海南島 동북부. 슈은 그 고을의 장관, 우두머리.

【繫臂】 팔뚝에 묶어 장식으로 삼음.

【鏡奩】 거울이나 화장품 따위를 담아 두는 여인들의 상자.

【關候】 세관을 담당하는 직책의 우두머리.

【忽然】 방심함. 주의를 기울이지 않음.

【父爲子隱】《論語》子路篇의 구절

【伏愆】 죄를 자인하고 복종함. '伏'은 '服'과 같음.

┌─────────────────┐
│ 참고 및 관련 자료 │
└─────────────────┘

1.《論語》子路篇

葉公語孔子曰:「吾黨有直躬者, 其父攘羊, 而子證之.」孔子曰:「吾黨之直者異
於是: 父爲子隱, 子爲父隱. 直在其中矣.」

2.《太平御覽》415

列女後傳曰: 珠崖二義者, 珠崖令之後妻及前妻之女也, 女名初, 年十三. 珠崖多珠,
繼母連大珠以爲係臂. 及令死, 當送喪. 還, 法: 內珠於奩入關者, 死. 繼母棄之,

其子男年九歲, 取之, 置其母鏡奩中, 皆不知也. 及關候搜索, 得珠奩中, 吏曰:「誰當坐者?」初謂是其繼母取之. 乃白曰:「君不幸, 夫解係臂棄之, 初心惜之, 取置夫鏡奩中, 夫人不知也.」母亦爲然. 憐之乃曰:「此珠妾之係臂也. 君不幸, 妾解之, 心不忍棄而置鏡奩中. 妾當坐.」因此哭哀動傍人. 關吏執筆書, 不能就一字, 關候垂涕, 終日不能. 乃曰:「母子有義如此, 吾寧可坐之! 不忍加文.」後訪訊, 乃九歲兒內焉.

073(5-14) 郃陽友娣
합양의 우애 깊은 여동생

우제友娣는 합양읍郃陽邑 임연수任延壽의 처로서 자字는 계아季兒였으며 세 자녀를 두었다. 계아의 오빠는 계종季宗으로 그는 연수와 아버지의 장례 문제를 의논하다가 서로 다투게 되었다. 그러자 계아의 남편 연수가 친구 전건田建과 모의하여 계아의 오빠를 몰래 죽여 버리고 말았다. 그 범행이 밝혀져 전건은 잡혀 사형을 당하고, 연수는 마침 대사면을 만나 풀려나게 되었다.

그는 집으로 돌아와 이를 계아에게 알렸다. 그러자 계아는 연수에게 이렇게 말하였다.

"흥! 어찌하여 지금에서야 나에게 일러 주는 것입니까?"

드디어 옷깃을 떨치고 떠나고자 하면서 이렇게 물었다.

"내 오빠를 죽이는 데 참여한 사람이 누구입니까?"

연수가 말하였다.

"전건이요. 전건은 이미 사형을 받고 없으니 나만 홀로 이 죄에 걸려 있는 셈이오. 그대는 나만 죽이면 될 뿐이오."

합양우제(郃陽友娣)

계아가 다시 말하였다.

"남편을 죽이는 것은 불의不義입니다. 그러나 오빠의 원수를 남편으로 받들어 모시고 산다는 것도 역시 불의입니다."

연수가 말하였다.

"내 감히 당신을 머물게 할 수 없소. 수레와 집안의 모든 재물을 모두 당신에게 주겠소. 대신 당신이 가는 곳이나 들려 주오."

계아가 말하였다.

"내가 의당 어디로 가겠소? 오빠가 피살되었는데 그 원수를 갚지 못하였소. 내가 당신과 베개와 자리를 함께하였음에도 오빠를 죽음으로 몰아넣도록 하였으니! 안으로는 이 시집 식구와 능히 화목함을 이룰 수 없으면서 게다가 끝내 오빠의 원수를 그냥 풀어 놓고 산다면, 내가 무슨 면목으로 하늘을 이고 땅을 밟은 채 살 수 있겠습니까?"

연수가 부끄러워 자리를 떠나 감히 아내 계아를 쳐다보지 못하였다.

계아는 큰딸을 불러 말하였다.

"너의 아버지가 내 오빠를 죽였단다. 의리로 보아 나는 여기에 머무를 수가 없다. 그렇다고 다시 다른 곳으로 개가를 할 수는 없다! 나는 너를 떠나 죽을 것이다. 너는 두 아우를 잘 보살피거라."

계아는 결국 목을 매 스스로 목숨을 끊었다.

풍익왕馮翊王 양讓이 이를 듣고 그녀의 의로움을 크게 여겨 그 고을에 영令을 내려 그 세 자녀의 세금과 요역을 면제해 주도록 하고 그 어머니의 묘에 표를 세워 표창하였다.

군자가 말하였다.

"우애로운 여동생은 오빠의 원수를 갚는 데 아주 선하였다."

《시》에 "어긋남도 없고 남을 적해함도 없었으니 이를 본받지 않을 자 있으랴"라 하였으니 계아가 바로 그러한 본받을 대상이 될 만하도다.

頌頌:

"계아는 의를 심었건만 남편은 오빠를 죽였다네.

오빠의 원수를 갚고자 하나 의로 보아 그럴 수도 없는 일.

머물 수도 없고 떠날 수도 없으니 드디어 스스로 죽음을 택할 수밖에,

풍익 땅 묘지에 표를 세워 그 의리 밝혀 칭송하도다."

友娣者, 郃陽邑任延壽之妻也. 字季兒, 有三子. 季兒兄季宗
與延壽爭葬父事, 延壽與其友田建陰殺季宗, 建獨坐死, 延壽
會赦.

乃以告季兒, 季兒曰:「嘻! 獨今乃語我乎?」

遂振衣欲去.

問曰:「所與共殺吾兄者爲誰?」

延壽曰:「田建. 田建已死, 獨我當坐之, 汝殺我而已.」

季兒曰:「殺夫不義, 事兄之讎亦不義.」

延壽曰:「吾不敢留汝; 願以車馬及家中財物盡以送汝, 聽汝
所之.」

季兒曰:「吾當安之? 兄死而讎不報, 與子同枕席而使殺吾兄!
內不能和夫家, 又縱兄之仇, 何面目而戴天履地乎?」

延壽慚而去, 不敢見季兒.

季兒乃告其大女曰:「汝父殺吾兄, 義不可以留, 又終不復
嫁矣! 吾去汝而死, 善視汝兩弟.」

遂以繦自經而死. 馮翊王讓聞之, 大其義, 令縣復其三子,
而表其墓.

君子謂:「友娣善復兄仇.」

詩曰:『不僭不賊, 鮮不爲則.』季兒可以爲則矣.

頌曰:『季兒樹義, 夫殺其兄.

欲復兄讎, 義不可行.

不留不去, 遂以自殃.

馮翊表墓, 嘉其義明.』

【友娣】 우애 있는 여동생이라는 뜻.

【郃陽邑】 지명. 고대 有莘國의 땅이며 전국 시대 魏나라 郃陽縣. 지금의 陝西 郃陽.

【坐死】 죄에 걸려 죽음을 당함.

【戴天履地】 머리는 하늘을 이고 발로는 땅을 디딤. 이 세상에 살고 있음을 뜻함.

【襁】 '繈'과 같음. 어린아이를 싸서 업는 포대기. 襁褓.

【馮翊】 행정구역이며 동시에 관직 이름. 漢 高祖가 秦나라 內史가 관할하던 땅에 河上郡을 두었으며, 武帝 때 左內史를 두어 長安의 渭河 북쪽, 涇河 동쪽을 다스리도록 하였음. 이 지역을 馮翊이라 함. 합양읍은 그 관할 지역 이었음.

【復】 세금과 요역을 면제함.

【不僭不賊】《詩經》大雅 抑의 구절.

【自殃】 스스로 목을 매어 자결함.

참고 및 관련 자료

1. 《詩經》大雅 抑 →022 참조.

2. 《藝文類聚》卷33

衛義姬者, 其夫有先人之讎, 讎家來報. 婿避之, 仇家得義姬, 問婿所在. 乃積薪, 燎之, 遂不言而燒死.

074(5-15) 京師節女
경사의 절개 있는 부인

경사京師의 절녀節女란 장안長安 대창리大昌里 사람의 아내이다. 그의
남편에게는 서로 원수를 진 사람이 있었는데, 그 남편에게 보복을
하려 하였으나 어떤 길이 없었다. 그 사람은 남편의 처가 어질고 효성
스러우며 의리가 있다는 말을 듣고는, 이에 그 원수의 장인을 협박하여
장인으로 하여금 그 딸을 통해 그 남편을 정탐하도록 하였다.

그 아버지가 딸을 불러 이 사실을 고하였다. 딸이 계책을 세워 보았으나,
그자의 말을 듣지 않았다가는
아버지를 죽이게 될 것이니 이는
불효를 저지르는 일이요, 그자의
요구를 들어 주면 남편을 죽이게
되어 불의를 저지르는 일이 되고
말임을 염려하였다. 이렇게 불효
와 불의를 저지른다면 비록 살아
난다 해도 이는 세상에 행세할 수
없다고 여겨 자신이 이 모든 것을
감당하겠노라 여겼다. 이리하여
곧 시키는 대로 하겠다고 허락하며
그 자에게 이렇게 말하였다.

"내일 누대 위에서 새로 머리를
감고 동쪽으로 머리를 두고 누워

경사절녀(京師節女)

있는 자가 바로 제 남편일 것입니다. 제가 창문을 열고 기다리겠습니다."

그리고는 집으로 돌아와 남편에게 이 사실을 알리고 다른 곳에 누워 있도록 하였다. 그리고 자신이 머리를 감고 누대로 올라가 동쪽으로 머리를 두고 창문을 열어 놓은 채 누워 있었다. 밤이 깊어지자 과연 그 원수가 와서는 칼로 목을 베어 가지고 갔다. 그런데 날이 밝아 살펴보았더니 처의 머리였다. 원수는 몹시 애통해하였지만 그 여인이 의롭다 여겨 드디어 그를 죽일 생각을 그만두게 되었다.

군자가 말하였다.

"절녀는 인자하고 효성스러워 부모에 대한 은혜와 남편에 대한 의리가 두터웠다."

무릇 인의를 중히 여기며 죽음을 가벼이 여겨 고결하게 행동한 자였던 것이다. 《논어論語》에 "군자는 제 몸을 죽여서라도 인을 완성한다. 자신이 살겠다고 인을 해치는 일을 하지 않는다"라고 하였으니 이를 두고 한 말이다.

송頌:

"서울 사는 절개 있는 여인, 남편의 원수가 아버지를 협박하여,
딸로 하여금 첩자가 되게 하니 감히 허락하지 않을 수 없어
약속한 장소와 때에 맞추어 일은 이루어져 자신의 몸을 남편과 바꾸었다네.
몸을 죽여 인을 이루었으니 그 의는 천하에 으뜸일세."

京師節女者, 長安大昌里人之妻也. 其夫有仇人, 欲報其夫而無道徑, 聞其妻之仁孝有義, 乃劫其妻之父, 使要其女爲中讒, 父呼其女告之. 女計, 念不聽則殺父, 不孝; 聽之則殺夫, 不義; 不孝不義, 雖生不可以行於世, 欲以身當之.

乃且許諾, 曰:「旦日在樓上新沐, 東首臥則是矣, 妾請開戶牖待之.」

還其家, 乃告其夫, 使臥他所. 因自沐居樓上, 東首開戶牖而臥, 夜半仇家果至, 斷頭持去, 明而視之, 乃其妻之頭也. 仇人哀痛之, 以爲有義, 遂釋不殺其夫.

君子謂:「節女仁孝, 厚於恩義也.」

夫重仁義, 輕死亡, 行之高者也.

《論語》曰:『君子殺身以成仁, 無求生以害仁.』此之謂也.

頌曰:『京師節女, 夫讎劫父.
　　　要女間之, 不敢不許.
　　　期處旣成, 乃易其所.
　　　殺身成仁, 義冠天下.』

【京師】서울, 국도를 가리킴. 西漢시대의 경사는 長安. 지금의 陝西 長安.
【譋】'詗'자의 오기. 엿보거나 정탐함을 뜻함. 《史記》集解에 "詗, 伺候探察之名"이라 함.
【戶牖】'戶'는 문. '牖'는 둥글게 만든 창문.
【殺身以成仁】《論語》衛靈公篇의 구절.
【期處】시간과 장소.

▷ 참고 및 관련 자료 ◁

1. 《論語》衛靈公篇

子曰:「志士仁人, 無求生以害仁, 有殺身以成仁.」

2. 《藝文類聚》人部 33

京師節女者, 本夫有仇. 仇家欲報其夫, 乃劫其妻父, 使要其女中閒, 父呼其女而告之計. 女念不聽之則殺父, 不孝; 聽之則殺夫, 不義. 欲以身當之, 曰:「諾.」因曰:

「夜在樓上新沐頭東首臥, 則是矣.」仇家果至, 斷其頭持去. 明而視之, 乃其妻之頭也. 仇以爲義, 遂釋其夫.

3.《太平御覽》364

列女傳曰: 京師節女, 長安大昌里人. 夫有仇, 仇家執父, 使要其子爲中間, 女念不聽則殺父, 不孝; 聽則殺夫, 不義. 乃許之曰:「夜在樓上新沐, 頭東首臥者是.」還譎其夫, 使臥他處. 自沐臥樓上. 仇家斷其頭而去. 仇悲義之, 遂不殺其夫.

제6권
변통전辯通傳

변통辯通은 언사에 통달하여 어려운 문제를 해결한 여인
들의 이야기를 모아 기록한 것이다.

〈四部備要本〉目錄 注에 "惟若辯通, 文辭可從, 連類引譬, 以投
禍凶, 推推一切, 後不復重, 終能一心, 開意甚公, 妻妾則焉, 爲世所誦"
이라 하였다.

〈保姆圖〉

제나라 관중의 첩 정

　정婧은 제齊나라 재상 관중管仲의 첩이다. 영척甯戚이 환공桓公을 만나려
하였지만 방법이 없었다. 이에 남의 마부가 되어 제나라의 동문 밖에서
수레에서 유숙하게 되었다. 환공이 외출을 하였을 때 영척은 쇠뿔을
두드리며 노래를 불렀는데 심히 슬픈 가사였다. 환공이 이를 이상히
여겨 관중으로 하여금 맞아오게 하였다.
　그러자 영척이 이렇게 말하였다.

제관첩정(齊管妾婧)

　"넓고 넓도다. 희게 빛나는 물
이여!"
　관중은 무엇을 말하는지 알 수가
없었다. 그 후 닷새 동안 조정에
나가지도 않고 근심 띤 얼굴이었다.
그러자 첩 정이 다가와서 물었다.
　"지금 재상께서는 닷새 동안
조정에 나가지도 아니하시고, 얼
굴 근심마저 띠고 계십니다. 감히
여쭙건대 나라일 때문입니까? 그
대 자신의 일 때문입니까?"
　관중이 말하였다.
　"네가 알 바 아니다."
　그러자 정이 다시 말하였다.

"저는 이렇게 들었습니다. '늙은이라고 무능한 늙은이려니 하지 말 것이며, 천하다고 천한 사람으로 여기지 말 것이며, 어리다고 어린이로 대하지 말 것이며, 약하다고 약하게 대하지 말라'라고 말입니다."

관중이 물었다.

"무엇을 말함이냐?"

정이 대답하였다.

"옛날 태공망太公望은 나이 일흔에 조가朝歌의 거리에서 소잡는 일을 하였고, 여든에는 천자의 스승이 되었습니다. 그리고 아흔에는 제나라에 봉해졌습니다. 이로 말미암아 본다면 노인이라고 해서 정말 노인입니까? 무릇 이윤伊尹은 유신씨有莘氏의 딸이 은殷나라 탕湯에게 시집 올 때 따라온 잉신媵臣이었지만, 탕이 그를 세워 삼공三公으로 삼자 천하가 태평스럽게 다스려졌습니다. 이것으로 본다면 천하다고 과연 천하게 볼 수 있겠습니까? 고요皐陶의 아들은 겨우 다섯 살에 우禹임금을 도왔습니다. 이것으로 본다면 어리다고 과연 어린아이로 여길 수 있겠습니까? 또 결제駃騠라는 말은 난 지 이레만 되면 그 어미보다 빨리 달린다고 합니다. 이것으로 본다면 약하다고 과연 약하게만 대할 수 있겠습니까?"

이에 관중은 자리에서 내려와 사과하며 말하였다.

"내 그대에게 사실을 말하고자 한다. 지난날 공께서 나에게 영척을 맞아오도록 하였는데, 영척이 '넓고 넓도다. 희게 빛나는 물이여!'라고 하였다. 나는 이 말이 무슨 뜻인지 알 수가 없어 그 때문에 근심에 젖어 있었던 것이다."

첩이 웃으면서 이렇게 일러 주었다.

"남이 이미 그 뜻을 그대에게 일러 주었는데 그대께서는 모르고 있었습니까? 옛날 백수白水라는 시가 있었지요. 그 시에 이렇게 말하지 않았습니까? '넓고 넓은 흰 물, 검고 검은 물고기도 헤엄치네. 그대가 와서 나를 불러 주어 나는 이곳에 자리잡아 살고 있는 것이지. 나라가 아직 자리잡지 못하고 있으니 나를 데리고 다시 어디로 가려는가?'

이것은 영척이 나라의 관직을 맡고 싶다는 것입니다."

관중은 크게 기뻐하며 조정에 나아가 환공에게 보고하였다. 환공은 곧 그에게 줄 관직의 부서 건물을 짓고 닷새 동안 재계하고 나서 영척을 만났다. 그리고 그를 보좌로 삼자 제나라가 잘 다스려졌다.

군자가 말하였다.

"첩 정은 더불어 모책을 짤 만하였다."

《시詩》에 "옛 어른들 말씀이 있지. 나무꾼, 꼴꾼에게도 물어 본다고" 라 하였으니 이를 두고 한 말이다.

송頌:

"환공이 영척을 만나자 관중에게 맞이하도록 명하였네.
영척이 백수라는 시를 읊었으나 관중은 그 뜻 몰라 하였네.
첩이 나가 묻고 그 시의 뜻을 설명하여 주니,
관중이 기뻐 환공에게 보고하여 제나라가 이로써 잘 다스려졌네."

妾婧者, 齊相管仲之妾也. 甯戚欲見桓公, 道無從, 乃爲人僕, 將車宿齊東門之外. 桓公因出, 甯戚擊牛角而商歌, 甚悲. 桓公異之, 使管仲迎之.

甯戚稱曰:「浩浩乎白水!」

管仲不知所謂, 不朝五日, 而有憂色.

其妾婧進曰:「今君不朝五日, 而有憂色, 敢問國家之事耶? 君之謀也?」

管仲曰:「非汝所知也!」

婧曰:「妾聞之也: 毋老老, 毋賤賤, 毋少少, 毋弱弱!」

管仲曰:「何謂也?」

「昔者太公望年七十, 屠牛於朝歌市, 八十爲天子師, 九十而
封於齊. 由是觀之, 老可老邪? 夫伊尹有莘氏之媵臣也, 湯立以
爲三公, 天下之治太平. 由是觀之, 賤可賤邪? 皐子生五歲而
贊禹, 由是觀之, 少可少邪? 駃騠生七日而超其母, 由是觀之,
弱可弱邪?」

於是管仲乃下席而謝曰:「吾請語子其故: 昔日公使我迎甯戚,
甯戚曰:『浩浩乎白水』, 吾不知其所謂, 是故憂之.」

其妾笑曰:「人已語君矣, 君不知邪? 古有白水之詩, 詩不
云乎?『浩浩白水, 儵儵之魚, 君來召我, 我將安居? 國家未定,
從我焉如?』此甯戚之欲得仕國家也.」

管仲大悅, 以報桓公. 桓公乃脩官府, 齊戒五日見甯子, 因以
爲佐, 齊國以治.

君子謂:「妾婧爲可與謀.」

詩云:『先民有言, 詢于芻蕘.』此之謂也.

頌曰:『桓遇甯戚, 命管迎之.
　　　甯戚白水, 管仲憂疑.
　　　妾進問焉, 爲說其詩.
　　　管嘉報公, 齊得以治.』

【妾婧】齊나라 재상 管仲의 첩 이름.
【甯戚】'寧戚', '宵戚' 등으로도 표기되며 소몰이를 하다가 환공에게 발탁되어
　제나라를 도운 대부.
【道無從】제 환공을 만날 수 있는 기회나 방법을 얻지 못함.

【商歌】商調의 노래. 고대 음악을 宮商角徵羽로 구분하였으며 이 상조의 음악은
가을과 서방을 뜻하며 오행으로는 金에 해당하여 비교적 엄숙하고 슬픈 음조라
함. 甯戚이 쇠뿔을 두드리며 이러한 노래를 불렀음을 말함. 甯戚이 부른 노래는
《史記》,《文選》注에 나와 있으나 내용은 다름.

【太公望】姜太公 呂尙을 말함. 성은 姜. 씨는 呂. 이름은 尙. 자는 子牙. 周
文王이 渭水 가에서 낚시를 하던 이 여상을 만나 자신의 할아버지 太公(古公亶父)
께서 그토록 기다리던 인물이라 하여 '太公望'이라 존칭하였음. 武王을 도와
殷 紂를 멸한 뒤에 齊나라에 봉을 받아 제나라 시조가 됨.

【朝歌】지명. 商(殷)나라의 도읍. 지금의 河南 淇縣.

【三公】천자를 보좌하는 최고의 관직으로 흔히 太師, 太傅, 太保를 들고 있으며
혹은 司馬, 司徒, 司空을 들기도 함.

【皐子】혹은 陶子로도 쓰며 皐陶를 가리킴. 東夷族의 수령으로 舜임금의 刑官을
맡았음. 혹은 여기서의 고자는 皐陶의 아들 伯益을 가리키는 것이라고도 함.

【駃騠】名馬 이름.

【白水之詩】白水는 신화 속의 물 이름. 이 시는《管子》小問篇에 실려 있으며
고대의 逸詩임.

【齊戒】'齋戒'와 같음.

【先民有言】《詩經》大雅 板의 구절.

【芻蕘】꼴베는 이와 나무하는 이. 하찮은 사람을 뜻함.

참고 및 관련 자료

1.《詩經》大雅 板 →007 참조.

2.《史記》魯仲連趨陽列傳 裵駰 集解에 인용된 應劭의 글
齊桓公夜出迎客, 而甯戚疾擊其牛角商歌曰:「南山矸, 白石爛, 生不遭堯與舜禪.
短布單衣適至骭, 從昏飯牛薄夜半, 長夜曼曼何時旦?」公召與語, 說之, 以爲大夫.

3.《文選》嘯賦 李善 注
淮南子曰: 甯戚欲干齊桓公, 窮困無以自達. 於是爲商於齊, 宿于郭門之外. 桓公
郊迎, 閉門辟住車, 爝火甚盛, 從者甚衆. 戚飯牛車下, 望桓公而悲, 擊牛角, 而疾商
歌曲. 甯戚, 衛人. 商金聲淸, 故以爲曲. 歌曰: 出東門兮厲石班, 上有松柏兮靑且蘭.

粗布衣兮縕縷, 時不遇兮堯・舜. 牛兮努力食細草. 大臣在爾側, 吾當與爾適楚國.

應劭曰: 齊桓夜迎客, 甯戚疾擊其角, 商歌曰: 南山矸, 白石爛, 生不遭堯與舜禪, 短布單衣適至骭. 從昏飯牛薄夜半, 長夜暝暝何時旦.

呂氏春秋曰: 甯戚至齊, 暮宿於郭門之外. 桓公郊迎客, 夜至關門. 甯戚飯牛, 望桓公而悲, 擊牛角疾歌. 桓公聞之: 歌者非常人也. 命後車載之.

4.《管子》小問篇

桓公使管仲求甯戚, 甯戚應之曰:「浩浩乎?」管仲不知, 至中食而慮之, 婢子曰:「公何慮?」管仲曰:「非婢子之所知也.」婢子曰:「公其毋少少, 毋賤賤. 昔者吳干戰, 未齔不得入軍門, 國子摘其齒, 遂入, 爲干國多; 百里徯, 秦國之飯牛者也, 穆公舉而相之, 遂霸諸侯. 由是觀之, 賤豈可賤, 少豈可少哉?」管仲曰:「然. 公使我求甯戚, 甯戚應我曰浩浩乎, 吾不識.」婢子曰:「詩有之:『浩浩者水, 育育者魚, 未有室家, 而安召我居.』甯子其欲室乎?」

〈漢宮春曉圖〉(明) 唐寅 臺北故宮博物館 소장

076(6-2) 楚江乙母
초나라 대부 강을의 어머니

초楚나라 대부大夫 강을江乙의 어머니이다. 당시는 공왕恭王시대로 강을은 초나라 수도 영郢의 대부였는데 마침 왕궁 안에 도둑이 들었다. 영윤令尹이 강을에게 책임을 물어 왕에게 강을을 쫓아낼 것을 청하였다.

강을이 물러나 집에 있을 때 얼마 지나지 않아 강을의 집에 도둑이 들어 어머니의 베 여덟 심尋을 훔쳐 가자, 그의 어머니는 곧 왕에게 가서 이렇게 말하였다.

"제가 간밤에 베 여덟 심을 도둑맞았는데 영윤이 훔쳐간 것입니다."

초강을모(楚江乙母)

왕은 마침 소곡小曲이라는 누대에 있었는데 영윤이 모시고 있었다. 왕이 강을의 어미에게 말하였다.

"부인의 말대로 정말 영윤이 이를 훔쳤다면 과인은 영윤이 부유하고 존귀하다는 이유로 그를 법대로 처벌하지 않는 경우란 없을 것이오. 그러나 만약 영윤이 훔치지 않았는데 무고하게 뒤집어씌운 것이라면 우리 초나라에는 그러한 것을 처벌하는 법이 있소."

강을의 어머니가 말하였다.

"영윤이 직접 그것을 훔치지 않았다

해도 이는 다른 사람으로 하여금 훔치게 한 것입니다."

왕이 물었다.

"남을 시켜 훔치도록 하였다니 무슨 뜻이오?"

강을의 어머니가 대답하였다.

"옛날 손숙오孫叔敖가 영윤이었을 때 백성들은 길에 떨어진 물건을 줍지 않았습니다. 또 관문을 걸어 두지 않아도 도적이 저절로 없어졌습니다. 지금 영윤의 다스림이란 보고 듣는 판단이 분명하지 않기 때문에 도적이 공공연히 횡행하고 있습니다. 이 때문에 도적으로 하여금 제 베 옷감을 훔치게 한 것이니, 이것이 다른 사람으로 하여금 훔치게 한 것과 무엇이 다릅니까?"

왕이 말하였다.

"영윤이란 위에 있고 도적은 밑에서 숨어 다니는 사람입니다. 영윤이 알지 못한다고 해서 어찌 죄가 있다고 하십니까?"

강을의 어머니가 말하였다.

"아! 어찌 대왕께서는 말을 지나치게 하십니까? 지난날 제 자식은 영의 대부였습니다. 왕궁의 물건을 훔친 도둑이 있었는데 제 아들이 그 책임을 지고 쫓겨났습니다. 제 아들이라고 역시 도둑이 누군지 알 수 있었겠습니까? 그럼에도 끝내 책임을 물어 파면되었습니다. 영윤이라고 홀로 어떤 사람이기에 이를 잘못이라 여기지 않아도 된다는 것입니까? 옛날 주周 무왕武王은 '백성에게 있는 잘못은 모두가 나 한 사람에게 있는 것'이라 하였습니다. 위에 있는 사람이 밝지 못하면 아래에 있는 사람을 다스릴 수 없고, 재상이 현명치 못하면 나라가 편안하지 않습니다. 이른바 나라에 사람이 없다고 하는 것은 정말 사람이 없는 것이 아니라 잘 다스리는 사람이 없다는 뜻입니다. 왕께서 살펴주시기 바랍니다."

왕이 말하였다.

"훌륭하오! 이것은 한갓 영윤만을 비판할 것이 아니라 또한 과인도 비판받아야 할 일입니다."

그리고는 관리에게 강을의 어머니에게 베를 보상하게 하고, 또 금 십 일鎰을 하사하였다.

어머니는 금과 베를 사양하면서 이렇게 말하였다.

"제가 어찌 재물에 탐내어 대왕의 일에 간섭하는 자이겠습니까? 저는 다만 영윤의 다스림에 대하여 원망하였을 뿐입니다."

강을의 어머니는 그 자리를 물러나면서 재물을 받지 않았다.

왕이 말하였다.

"어머니의 지혜가 이와 같으니 그 아들은 틀림없이 어리석지 않을 것이다."

그리고는 다시 강을을 불러 등용하였다.

군자가 말하였다.

"을의 어머니는 미세한 것으로써 비유를 잘 들었다."

《시詩》에 "원대한 것은 아닐지라도 이것을 이용하여 큰 가르침을 주네"라 하였으니 이를 두고 한 말이다.

　송頌:

"강을이 자리를 잃자 그의 어머니 마음을 움직여,

　아들이 돌아와 집에 있을 때 베 여덟 심을 도둑맞자,

　그 어머니 영윤에게 책임을 물어 그 말에 심히 법도가 있었네.

　왕은 강을을 다시 기용하고 그 어머니에게 금과 베를 하사하였네."

楚大夫江乙之母也. 當恭王之時, 乙爲郢大夫, 有入王宮中盜者, 令尹以罪乙, 請於王而絀之.

處家, 無幾何, 其母亡布八尋, 乃往言於王曰:「妾夜亡布八尋, 令尹盜之.」

王方在小曲之臺, 令尹侍焉.

王謂母曰:「令尹信盜之, 寡人不爲其富貴而不行法焉. 若不盜而誣之, 楚國有常法.」

母曰:「令尹不身盜之也, 乃使人盜之.」

王曰:「其使人盜奈何?」

對曰:「昔孫叔敖之爲令尹也, 道不拾遺, 門不閉關, 而盜賊自息. 今令尹之治也: 耳目不明, 盜賊公行, 是故使盜得盜妾之布, 是與使人盜何異也?」

王曰:「令尹在上, 寇盜在下, 令尹不知, 有何罪焉?」

母曰:「吁! 何大王之言過也? 昔日妾之子爲郢大夫, 有盜王宮中之物者, 妾子坐而紲, 妾子亦豈知之哉? 然終坐之. 令尹獨何人而不以是爲過也? 昔者周武王有言曰:『百姓有過, 在予一人.』上不明則下不治, 相不賢則國不寧; 所謂國無人者, 非無人也, 無理人者也: 王其察之.」

王曰:「善! 非徒譏令尹, 又譏寡人.」

令吏償母之布, 因賜十鎰.

母讓金布曰:「妾豈貪貨而干大王哉? 怨令尹之治也.」

遂去不肯受.

王曰:「母智若此, 其子必不愚.」

乃復召江乙而用之. 君子謂:「乙母善以微喻.」

詩云:『猷之未遠, 是用大諫.』此之謂也.

頌曰:『江乙失位, 乙母動心.
　　　既歸家處, 亡布八尋.
　　　指責令尹, 辭甚有度.
　　　王復用乙, 賜母金布.』

【江乙】'江一'로도 표기하며 魏나라 출신으로 楚나라에 와서 벼슬하던 인물. 計謀에 뛰어났던 策士임.《戰國策》참조.

【恭王】'共王'으로도 표기하며 춘추시대 楚나라 군주로 莊王의 아들이며 이름은 箴(혹, 審). B.C.590~560년까지 31년간 재위함.

【令尹】초나라의 관직 이름으로 다른 나라의 相國에 해당함.

【八尋】여덟 길의 길이나 높이, 깊이. 고대 8尺을 1尋이라 하였음.

【公行】《藝文類聚》에는 '從橫'으로 되어 있음.

【周武王有言】《墨子》兼愛에는 "萬方有罪, 維予一人"이라 하였고, 湯의 말을 인용하여 "萬方有罪, 卽當朕身"이라고도 하며《呂氏春秋》順民篇에는 湯의 말을 인용하여 "萬方有罪, 在余一人"이라 함.

【猷之未遠】《詩經》大雅 板의 구절.

참고 및 관련 자료

1.《詩經》大雅 板 →007 참조.

2.《藝文類聚》卷85

列女傳曰: 楚江乙母者, 楚大夫江乙之母也. 當恭王之時, 乙爲郢大夫. 郢, 楚都. 今南郡江陵, 有入王宮盜者, 令尹以罪乙, 請於王而黜之. 處家無幾, 其母亡布八尋, 言令尹盜之, 王方在小曲臺, 令尹侍焉. 王謂母曰:「令尹信盜也.」「寡人不爲其富貴不行法焉, 若不盜而誣之. 楚國有常法. 常法, 謂誣罪人. 其罪罪之.」母曰:「令尹非身盜之也. 乃使人盜之.」王曰:「奈何?」對曰:「昔孫叔敖之爲令尹也. 道不拾遺, 民不關閉, 而盜賊自禁. 今令尹之法治也, 耳目不明, 盜賊從橫, 是故盜妾之布. 是與使之何異?」王曰:「令尹在上, 寇盜在下. 令尹不知, 有何罪焉?」母曰:「昔日妾子爲郢大夫. 人盜王宮中之物, 妾子坐而黜之. 妾子亦豈知之乎? 終然坐之. 令尹獨何以不坐? 是爲過也.」王曰:「善. 非徒譏令尹, 又譏寡人.」令吏償母之布, 因賜金十鎰. 讓金布曰:「妾豈貪貨而干王哉!」王乃召江乙而用之.

077(6-3) 晉弓工妻
진나라 활 만드는 공인의 아내

궁공弓工의 처는 진晉나라 번씨繁氏의 딸이다. 당시 평공平公이 왕으로 있었는데 그의 남편에게 활을 만들도록 하여 3년 만에 완성하였다. 평공이 이 활을 쏘아 보았더니 과녁의 한 찰札도 뚫지 못하는 것이었다. 평공은 화가 나서 궁공을 죽이려 하였다. 이에 궁공의 처가 왕을 뵙기를 청하여 이렇게 말하였다

"번씨의 딸로서 활 만드는 사람의 처입니다. 임금을 알현할 수 있도록 해 주시기를 청합니다."

평공이 그녀를 만나자 그의 처는 이렇게 말하였다.

"임금께서는 옛날 공류公劉의 행동을 들으셨겠지요? 양과 소가 떼를 지어 갈대밭을 짓밟고 다니자 측연惻然히 백성을 위해 가슴 아파하였습니다. 그의 은혜가 초목에까지 미쳤거늘 어찌 무고한 자를 죽이는 일이 있었겠습니까? 그리고 진秦나라 목공穆公은 자신이 타던 준마를 죽여 그 고기를 훔쳐 먹은 자에게 도리어 술을 내려주었습니다. 그런가 하면

진궁공처(晉弓工妻)

초楚나라 장왕莊王은 밤에 주연을 베풀던 중 바람에 불이 꺼진 틈에 신하가 왕의 부인을 껴안자 부인이 그 신하의 갓끈을 끊고 불을 밝혀 벌을 주도록 청하였습니다. 그러자 왕은 다른 신하들에게도 갓끈을 끊도록 명령한 뒤 함께 술을 마시며 즐겼다고 합니다. 이 세 분의 군주는 그 어짊이 천하에 드러나고, 마침내 그에 대한 보답을 누려 그 명성이 지금까지 내려오고 있습니다. 옛날 요堯 임금은 지붕의 이엉을 가지런히 다듬지 않았고, 거친 서까래를 깎지도 않고 그대로 썼으며, 궁에 이르는 흙 계단은 세 층만으로 하면서 오히려 집 짓는 자의 노고에 비하면 그만한 집에 사는 것은 편안하다고 여겼기 때문입니다. 제 남편도 이 활을 다듬고 만드느라 역시 힘든 일을 한 것입니다. 그 활의 줄기는 태산太山 언덕에서 난 것이며 하루에 그 나무를 세 번 음지쪽에서 살피고 세 번 양지쪽에서 살폈으며, 연燕나라 소의 뿔로 붙이고, 초楚나라에서 나는 사슴 힘줄로 묶었으며, 하수河水의 물고기 부레를 쑤어 아교로 만들어 붙인 것입니다. 이 네 가지는 모두 천하의 가장 훌륭한 것을 선택한 것입니다. 그런데 임금께서 한 찰의 두께도 뚫지 못한 것은 임금께서 활을 쏠 줄 몰라서 그런 것인데도 도리어 저의 남편을 죽이고자 하시니 역시 잘못된 것이 아니겠습니까?

제가 듣기로 활 쏘는 법은, 왼손은 마치 날아오는 돌을 막듯이 하고 오른손으로는 마치 나뭇가지를 붙들고 있듯이 하여, 오른손으로 쏠 때면 왼손은 알지 못하도록 하여야 한다고 하였으니 대체로 이것이 활 쏘는 방법입니다."

평공이 궁공 처의 말대로 모습을 바로 갖추어 활을 쏘았더니 7찰의 두께를 뚫는 것이었다. 그리하여 번씨의 남편은 그 자리에서 풀려나게 되었고 금 삼 일鎰을 하사받았다.

군자가 말하였다.

"궁공의 처는 곤경에 대처할 만하였다."

《시詩》에 "조각 무늬 새긴 활을 힘껏 잡아당기도다, 쏘아놓은 화살은

균형이 잡혔도다"라 하였으니 이는 활 쏘는 데에 법도가 있음을 말한 것이다.

송송(訟頌):

"진나라 평공이 활을 만들게 하여 궁공을 3년 만에 완성하였네.
평공이 활을 쏘아 맞지 않자 화를 내며 궁공을 처벌하려 하였네.
궁공의 처가 평공을 설득하며 활대와 재료를 열거하고
그 노고로움을 모두 말하자 평공이 마침내 풀어 주었네."

弓工妻者, 晉繁人之女也. 當平公之時, 使其夫爲弓, 三年乃成, 平公引弓而射, 不穿一札. 平公怒, 將殺弓人.

弓人之妻請見曰:「繁人之子, 弓人之妻也, 願有謁於君.」

平公見之. 妻曰:「君聞昔者公劉之行乎? 羊牛踐葭葦, 惻然爲民痛之, 恩及草木, 豈欲殺不辜者乎? 秦穆公有盜食其駿馬之肉, 反飮之以酒. 楚莊王臣授其夫人之衣, 而絶纓與飮大樂. 此三君者, 仁著於天下, 卒享其報, 名垂至今. 昔帝堯茅茨不翦, 采椽不斲, 土階三等, 猶以爲爲之者勞, 居之者逸也. 今妾之夫治造此弓, 其爲之亦勞矣. 其幹生於太山之阿, 一日三覩陰三覩陽, 傅以燕牛之角, 纏以荊麋之筋, 餬以河魚之膠. 此四者皆天下之妙選也. 而君不能穿一札, 是君之不能射也. 而反欲殺妾之夫, 不亦謬乎? 妾聞射之道: 左手如拒石, 右手如附枝, 右手發之, 左手不知, 此蓋射之道也.」

平公以其言爲儀而射, 穿七札, 繁人之夫立得出, 而賜金三鎰.

君子謂:「弓工妻, 可與處難.」

詩曰:『敦弓旣堅, 舍矢旣鈞.』言射有法也.

頌曰:『晉平作弓, 三年乃成.

公怒弓工, 將加以刑.

妻往說公, 陳其幹材.

列其勞苦, 公遂釋之.』

【弓工】 활을 만드는 匠人.

【繁人】 관직 이름.

【平公】 晉나라 平公. 이름은 彪. B.C.557~532년까지 26년간 재위함. 그러나 《韓詩外傳》에는 '齊景公'으로 되어 있음.

【札】 갑옷이나 투구 따위의 겹. 화살이 이를 얼마나 뚫고 들어가는가를 따지는 것임.

【公劉】 周민족의 수령으로 后稷의 후손이며 周 文武의 선대. 《史記》〈周本紀〉참조. 그의 행동에 대하여 《吳越春秋》에는 "公劉慈仁, 行不履生草, 運車以避葭葦"라 하였고, 《後漢書》 寇榮傳에는 "公劉敦行葦, 世稱其仁"이라 하였으며, 《潛夫論》 邊議에는 "公劉仁德, 廣避行葦"라 함.

【飮之以酒】 秦 穆公의 고사로 자신의 말이 岐山으로 도망하여 그곳 사람들이 그 말을 잡아먹자 그들을 책하는 대신 술을 내려 말고기를 먹고 일어날 수 있는 탈을 없애 주었다 함. 《史記》〈秦本紀〉과 《呂氏春秋》 愛士, 《韓詩外傳》 권10, 《淮南子》 氾論訓 등에 널리 실려 있음.

【絶纓】 갓끈을 끊음. 楚莊王의 고사. 장왕이 밤에 잔치를 열었을 때 불이 꺼지자 평소 후궁을 사모하던 자가 그 후궁을 껴안음. 이에 후궁이 소리를 치며 그자의 갓끈을 끊어 불이 밝혀진 다음 벌을 내리기를 청하자, 장왕이 참가한 모든 신하들에게 갓끈을 끊도록 한 고사. 《韓詩外傳》 권7과 《說苑》 復恩篇에 실려 있음.

【茅茨不翦】 堯임금이 궁궐을 소박하게 하여 그 이엉을 자르지 않았으며 그 계단도 세 계급으로 하였음. 《韓非子》 五蠹篇에 "堯之天下也. 茅茨不翦, 采椽不斲"이라 함.

【燕牛】 연나라 소. 그 뿔이 단단하였다 함.

【荊麋】 초나라에서 나는 사슴.

【妙選】 가장 좋은 재료를 선택함.

【敦弓旣堅・舍矢旣鈞】 둘 모두《詩經》大雅 行葦의 구절.

참고 및 관련 자료

1.《詩經》大雅 行葦

敦彼行葦, 牛羊勿踐履, 方苞方體, 維葉泥泥. 戚戚兄弟, 莫遠具爾, 或肆之筵, 或授之几. 肆筵設席, 授几有緝御. 或獻或酢, 洗爵尊斝. 醓醢以薦, 或燔或炙. 嘉殽脾臄, 或歌或咢. 敦弓旣堅, 四鍭旣鈞, 舍矢旣均, 序賓以賢. 敦弓旣句, 旣挾四鍭, 四鍭如樹, 序賓以不侮. 曾孫維主, 酒醴維醹. 酌以大斗, 以祈黃耇. 黃耇台背, 以引以翼. 壽考維祺, 以介景福.

2.《韓詩外傳》卷八

齊齊景公使人爲弓, 三年乃成. 景公得弓而射, 不穿三札. 景公怒, 將殺弓人. 弓人之妻往見景公, 曰:「蔡人之子, 弓人之妻也. 此弓者, 泰山之南, 烏號之柘, 騂牛之角, 荊麋之筋, 河魚之膠也. 四物者, 天下之練材也. 不宜穿札之少如此. 且妾聞: 奚公之車, 不能獨走; 莫邪雖利, 不能獨斷; 必有以動之. 夫射之道: 在手若附枝, 掌若握卵, 四指如斷短杖, 右手發之, 左手不知, 如此蓋射之道.」景公以爲儀而射之, 穿七札. 蔡人之夫立出矣. 詩曰:『好是正直.』

3.《太平御覽》347

列女傳曰: 當平公使工人爲弓, 三年乃成, 射不穿一札. 公怒, 將殺工. 其妻繁人之女也. 見公曰:「妾之夫造此弓, 亦勞矣. 幹生太山之阿, 一日三覩陰三覩陽, 傅以燕牛之角, 纏以荊麋之筋, 糊以河魚之膠. 此四者天下選也. 而不穿一札, 是君不能射也. 而反欲殺妾之夫, 不亦謬乎? 妾聞射之道: 左手如拒, 右手如附枝, 右手發之, 左手不知, 此射之道也.」公以其言爲儀而穿七札, 弓工立得出, 賜金三鎰.

4.《史記》秦本紀에 "初, 穆公亡善馬, 岐下野人共得而食之者三百餘人, 吏逐得, 欲法之. 穆公曰: '君子不以畜産害人. 吾聞食善馬肉不飮酒, 傷人.' 乃皆賜酒而赦之. 三百人者聞秦擊晉, 皆求從, 從而見穆公窘, 亦皆推鋒爭死, 以報食馬之德" 이라 하였으며 이 고사는《呂氏春秋》愛士,《韓詩外傳》권10,《淮南子》氾論訓 등에 널리 실려 있음.

5. 《藝文類聚》 卷60

列女傳曰: 晉平公使工爲弓, 三年乃成, 射不穿一札. 公怒, 將殺工. 其妻見公曰:
「妾之夫造此弓, 亦勞矣. 幹生太山之阿, 一日三睹陰三睹陽, 傅以燕牛之角, 纏以
荊麋之筋, 糊以河魚之膠. 此四者天下之選也. 而不穿一札, 是君不能射也. 妾聞射
之道, 左手如拒, 右手如附支. 右手發, 左手不知, 公以其儀而穿七札.」 弓工立得出,
賜金三鎰.

6. 기타 참고자료

《韓詩外傳》 권7·《說苑》 復恩篇·《北堂書鈔》 135·《初學記》 22

永泰公主墓 壁畵(唐)

078(6-4) 齊傷槐女
제나라 홰나무를 다치게 한 자의 딸

제齊나라 상괴傷槐의 딸이란 제나라의 홰槐나무를 훼손한 연衍의
딸로 이름은 정婧이었다. 경공景公에게는 아끼는 홰나무가 있어 이를
사람을 시켜 지키도록 하고, 그 곁에 팻말을 세우고 이렇게 방을
걸어 두었다.

"이 홰나무에 범접하는 자는 형벌에 처하고, 나무를 훼손하는 자는
사형에 처하리라."

그런데 연衍이라는 사람이 술에 취하여 그만 그 나무를 훼손하고
말았다.

경공이 이를 듣고 이렇게 말하
였다.

"이 자가 처음으로 내 명을 어겼
도다."

그리고는 관리에게 그를 잡아
가두어 장차 죄를 내릴 참이었다.
연의 딸 정은 두려워 재상인 안자
晏子의 문 앞에 찾아가 이렇게 말하
였다.

"이 천한 계집은 욕정을 이겨낼
수 없어 재상의 비첩婢妾의 숫자에
채워 주시기를 원합니다."

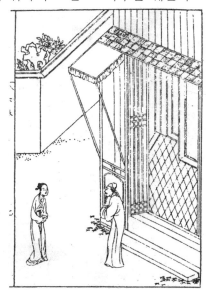

제상괴녀(齊傷槐女)

안자가 듣고 웃으면서 말하였다.

"나에게 음욕의 색정이 있다고 여기는 것인가? 어찌 이렇게 늙어 사사롭게 도망 나온 여자를 만나게 되었단 말인가? 아마도 사연이 있을 것이니 안으로 들게 하라!"

이윽고 문으로 들어서자 안자가 멀리서 바라보며 이렇게 말하였다.

"괴이하도다! 깊은 근심이 있구나."

그리고는 다가가 사정을 묻자 정은 이렇게 대답하였다.

"저의 아버지는 연이라는 사람인데 다행스럽게도 성곽 안에 사는 공민公民이 되었습니다. 음양이 조화롭지 않아 풍우가 때를 맞추지 못하여 오곡이 제대로 여물지 않자, 명산名山과 신수神水에 정성껏 기도를 드리고 있었습니다. 그런데 그러면서 마신 술기운을 이기지 못하여 최초로 임금의 명령을 어기는 죄를 짓게 되었으며, 취하여 이 지경에 이른 것은 진실로 죽음에 마땅하기는 합니다. 그러나 제가 듣기로 훌륭한 군주는 정치를 행함에 재물을 훼손하였다고 하여 백성에게 형벌을 가하지는 않으며, 또 사사로운 화풀이를 위하여 공적인 법을 해치지 않으며, 가축을 위하느라 백성을 해치는 법이 없으며, 들의 잡초를 위하느라 곡물의 싹을 해치는 법은 없다고 하더이다. 옛날 송宋나라 경공景公 때, 큰 가뭄이 들어 삼 년 동안 비가 내리지 않자, 이에 태복太卜을 불러 점을 치게 하였답니다. 그런데 '사람을 제물로 제사 지내야 한다'는 점괘가 나왔습니다. 그러자 경공이 당에서 내려와 북쪽을 향해 머리를 조아리며 이렇게 말하였습니다. '내가 비 오기를 바라는 것은 나의 백성을 위한 것입니다. 지금 사람을 제물로 하여 제사 지내야 한다면 과인이 스스로 마땅히 그 제물이 되기를 청합니다.' 그러자 말이 끝나기도 전에 하늘에서 큰비가 사방 천리를 적셨다 합니다. 그렇게 된 것은 무슨 까닭이겠습니까? 능히 하늘의 뜻에 순응하고 백성을 사랑하였기 때문입니다. 지금 우리 군주께선 홰나무를 심어놓고 범접 못하도록 하고는, 그 홰나무 때문에 저의 아버지를 죽여 저를 고아의 몸으로 만드시니, 저로서는 나라를 다스리는 법에 상처를 입히고 영명한 임금으로서의 바른 도리를 해치는 것이라 두렵게 여깁니다. 이웃 나라에서 이러한 일을 듣게 되면 모두가 우리 임금은 나무는 사랑하면서 사람은 천하게 여긴다고 입방아 찧을 것입니다. 그래도 괜찮겠습니까?"

안자는 척연惕然이 깨닫고 이튿날 조정에 나가 경공에게 이렇게 말하였다.

"제가 듣기로 백성의 재산과 노력을 다 빼앗아 쓰는 것을 포暴라 하고, 놀잇감만을 숭상하고 엄한 법령으로 위세를 부

〈晏子見傷槐女圖〉 明, 仇英(그림)

리는 것을 일러 역逆이라 하며, 형벌과 살상을 정확하게 하지 않는 것을 일러 적賊이라 하나니, 이 세 가지는 나라를 지키는 데 큰 재앙이다라고 하더이다. 지금 임금께서는 백성의 재물과 노력을 궁한 데까지 몰고 가며 음식의 맛을 훌륭하게 갖추고 종고鐘鼓의 음악을 번다하게 즐기며, 궁실의 경관을 극치에 다다르도록 하고 있으니 이는 포暴의 행동에서 가장 큰 것입니다. 그리고 놀잇감을 숭상하며 엄한 법령으로 위세를 부리니 이는 백성에게 역逆을 부리는 명확한 행동입니다. 그리고 홰나무에 범접하는 자에게 형벌을 가하고 그 홰나무를 훼손하는 자에게 사형을 내리는 것은 형벌과 살상이 정도에 어긋나는 것으로 백성에게 깊게 적賊의 행동을 하는 것입니다."

경공이 말하였다.

"과인이 삼가 명령을 공경히 받아들이겠소."

안자가 밖으로 나가자 경공은 즉시 명령을 내려 홰나무를 지키는

일을 그만두도록 하고, 명령을 새겨 걸어두었던 팻말을 뽑아 버리도록
하였다. 그리고 홰나무를 보호하기 위한 법을 폐기하고 홰나무를 범했
다는 죄로 걸려든 죄수를 풀어 주었다.

군자가 말하였다.

"홰나무를 훼손한 자의 딸은 남을 설득하는 말에 능하여 아버지가
풀려나게 하였다."

《시詩》에 "그렇게 되도록 궁리하고 도모하면 결국 그렇게 이룰 수
있겠지"라 하였으니 이를 두고 한 말이다.

송頌:

"경공이 아끼는 홰나무를 어떤 사람이 술 취하여 훼손하였네.
경공이 장차 죽이려 하자 그 딸이 슬프고 황당하여
안자에 달려가 고하여 선왕의 예로 설득하였네.
안자가 왕에게 설득하여 드디어 아버지 재앙이 면해졌다네."

齊傷槐女者, 傷槐衍之女也. 名婧. 景公有所愛槐, 使人守之,
植木懸之下, 令曰:「犯槐者刑, 傷槐者死.」

於是衍醉而傷槐.

景公聞之曰:「是先犯我令.」

使吏拘之, 且加罪焉.

婧懼, 乃造於相晏子之門曰:「賊妾不勝其欲, 願得備數於下.」

晏子聞之, 笑曰:「嬰其有淫色乎? 何爲老而見奔? 殆有說,
內之至哉!」

旣入門, 晏子望見之曰:「怪哉! 有深憂.」

進而問焉. 對曰:「妾父衍幸得充城郭, 爲公民. 見陰陽不調,
風雨不時, 五穀不滋之故, 禱祠於名山神水, 不勝麴蘖之味,

先犯君令, 醉至於此, 罪故當死. 妾聞明君之蒞國也, 不損祿而加刑, 又不以私恚害公法, 不爲六畜傷民人, 不爲野草傷禾苗. 昔者, 宋景公之時, 大旱, 三年不雨, 召太卜而卜之, 曰:『當以人祀之』. 景公乃降堂, 北面稽首曰:『吾所以請雨者, 乃爲吾民也. 今必當以人祀, 寡人請自當之.』言未卒, 天大雨, 方千里. 所以然者, 何也? 以能順天慈民也. 今吾君樹槐令犯者, 欲以槐之故, 殺婧之父, 孤妾之身, 妾恐傷執政之法, 而害明君之義也. 鄰國聞之, 皆謂君愛樹而賤人, 其可乎?」

晏子惕然而悟. 明日朝, 謂景公曰:「嬰聞之: 窮民財力謂之暴, 崇玩好, 威嚴令謂之逆, 刑殺不正謂之賊. 夫三者, 守國之大殃也. 今君窮民財力, 以美飲食之具, 繁鐘鼓之樂, 極宮室之觀, 行暴之大者也. 崇玩好, 威嚴令, 是逆民之明者也. 犯槐者刑, 傷槐者死, 刑殺不正, 賊民之深者也.」

公曰:「寡人敬受命.」

晏子出, 景公卽時命罷守槐之役, 拔植懸之木, 廢傷槐之法, 出犯槐之囚.

君子曰:「傷槐女能以辭免.」

詩云:『是究是圖, 亶其然乎?』此之謂也.

頌曰:『景公愛槐, 民醉折傷.

景公將殺, 其女悼惶.

奔告嬰子, 稱說先王.

晏子爲言, 遂免父殃.』

【景公】춘추시대 제나라 임금. 晏子가 재상으로서 잘 보필하였음. 이름은 杵臼.
B.C.547~490년까지 58년간 재위함.

【晏子】이름은 嬰. 자는 平仲. 景公 때의 자상하며 능력 있는 재상.《史記》
〈管晏列傳〉및《晏子春秋》참조.

【神水】원문에는 '神女'로 되어 있으나 梁端의《校注》에 의해 고침.

【麴糵】술을 뜻함.

【蒞國】나라를 다스림. '蒞'는 '莅'와 같음.

【六畜】소, 말, 양, 돼지, 개, 닭 등의 가축을 말함.

【宋景公】춘추 말기 송나라 군주로 子姓. 이름은 頭曼.

【太卜】'太上'으로 되어 있으나 梁端의《校注》에 의해 고침. 태복은 궁중의 점
(卜筮)을 담당하는 최고 관직.

【是究是圖】《詩經》小雅 常棣의 구절.

참고 및 관련 자료

1.《詩經》小雅 常棣

常棣之華, 鄂不韡韡. 凡今之人, 莫如兄弟. 死喪之威, 兄弟孔懷. 原隰裒矣, 兄弟
求矣. 脊令在原, 兄弟急難. 每有良朋, 況也永歎. 兄弟鬩于牆, 外禦其務. 每有良朋,
烝也無戎. 喪亂旣平, 旣安且寧. 雖有兄弟, 不如友生. 儐爾籩豆, 飲酒之飫. 兄弟
旣具, 和樂且孺. 妻子好合, 如鼓瑟琴. 兄弟旣翕, 和樂且湛. 宜爾室家, 樂爾妻帑.
是究是圖, 亶其然乎.

2.《晏子春秋》內篇 諫下

景公有所愛槐, 令吏謹守之, 植木縣之下令曰:「犯槐者刑, 傷槐者死.」有不聞令,
醉而犯之者. 公聞之, 曰:「是先犯我令!」使吏拘之, 且加罪焉. 其子往晏子之家,
說曰:「負郭之民賤妾, 請有道于相國, 不勝其欲, 願得充數乎下陳.」晏子聞之, 笑曰:
「嬰其淫于色乎? 何爲老而見奔? 雖然, 是必有故, 令內之.」女子入門, 晏子望見之
曰:「怪哉! 有深憂.」進而問焉, 曰:「所憂何也?」對曰:「君樹槐縣令, 犯之者刑,
傷之者死. 妾父不仁, 不聞令, 醉而犯之, 吏將加罪焉. 妾聞之: 明君蒞國立政, 不
損祿, 不益刑. 又不以私恚害公法, 不爲禽獸傷人民, 不爲草木傷禽獸, 不爲野草傷
禾苗. 吾君欲以樹木之故, 殺妾父, 孤妾身. 此令行于民而法于國矣. 雖然, 妾聞之:

『勇士不以衆彊凌孤獨; 明惠之君, 不拂是以行其所欲.』此譬之猶自治魚鼈者也,
去其腥臊者而已. 昧墨而與人比居, 庚肆而教人危坐. 今君出令于民, 苟可法于國,
而益善于後世, 則父死亦當矣, 妾爲之收亦宜矣. 甚乎! 今之令不然, 以樹木之故,
罪法妾父, 妾恐其傷察吏之法, 而害明君之義也. 鄰國聞之, 皆謂吾君愛樹而賤人,
其可乎? 願相國察妾言, 以裁犯禁者.」晏子曰:「甚矣! 吾將爲子言之于君.」使人送
之歸. 明日, 早朝, 而復于公曰:「嬰聞之:『窮民財力, 以供嗜欲, 謂之暴; 崇玩好,
威嚴擬乎君, 謂之逆; 刑殺不稱, 謂之賊.』此三者, 守國之大殃也. 今君窮民財力,
以美飮食之具, 繁鐘鼓之樂, 極宮室之觀, 行暴之大者. 崇玩好, 縣愛槐之令, 載過
者馳, 步過者趨, 威嚴擬乎君, 逆民之明者. 犯槐者刑, 傷槐者死, 刑殺不稱, 賊民
之深者. 君享國, 德行未見于衆, 而三辟著于國, 嬰恐其不可以莅國子民也.」公曰:
「微大夫教寡人, 幾有大罪, 以累社稷. 今子大夫教之, 社稷之福. 寡人受命矣!」晏子出,
公令吏罷守槐之役, 拔置縣之木, 廢傷槐之法, 出犯槐之囚.

3. 張純一 本의 《晏子春秋》注에 이렇게 요지를 말하였다.

孫云:「列女傳齊傷槐女者, 傷槐衍之女也, 名婧云云, 事與此同.」純一案:「列女傳
文與此異, 宜參稽. 此章與下章及外上九章外下十一章悁同.」

4. 《晏子春秋》卷2 內篇 諫下 028(2-3), 그리고 卷7 外篇 重而異者 179(7-9),
卷8 外篇 不合經術者 208(8-11)과 주제 및 내용이 유사하며 관련이 있다.

5. 《藝文類聚》卷24 人部(八) 諫

《晏子》曰: 景公有所愛槐, 令吏守之. 令犯槐者死. 有過而犯之者, 君令吏收而拘之,
將加罪焉. 晏子明月早朝. 諫曰:「君窮民財力, 繁鐘鼓之樂, 極宮室之觀, 犯槐者死,
刑煞不稱, 賊民之深者也. 君饗國, 德行未見於衆, 而刑辟著於國. 嬰恐其不可以
莅國子民也.」公曰:「善.」罷守槐之役, 出犯槐之囚.

6. 《藝文類聚》卷88 木部(上) 槐

晏子春秋曰: 齊景公有所愛槐, 使人守之, 令曰: 犯槐者刑, 傷槐者死. 有醉而傷
槐者, 且加刑焉.

7. 《太平御覽》456‧519‧954에 본 장의 내용이 전재되어 있다.

8. 《新序》雜事(二)

梁君出獵, 見白雁羣, 梁君下車, 彀弓欲射之. 道有行者, 梁君謂行者止, 行者不止,
白雁羣駭. 梁君怒, 欲射行者. 其御公孫襲下車撫矢曰:「君止.」梁君忿然作色而怒曰:

「襲不與其君, 而顧與他人, 何也?」公孫襲對曰:「昔齊景公之時, 天大旱三年, 卜之曰:『必以人祠, 乃雨.』景公下堂頓首曰:『凡吾所以求雨者, 爲吾民也. 今必使吾以人祠乃且雨, 寡人將自當之.』言未卒而天大雨方千里者, 何也? 爲有德於天而惠於民也. 今主君以白雁之故而欲射人, 襲謂主君無異於虎狼.」梁君援其手, 與上車, 歸入廟門, 呼萬歲, 曰:「幸哉! 今日也. 他人獵皆得禽獸, 吾獵得善言而歸.」

9. 《**藝文類聚**》卷66(《莊子》에서 인용했다고 했으나 금본 《莊子》에는 없음)

莊子曰: 梁君出獵, 見白鴈群, 下毂弩欲射之. 道有行者, 梁君謂行者止, 行者不止, 白鴈羣駭. 梁君怒, 欲射行者. 其御公孫龍止之. 梁君怒曰:「龍不與其君, 而顧他人.」對曰:「昔宋景公時, 大旱, 卜之;『必以人祠, 乃雨.』景公下堂頓首曰:『吾所以求雨, 爲民也, 今必使吾以人祠乃雨, 將自當之.』言未卒, 而天大雨, 何也? 爲有德於天而惠於民也. 君以白鴈故而欲射殺人, 主君譬人無異於犲狼也.」梁君乃與龍上車歸, 呼萬歲, 曰:「樂哉! 人獵, 皆得禽獸, 吾獵得善言而歸.」

10. 기타 참고자료

《困學紀聞》10(《莊子》引用, 역시 今本 《莊子》에는 없음). 《太平御覽》390(《說苑》에서 인용했다 함)

079(6-5) 楚野辨女
초나라 시골의 변별력 있는 여인

초楚나라 시골의 변녀辨女는 소씨昭氏의 처이다. 정鄭나라의 간공簡公이 형荊 땅에 한 대부를 사신으로 보내게 되었다. 그 대부가 좁은 길을 지나게 되었을 때, 맞은편에서 오던 어떤 부인의 수레와 맞닥뜨리게 되었는데, 서로 수레의 바퀴통이 부딪쳐 대부의 수레축이 부러지고 말았다. 대부가 화를 내면서 부인을 끌어내려 채찍질을 하려 하였다.

그러자 부인이 이렇게 말하였다.
"제가 듣기로 군자는 '화를 옮기지도 않으며, 잘못을 두 번 저지르지 않는다'라 하더이다. 지금 좁은 길 가운데라 저로서도 더 이상 어쩔 수 없었습니다. 그런데 그대 대부의 마부가 조금도 양보하지 않으려 하여 그 때문에 그대 대부의 수레가 부서진 것입니다. 그런데도 도리어 저를 붙잡아 책임을 돌리니 이것이 어찌 화를 남에게 옮기는 것이 아니겠습니까? 마부에게는 노기를 보이지 않고 도리어 저에게 화풀이를 하려 하시니

초야변녀(楚野辨女)

이것이 어찌 잘못을 두 번 저지르는 경우가 아니겠습니까?《서書》주서周書에 '홀아비와 과부를 업신여기거나 높은 이라 하여 두려워하는 경우는 없도록 하라'라 하였는데 지금 그대 대부의 반열에 있는 자로서 귀감이 될 수 없으면서 화를 남에게 떠넘기고 잘못을 두 번 저질러, 마부는 놓아 주고 저는 잡으시니 이는 미약한 자를 업신여기는 것으로 어찌 '홀아비 과부'를 모욕하는 것이 아니고 무엇이겠습니까? 저에게 채찍을 휘두른다면 맞겠습니다만 그대 대부로서의 선善을 상실함을 안타까워할 뿐입니다."

대부는 부끄러워 아무 대응도 못한 채 그 부인을 놓아 주면서 물었다. 그러자 그는 이렇게 말하였다.

"저는 초나라의 시골에 사는 비천한 사람입니다."

이에 대부는 이렇게 제의하였다.

"어찌 나를 따라 정나라로 가지 않으시렵니까?"

그러자 부인은 이렇게 말하였다.

"저는 굳건한 남편 소씨가 집안에 있습니다."

그리고는 자리를 떠나갔다.

군자가 말하였다.

"변녀는 능히 말을 잘하여 위기를 면할 수 있었다."

《시詩》에 "이러한 말을 하는 것은 도리에도 맞고 이치에 옳도다"라 하였으니 이를 두고 한 말이다.

송頌:

"변녀가 혼자 수레를 타고 가다 정나라 사신을 만났도다.

정나라 사신의 수레축이 부러지니 부인을 잡아 화풀이를 하는구나.

부인이 억울함을 진정하는 데 역시 조리에 맞았도다.

정나라 사신 부끄러워 떠나면서 감히 아무 말도 못붙였네."

楚野辨女者, 昭氏之妻也. 鄭簡公使大夫聘於荊, 至於狹路, 有一婦人乘車與大夫遇, 轂擊而折大夫車軸, 大夫怒, 將執而鞭之.

婦人曰：「妾聞君子『不遷怒, 不貳過』. 今於狹路之中, 妾已極矣. 而子大夫之僕, 不肯少引, 是以敗子大夫之車, 而反執妾, 豈不遷怒哉？ 旣不怒僕, 而反怒妾, 豈不貳過哉？ 周書曰：『毋侮鰥寡而畏高明.』 今子列大夫而不爲之表, 而遷怒貳過, 釋僕執妾, 輕其微弱, 豈可謂不侮鰥寡乎？ 吾鞭則鞭耳, 惜子大夫之喪善也.」

大夫慚而無以應, 遂釋之而問之, 對曰：「妾楚野之鄙人也.」

大夫曰：「盍從我於鄭乎？」

對曰：「旣有狂夫昭氏在內矣.」

遂去.

君子曰：「辨女能以辭免.」

詩云：『惟號斯言, 有倫有脊.』 此之謂也.

頌曰：『辨女獨乘, 遇鄭使者.
　　　　鄭使折軸, 執女忿怒.
　　　　女陳其冤, 亦有其序.
　　　　鄭使慚去, 不敢談語.』

【野辨女】 초야에 묻혀 살지만 변별력이 있는 여자라는 뜻.

【昭氏】 超나라의 족씨(성씨) 이름. 초나라는 昭氏, 屈氏, 景氏가 흔하였음.

【鄭簡公】 춘추시대 정나라 군주. 姬姓이며 이름은 嘉. 鄭 僖公(釐公)의 아들로 B.C.565~530년까지 36년간 재위함.

【荊】 초나라의 다른 이름.

【不貳過】 같은 잘못을 두 번 저지르지 않음. 《論語》 雍也篇에 "哀公問:「弟子孰爲好學?」孔子對曰:「有顔回者好學, 不遷怒, 不貳過. 不幸短命死矣, 今也則亡, 未聞好學者也.」"라 함.

【怒】 원래는 '怨'으로 되어 있으나 《太平御覽》에 의해 고침.

【鰥寡】 鰥은 홀아비. 寡는 과부. 사회적 배려 대상을 뜻함. 《尙書》 洪範에는 "毋虐煢獨而畏高明"이라 함.

【輕】 원본은 '鞭'으로 되어 있으나 梁端 《校注》에 의해 고침.

【狂夫】 狂簡한 남편. '狂'은 세상에 굴하지 아니하고 떳떳함을 지켜 사는 의지 있는 평민을 뜻함.

【惟號斯言】 《詩經》 小雅 正月의 구절.

참고 및 관련 자료

1. 《詩經》 小雅 正月

正月繁霜, 委心憂傷. 民之訛言, 亦孔之將. 念我獨兮, 憂心京京. 哀我小心, 癙憂以痒. 父母生我, 胡俾我瘉. 不自我先, 不自我後. 好言自口, 莠言自口. 憂心愈愈, 是以有侮. 憂心惇惇, 念我無祿. 民之無辜, 幷其臣僕. 哀委人斯, 于何從祿. 瞻烏爰止, 于誰之屋. 瞻彼中林, 侯薪侯蒸. 民今方殆, 視天夢夢. 旣克有定, 靡人弗勝. 有皇上帝, 伊誰云憎. 謂山蓋卑, 爲岡爲陵. 民之訛言, 寧莫之懲. 召彼故老, 訊之占夢. 具曰予聖, 誰知烏之雌雄. 謂天蓋高, 不敢不局. 謂地蓋厚, 不敢不蹐. 維號斯言, 有倫有脊. 哀今之人, 胡爲虺蜴. 瞻彼阪田, 有菀其特. 天之扤我, 如不我克. 彼求我則, 如不我得. 執我仇仇, 亦不我力. 心之憂矣, 如或結之. 念茲之正, 胡然厲矣. 燎之方揚, 寧或滅之. 赫赫宗周, 褒姒滅之. 終其永懷, 又窘陰雨. 其車旣載, 乃棄爾輔. 載輸爾載, 將伯助予. 無棄爾輔, 員于爾輻. 屢顧爾僕, 不輸爾載. 終踰絶險, 曾是不意. 魚在于沼, 亦匪克樂. 潛雖伏矣, 亦孔之炤. 憂心慘慘, 念國之爲虐. 彼有旨酒, 又有嘉殽. 洽比其鄰, 昏姻孔云. 念我獨兮, 憂心慇慇. 佌佌彼有屋, 蔌蔌方有穀. 民今之無祿, 天夭是椓. 哿矣富人, 哀此惸獨.

2. 《太平御覽》 649

列女傳曰: 楚野辯女者, 昭氏妻也. 鄭簡公使大夫聘於荊, 至於狹路, 有一婦人乘車與大夫遇, 擊折大夫車軸, 大夫怒, 將執而鞭之. 女曰:「妾聞君子『不遷怒, 不貳過』.
今狹路之中, 妾之避已極矣. 而子大夫之僕, 不肯少伺, 是以廢于大夫之車, 而反
執妾, 豈不遷怒哉? 不怒僕, 而反怒妾, 豈不貳過哉?」

080(6-6) 阿谷處女
아곡 땅의 처녀

아곡阿谷의 처녀란 아곡의 비탈에서 빨래하던 여자를 말한다. 공자孔子가 남쪽으로 가던 중 아곡의 비탈을 지나다가 처녀가 옥으로 된 귀고리를 걸고 빨래하고 있는 모습을 보게 되었다. 공자가 자공子貢에게 말하였다.

"저 빨래하는 처녀와 이야기를 나눌 수 있겠느냐?"

공자는 잔을 꺼내어 자공에게 주면서 말하였다.

아곡처녀(阿谷處女)

"이것을 가지고 처녀에게 말을 붙여 그 뜻을 살펴보아라."

그러자 자공이 잔을 들고 그 처녀에게 가서 이렇게 말을 걸었다.

"나는 북쪽 변방 사람으로 남쪽으로 가는 길입니다. 장차 초楚나라까지 가려는데 이런 더위를 만났소. 덥고 답답하여 원컨대 물 한 모금 떠 주시면 이로써 내 마음을 진정시킬 수 있겠습니다."

그러자 처녀가 말하였다.

"아곡의 비탈은 구석진 곳에 있어 잘 보이지 않습니다. 이 물은 한편으로는 맑기도 하고 한편

탁하기도 하여 바다로 들어갑니다. 마시고 싶다면 마시십시오. 어찌
하여 저에게 묻는 것입니까?"

그리고 자공의 잔을 받아서 흐르는 물을 거슬려 뜨고는 엎질러
버리고, 다시 흐르는 방향을 따라 가득 넘치도록 떴다. 그리고 꿇어
앉아 모래 위에 잔을 놓고는 이렇게 말하였다.

"예에 남녀 사이에는 직접 물건을 주고받지 않는다 하였습니다."

자공이 돌아와 그 말을 그대로 보고하자 공자가 말하였다.

"나는 이미 그러리라 알고 있었다."

그리고는 거문고를 꺼내어 기러기발을 빼고는 자공에게 건네 주면서
말하였다.

"이로써 말을 건네 보아라."

자공이 가서 말하였다.

"방금 그대의 말을 들으니 편안하기가 맑은 바람 같았소. 마음이
흔들리지도 않았고 거역됨도 없어 내 마음을 되돌릴 수 있었소. 그런데
거문고는 있는데 기러기발이 없으니 그대가 그 음을 조절해 주었으면
하오."

처녀가 말하였다.

"저는 시골에 사는 사람입니다. 비루하고 아는 것이 없어 오음五音이
무엇인지 알지 못하는데 어떻게 거문고 음을 조절하겠습니까?"

자공이 돌아와 공자에게 보고하자 공자가 말하였다.

"나는 이미 알고 있었다. 어진 이가 그를 만났다면 칭찬하였을 것
이다."

다음에는 고운 치격絺綌 옷감 다섯 냥을 꺼내어 자공에게 주면서
말하였다.

"이로써 말을 건네 보아라."

자공이 가서 말하였다.

"나는 북방 시골에 사는 사람이오. 북쪽에서 남으로 가는 길인데
초나라까지 가려 합니다. 이 치격 다섯 량 있는데 감히 그대의 값에

해당한다고 여기지는 않습니다. 원컨대 물가에 두고 가겠소."

처녀가 말하였다.

"길가는 나그네가 아주 한심하기 그지없군요. 그 재물을 갈라 이 편벽한 시골에 버리시다니, 저는 나이가 아주 어립니다. 어찌 감히 당신의 물건을 받을 수 있겠소? 당신은 아직 혼인도 못하셨지만 나는 이미 남편 될 사람의 이름을 알고 있는 자라오!"

자공이 이 말을 공자에게 전하자 공자가 말하였다.

"나는 이미 알고 있었다. 이 여자는 사람의 정에 대하여 통달하였으며 예를 알고 있었다."

《시詩》에서 "남쪽에 우뚝 솟은 교목들이여, 가지가 약하여 그늘이 없으니 쉴 수 없구나. 한수漢水에 노니는 여인들 많지만 가히 만나 사랑을 나누기가 쉽지 않구나"라 하였으니 이를 두고 한 말이다.

　송頌:
"공자가 길을 가다가 아곡의 남쪽에 이르렀더니
특이한 어떤 처녀가 있어 그 풍격을 살피고자 하였네.
자공이 세 번이나 돌아와 여자의 말이 분명하고 깊다고 하였네.
공자는 그 여인을 인정에 통달하고 예를 알며 음란하지 않다 하였네."

阿谷處女者, 阿谷之隧浣者也. 孔子南游, 過阿谷之隧, 見處子佩璜而浣, 孔子謂子貢曰:「彼浣者其可與言乎?」

抽觴以授子貢曰:「爲之辭以觀其志.」

子貢曰:「我北鄙之人也. 自北徂南, 將欲之楚, 逢天之暑, 我思譚譚, 願乞一飮, 以伏我心.」

處子曰:「阿谷之隧, 隱曲之地, 其水一清一濁, 流入於海, 欲飮則飮, 何問乎婢子?」

受子貢觴迎流而挹之, 投而棄之; 從流而挹之, 滿而溢之, 跪置沙上曰:「禮不親授.」

子貢還報其辭, 孔子曰:「丘已知之矣.」

抽琴去其軫以授子貢曰:「爲之辭.」

子貢往曰:「響者聞子之言, 穆如清風, 不拂不寤, 私復我心, 有琴無軫, 願借子調其音.」

處子曰:「我鄙野之人也. 陋固無心, 五音不知, 安能調琴?」

子貢以報孔子. 孔子曰:「丘已知之矣, 過賢則賓.」

抽絺綌五兩以授子貢曰:「爲之辭.」

子貢往曰:「吾北鄙之人也, 自北徂南, 將欲之楚, 有絺綌五兩, 非敢以當子之身也. 願注之水旁.」

處子曰:「行客之人, 嗟然永久, 分其資財, 棄於野鄙, 妾年甚少, 何敢受子? 子不早命, 竊有狂夫名之者矣!」

子貢以告孔子. 孔子曰:「丘已知之矣, 斯婦人達於人情而知禮.」

詩云:『南有喬木, 不可休息; 漢有遊女, 不可求思.』此之謂也.

頌曰:『孔子出遊, 阿谷之南.
　　　異其處子, 欲觀其風.
　　　子貢三反, 女辭辨深.
　　　子曰達情, 知禮不淫.』

【阿谷】큰 골짜기라는 뜻. 그러나 阿谷은 지명인 듯하나 자세히 알 수 없음. '隧'는 '陽'(남쪽)으로 보고 있다. 趙善詒의《韓詩外傳補正》에는 '陽'으로 되어 있음.

【隧】산길. 혹 깊고 으슥한 지형. 또는 '陽'의 뜻으로 남쪽, 양지바른 곳.

【璜】원본은 '瑞'으로 되어 있으나《太平御覽》과《韓詩外傳》에 의해 고침.

【子貢】孔子의 제자. 姓은 端木, 이름은 賜. 衛나라 출신으로 言辯에 뛰어났음.

【北鄙】북방을 뜻함. 鄙는 먼 외지를 말함.

【譚譚】《韓詩外傳》에는 '潭潭'으로 되어 있음. 梁端의《校注》에는 "韓詩外傳作潭潭. 棲霞郝氏懿行曰: '譚·潭皆燂之借音. 說文: 燂, 火熱也, 疑作燂爲是.'"라하였음.

【隱曲之地】隱曲은 그윽하고 깊은 盤曲.《韓詩外傳》에는 '隱曲之汜'으로 되어있음.

【受子貢觴】원문에 '受'는 '授'로 되어 있으나 뜻으로 보아《태평어람》826에의해 '受'로 고쳤음.

【禮不親授】《禮記》內則에 "非祭非喪, 不相授器"라 함. 그리고 曲禮(上)에는"男女不雜坐, 不同椸枷, 不同巾櫛, 不親授"라 하였고, 坊記篇에는 "男女授受不親"이라 하였다.

【牾】'忤'와 같음. 어그러짐. 거슬림. 저촉됨.

【軫(진)】거문고 음을 조절하는 부분, 혹 기구.

【五音】宮·商·角·徵·羽 다섯 음조를 말함.

【過賢則賓】'過'는 '遇'자의 오기. 글자 모양이 비슷하여 판각에 오류를 범한것. 어진 이가 이러한 처녀를 보았다면 賓主의 예로 공경하였을 것임을 뜻함.

【絺綌】'치격'으로 읽으며 葛布를 뜻함.

【五兩】다섯 匹. 兩은 고대 비단 등 옷감의 길이를 재는 단위. 4丈을 1兩으로한다.

【竊有狂夫名之者矣】狂夫는 벼슬 없는 일반 서민 남자. 名은 고대 혼례의 六禮중 問名, 즉 이름을 물음에 대한 예.《儀禮》士昏禮 참조. 여기서는 처녀 자신은이미 聞名의 예를 갖춘 약혼자가 있다고 말한 것임.

【南有喬木】《詩經》周南 漢廣의 구절. '文王의 德化가 남쪽까지 미쳐, 처녀가禮에 어긋나는 일에는 눈도 팔지 않았다는 뜻'이라 함.(毛傳)

1.《詩經》國風 周南 漢廣

南有喬木, 不可休息. 漢有游女, 不可求思. 漢之廣矣, 不可泳思. 江之永矣, 不可
方思. 翹翹錯薪, 言刈其楚. 之子于歸, 言秣其馬. 漢之廣矣, 不可泳思. 江之永矣,
不可方思. 翹翹錯薪, 言刈其蔞. 之子于歸, 言秣其駒. 漢之廣矣, 不可泳思, 江之
永矣, 不可方思.

2.《韓詩外傳》卷一

孔子南遊, 適楚, 至於阿谷之隧, 有處子佩瑱而浣者. 孔子曰:「彼婦人其可與言
矣乎!」抽觴以授子貢, 曰:「善爲之辭, 以觀其語.」子貢曰:「吾, 北鄙之人也, 將南
之楚, 逢天之暑, 思心潭潭, 願乞一飮, 以表我心.」婦人對曰:「阿谷之隧, 隱曲之氾,
其水載清載濁, 流而趨海, 欲飮則飮, 何問婦人乎?」受子貢觴, 迎流而挹之, 奐然而
棄之, 促流而挹之, 奐然而溢之, 坐, 置之沙上, 曰:「禮固不親授.」子貢以告. 孔子曰:
「丘知之矣.」抽琴去其軫, 以授子貢, 曰:「善爲之辭, 以觀其語.」子貢曰:「嚮子之言,
穆如清風, 不悖我語, 和暢我心. 於此有琴而無軫, 願借子以調其音.」婦人對曰:
「吾, 野鄙之人也, 僻陋而無心, 五音不知, 安能調琴?」子貢以告. 孔子曰:「丘知
之矣.」抽絺紘五兩, 以授子貢, 曰:「善爲之辭, 以觀其語.」子貢曰:「吾, 北鄙之人也,
將南之楚. 於此有絺紘五兩, 吾不敢以當子身, 敢置之水浦.」婦人對曰:「客之行,
差遲乖人, 分其資財, 棄之野鄙. 吾年甚少, 何敢受子? 子不早去, 今竊有狂夫守之
者矣.」詩曰:「南有喬木, 不可休思. 漢有遊女, 不可求思.」此之謂也.

3.《北堂書鈔》159

韓詩外傳曰: 孔子南遊, 適楚, 至于阿谷之陽, 有處子佩瑱而浣者. 孔子曰:「彼婦人
其可與言矣乎!」抽觴以授子貢, 曰:「善爲之辭, 以觀其辭.」子貢曰:「吾, 北鄙之人也,
將南之楚, 逢天暑, 願乞一飮.」婦人對曰:「阿谷之隧, 隱曲之氾, 其水載清載濁,
流而趨海, 欲飮則飮, 何問婢子?」受子貢觴, 跪坐, 置之沙上, 曰:「禮固不親授.」

4.《文選》卷22. 謝惠連〈泛湖出樓中翫月〉注

韓詩外傳: 阿谷之女曰:「決出復入爲氾.」

5.《文選》卷25. 謝惠連〈西陵遇風獻康樂〉注

韓詩外傳: 阿谷之女曰:「阿谷之隧, 隱也.」

6.《藝文類聚》9

韓詩外傳曰: 孔子南遊, 適楚, 至於阿谷之隧, 有處子佩瑱而浣者. 孔子抽觴以授子貢, 曰:「以觀其辭.」

7.《藝文類聚》44

韓詩外傳曰: 孔子南遊, 適楚, 至於阿谷之隧, 有處子佩瑱而浣者. 孔子曰:「彼婦人其可與言矣!」抽琴去其軫, 以授子貢, 曰:「善爲之辭.」子貢曰:「於此有琴而無軫, 借子以調其音.」婦人對曰:「吾, 野鄙之人, 五音不知, 安能調琴?」

8.《孔子集語》卷十四, 雜事

韓詩外傳一: 孔子南遊, 適楚, 至於阿谷之隧, 有處子佩瑱而浣者. 孔子曰:「彼婦人其可與言矣乎!」抽觴以授子貢, 曰:「善爲之辭, 以觀其語.」子貢曰:「吾, 北鄙之人也, 將南之楚, 逢天之暑, 思心潭潭, 願乞一飲, 以表我心.」婦人對曰:「阿谷之隧, 隱曲之氾, 其水載淸載濁, 流而趨海, 欲飲則飲, 何問婦人乎?」受子貢觴, 迎流而挹之, 奐然而棄之, 促流而挹之, 奐然而溢之, 坐, 置之沙上, 曰:「禮固不親授.」子貢以告. 孔子曰:「丘知之矣.」抽琴去其軫, 以授子貢, 曰:「善爲之辭, 以觀其語.」子貢曰:「嚮子之言, 穆如淸風, 不悖我語, 和暢我心. 於此有琴而無軫, 願借子以調其音.」婦人對曰:「吾, 野鄙之人也, 僻陋而無心, 五音不知, 安能調琴?」子貢以告. 孔子曰:「丘知之矣.」抽絺綌五兩, 以授子貢, 曰:「善爲之辭, 以觀其語.」子貢曰:「吾, 北鄙之人也, 將南之楚. 於此有絺綌五兩, 吾不敢以當子身, 敢置之水浦.」婦人對曰:「客之行, 差遲乖人, 分其資財, 棄之野鄙. 吾年甚少, 何敢受子? 子不早去, 今竊有狂夫守之者矣.」

9. 기타 참고자료

《太平御覽》74・《事類賦注》10

081(6-7) 趙津女娟
조나라 나루터 사공의 딸

　조趙나라 나루터 딸 연娟은 조나라 하수河水의 나루터 사공의 딸로서 조간자趙簡子의 부인이 된 여자이다.

　처음, 간자가 남쪽 초나라를 공격하면서 나루터 사공과 강을 건널 시간을 약속하였다. 그런데 간자가 이르렀더니 사공이 술에 취한 채 잠이 들어 강을 건널 수가 없는 것이었다. 간자가 노하여 그 사공을 죽이려고 하자 사공의 딸 연이 두려워 노를 들고 달려오는 것이었다.

　이를 본 간자가 말하였다.

　"여자가 가서 무엇을 하겠다고 달려오느냐?"

　그러자 연이 대답하였다.

　"나루터 사공의 딸입니다. 제 아비는 주군께서 동쪽으로 깊이를 알 수 없는 강을 건너신다는 소식을 듣고, 풍랑이 일고 물귀신이 놀라 요동할 것을 염려하여 구강九江과 삼회三淮의 신에게 기도를 하였습니다. 제물을 구비하여 예를 갖추고 안녕을 빌고 복을 빌었습니다. 그런데 무축의 술잔에 남은 술을 드시고 결국 취하셔서 이렇게

조진녀연(趙津女娟)

된 것입니다. 임금께서 죽이려 하시니 제가 원컨대 촌스러운 몸이지만 아버지의 죽음을 대신하고자 하는 것입니다."

간자가 말하였다.

"너의 죄가 아니다."

그러자 연이 다시 말하였다.

"주군께서는 그 죄를 들어 제 아버지를 죽이려 하시니, 저의 걱정은 아버지는 주무시는 중이라 그 아픔을 알지 못할 것이며, 마음으로는 무슨 죄를 지었는지 알지 못할 것이라는 점입니다. 죄를 알지 못하게 한 상태에서 사람을 죽이는 것은 무고한 자를 죽이는 것이 됩니다. 원컨대 깨어나신 다음에 죽이시되 그로 하여금 무슨 죄인지 알도록 하여 주십시오."

간자가 말하였다.

"훌륭하다."

드디어 간자는 그 아버지를 풀어 주고 벌을 내리지 않았다.

간자가 장차 강을 건너려 할 때 노저을 사람이 하나 모자랐다. 그러자 연이 팔을 걷어붙이고 노를 잡으며 이렇게 청하였다.

"저는 하수河水와 제수濟水 사이에 살아, 배나 노라면 그 일에 아주 익숙합니다. 원컨대 모자라는 한 사람의 노를 제가 젓도록 해 주십시오."

간자가 말하였다.

"내가 장차 떠나면서 사대부를 선발하고 목욕 재계까지 하였다. 도리상 여자와는 함께 배를 타고 건널 수 없다."

연이 말하였다.

"제가 듣기로 옛 탕湯임금이 하夏나라를 정벌할 때, 왼쪽 참마驂馬는 암말이었고, 오른쪽 참마 역시 암말이었습니다. 그리하여 드디어 걸桀을 추방하였다고 하였습니다. 또 무왕武王이 은殷을 칠 때, 왼쪽 참마는 검은 암말이었고, 오른쪽은 황백색 무늬가 있는 암말이었습니다. 그리하여 드디어 주紂를 이겨 화산華山의 남쪽에 이를 수 있었다고 하였습니다. 주군께서는 건너지 않겠다면 그만이지, 어찌 여자와 함께 배를 탄다는 것에 대하여 상심하십니까?"

연의 말을 듣고 간자는 드디어 기뻐하며 뱃길을 올랐다. 배가 강의 중간쯤에 이르자 연은 간자를 위하여 하격河激이라는 노래를 불렀다.

"뱃머리에 오르도다, 멀리 맑은 물이 보이도다.
파도를 일으키며 아득히 저어가도다.
아버지는 복을 얻으려 기도하다가 취하여 깨어나지 못하여
장차 형벌이 내려오리라 내 마음 두려웠네.
죄에서 다시 풀려나니 고통스럽던 내 마음 다시 맑아졌네.
내가 노를 잡고 배의 밧줄을 조종하니
교룡도 도와주어 주군께서 편안히 건너가시네.
배를 부르소서, 더 이상 뱃길을 의심하지 마소서."

이 노래를 듣고 조간자는 크게 기뻐하면서 이렇게 말하였다.
"전에 내가 꿈속에 아내를 맞이하였는데 바로 이 여자가 아니겠는가?"
그리고 사람을 시켜 축원을 드리게 하고 부인으로 맞으려 하였다.
그러자 연은 재배하며 이렇게 말하였다.
"무릇 여자의 예에는 중매하는 사람이 없으면 시집 갈 수 없다고 하였습니다. 아버지가 계신데 감히 저 혼자 명을 받들어 결정할 수 없습니다."
그리고 사양하며 떠나 버렸다. 조간자가 궁으로 돌아와 예를 갖추어 그녀의 부모에게 납폐를 거행하고 연을 세워 부인으로 삼았다.
군자가 말하였다.
"딸 연은 세상 도리에 통달하고 말에도 뛰어났었다."
《시詩》에 "놀러 와서 노래도 하니 그 흥 돋구어지자 소리도 아름답네"라 하였으니 이를 두고 한 말이다.

"조간자가 강을 건너려는 데 나루터 사공은 술에 취해 떨어졌구나.
사공을 죽이려 하자 사공의 딸 연이 두려워하여
아버지 대신 노를 저으며 간자에게 말을 잘해 아버지를 구하였네.
좋은 행실은 오래도록 가려질 수 없는 것이니 마침내 세상에 크게
드러났다네."

趙津女娟者, 趙河津吏之女趙簡子之夫人也. 初, 簡子南擊楚,
與津吏期. 簡子至, 津吏醉臥, 不能渡, 簡子怒欲殺之, 娟懼,
持檝而走.

簡子曰:「女子走何爲?」

對曰:「津吏息女, 妾父聞主君東渡不測之水, 恐風波之起,
水神動駭, 故禱祠九江三淮之神, 供具備禮, 御釐受福, 不勝巫
祝杯酌餘瀝, 醉至於此, 君欲殺之, 妾願以鄙軀易父之死.」

簡子曰:「非女之罪也.」

娟曰:「主君欲因其罪而殺之, 妾恐其身之不知痛, 而心不知
罪也. 若不知罪殺之, 是殺不辜也. 願醒而殺之, 使知其罪.」

簡子曰:「善.」

遂釋不誅.

簡子將渡, 用檝者少一人, 娟攘卷摻檝而請曰:「妾居河濟
之間, 世習舟檝之事, 願備員持檝.」

簡子曰:「不穀將行, 選士大夫齊戒沐浴, 義不與婦人同舟而
渡也.」

娟對曰:「妾聞昔者湯伐夏, 左驂牝驪, 右驂牝靡, 而遂放桀.
武王伐殷, 左驂牝騏, 右驂牝靡, 而遂克紂, 至於華山之陽. 主君

不欲渡則已, 與妾同舟, 又何傷乎?」

簡子悅, 遂與渡. 中流爲簡子發河激之歌.

其辭曰:「升彼阿兮面觀清, 水揚波兮杳冥冥, 禱求福兮酔不醒, 誅將加兮妾心驚, 罰旣釋兮瀆乃清, 妾持楫兮操其維, 蛟龍助兮主將歸, 呼來櫂兮行勿疑.」

簡子大悅曰:「昔者不穀夢娶妻, 豈此女乎?」

將使人祝被以爲夫人. 娟乃再拜而辭曰:「夫婦人之禮, 非媒不嫁; 嚴親在內, 不敢聞命.」

遂辭而去. 簡子歸, 乃納幣於父母而立以爲夫人.

君子曰:「女娟通達而有辭.」

詩云:『來遊來歌, 以矢其音.』此之謂也.

頌曰:『趙簡渡河, 津吏醉荒.
　　　將欲加誅, 女娟恐惶.
　　　操楫進說, 父得不喪.
　　　維久難蔽, 終遂發揚.』

【趙】춘추시대 晉나라 六卿 중 趙氏의 봉지.

【河津吏】하수의 나루터를 지키는 관리.

【息女】친딸.

【東】원본에는 '來'로 되어 있음.

【九江】장강 수계의 아홉 개의 물줄기.

【三淮】여러 가지 설이 있으나 淮水의 지류를 뜻하는 것으로 봄.

【御釐】복을 영납함. '御'는 '迎'의 뜻. '釐'는 '禧'와 같음.

【妾居河濟之間, 世襲舟楫之事】이 구절은 원래 빠져 있으나《北堂書鈔》와《太平御覽》(771)에 의해 보입해 넣은 것임.

【不穀】 제후의 왕이 자신을 낮추어 부르는 칭호.《老子》(39장)에 "故貴以賤爲本,
高以下爲基. 是以侯王自謂孤・寡・不穀, 此非以賤爲本邪? 非歟?"라 하였고,
42장에 "人之所惡, 唯孤・寡・不穀, 而王公以爲稱"이라 함.

【麋】 '糜'와 같음.

【瀆】 큰 냇물.

【祝祓】 신에게 복을 비는 것.

【納幣】 고대 혼례에서 육례의 하나. 혼인을 약정하고 나서 남녀 집안에서
玄纁・束帛・儷皮를 보내는 것. '納徵'이라고도 함.

【來遊來歌】《詩經》大雅 卷阿의 구절.

【荒】 恍惚과 같은 뜻임.

┌─────────────────────────┐
│ 참고 및 관련 자료   │
└─────────────────────────┘

1.《詩經》大雅 卷阿 →067 참조.

2.《太平御覽》771

列女傳曰: 趙簡子南擊荊, 至河津. 津吏醉臥, 不能渡, 簡子怒將殺之. 津吏之女娟乃
持檝而前走曰:「妾父聞主君將渡, 恐風波之起, 水神動駭, 故禱祝九江三淮之神,
不勝杯杓餘瀝, 醉於此, 君命之誅, 願以微軀易父之死.」簡子將渡, 少一人, 娟曰:
「妾居河濟之間, 重乎世習舟檝之事, 願備員持檝.」簡子遂與渡. 中流吟河激之歌.
簡子乃聘以爲夫人.

3.《太平御覽》572

列女傳曰: 趙簡子南擊楚, 津吏醉臥, 不能渡, 召欲殺之. 津吏女娟持檝而前曰:「昔父
聞主君東渡不測之水, 恐風波之起, 故禱九江三淮之神, 不勝巫祝杯酒飮, 醉至於
此矣. 妾願鄙軀易父之死.」簡子將渡, 用檝少一人, 娟願備員用檝. 遂與渡, 中流奏
河激之歌. 歌曰:「昇彼阿兮面觀淸, 水揚波兮杳冥, 禱求福兮醉不醒, 誅將加兮妾
心驚, 蛟龍助兮主將歸, 呼來櫂兮行勿疑.」簡子大悅, 立爲夫人.

4.《文選》(9) 北征賦 注

列女傳津吏女歌曰:「水揚波兮杳冥冥, 飛雲霧之杳杳, 涉積雪之皚皚.」

5.《文選》(16) 恨賦 注

列女傳: 趙津吏女歌曰:「誅將加兮妾心驚.」

6.《文選》(22) 車駕幸京口三月三日侍遊曲阿後湖作 注

列女傳曰: 趙津女娟者, 趙河津吏之女也. 初簡子南擊楚, 將渡河, 用楫者少一人, 娟攘袂操楫而請, 簡子篷之, 遂與渡. 中流爲簡子發河激之歌, 其辭曰:「升彼河兮而觀淸, 水揚波兮杳冥冥. 禱求福兮醉不醒, 誅將加兮妾心驚, 罰旣釋兮瀆乃淸. 妾持楫兮操其維, 交龍助兮主將歸, 呼來櫂兮行勿疑.」簡子大悅, 以爲夫人.

7.《藝文類聚》卷9

列女傳曰: 趙簡子南擊楚, 津吏醉臥, 不能渡. 簡子召, 欲殺之. 津吏女子, 持楫而前曰:「妾父聞君東渡不測之水, 恐風波之起. 故禱九江三淮之神, 不勝巫祝杯酌之餘瀝, 醉至於此. 妾願以鄙軀易父之死.」簡子將渡, 少一人, 乃備員持楫, 遂與渡. 中流, 發激棹之歌. 簡子悅, 以爲夫人.

8.《藝文類聚》卷71

列女傳曰: 趙簡子南擊荊, 至河津. 津吏醉臥, 不能渡. 簡子怒, 將殺之. 津吏之女, 乃持楫而前走曰:「妾父聞君王將渡, 恐風波之起. 水神動駭, 故禱祀九江三淮之神, 不勝杯杓餘瀝, 醉於此. 君命誅之, 願以微軀易父之死.」簡子將渡, 用楫少一人, 操楫曰:「妾居河濟之間, 習舟楫之事, 願備員持楫.」簡子遂與操度, 中流奏河激之歌, 簡子乃聘爲夫人.

美人紈扇圖

082(6-8) 趙佛肹母
조나라 필힐의 어머니

　조趙나라 필힐佛肹의 어머니는 조나라 중모中牟 땅의 읍재邑宰 필힐의
어머니이다. 필힐이 중모를 점거하여 모반을 일으켰다. 조나라 법에
성을 점거하고 모반한 자는 사형에 처하며, 그 가족도 몰수당하게
되어 있었다. 이에 필힐의 어머니가 장차 사형을 당하게 되자 스스로
이렇게 말하였다.

　"나까지 죽음을 당하는 것은 부당하다."

조필힐모(趙佛肹母)

　재판장이 그 까닭을 묻자 필힐
의 어머니가 말하였다.

　"나를 위해 주군主君과 만나 이야
기를 할 수 있도록 해 주십시오.
그래도 내 말이 통하지 않으면 그
때 나는 죽을 것입니다."

　재판장이 그의 말을 우선 조 양자
襄子에게 전하자, 양자가 사람을
보내어 그 까닭을 물었다. 그러자
어머니는 이렇게 말하였다.

　"주군을 직접 뵙지 않고는 말할
수 없습니다."

　이에 조양자가 그를 불러 직접
물었다.

"사형에 해당하지 않는다니 무엇 때문이오?"

어머니가 대답하였다.

"제가 사형당해야 한다니 그것 또한 왜 그런 것입니까?"

양자가 대답하였다.

"당신 아들이 모반을 하였소."

어머니가 다시 말하였다.

"자식이 모반을 하였는데 왜 그 어미가 사형당해야 합니까?"

양자가 말하였다.

"어미가 자식을 제대로 가르치지 않아 모반에 이르게 하였는데, 어머니가 어찌 사형에 해당하지 않는다는 것이오?"

어머니는 이렇게 말하였다.

"아! 주군께서 저를 죽이는 데에 마땅한 도리가 있다고 하는 것이, 바로 어미로서 자식을 잘못 가르쳤기 때문이라는 것입니까? 그러나 어미로서의 직분은 이미 끝난 지 오래입니다. 이런 이유는 오히려 주군에게 있습니다. 제가 듣기로 자식이 어려서 오만하다면 어미의 죄가 되지만, 성장하여 잘못을 저지르면 아비의 죄가 된다라 하더이다. 지금 저의 자식은 어려서는 오만하지 않았고, 커서도 능히 시키는 대로 잘 하였습니다. 그런데 제가 무슨 책임이 있다는 것입니까? 제가 듣기로 자식은 어려서 자식이지만 크면 벗이 되며, 남편이 죽으면 자식을 따른다라고 하더이다. 저는 주군을 위해 이렇게 자식을 키웠고, 주군께서 스스로 택하시어 신하로 삼으셨습니다. 저의 자식은 지금 그 직무에 대하여 논의 중에 있느니 만큼 이는 주군의 신하이지 제 아들이 아닙니다. 주군께서 난폭한 신하를 둔 것이지 제가 난폭한 아들을 둔 것은 아닙니다. 이러한 이유로 저는 죄가 없다고 말씀드리는 것입니다."

양자가 말하였다.

"훌륭하오! 무릇 필힐의 모반은 과인의 죄로군요."

그리고 필힐의 어머니를 석방하였다.

군자가 말하였다.

"필힐의 어머니는 말 한 마디로 조양자를 깨우쳤다. 임금으로 하여금 노여움을 다른 데로 옮기지 않도록 함으로써 자신의 몸까지 화를 면하게 되었다"

《시詩》에 "군자를 보고 나니 내 마음도 편안하네"라 하였으니 이를 두고 한 말이다.

송頌:

"필힐이 모반을 일으키자 그 어머니에게까지 책임이 돌아왔네.
장차 사형이 논의될 때 어머니 스스로 나서서 양자에게 말하였네.
어머니의 직분 열거하고 다 자란 자식은 임금의 신하라 하였네.
양자가 그 말을 즐거워하며 드디어 석방하며 논죄를 그쳤다네."

趙佛肸母者, 趙之中牟宰佛肸之母也. 佛肸以中牟叛. 趙之法: 以城叛者身死·家收. 佛肸之母將論, 自言曰:「我死不當.」

士長問其故, 母曰:「爲我通於主君乃言, 不通, 則老婦死而已.」

士長爲之言於襄子. 襄子出問其故, 母曰:「不得見主君則不言.」

於是襄子見而問之曰:「不當死, 何也?」

母曰:「妾之當死, 亦何也?」

襄子曰:「而子反.」

母曰:「子反, 母何爲當死?」

襄子曰:「母不能敎子, 故使至於反, 母何爲不當死也?」

母曰:「吁! 以主君殺妾爲有說也, 乃以母無敎邪? 妾之職盡久矣, 此乃在於主君. 妾聞子少而慢者, 母之罪也; 長而不能使者, 父之罪也. 今妾之子少而不慢, 長又能使, 妾何負哉?

妾聞之: 子少則爲子, 長則爲友. 夫死從子, 妾能爲君長子, 君自擇以爲臣, 妾之子與在論中, 此君之臣, 非妾之子, 君有暴臣, 妾無暴子, 是以言妾無罪也.」

　襄子曰:「善! 夫佛肸之反, 寡人之罪也.」

　遂釋之.

　君子曰:「佛肸之母, 一言而發襄子之意, 使行不遷怒之德, 以免其身.」

　詩云:『旣見君子, 我心寫兮.』此之謂也.

　頌曰:『佛肸旣叛, 其母任理.
　　　　將就於論, 自言襄子.
　　　　陳列母職, 子長在君.
　　　　襄子說之, 遂釋不論.』

【佛肸】'필힐'로 읽으며 춘추시대 晉나라 대부 范中行씨 집안의 가신.《論語》陽貨篇에도 그 이름이 보이며《說苑》立節篇·《新序》義勇篇 등에 그 고사가 자세히 실려 있음.

【中牟宰】중모는 땅 이름. 춘추시대 晉나라 읍으로 지금의 河南 邢臺縣과 邯鄲 사이에 있었음. 趙簡子가 范中行氏를 공격하자 필힐이 中牟의 縣長으로서 그 땅을 점거하고 조간자에게 대항함.

【士長】刑獄을 담당한 관리의 장.

【主君】임금을 뜻함. 여기서는 양자를 가리킴.

【襄子】趙襄子. 조간자의 아들이며 이름은 無卹. 조나라는 춘추말 전국초 아직 제후로 인정받지 못하여 '公'이 아니라 '子'로 칭하였음. 한편 陳漢章의 《疇注》에 "案: 佛肸之叛在趙簡子時, 與襄子不相値"라 함.

【與在論中】어질고 똑똑한 사람을 뽑아 작위를 주고 일을 맡는 순서.《禮記》

王制에 "凡官民材, 必先論之; 論辨, 然後使之; 任事, 然後爵之; 位定, 然後祿之"라 함. 여기서는 필힐의 잘잘못을 따지고 있는 중임을 뜻함.

【旣見君子】《詩經》小雅 蓼蕭의 구절.

【說】'悅'과 같음.

참고 및 관련 자료

1. 《詩經》小雅 蓼蕭

蓼彼蕭斯, 零露湑兮. 旣見君子, 我心寫兮. 燕笑語兮, 是以有譽處兮. 蓼彼蕭斯, 零露瀼瀼. 旣見君子, 爲龍爲光. 其德不爽, 壽考不忘. 蓼彼蕭斯, 零露泥泥. 旣見君子, 孔燕豈弟. 宜兄宜弟, 令德壽豈. 蓼彼蕭斯, 零露濃濃. 旣見君子, 鞗革沖沖. 和鸞雝雝, 萬福攸同.

〈婦女開門圖〉山東 歷城 출토(金)

083(6-9) 齊威虞姬
제나라 위왕의 후궁 우희

우희虞姬는 이름이 연지娟之이며 제齊나라 위왕威王의 후궁이다. 위왕
이 즉위한 지 9년이 지나도록 다스림에 나서지 않은 채 대신들에게
모든 정사를 맡겨 제후들이 함께 몰려 침입해 왔다. 그 때 간사한
신하 주파호周破胡가 권력을 독점하여 전횡을 부리면서 현명한 자를
질시하고 능력 있는 자를 시기하고 있었다. 그리하여 즉묵卽墨의 대부가
어질었음에도 날마다 헐뜯었으며, 아阿의 대부가 불초하였음에도
날마다 칭찬하기에 바빴다.

이에 우희가 왕에게 이렇게 말
하였다.

"파호는 남을 헐뜯으며 아첨하는
신하입니다. 물러나도록 하지 않
으면 안 됩니다. 제나라에는 북곽
北郭이란 선생이 있는데 현명하며
도를 갖추고 있으니 가히 좌우에
둘 수 있습니다."

주파호는 이를 듣고 우희를 증
오하여 이렇게 말하였다.

"그녀가 어린 시절 민간에 있을
때 북곽 선생과 정을 통하고 있었
습니다."

제위우희(齊威虞姬)

그러자 왕은 우희를 의심하여 9층이나 되는 높은 누대에 유폐시키고 유사有司로 하여금 그 사실을 추궁하도록 하였다. 파호는 그 임무를 맡은 자에게 뇌물을 주어 우희의 죄를 거짓으로 꾸며 임금에게 올렸다. 그런데 왕이 그 문서를 보고 이치에 맞지 않는 부분이 있다고 여겨 우희를 불러 자신이 직접 심문하였다. 우희가 대답하였다.

"저 연지는 다행스럽게 부모님으로부터 몸을 받아 천지 사이에 태어났습니다. 살던 초가 오막살이를 떠나 훌륭하신 왕의 연회 시중을 들게 되었으며, 왕의 곁에서 사랑을 받아 자리를 깔아 드리고 청소하고 목욕을 받들어 모시기를 지금에 이르도록 10여 년이 되었습니다! 정성 어린 마음으로 혹시 보탬이 되었으면 다행이라고 드린 말씀이 도리어 모함하는 신하에게 걸려 백 길이나 되는 깊은 구덩이로 빠뜨려졌으나, 뜻하지 않게도 왕께서 다시 불러 말씀을 드릴 수 있도록 해 주셨습니다. 제가 듣기로 '옥석은 진흙에 굴러도 더러워지지 않고, 유하혜柳下惠는 추위에 떠는 여자에게 자기 옷으로 덮어 주면서도 음심을 품지 않는다' 라고 하더이다. 그것은 평소 훌륭한 행동을 쌓았기 때문에 전혀 의심을 받지 않은 것입니다. 경전에 '참외밭에서는 신발을 고쳐 신지 말 것이며, 오얏나무 과수원을 지날 때는 관을 고쳐 쓰지 말라'라 하였습니다. 저로서는 그러한 혐의를 피하지 않았으니 이것이 첫 번째 죄입니다. 이미 곤경에 빠졌을 때, 유사가 뇌물을 받고 사악한 사람의 말을 받아들여 마침내 다시 모함을 뒤집어씀으로써 스스로 해명할 기회도 없었습니다. 제가 듣기로 '남편 잃은 과부가 성 아래서 통곡하니 성이 무너졌으며, 나라에서 추방당한 의로운 선비가 시장에서 탄식하니 파장이 되고 말았다'라 하였습니다. 이것은 진실로 믿음이 마음속에서 나오면, 성과 시장까지도 감동시킨다는 것입니다. 저의 억울함은 대낮보다도 분명합니다. 비록 그렇기는 해도 9층이나 되는 누대에 갇혀 있어 외쳐 보아도 사람들을 털끝만큼도 설득할 수 없었습니다. 이것이 두 번째 죄입니다. 오명을 쓰고 있었는데다 그 두 가지 죄가 겹쳐 버렸으니 의롭다 하더라도 살아날 수가 없었습니다. 살아남을 수 있는 방법은

첩의 오명을 벗어 버리는 것밖에는 없습니다! 이러한 일은 예로부터 있어 왔습니다. 백기伯奇가 밖으로 추방되고 신생申生이 죽음을 당한 예는, 효도와 순종이 지극히 명백하였음에도 도리어 잔혹한 피해를 입은 것입니다. 저로서는 이미 마땅히 죽어야 하니 다시 거듭 진술할 것은 없습니다. 그러나 대왕께 이렇게 경계해 드리고 싶습니다. 많은 신하가 간사한데 그 가운데 파호가 가장 심합니다. 왕께서 직접 정사를 집행하지 않으면 나라가 위태로울 것입니다!"

이에 왕은 크게 깨닫고 우희를 석방하고 조정과 저잣거리에 방을 걸어 즉묵 대부는 만호萬戶에 봉하고 아 대부와 주파호는 삶아서 죽여 버렸다. 그리고 드디어 군사를 일으켜 빼앗긴 옛 땅을 회복하였다. 제나라 전체가 두려움에 떨었고, 사람들은 아 대부가 삶겨 죽은 것을 알고 감히 아무도 잘못을 수식하여 벗어나려 하지 못하였으며, 자신의 직분에 힘쓰기를 다하여 제나라가 크게 다스려졌다.

군자가 말하였다.

"우희는 선을 좋아하였다."

《시詩》에 "훌륭한 군자를 뵙고나니 내 마음 편안해졌네"라 하였으니 이를 두고 한 말이다.

송頌:

"제나라 위왕, 정사에 태만하여 9년 동안 나라를 다스리지 않았네.
우희가 간언하다 도리어 자신이 피해를 입고 말았네.
우희가 사실을 열거하며 황천을 가리키자,
위왕이 크게 깨달아 마침내 강한 진秦나라까지 물리쳤다네."

虞姬者, 名娟之, 齊威王之姬也. 威王卽位, 九年不治, 委政大臣, 諸侯並侵之, 其侫臣周破胡專權擅勢, 嫉賢妒能, 卽墨大夫賢而日毀之, 阿大夫不肖, 反日譽之.

虞姬謂王曰:「破胡, 讒諛之臣也, 不可不退. 齊有北郭先生者, 賢明有道, 可置左右.」

破胡聞之, 乃惡虞姬曰:「其幼弱在於閭巷之時, 嘗與北郭先生通.」

王疑之, 乃閉虞姬於九層之臺, 而使有司卽窮驗問, 破胡賂執事者使竟其罪, 執事者誣其辭而上之, 王視其辭, 不合於意, 乃召虞姬而自問焉.

虞姬對曰:「妾娟之幸得蒙先人之遺體, 生於天壤之間, 去蓬廬之下, 侍明王之讌, 昵附王著, 薦牀蔽席, 供執埽除, 掌奉湯沐, 至今十餘年矣! 惓惓之心, 冀幸補一言, 而爲邪臣所擠, 湮於百重之下, 不意大王乃復見而與之語. 妾聞玉石墜泥, 不爲汙, 柳下覆寒女, 不爲亂, 積之於素雅, 故不見疑也. 經瓜田不納履, 過李園不正冠, 妾不避此, 罪一也. 旣陷難中, 有司受賂, 聽用邪人, 卒見覆冒, 不能自明. 妾聞寡婦哭城, 城爲之崩; 亡士嘆市, 市爲之罷. 誠信發內, 感動城市. 妾之冤明於白日, 雖獨號於九層之內, 而衆人莫爲豪氂, 此妾之罪二也. 旣有汙名而加此二罪, 義固不可以生; 所以生者, 爲莫白妾之汙名也. 且自古有之: 伯奇放野, 申生被患, 孝順至明, 反以爲殘. 妾旣當死, 不復重陳. 然願戒大王: 羣臣爲邪, 破胡最甚, 王不執政, 國殆危矣!」

於是大王寤. 出虞姬顯之於朝市, 封卽墨大夫以萬戶, 烹阿大夫與周破胡, 遂起兵收故侵地. 齊國震懼, 人知烹阿大夫, 不敢飾非, 務盡其職, 齊國大治.

君子謂:「虞姬好善.」

詩云:『旣見君子, 我心則降.』此之謂也.

頌曰:『齊國惰政, 不治九年.
　　　虞姬讖刺, 反害其身.
　　　姬列其事, 上指皇天.
　　　威王覺寤, 卒距强秦.』

【齊威王】 전국시대 제나라 군주. 전씨이며 이름은 嬰齊, 혹은 因齊. B.C.356~
320년까지 37년간 재위함.
【卽墨】 齊나라 읍 이름. 지금의 山東 平度縣 동남쪽.
【阿】 역시 제나라 읍 이름. 지금의 山東 陽谷縣 동남쪽.
【先人之遺體】 《禮記》 祭義에 "身也者, 父母之遺體也"라 함.
【昵附王著】 '昵'은 친함을 뜻하며 '著'는 '宁'와 같음. 孫詒讓은 이 구절에 대하여
　"昵附王著, 言在王宮爲嬪御, 昵近主之宁位也"라 함.
【柳下】 柳下惠(季). 춘추시대 魯나라 대부.《荀子》 大略篇에 "柳下惠與後門者同
　衣而不見疑"라 함.
【經瓜田不躡履】 古樂府 〈君子行〉에 "瓜田不納履, 李下不整冠"이라 함. 남에게
　의심받을 일은 애초부터 하지 않아야 함을 뜻함.
【寡婦哭城】 齊나라 杞梁의 처가 남편이 죽자 성 귀퉁이에서 울어 성이 무너졌다
　는 고사를 말함.
【亡士歎市】 王照圓은 《補注》에 "左傳: 魯文公之夫人姜氏哭而過市, 市人皆哭.
　疑此事也"라 하였고 郝懿行의 말을 인용하여 "疑用伍子胥吹簫吳市事"라고
　하였음.
【衆人莫爲豪氂】 王照圓의 《補注》에 "言衆人莫爲伸理也. 豪氂, 喩微小, 十豪
　爲髮, 十髮爲氂"라 함.
【伯奇放野】 효성으로 이름난 尹吉甫의 아들 백기가 들로 추방당함. 윤길보는
　西周 시대의 대신으로 후처를 얻자 후처가 전처의 아들 백기를 학대하였음.
【申生被患】 晉나라 獻公의 태자 申生이 驪姬로 인해 재앙을 입음.
【卽見君子】 《詩經》 小雅 出車의 구절.
【距】 '拒'와 같음. 항거함. 대항함.

1.《詩經》 小雅 出車

我出我車, 于彼牧矣. 自天子所, 謂我來矣. 召彼僕夫, 謂之載矣. 王事多難, 維其
棘矣. 我出我車, 于彼郊矣. 設此旐矣, 建彼旄矣. 彼旟旐斯, 胡不斾斾. 憂心悄悄,
僕夫況瘁. 王命南仲, 往城于方. 出車彭彭, 旂旐央央. 天子命我, 城彼朔方. 赫赫
南仲, 玁狁于襄. 昔我往矣, 黍稷方華. 今我來思, 雨雪載塗. 王事多難, 不遑啓居.
豈不懷歸, 畏此簡書. 喓喓草蟲, 趯趯阜螽. 未見君子, 憂心忡忡. 旣見君子, 我心
則降. 赫赫南仲, 薄伐西戎. 春日遲遲, 卉木萋萋. 倉庚喈喈, 采蘩祁祁. 執訊獲醜,
薄言還歸. 赫赫南仲, 玁狁于夷.

2.《文選》(11) 景福殿賦 注

列女傳曰: 齊虞姬者, 名損之, 齊威王之姬也. 威王卽位, 諸侯並侵之, 其佞臣周破
胡專權擅勢, 嫉賢妒能, 卽墨大夫賢而日毀之; 阿大夫不肖反日譽之. 虞姬謂王曰:
「破胡讒譖之佞臣也, 不可不退. 齊有北郭先生者, 賢明於道, 可置左右.」王乃封卽
墨大夫以萬戶, 烹阿大夫與周破胡, 遂收故侵地, 齊國大治.

3.《幼學瓊林》 花木篇

「瓜田李下, 事避嫌疑; 秋菊春桃, 時來遲早.」

4.「瓜田李下」

"참외밭에서는 신발 끈을 고쳐 신지 말고, 오얏나무 아래에서는 갓끈을 고쳐 매지
말라"의 뜻. 古詩(樂府詩)의 〈君子行〉에 "君子防未然, 不處嫌疑間, 瓜田不納履,
李下不整冠"(《藝文類聚》(41)에는 曹植의 〈君子行〉이라 함)이라 하였다.《明心寶鑑》
正己篇에는 太公의 말로 인용하여 "瓜田勿躡履, 李下不整冠"이라 하였으며《增廣
賢文》에도 실려 있다.

084(6-10) 齊鍾離春
제나라 무염읍에 사는 종리춘

종리춘鍾離春은 제齊나라 무염읍無鹽邑의 여자로 선왕宣王의 정후正后이다. 그녀의 생긴 모습은 추하기 짝이 없었다. 절구통 같은 머리에 푹 들어간 눈, 길고 장대하며 큰 골절, 들창코에 목의 성대는 튀어나왔으며, 두껍게 살이 찐 목과 드물게 난 머리카락. 허리는 굽었고 가슴이 튀어나왔으며 피부는 검은 옻칠을 한 것과 같았다. 나이 마흔이 되도록 아무도 그녀를 데려가지 않았으며 자신이 직접 나서서 시집을 가겠다고 떠들고 찾아다녔지만 사가는 사람이 없었다. 버림받은 몸이 되어 떠돌아 다녔으나 누구도 잡아 주지 않았다.

이에 종리춘은 누추한 옷이나마 먼지를 털고 단정하게 하고 직접 나서서 선왕宣王의 궁전으로 찾아갔다. 그리고 알자謁者에게 이렇게 말하였다.

"저는 제나라에 누구도 사가지 않는 여자입니다. 군왕의 성덕聖德을 듣고 후궁 말석에라도 채워주셔서 청소나 하는 일을 하고자 합니다. 이에 사마문司馬門 밖에서

제종리춘(齊鍾離春)

머리를 조아리고 있으니 오로지 왕의 허락이 있으시면 천행으로 여기겠습니다."

알자가 이를 알려드리고자 갔더니 선왕은 마침 점대漸臺에서 술자리를 벌여 놓고 있었다. 좌우의 신하들이 이를 듣고는 입을 가리고 웃지 않는 자가 없었다.

"이는 천하에 가장 얼굴이 두꺼운 여자로다! 어찌 괴이한 일이 아닌가?"

이에 선왕이 그를 불러 만나 보면서 선왕은 이렇게 말하였다.

"지난날 선왕께서 과인을 위해 이미 배필을 정해 주셨소. 그들은 이미 서열을 갖추고 있소. 지금 부인은 향리의 평민 가운데서 들이는 것이 용납되지 않고 있소. 그런데도 만승의 주인인 나의 배필이 되고자 한다니 무슨 기이한 능력이라도 있소?"

그러자 종리춘이 대답하였다.

"그런 것은 가지고 있지 않습니다. 특별히 제가 대왕의 훌륭한 덕을 사모하였을 뿐입니다!"

왕이 말하였다.

"비록 그렇다 해도 무엇인가 잘하는 것이 있지 않겠소?"

한참 머뭇거리다가 종리춘이 말하였다.

"저는 일찍이 숨는 일에 뛰어났습니다."

왕이 말하였다.

"둔갑술이라면 진실로 과인도 하고 싶던 것이오. 시험삼아 한 번 해 보시오."

말이 채 끝나기도 전에 종리춘이 갑자기 사라졌다. 선왕이 깜짝 놀라 당장 《은서隱書》를 펼쳐서 읽어 보면서 물러나와 그것을 연구해 보았지만 알 수 없었다.

이튿날 종리춘을 불러 다시 물어 보았더니, 그녀는 둔갑술에 대해서는 대답하지 않고 다만 눈을 부라리며 이를 깨물고는 손을 들어 무릎을 가볍게 치면서 이렇게 말하는 것이었다.

"위태롭도다! 위태롭도다!"

이렇게 네 번을 외치자 선왕이 말하였다.

"가르침을 받고 싶소."

종리춘이 대답하였다.

"지금 대왕께서는 이 나라의 군주이십니다. 서쪽에는 횡포한 진秦
나라의 근심이 있고, 남쪽에는 강한 초楚나라와 원수가 되어 있습니다.
밖으로 이러한 두 나라의 환난이 도사리고 있는데도 나라 안에는 간신
들이 들끓고 있어 백성들은 의지할 곳이 없습니다. 대왕께서는 춘추가
사십이 되었는데도 장성한 후계자를 정해 놓지 않았습니다. 여러 왕자
들에게는 힘을 쏟지 아니하고 여러 부인들에게만 관심을 쏟고 계십
니다. 좋아하는 것만을 존중하며, 믿어야 할 것에 대하여는 소홀히
하고 계십니다. 하루아침에 산이 무너져 내리고 나서 왕께서 유명을
달리하시면, 사직이 안정을 얻지 못할 것이니 이것이 바로 첫 번째
위태로움입니다. 점대는 다섯 겹으로 싸여 있고, 황금과 백옥, 낭간이
뒤덮여 늘어져 있고 비취와 주기가 서로 연결되어 장식을 이루고 있으나
백성들의 피곤함은 극에 달해 있습니다. 이것이 두 번째 위태로움
입니다. 현명한 사람은 산림에 묻혀 있고 아첨하는 신하들만이 좌우
에서 강한 힘을 가지고 있으며, 사악함과 거짓이 본 조정에 버티고
있고 충간하는 자는 조정에 들어오고 싶어도 들어올 수가 없습니다.
이것이 세 번째 위태로움입니다. 술과 놀이에 빠져 밤을 낮으로 이어가
고 있으며, 계집과 배우들이 가로세로 엇갈려 웃음소리로 가득합니다.
밖으로 제후의 예를 다하지 않으면서, 안으로 국가의 정사를 바로
잡지 못하고 있으니 이것이 네 번째 위태로움입니다. 그 때문에 '위태롭
도다! 위태롭도다!'라고 한 것입니다."

이에 선왕은 위연히 탄식하며 이렇게 말하였다.

"애통하도다. 무염의 이 여자 말이여. 내 지금 비로소 이렇게 듣게
되다니!"

이에 점대를 부수고 여악女樂을 없앴으며, 아첨하는 무리들을 물리치고

齊宣王과 無鹽女 畵像塼(漢)

조각한 장식품을 없애 버렸다. 그리고 병마를 선발하고 창고를 채웠으며 사방의 궁궐 문을 열고 직언할 사람을 맞아들이자, 미천한 사람들조차 이에 참여하게 되었다. 점을 쳐서 길일을 택하여 태자를 세우고, 훌륭한 보모를 받들어 가르치게 하였다. 그리고 무염군 종리춘을 왕후로 삼았다.

제나라가 크게 안정된 것은 이 추녀의 힘이었다.

군자가 말하였다.

"종리춘은 바르기도 하였으며 말을 잘하였다."

《시詩》에 "군자를 만나 보니 내 마음 기쁘도다"라 하였으니 이를 두고 한 말이다.

송頌:

"무염의 여자가 제 선왕에게 간언하였네.

　네 가지 위태로움을 들어 나라의 혼란을 일러 주니,

　선왕이 그 말을 따라 사방의 문을 열고,

　드디어 태자를 세우고 무염군을 왕후로 세웠다네."

　鍾離春者, 齊無鹽邑之女, 宣王之正后也. 其爲人極醜無雙,
白頭深目・長壯大節・卬鼻結喉・肥項少髮・折腰出胸・皮膚
若漆, 行年四十, 無所容入, 衒嫁不讎, 流棄莫執,

　於是乃拂拭短褐, 自詣宣王. 謂謁者曰:「妾, 齊之不讎女也.
聞君王之聖德, 願備後宮之埽除, 頓首司馬門外, 唯王幸許之.」

　謁者以聞, 宣王方置酒於漸臺, 左右聞之, 莫不掩口大笑曰:
「此天下强顔女子也! 豈不異哉?」

　於是宣王乃召見之, 謂曰:「昔者, 先王爲寡人娶妃匹, 皆已備
有列位矣. 今夫人不容於鄕里布衣, 而欲干萬乘之主, 亦有何
奇能哉?」

　鍾離春對曰:「無有. 特竊慕大王之美義耳!」

　王曰:「雖然, 何善?」

　良久, 曰:「竊嘗善隱.」

　宣王曰:「隱, 固寡人之所願也, 試一行之.」

　言未卒, 忽然不見. 宣王大驚, 立發《隱書》而讀之, 退而推之,
又未能得.

　明日又更召而問之, 不以隱對, 但揚目銜齒, 擧手拊膝曰:
「殆哉! 殆哉!」

如此者四, 宣王曰:「願遂聞命.」

鍾離春對曰:「今大王之君國也, 西有衡秦之患, 南有強楚之讎, 外有二國之難, 內聚姦臣, 眾人不附; 春秋四十, 壯男不立, 不務眾子, 而務眾婦, 尊所好, 忽所恃; 一旦山陵崩弛, 社稷不定; 此一殆也. 漸臺五重, 黃金白玉, 琅玕籠疏, 翡翠珠璣, 幕絡連飾, 萬民罷極; 此二殆也. 賢者匿於山林, 諂諛強於左右, 邪僞立於本朝, 諫者不得通入; 此三殆也. 飲酒沈湎, 以夜繼晝, 女樂俳優, 縱橫大笑, 外不脩諸侯之禮, 內不秉國家之治; 此四殆也. 故曰:『殆哉! 殆哉!』」

於是宣王喟然而嘆曰:「痛乎無鹽君之言, 乃今一聞!」

於是拆漸臺, 罷女樂, 退諂諛, 去雕琢, 選兵馬, 實府庫, 四辟公門, 招進直言, 延及側陋. 卜擇吉日, 立太子, 進慈母, 拜無鹽君爲后. 而齊國大安者, 醜女之力也.

君子謂:「鍾離春正而有辭.」

詩云:『旣見君子, 我心則喜.』此之謂也.

頌曰:『無鹽之女, 干說齊宣.

　　　分別四殆, 稱國亂煩.

　　　宣王從之, 四辟公門.

　　　遂立太子, 拜無鹽君.』

【鍾離春】 鍾離는 복성. 春은 이름. 흔히 그 출신 지역에 맞추어 종리춘을 '無鹽君'
이라 불렀음.
【無鹽】 지명. 전국시대 齊나라 읍 이름으로 지금의 山東 東平縣 동쪽.

【宣王】 전국시대 제나라 군주. 田氏이며 이름은 辟疆. 齊 威王의 아들. B.C.319~301년까지 19년간 재위함.

【臼頭】 머리가 돌절구처럼 생겼음.

【長壯大節】 원문은 '長指大節'로 되어 있어 긴 손가락에 큰 골절의 형상을 말한 것임.

【折腰出胸】 허리는 꺾이고 가슴은 튀어나온 형상.

【衒嫁不讎】 시집가겠다고 떠들고 다녀도 팔리지 않음. '讎'는 '售'와 같음.

【司馬門】 왕궁의 외문.

【隱】 두 가지 뜻이 있음. 隱語나 수수께끼, 혹 遁甲術이라고도 함.

【忽然不見】 簫道管의 《集註》에 "忽然不見, 在古人乃事理難明之辭, 本非隱形之謂也"라 하였고, 陳漢章의 《斠注》에는 "忽然隱其亡國之意而退, 故云不見"이라 함.

【隱書】 隱語(秘語, 謎語)를 비유하여 설명한 내용의 책으로 봄.《漢書》藝文志에 《隱書》18편이 저록되어 있으며 顔師古의 주에 劉向의 《別錄》을 인용하여 "隱書者, 疑其言以相問, 對者以慮思之, 可以無不諭"라 함.

【衡】 '橫'과 같으며 專橫을 뜻함.

【琅玕】 아주 훌륭한 옥.

【籠疏】 龍疏, 龍兹, 蒲蓋라고도 하며 자리(席)의 일종.

【幕絡】 莫落으로도 쓰며 구슬 이름. 疊韻連綿語.

【諸侯之禮】《周禮》秋官 大行人에 "凡諸侯之邦交, 歲相問也, 殷相聘也, 世相朝也"라 함.

【側陋】 지위가 낮음을 뜻함.

【旣見君子】《詩經》小雅 菁菁者莪의 구절.

【說】 遊說.

참고 및 관련 자료

1. 《詩經》 小雅 菁菁者莪

菁菁者莪, 在彼中阿. 旣見君子, 樂且有儀. 菁菁者莪, 在彼中沚. 旣見君子, 我心則喜. 菁菁者莪, 在彼中陵. 旣見君子, 錫我百朋. 汎汎楊舟, 載沉載浮. 旣見君子,我心則休.

2.《新序》雜事(二)

齊有婦人, 極醜無雙, 號曰『無鹽女』. 其爲人也, 臼頭深目, 長壯大節, 昂鼻結喉, 肥項少髮, 折腰出胸, 皮膚若漆. 行年三十, 無所容入, 衒嫁不售, 流棄莫執. 於是乃拂拭短褐, 自詣宣王, 願一見, 謂謁者曰:「妾, 齊之不售女也, 聞君王之聖德, 願備後宮之掃除, 頓首司馬門外, 唯王幸許之.」謁者以聞, 宣王方置酒於漸臺, 左右聞之, 莫不掩口而大笑. 曰:「此天下强顏女子也.」於是宣王乃召見之, 謂曰:「昔先王爲寡人取妃匹, 皆已備有列位矣. 寡人今日聽鄭衛之聲嘔吟感傷, 揚激楚之遺風. 今夫人不容鄉里, 布衣而欲干萬乘之主, 亦有奇能乎?」無鹽女對曰:「無有. 直竊慕大王之美義耳.」王曰,「雖然, 何喜?」良久曰:「竊嘗喜隱.」王曰:「隱, 固寡人之所願也. 試一行之.」言未卒, 忽然不見矣. 宣王大驚, 立發隱書而讀之, 退而惟之, 又不能得. 明日, 復更召而問之, 又不以隱對, 但揚目銜齒, 舉手拊肘曰:「殆哉! 殆哉!」如此者四. 宣王曰:「願遂聞命.」無鹽女曰:「今大王之君國也, 西有衡秦之患, 南有强楚之讐, 外有二國之難, 內聚姦臣, 衆人不附. 春秋四十, 壯男不立, 不矜衆子, 而矜衆歸, 尊所好而忽所恃, 一旦山陵崩弛, 社稷不定, 此一殆也. 漸臺五重, 黃金白玉, 琅玕龍疏, 蕶蕶珠璣, 莫落連飾, 萬民罷極, 此二殆也. 賢者伏匿於山林, 諂諛强於左右, 邪僞立於本朝, 諫者不得通入, 此三殆也. 酒漿流湎, 以夜續朝, 女樂俳優, 從橫大笑, 外不修諸侯之禮, 內不秉國家之治, 此四殆也. 故曰:『殆哉! 殆哉!』」於是宣王掩然無聲, 意入黃泉, 忽然而昂, 喟然而嘆曰:「痛乎! 無鹽君之言, 吾今乃一聞寡人之殆, 寡人之殆幾不全.」於是立停漸臺, 罷女樂, 退諂諛, 去彫琢, 選兵馬, 實府庫, 四闢公門, 招進直言, 延及側陋, 擇吉日. 立太子, 進慈母, 顯隱女, 拜無鹽君爲王后, 而國大安者, 醜女之力也.

3.《蒙求》卷下 無鹽如漆

古列女傳: 鍾離春者, 齊無鹽邑之女, 宣王正后也. 爲人極醜無雙. 臼頭深目, 長指大節, 昂鼻結喉. 肥項少髮, 折腰出胸, 皮膚若漆. 年四十無所容入衒嫁不售. 乃拂拭短褐, 自詣宣王, 願備後宮之掃除. 宣王方置酒於漸臺左右聞之, 掩口大笑. 王召見之. 無鹽爲陳四殆. 王於是立折漸臺, 罷女樂, 退諂諛, 去彫琢, 進直言, 延側陋, 立太子, 拜無鹽爲后. 而齊國大安.

4.《幼學瓊林》女子篇

「東施效顰而可厭, 無鹽刻畫以難堪, 此女之醜者.」

5. 《文選》(11) 景福殿賦 注

列女傳曰: 鍾離春者, 齊無鹽邑之女也, 爲人極醜, 自詣宣王, 願乞一見. 宣王召見之, 乃擧手拊膝曰:「殆哉! 殆哉!」宣王曰:「願聞命.」對曰:「今西有橫秦之患, 南有强楚之讎, 春秋四十, 壯勇不立, 此一殆也. 漸臺五層, 萬民疲困, 此二殆也. 賢者伏匿山林, 諂諛强於左右, 此三殆也. 酒漿沉湎, 以夜繼日, 女樂俳優, 縱橫大笑, 此四殆也.」宣王喟然而歎: 寡人之殆幾不全. 拜無鹽君以爲王后.

6. 《太平御覽》382

齊鍾離春者, 齊無鹽邑之女. 其爲人極醜無雙, 臼頭深目‧長壯大節‧卬鼻結喉‧頂上少髮‧折腰出胸‧皮膚若漆, 行年三十, 無所容入, 行嫁不售, 流棄莫執, 於是乃拂拭短褐, 自詣宣王. 遠乞一見, 謁者曰:「晏齊之不售女也. 聞大王之聖, 願備後宮之掃除, 頓首司馬門外.」謁者以聞, 宣王方置酒於漸臺, 左右聞之, 莫不掩口而笑王曰:「此天下强顏女子也!」乃召見之, 謂曰:「昔先王爲寡人娶妃疋, 皆以備有列位者. 今夫人不容鄉里布衣, 而欲干萬乘之主, 有何異乎?」鍾離春曰:「竊慕大王之美義耳!」王曰:「然, 何善?」曰:「嘗隱善.」王曰:「試一行之.」言未卒, 忽不見. 王大驚, 立發《隱書》而讀之, 久不能解. 明日復召之. 但揚目銜齒, 擧手拊膝曰:「殆哉!」如此者四矣. 王曰:「願聞命.」對曰:「今大王之國, 西有橫秦之患, 南有强楚之讎, 外有二國之難, 內聚姦臣, 衆人不附; 春秋四十年, 壯男不立, 故不務衆子, 而務衆婦, 尊所好, 而忽所恃; 一旦山陵崩墜, 社稷不定; 此一殆也. 漸臺五層, 黃金白玉, 琅玕翡翠, 萬人疲極; 此二殆也. 賢者匿於山林, 諂諛强行於左右, 邪僞立於本朝, 不得通入; 此三殆也. 酒漿流湎, 以夜繼晝, 女樂俳優, 縱橫大咲, 外不脩諸侯之禮, 內不康國家之理; 此四殆也.」王闇然無聲, 喟然而歎曰:「痛乎無鹽君之言!」於是立壞漸臺, 罷女樂, 退諂諛, 去彫琢, 選兵馬, 實府庫, 闢四門, 招進直言, 卜擇吉日, 立太子, 拜無鹽君爲后. 齊國大安, 皆醜女之力也.

7. 기타 참고자료

《群書治要》

085(6-11) 齊宿瘤女
목에 혹이 난 제나라 여인

숙류녀宿瘤女는 제齊나라 동곽東郭에서 뽕을 따던 여자로서 민왕閔王의 왕후가 된 사람이다. 목에 큰 혹이 있어서 숙류라 불렀다.

처음, 민왕이 행차하던 중에 동곽 마을에 이르자, 백성들이 모두 나와 구경을 하였지만 숙류만이 여전히 뽕을 따고 있었다.

왕이 이상하게 여겨 불러서 물어 보았다.

"내가 대궐을 나와 행차하는데 따르는 수레와 말이 아주 많다. 백성들로서 어른 아이 할 것 없이 일을 하던 그치고 구경하지 아니하는 자가 없는데, 그대는 길가 뽕을 따면서 한 번 쳐다보지도 않으니 어찌된 일이냐?"

제숙류녀(齊宿瘤女)

숙류녀가 대답하였다.

"저는 부모에게서 뽕 따는 일만 가르침을 받았을 뿐, 대왕을 구경하라는 명령은 받지 않았습니다."

왕이 말하였다.

"참으로 기이한 여자로구나. 애석하게도 목에 혹까지 나 있구나!"

그러자 그녀는

"제가 맡은 일이란 두 가지가

아닙니다. 저는 맡은 일만 잊지 아니하고 있는데, 마음속에 다시 무엇을 생각하겠습니까? 또 목에 혹이 있다고 마음 상할 일이 무엇이 있겠습니까?"

민왕은 크게 기뻐하였다.

"참으로 현명한 여자로구나."

그리고는 뒤 수레에 그녀를 태우려 하자 여자가 말하였다.

"대왕의 위엄 때문에 부모가 계신데도 저로 하여금 부모의 가르침을 받지 아니하고 대왕을 따르도록 한다면 저는 분녀奔女가 됩니다. 대왕께선 어찌 그런 일을 하려 하십니까?"

왕은 부끄러워하며 이렇게 말하였다.

"과인이 실수하였소."

다시 그녀가 말하였다.

"정녀貞女는 한 가지 예라도 미비한 것이 있으면 죽어도 따르지 않는 법입니다."

이에 왕은 사자로 하여금 금 백 일(일)을 더하여 그의 집에 가서 빙례를 치르고 맞아 오도록 하였다.

그의 부모는 놀랍고 황망스러워 딸을 목욕시키고 새 옷으로 갈아 입도록 하자 그녀는 이렇게 말하였다.

"이 모습으로 왕을 만났는데 옷을 갈아입고 모습을 바꾼다면 알아보지 못할 것입니다. 그렇게 하신다면 죽어도 가지 않을 것입니다."

그리하여 종전의 모습 그대로 사자를 따라갔다. 민왕이 돌아와 여러 부인을 모아 놓고 말하였다.

"오늘 내가 나들이를 나갔다가 하나의 성스러운 여인을 얻게 되었소. 지금 여기 당신들 앞에 나타날 것이오."

여러 부인들이 모두 괴이히 여겨 훌륭한 옷차림으로 둘러서 기다렸다. 그녀가 이르자 궁중이 모두 놀랐다. 여러 부인들이 입을 가리고 웃었으며 좌우도 자신의 모습을 잃을 정도로 스스로 자제하지 못할 정도였다.

왕은 크게 참담하여 이렇게 말하였다.

"잠깐 웃음을 그쳐라. 꾸미지 않았을 뿐이다. 무릇 꾸미는 것과 꾸미지 않는 것의 차이는 불과 열 배나 백 배 정도일 뿐이다."

그러자 그녀가 말하였다.

"무릇 꾸밈과 꾸미지 않는 것의 차이는 천 배 만 배나 되어 말로는 표현할 수 없습니다. 어찌 열 배 백 배의 차이 정도일 뿐이겠습니까?"

왕이 말하였다.

"무엇으로 그것을 말할 수 있소?"

그녀가 말하였다.

"사람의 본성은 서로 비슷하지만 습관에 의해 차이가 생기는 것입니다. 옛날에 요堯·순舜·걸桀·주紂는 모두 천자였습니다. 요순은 인의라는 것으로 자신을 꾸몄습니다. 비록 천자가 되었지만 절약과 근검을 편안히 여겼습니다. 그리하여 지붕의 이엉을 자르지도 않았고, 서까래 기둥도 다듬지 않았습니다. 후궁들의 옷에 겹친 무늬를 놓지 못하도록 하였고, 먹는 것도 맛을 내지 않도록 하였습니다. 그리하여 지금 수천 년이 되도록 천하가 훌륭한 것은 모두 그에게 귀결시킵니다. 그러나 걸주는 스스로를 인의로 꾸미지 않았습니다. 번잡한 장식에 길들여졌으며, 높은 누대와 깊은 연못을 만들었습니다. 후궁들은 비단을 발에 밟히도록 휘감고 다녔고, 주옥으로 만든 패물을 달고 다녀 싫증이 나지 않도록 하였습니다. 그러다가 자신은 죽고 나라는 망하게 되어 천하의 웃음거리가 되었습니다. 지금에 이르기까지 천여 년이 되도록 천하의 악한 것은 모두 그들에게 귀속시킵니다. 이로써 본다면 꾸미는 것과 꾸미지 않는 것은 그 차이가 천 배 만 배라 해도 표현하기 부족하거늘 어찌 유독 십 배 백 배일뿐이라 하겠습니까?"

이에 여러 부인들은 모두가 크게 부끄러워하였고, 민왕은 크게 감격하여 그 혹 달린 여인을 세워 후后로 삼았다. 그리고 영을 내려 궁실을 낮추고, 놀이에 쓰던 연못들을 메워 버렸으며, 음식은 덜고 음악은 줄였고 후궁들의 옷도 겹겹으로 장식하지 못하게 하였다. 만 일 년이 되자 교화가 이웃 나라에까지 퍼져 제후들이 조회를 왔다. 삼진三晉을 공략하고, 진秦나라와 초楚나라를 두려움에 떨게 하여 제帝라는 호칭을 세웠다. 민왕이 이러한 지위에 이른 것은 혹 달린 이 여자의 힘이 있었기 때문이었다. 그러나 그녀가 죽은 뒤 연燕나라가 제나라를 도륙하여 민왕은 도망을 다니다가 밖에서 죽음을 당하고 말았다.

군자가 말하였다.

"숙류녀는 사리에 통달하고 예에 익숙하였다."

《시詩》에 "무성한 다북쑥 언덕에 뿌리를 내렸네. 군자를 만나니 즐겁고도 그를 따라 배우네"라 하였으니 이를 두고 한 말이다.

송頌:

"제나라 여자 숙류가 동곽에서 뽕을 따고 있었네.
민왕의 행차에도 아랑곳하지 않고 여전히 하던 일만 계속하였네.
왕이 불러 이야기 나눠 보니 하는 말마다 심히 분명하였네.
마침내 왕후의 지위에 올라 명성을 얻어 영광을 드날렸네."

宿瘤女者, 齊東郭採桑之女, 閔王之后也. 項有大瘤, 故號曰宿瘤.

初, 閔王出遊, 至東郭, 百姓盡觀, 宿瘤女採桑如故.

王怪之, 召問曰:「寡人出遊, 車騎甚衆, 百姓無少長皆棄事來觀, 汝採桑道旁, 曾不一視, 何也?」

對曰:「妾受父母教採桑, 不受教觀大王.」

王曰:「此奇女也, 惜哉宿瘤!」

女曰:「婢妾之職, 屬之不二, 予之不忘, 中心謂何? 宿瘤何傷?」

王大悅之曰:「此賢女也.」

命後車載之, 女曰:「賴大王之力, 父母在內, 使妾不受父母之教而隨大王, 是奔女也. 大王又安用之?」

王大慚曰：「寡人失之.」

又曰：「貞女一禮不備, 雖死不從.」

於是王遣歸使使者加金百鎰, 往聘迎之.

父母驚惶, 欲洗沐加衣裳, 女曰：「如是見王, 則變容更服, 不見識也. 請死不往.」

於是如故, 隨使者. 閔王歸, 見諸夫人告曰：「今日出遊, 得一聖女, 今至, 斥汝屬矣.」

諸夫人皆怪之, 盛服而衛, 遲其至也, 宿瘤駭宮中, 諸夫人皆掩口而笑, 左右失貌, 不能自止.

王大慚曰：「且無笑, 不飾耳. 夫飾與不飾, 固相去十百也.」

女曰：「夫飾與不飾, 相去千萬, 尚不足言, 何獨十百也?」

王曰：「何以言之?」

對曰：「性相近, 習相遠也. 昔者, 堯舜桀紂, 俱天子也. 堯舜自飾以仁義, 雖爲天子, 安於節儉: 茅茨不翦, 采椽不斲, 後宮衣不重采, 食不重味, 至今數千歲, 天下歸善焉. 桀紂不自飾以仁義, 習爲苛文, 造爲高臺深池, 後宮蹈綺縠, 弄珠玉, 意非有屬時也, 身死國亡, 爲天下笑, 至今千餘歲, 天下歸惡焉. 由是觀之, 飾與不飾, 相去千萬, 尚不足言! 何獨十百也?」

於是諸夫人皆大慚. 閔王大感, 立瘤女以爲后. 出令卑宮室, 塡池澤, 損膳減樂, 後宮不得重采, 期月之間, 化行鄰國, 諸侯朝之. 侵三晉, 懼秦・楚, 立帝號. 閔王至於此也, 宿瘤女有力焉. 及女死之後, 燕遂屠齊, 閔王逃亡而弒死於外.

君子謂：「宿瘤女通而有禮.」

詩云：『菁菁者莪, 在彼中阿; 旣見君子, 樂且有儀.』此之謂也.

頌曰:『齊女宿瘤, 東郭採桑.

　　　閔王出遊, 不爲變常.

　　　王召與語, 諫辭甚明.

　　　卒升后位, 名聲光榮.』

【宿瘤】 커다란 혹 같은 종기.

【東郭】 동쪽 성곽. 흔히 성씨로도 쓰임.

【閔王】 전국시대 제나라 군주. 田氏이며 이름은 地. 宣王의 아들. 湣王으로도 표기함. B.C.300～284년까지 17년간 재위함.

【苛文】 번거롭고 가혹한 법령.

【奔女】 중매를 거치고 부모에게 허락을 받아야 혼인할 수 있었음. 奔女는 사사롭게 정에 끌려 살림을 차리거나 남자를 따라 나선 여자를 말함.

【性相近, 習相遠也】《論語》陽貨篇의 구절.

【綺穀】 비단.

【期月】 일 년.

【三晉】 춘추 말기 晉나라 六卿의 다툼 끝에 范氏, 中行氏가 멸하고 知氏(智氏)까지 망한 다음 韓·魏·趙가 진나라를 삼분하여 전국시대를 맞음. 이를 흔히 '삼진'이라 함.

【立帝號】 秦나라와 齊나라가 서로 西帝, 東帝로 칭하기로 하였던 사건.《戰國策》에 자세히 실려 있음.

【燕遂屠齊】 燕나라가 齊나라 70여 성을 도륙함.《史記》燕召公世家와〈齊太公世家〉및《戰國策》등에 자세히 실려 있음. 燕 易王 24년에 樂毅를 上將軍으로 하여 秦楚와 연합한 다음 齊나라를 공격하자 제나라 湣王이 도망함.

【菁菁者莪】《詩經》小雅 菁菁者莪의 구절.

참고 및 관련 자료

1.《詩經》小雅 菁菁者莪 →085 참조.

2. 《太平御覽》382

齊宿瘤者, 東都採桑之女, 閔王之后也. 項有大瘤, 故號曰宿瘤. 初, 閔王遊, 至東, 百姓盡觀, 宿瘤女採桑如故. 王召問曰:「寡人出遊, 車騎甚衆, 百姓無長少棄事來觀, 汝不視, 何也?」對曰:「妾受父母教採桑, 不受教觀大王.」王曰:「此女也, 惜其宿瘤!」女曰:「中心謂何? 宿瘤何傷?」王大悅曰:「此賢女也.」命後車載之, 女曰:「女不受父母之教而隨大王, 是奔女也.」王大慚曰:「寡人失之.」「貞女一禮不備, 雖死不從.」乃歸. 遣使奉禮加金百鎰, 聘迎之. 父母驚惶, 欲洗沐爲衣裳, 女曰:「變容更服, 恐見識.」於是如故, 隨使者. 閔王歸, 見諸夫人告曰:「今日出遊, 得一聖女.」及至, 諸夫人見者皆大笑. 王曰:「未飾耳飾與不飾, 相去十百.」女曰:「飾與不飾, 相去千萬, 不足言, 何獨十百也?」王曰:「何以?」對曰:「昔者, 堯舜桀紂, 俱爲天子. 堯舜安於節儉: 茅茨不翦, 采椽不斲, 後宮衣不曳地, 食不重味, 至今數千歲, 天下歸善. 桀紂不自飾仁義, 爲高臺榭深池澤, 後宮蹈綺縠, 弄珠玉. 身死國亡爲天下咲, 至今千餘歲, 天下歸惡. 由是觀之, 飾與不飾, 相去千萬.」閔王大感, 立爲后. 朞月之間, 化行隣國, 諸侯朝之. 侵三晉, 懼秦‧楚, 立帝號. 及女死, 燕遂屠齊.

3. 《藝文類聚》卷88

列女傳: 齊宿瘤女者. 初閔王遊東郭. 百姓盡觀. 宿瘤女採桑如故. 王怪. 召問之. 對曰:「妾受父母教採桑, 不受教觀大王.」王曰:「此奇女也.」娉迎之.

4. 《蒙求》卷上 132. 宿瘤採桑

古列女傳: 齊閔王之后, 頸有大瘤. 初閔王出遊至東郭. 百姓盡觀, 宿瘤採桑如故, 王怪問曰:「寡人出遊, 百姓無少長皆來觀, 汝不一視, 何也?」對曰:「妾受父母教採桑, 不受教觀大王.」王曰:「此奇女. 惜哉! 宿瘤.」女曰:「婢妾之職, 屬之不二. 予之不忘中心謂何? 宿瘤何傷?」王大悅曰:「此賢女也.」命後乘載之. 女曰:「父母在內, 使妾不受教而隨王, 是奔女也. 王安用之?」王大慙, 遣婦, 使使者奉禮加金百鎰, 往聘贈之. 父母驚惶, 欲洗浴加衣裳. 女曰:「如是見王. 變容更服, 不見識也.」於是如故隨使者至. 閔王以爲后. 出令卑宮室, 填池澤, 損膳減樂, 後宮不得重采. 期月之閒, 化行隣國, 諸侯朝之. 侵三晉懼秦楚, 宿瘤有力焉. 及死後, 燕遂屠齊, 閔王逃亡而弑於外.

고아가 되어 쫓겨난 제나라 여인

고축녀孤逐女란 제齊나라 즉묵卽墨 땅의 딸로 제나라 재상의 아내이다. 일찍이 축녀는 부모를 잃고 고아가 되었다. 모습이 너무 추하여 세 번이나 그 향鄉에서 쫓겨났으며, 다섯 번이나 그 리里에서 쫓겨나 나이가 넘도록 누구도 받아 주는 자가 없었다. 그때 마침 제나라의 재상 부인이 세상을 떠났다. 축녀는 양왕襄王의 궁궐 문 앞에서 알자謁者를 만나 이렇게 말하였다.

"저는 향에서 세 번, 마을에서 다섯 번이나 쫓겨난 몸입니다. 고아로 부모가 없으며 이렇게 들에 버려진 몸으로 누구 하나 받아 주는 이가 없습니다. 군왕의 성안盛顏을 직접 뵙고 저의 어리석은 말씀을 모두 드리고 싶습니다."

제고축녀(齊孤逐女)

좌우가 이를 왕에게 이 여자의 말을 전하자, 왕은 하던 식사를 멈추고, 입에 든 음식을 뱉어 내며 자리에서 일어섰다. 그러자 좌우가 말하였다.

"향에서 세 번이나 쫓겨났다는 것은 불충하였기 때문일 것이며,

동리에서 다섯 번이나 쫓겨났다는 것은 예를 소홀히 하였기 때문일 것입니다. 불충하고 예를 소홀히 한 사람을 왕께서는 어찌 그리 급하게 만나려 하십니까?"

왕이 말하였다.

"그대들은 모른다! 무릇 소가 울어도 말이 아무런 반응을 하지 않는 것은, 말이 소의 소리를 듣지 못해서가 아니라 서로 종류가 다르기 때문이다. 이 여자는 틀림없이 보통 사람과 다른 데가 있을 것이다."

그리고 드디어 그를 만나 함께 말을 나누었는데 사흘 동안이나 계속되었다.

처음 대화를 나누던 첫날 고축녀가 말하였다.

"대왕께서는 나라의 기둥이 누구인지 아십니까?"

왕이 대답하였다.

"모르오."

그러자 축녀가 말하였다.

"기둥은 바로 재상입니다. 무릇 기둥이 바로 서지 않으면 대들보가 안전할 수 없습니다. 대들보가 안전하지 못하면 서까래가 무너지고 그렇게 되면 그 집은 무너지게 됩니다. 대왕께서는 대들보이며 일반 백성은 서까래이며, 나라는 집입니다. 집이 튼튼한가의 여부는 바로 기둥이 제대로 서 있느냐에 달려 있듯이 나라의 안정 여부는 재상에게 달려 있습니다. 지금 대왕께서는 아주 명철하시니 나라의 재상도 분명하게 살피지 않을 수 없습니다."

왕이 말하였다.

"그렇게 하겠소."

다음 날 다시 축녀를 만나자 왕이 말하였다.

"우리나라 재상은 어떠하오?"

고축녀가 대답하였다.

"대왕의 재상은 넙치의 눈처럼 한쪽으로 쏠려 있습니다. 안과 밖이 모두 나란히 된 후에야 일을 이룰 수 있고 공을 성취시킬 수 있습니다."

왕이 물었다.

"무엇을 말함이오?"

고축녀가 말하였다.

"주위에 있는 사람을 현명하게 만들고, 그 처자를 어질게 하는 것이 안과 밖을 가지런하게 하는 것입니다."

사흘째 되는 날 왕이 말하였다.

"그렇다면 우리 재상을 다른 사람으로 바꾸어야 하오?"

축녀가 대답하였다.

"대왕의 재상은 중간 정도의 능력이 있는 사람입니다. 구한다고 해도 구할 수가 없을 것입니다. 만약 그보다 나은 사람이 있다면 어찌 바꾸지 않겠습니까? 제가 듣기로 현명한 군주의 사람 씀에는 오직 한 가지 재능을 미루어 등용하는 것이니, 그 때문에 초楚나라에서는 우구자虞丘者를 기용함으로써 손숙오孫叔敖를 얻을 수 있었고, 연燕나라에서는 곽외郭隗를 기용함으로써 악의樂毅를 얻을 수 있었다라고 하더이다. 대왕께서도 진실로 이러한 것에 힘쓰시면 훌륭한 재상을 얻을 수 있을 것입니다."

왕이 말하였다.

"그렇다면 나는 어떻게 사람을 등용해야 하오?"

축녀가 대답하였다.

"옛날 제齊 환공桓公이 구구九九의 노인을 존경하자 훌륭한 선비들이 환공에게 몰려들었고, 월왕越王은 성난 사마귀가 왕의 수레바퀴에 대드는 것을 보고 그 용기를 가상히 여기자 용사들이 임금을 위해 죽기를 각오하고 싸워 주었습니다. 그런가 하면 섭공葉公이 용을 좋아하자 용이 실제로 모습을 드러내었습니다. 이처럼 아래 미물이 모여 주는 징조도 진실로 단 시간에 그렇게 되는 것은 아닙니다."

왕이 말하였다.

"훌륭하오."

그리하여 재상을 존중히 여기며 공경하여 그를 모셨으며, 축녀를 그의 부인으로 삼아 주었다. 그로부터 사흘이 지나자 사방의 똑똑한 이들이 제나라로 몰려왔고, 제나라는 잘 다스려졌다.

《시詩》에 "군자를 만나니 함께 앉아 거문고를 뜯고 즐기네"라 하였으니 이를 두고 한 말이다.

송頌:

"제나라의 쫓겨 버림받은 여자가 양왕의 궁궐로 갔다네.

향리에서 다섯 번이나 쫓겨났건만 왕은 오히려 그녀를 만나 주었네.

나라의 정치를 논하는 데 그 말솜씨 또한 아주 훌륭하였네.

더불어 얘기한 지 사흘만에 드디어 재상의 배필이 되었네."

孤逐女者, 齊卽墨之女, 齊相之妻也.

初, 逐女孤無父母, 狀甚醜, 三逐於鄕, 五逐於里, 過時無所容. 齊相婦死, 逐女造襄王之門, 而見謁者曰:「妾三逐於鄕, 五逐於里, 孤無父母, 擯棄於野, 無所容止, 願當君王之盛顏, 盡其愚辭.」

左右復於王, 王輟食吐哺而起.

左右曰:「三逐於鄕者不忠也; 五逐於里者少禮也; 不忠少禮之人, 王何爲遽?」

王曰:「子不識也! 夫牛鳴而馬不應, 非不聞牛聲也, 異類故也. 此人必有與人異者矣.」

遂見, 與之語三日.

始一日曰:「大王知國之柱乎?」

王曰:「不知也.」

逐女曰:「柱, 相國也. 夫柱不正, 則棟不安, 棟不安則榱橑墮, 則屋幾覆矣. 王則棟矣, 庶民榱橑也, 國家屋也. 夫屋堅與不堅, 在乎柱,國家安與不安在乎相. 今大王旣有明知, 而國相不可不審也.」

王曰:「諾.」

其二日, 王曰:「吾國相奚若?」

對曰:「王之國相, 比目之魚也. 外比內比, 然後能成其事就其功.」

王曰:「何謂也?」

逐女對曰:「明其左右, 賢其妻子, 是外比內比也.」

其三日, 王曰:「吾相其可易乎?」

逐女對曰:「中才也. 求之未可得也, 如有過之者, 何爲不可也? 今則未有. 妾聞明王之用人也, 推一而用之, 故楚用虞邱子而得孫叔敖, 燕用郭隗而得樂毅, 大王誠能屬之, 則此可用矣.」

王曰:「吾用之奈何?」

逐女對曰:「昔者齊桓公尊九九之人, 而有道之士歸之; 越王敬螳蜋之怒, 而勇士死之; 葉公好龍, 而龍爲暴, 下物之所徵, 固不須頃.」

王曰:「善.」

遂尊其相, 敬而事之, 以逐女妻之. 居三日, 四方之士多歸於齊, 而國以治.

詩云:『旣見君子, 並坐鼓瑟.』此之謂也.

頌曰:『齊逐孤女, 造襄王門.
　　　女雖五逐, 王猶見焉.
　　　談國之政, 亦甚有文.
　　　與語三日, 遂配相君.』

【孤逐女】 '고아가 되어 쫓겨난 외로운 여자'라는 뜻.

【鄕·里】 행정단위 이름. 周代에는 1만 2천5백 가구를 鄕이라 하였으며, 25가를 하나의 里로 삼았음.

【襄王】 전국시대 齊나라 군주. 田氏이며 이름은 法章. 閔王의 아들. B.C.283~265년까지 19년간 재위함.

【比目魚】 鰈魚. 원래는 가자미를 뜻함. 王照圓의 《補注》에 "比目之魚, 不比不行. 一眼兩片, 相得及行, 合之則美, 離之則傷者也"라 함.

【虞邱子】 虞丘子. 019 참조.

【郭隗】 燕나라 昭王이 국가의 중흥을 위해 모시고 의견을 들은 인물.《史記》〈燕召公世家〉 참조. 참고란을 볼 것.

【勵】 '勖'와 같음. 勉勵함.

【九九之人】《韓詩外傳》,《說苑》 등에 실려 있는 고사로 81살의 노인(혹은 九九乘法, 즉 구구단만을 외울 줄 아는 노인)을 공경한 '庭燎'의 고사. 참고란을 볼 것.

【螳蜋之怒】《淮南子》 등에 실려 있는 '螳螂拒轍'의 고사. 참고란을 볼 것.

【葉公好龍】《新序》 등에 실려 있는 고사. 섭공이 용을 좋아하여 온갖 용의 형상을 조각하여 정원을 꾸몄으나 실제 용이 나타나자 두려워하였다는 고사. 참고란을 볼 것.

【旣見君子】《詩經》秦風 車鄰의 구절. 小雅 蓼蕭의 구절.

【逐孤女】 '孤逐女'로 써야 맞음.

참고 및 관련 자료

1. 《詩經》秦風 車鄰

有車鄰鄰, 有馬白顚. 未見君子, 寺人之令. 阪有漆, 隰有栗. 旣見君子, 並坐鼓瑟. 今者不樂, 逝者其耋. 阪有桑, 隰有楊. 旣見君子, 並坐鼓簧. 今者不樂, 逝者其亡.

2. 《詩經》小雅 蓼蕭 →082 참조.

3. 본 장의 이야기는 《說苑》 尊賢篇 '楊因'의 고사와 아주 흡사하다.

楊因見趙簡主曰:「臣居鄕三逐, 事君五去, 聞君好士, 故走來見.」簡主聞之, 絕食而歎, 跽而行, 左右進諫曰:「居鄕三逐, 是不容衆也; 事君五去, 是不忠上也. 今君有士見過八矣.」簡主曰:「子不知也. 夫美女者, 醜婦之仇也; 盛德之士, 亂世所疏也; 正直之行, 邪枉所憎也.」遂出見之, 因授以爲相, 而國大治. 由是觀之, 遠近之人, 不可以不察也.

4.《韓詩外傳》卷八

齊莊公出獵, 有螳蜋擧足將搏其輪. 問其御曰:「此何蟲也?」御曰:「此螳蜋也. 其爲蟲, 知進而不知退; 不量力而輕就敵.」莊公曰:「以爲人, 必爲天下勇士矣.」於是迴車避之. 而勇士歸之. 詩曰:『湯降不遲.』

5.《淮南子》人間訓

齊莊公出獵, 有一蟲, 擧足將搏其輪, 問其御曰:「此何蟲也?」對曰:「此所爲螳螂者也. 其爲蟲也, 知進而不知却, 不量力, 而輕敵.」莊公曰:「此爲人而必爲天下勇武矣.」迴車而避之, 勇武聞之, 知所盡死矣.

6.《莊子》人間世

汝不知夫螳螂乎? 怒其臂以當車轍, 不知其不勝任也, 是其才之美者也. 戒之, 愼之! 積伐而美者以犯之, 幾矣.

7.《藝文類聚》97

韓詩外傳曰: 齊莊公出獵, 有螳蜋擧足將且轉. 問其御曰:「此何蟲?」對曰:「此螳蜋也. 爲蟲, 知進而不量力, 其輕執敵.」公曰:「此爲天下勇蟲矣.」迴車避之. 勇士歸之焉.

8.《太平御覽》382

劉向列女傳曰: 孤逐女者, 其狀甚醜, 三逐於鄉, 五逐於里, 過時無所容. 乃造襄王之門, 而求見. 王輟食而起. 謹敬, 左右曰:「三逐於鄉者, 不忠; 五逐於里者, 少禮, 何足爲遽?」王曰:「子不識也! 夫牛鳴而馬不應者, 異類故. 此人必有與人異者.」遂見, 與之語而嘉之.

9. 기타 참고자료

《韓詩外傳》卷3·《韓非子》內儲說上·《吳越春秋》勾踐伐吳外傳·《尸子》·《尹文子》大道上·《類說》38·《太平御覽》436, 946·《北堂書鈔》139·《事文類聚》(續集) 31

초나라 경양왕의 부인 장질

초楚나라 처녀 장질莊姪은 초나라 경양왕頃襄王의 부인으로 현읍縣邑의
여자였다.

처음에 경양왕은 누대에 올라 구경하며 노는 것을 좋아하여 아무
때고 궁중을 떠났다가 돌아오기 일쑤였다. 나이 마흔이 되었음에도
태자를 세우지 않았고, 간언하는 사람은 잡아 가두는 바람에 굴원屈原
과 같은 충신이 추방되는 등 나라의 형세가 이미 기울어 위태로운

초처장질(楚處莊姪)

지경에 이르렀다. 진秦나라는 그
초나라를 습격하여 이에 장의張儀
로 하여금 이간질을 시켜 왕의 좌
우로 하여금 왕에게 이렇게 말하
도록 하였다.

"남쪽 당唐으로 5백 리를 가면
놀기 좋은 곳이 있습니다."

왕이 그곳에 가서 놀기로 작정
하였을 때 마침 현읍에 사는 장질
은 이 때 나이가 겨우 열두 살이었
는데, 그 어머니에게 이렇게 말하
는 것이었다.

"왕이 놀이에 빠져 아무 때나 돌
아다니며, 춘추가 높건만 태자를

세우지 않고 있습니다. 게다가 지금 진나라는 사람을 보내어 왕의 좌우에게 중한 뇌물을 주어 우리 왕을 미혹함에 빠뜨리고 있습니다. 그리하여 5백 리 밖으로 놀러 나가도록 하여 그 형세를 보고자 합니다. 왕이 일단 나가게 되면 간신들은 틀림없이 적국에 기대어 모의를 할 것이며, 그렇게 되면 왕은 틀림없이 돌아올 수 없을 것입니다. 저는 원컨대 가서 이를 간하겠습니다."

그 어머니는 말하였다.

"너는 아직 어린아이다. 네가 어찌 간언하는 것을 알겠느냐?"

어머니가 보내 주지 않자 질은 도망하여 붉은 비단을 깃대에 꽂아 깃발을 만들어 몸에 지니고 남쪽으로 가는 길가에 엎드려 있었다. 왕의 수레가 그 곳에 이르자 질은 그 깃발을 들었다. 왕이 이를 보고 수레를 멈추고 사람을 시켜 가서 알아 오도록 하였다. 돌아온 사자가 이렇게 보고하였다.

"어떤 여자 아이가 깃발을 들고 엎드려 있는데 왕을 만나 뵙기를 원하고 있습니다."

왕이 말하였다.

"불러오너라."

질이 왕에게 다가오자 왕이 물었다.

"너는 무엇하는 아이냐?"

질이 대답하였다.

"저는 현읍에 사는 여자 아이입니다. 왕께 은밀히 드릴 말씀이 있었지만 옥에 갇힐까 두려워 그 때문에 나서서 뵙지 못한 것입니다. 듣기로 대왕께서 5백 리 밖으로 나들이를 가신다기에 깃발을 들고 뵙고자 하는 것입니다."

왕이 물었다.

"너는 과인에게 무엇으로 경계하고자 하느냐?"

질이 대답하였다.

"큰물고기가 물을 잃었고 용은 있는데 꼬리가 없습니다. 담장이 안에서 무너지려 하는데도 왕은 보지 못하십니다!"

왕이 말하였다.

"무슨 말인지 알 수 없구나."

질이 대답하였다.

"큰물고기가 물을 잃는다고 한 것은, 대왕께서 나라를 떠나 5백 리 먼 길에 계신다는 것입니다. 눈앞에 즐거움이 있으면 뒤에 일어날 화는 생각을 하지 못하게 되는 것입니다. 또 용은 있으나 꼬리가 없다는 것은 연세가 이미 마흔이 되었는데도 태자가 없다는 말입니다. 나라를 보필할 강한 사람이 없다면 반드시 위태로울 것입니다. 담장이 안에서 무너지고 있는데도 왕께서 보지 못한다는 것은 재앙이 다가오는 데도 대왕께서 그것을 고쳐 나가지 못하고 있다는 것입니다."

왕이 물었다.

"무엇을 말하는 것이냐?"

질이 말하였다.

"대왕께서 누대에 올라 놀이를 즐기시며 백성을 돌보지 않으십니다. 나들이를 무시로 하고 듣고 보는 것이 총명하지 못하십니다. 춘추 마흔이 되도록 태자를 세우지 않으시니 나라에 강한 보좌가 없고, 안팎이 무너지고 있는데 강한 진나라는 사람을 시켜 나라 안에서 왕의 좌우를 이간시키고 있습니다. 그리하여 왕으로 하여금 이를 고칠 수 없도록 하여 이런 일이 날로 심해지고 있습니다. 지금 재앙이 막 얽히고 있는데도 왕께서는 5백 리 밖으로 놀러 가십니다. 그런데도 왕께 반드시 그 먼 곳으로 가신다면 이 나라는 대왕의 나라가 될 수 없을 수도 있습니다!"

왕이 물었다.

"어찌하면 되겠느냐?"

질이 말하였다.

"대왕께서 이 세 가지 곤경에 이른 것은 다섯 가지 환난 때문입니다."

왕이 물었다.

"다섯 가지 환난이란 무엇을 말하느냐?"

질이 말하였다.

"궁실이 서로 마주 보도록 줄지어 서 있고 성곽이 웅장한 것이 첫 번째 환난입니다. 궁 안에서는 값진 비단옷으로 몸을 휘감고 있는데 백성들은 베옷도 제대로 걸치지 못합니다. 이것이 두 번째 환난입니다. 사치가 한도를 넘어 나라 재정이 비고 고갈되고 있으니 이것이 세 번째 환난입니다. 백성들은 굶주림에 허덕이는데도 말에게 먹일 것은 남아돌고 있으니 이것이 네 번째 환난입니다. 사악한 신하가 곁에 있고 어진 자는 나설 수도 없으니 이것이 다섯 번째 환난입니다. 왕께서 이 다섯 가지 환난이 있기 때문에 세 가지의 곤경에 이른 것입니다."

왕이 말하였다.

"훌륭하도다."

왕은 뒤따르는 수레에 장질을 태우고 곧장 수레를 돌려 도성으로 돌아왔다. 그런데 성문은 이미 닫혀 있었고, 반란을 일으킨 자들이 새로운 왕을 정해 놓고 있었다. 왕은 곧 언鄢과 영郢을 수비하는 군사를 출동시켜 반란군을 공격하도록 하여 겨우 진압할 수 있었다. 이에 장질을 부인으로 세워 정자수鄭子袖 오른쪽에 두었다. 장질이 왕을 위해 절약과 검소한 자세로 백성을 사랑할 것을 진술하여 초나라가 다시 부강해졌다.

군자가 말하였다.

"장질은 비록 예를 어겼지만 마침내 올곧음을 끝까지 지켜 내었다."

《시詩》에 "북풍은 차갑게 불고 눈은 펄펄 내리도다. 은혜롭고도 나를 좋아하니 이런 사람과 함께 손잡고 돌아가리라"라 하였으니 이를 두고 한 말이다.

송頌:
"초나라 장질, 비록 어린 여자 아이였지만
깃발 세워 왕을 만나 나라의 재앙을 진술하였네.

왕에게 세 가지 어려움 말하고, 다섯 가지 우환이 누적됨을 알리자,
왕이 장질을 수레에 태우고 되돌아가니 마침내 공을 이루었네."

楚處莊姪者, 楚頃襄王之夫人, 縣邑之女也.

初, 頃襄王好臺榭, 出入不時, 行年四十, 不立太子. 諫者
蔽塞, 屈原放逐, 國旣殆矣. 秦欲襲其國, 乃使張儀間之, 使其左
右謂王曰:「南游於唐五百里, 有樂焉.」

王將往. 是時莊姪年十二, 謂其母曰:「王好淫樂, 出入不時,
春秋旣盛, 不立太子. 秦又使人重賂左右以惑我王, 使遊五百
里之外, 以觀其勢. 王已出, 姦臣必倚敵國而發謀, 王必不得
反國. 姪願往諫之.」

其母曰:「汝嬰兒也, 安知諫?」

不遣, 姪乃逃. 以緹竿爲幟, 姪持幟伏南郊道旁, 王車至, 姪擧
其幟, 王見之而止. 使人往問之, 使者報曰:「有一女童伏於
幟下, 願有謁於王.」

王曰:「召之.」

姪至, 王曰:「女何爲者也?」

姪對曰:「妾縣邑之女也, 欲言隱事於王, 恐雍閼蔽塞而不
得見, 聞大王出遊五百里, 因以幟見.」

王曰:「子何以戒寡人?」

姪對曰:「大魚失水, 有龍無尾, 牆欲內崩, 而王不視!」

王曰:「不知也.」

姪對曰:「大魚失水者: 王離國五百里也. 樂之在前, 不思禍
之起於後也. 有龍無尾者: 年旣四十, 無太子也. 國無强輔,

必且殆也. 牆欲內崩而王不視者, 禍亂且成, 而王不改也.」

王曰:「何謂也?」

姪曰:「王好臺榭, 不恤眾庶, 出入不時, 耳目不聰明, 春秋
四十, 不立太子, 國無強輔, 外內崩壞, 强秦使人內間王左右,
使王不改, 日以滋甚. 今禍且構, 王遊於五百里之外, 王必遂往,
國非王之國也.」

王曰:「何也?」

姪曰:「王之致此三難也, 以五患.」

王曰:「何謂五患?」

姪曰:「宮室相望, 城郭闊達, 一患也. 宮垣衣繡, 民人無褐,
二患也. 奢侈無度, 國且虛竭, 三患也. 百姓飢餓, 馬有餘秣,
四患也. 邪臣在側, 賢者不達, 五患也. 王有五患, 故及三難.」

王曰:「善.」

命後車載之, 立還反國, 門已閉, 反者已定, 王乃發鄢郢之師
以擊之, 僅能勝之. 乃立姪爲夫人, 位在鄭子袖之右, 爲王陳節
儉愛民之事, 楚國復强.

君子謂:「莊姪雖違於禮, 而終守以正.」

詩云:『北風其喈, 雨雪霏霏. 惠而好我, 攜手同歸.』此之謂也.

頌曰:『楚處莊姪, 雖爲女童.
　　　以譏見王, 陳國禍凶.
　　　設王三難, 五患累重.
　　　王載以歸, 終卒有功.』

【莊姪】 성은 莊, 이름이 姪인 여인.

【楚頃襄王】 전국시대 楚나라 군주. 熊氏이며 이름은 橫. 楚 懷王의 아들이며 B.C.298∼263년까지 36년간 재위함.

【縣邑】 수도 안의 행정구역. 즉 왕이 사는 같은 읍내를 말함.

【屈原】 전국시대 楚나라 詩人이며 大夫. 성은 屈氏. 이름은 平, 자는 原. 三閭 大夫를 지냈으며 連齊抗秦을 주장하다가 참훼를 입어 쫓겨남. 沅湘지역을 유랑 하다가 초나라 수도 郢이 秦나라에게 함락당하였다는 소식을 듣고 汨羅水에 몸을 던져 죽음. 楚辭와 〈漁父辭〉 등을 남김. 《史記》 屈原賈生列傳 참조.

【張儀】 전국시대 유명한 遊說家. 策士. 蘇秦과 더불어 당시 최고의 謀士였으며 蘇秦이 合從說을 주장하자, 장의는 連橫說을 펴 秦나라에서 크게 성공하였음. 《史記》〈張儀列傳〉 참조.

【唐】 高唐觀. 雲夢澤에 있는 누대.

【隱事】 隱語, 秘語, 謎語.

【壅閼】 막음.

【三難】 큰물고기가 물을 잃은 것, 용이 꼬리가 없는 것, 담장이 안으로부터 무너지는 것. 이 세 가지 隱語.

【國門】 초나라 도읍 郢의 성문.

【鄢】 지명이며 동시에 강 이름. 원래 湖北 保康縣 서남에서 발원하며 일명 蠻河라 고도 부름. 南漳과 宜城을 거쳐 漢水로 유입됨.

【鄭子袖】 鄭袖. 楚 懷王의 부인으로 아주 영활한 꾀를 가지고 있었던 여인. 《戰國策》 楚策 등에 그의 詭譎이 다양하게 기록되어 있음. 그러나 여기서 정수를 거론한 것은 오류가 아닌가 함.

【右】 고대에는 오른쪽을 존귀한 위치로 여겼음.

【北風其喈】《詩經》 邶風 北風의 구절.

【累重】 重疊과 같음.

참고 및 관련 자료

1.《詩經》邶風 北風

北風其涼, 雨雪其雱. 惠而好我, 攜手同行. 其虛其邪, 旣亟只且. 北風其喈, 雨雪 其霏. 惠而好我, 攜手同歸. 其虛其邪, 旣亟只且. 莫赤匪狐, 莫黑匪烏. 惠而好我,攜手同車. 其虛其邪, 既亟只且.

2.《太平御覽》455

楚處莊姪者, 楚縣邑之女也. 頃襄王好遊觀之樂焉. 王左右謂王曰:「南遊於唐五百里,
有樂焉.」王將行. 姪年十二. 王既見出, 操幟伏於南郊道傍, 王車至, 姪舉其幟,
王使人問之, 姪曰:「願謁隱事於王.」王召之:「子何以成寡人?」對曰:「大魚失水,
有龍無尾, 牆欲內崩, 而王不視!」王曰:「不知.」對曰:「大魚失水者: 離國五百里也.
有龍無尾者: 年三十無太子. 牆欲內崩王不視者, 禍亂且成, 而王不改.」王曰:「何?」
對曰:「王好臺榭而不恤眾庶, 出入不時, 耳目不聰, 强秦聞王左右, 使王日以滋甚.
王不亟反, 且及禍.」王曰:「善.」命後車載之, 立反國. 比至國門已閉, 反者已定,
王乃發鄢郢之師以擊之, 僅而得勝. 乃立姪爲夫人.

孝事周姜圖

088(6-14) 齊女徐吾
제나라 부인 서오

제齊나라 여자 서오徐吾는 제나라 동쪽 바닷가에 사는 가난한 부인이다. 이웃 부인 이오李吾 등과 함께 차례로 초를 가지고 와 밤에 베를 짰는데 그 중 서오가 가장 가난하여 초를 가져올 차례를 자주 지키지 못하자 이오와 다른 여자들이 말하였다.

"서오는 촛불을 가져올 차례를 자주 지키지 못하니 청컨대 밤에 함께 일할 수 없습니다."

이에 서오는 이렇게 말하였다.

"그게 무슨 말이오? 나는 가난하여 초를 제대로 대지 못하기에 일을

제녀서오(齊女徐吾)

시작할 때 항상 먼저하고, 쉴 때도 늘 내가 나중에 일손을 놓았소. 물 뿌리고 쓸고 하여 자리를 펴고 당신들을 기다렸고, 낡아 떨어진 자리를 차지하여 항상 아랫자리에 앉았소. 이 모두가 가난하여 초를 댈 수 없다는 이유 때문이었지요. 한 방 안에 한 사람이 더 있다고 해서 촛불이 더 어두워지는 것도 아니며, 한 사람이 없다고 해서 촛불이 더 밝아지는 것도 아닐진대 어찌 동벽東壁이라는 희미한 별에서 나옴직한 남는 불빛마저

아까워하여 이 가난한 아낙을 불쌍히 여겨 사려하는 마음으로 오래도록 일을 하게 할 수 없도록 한단 말입니까? 여러분이 이제까지 그랬듯이 내게 은혜를 베풀어 주는 것도 불가하다는 것입니까?"

이오는 아무런 대답도 하지 못한 채, 드디어 다시 더불어 밤일을 계속하면서 그 끝내 더 이상 어떤 뒷말도 하지 않았다.

군자가 말하였다.

"부인은 조리 있는 말로써 이웃에게 버림을 받지 않았다. 그러니 어찌 말을 잘 운용하지 않을 수 있겠는가?"

《시詩》에 "말이 온화하면 백성들이 화합을 이룬다네"라 하였으니 이를 두고 한 말이다.

송頌:

"제나라 여자 서오는 이웃과 모여 길쌈하는데 홀로 가난하였네.

밤이면 촛불에 의지하여 일을 하는데 촛불을 제 때 대지 못하자,

이오가 그만 따돌리려 하였네.

서오는 스스로의 입장을 밝히되 그 말이 너무나 분명하여

마침내 그의 말을 모두 받아들여 끝내 그 어떤 뒷말도 없게 되었다네."

齊女徐吾者, 齊東海上貧婦人也. 與鄰婦李吾之屬會燭, 相從夜績. 徐吾最貧, 而燭數不屬, 李吾謂其屬曰:「徐吾燭數不屬, 請無與夜也.」

徐吾曰:「是何言與? 妾以貧燭不屬之故, 起常早, 息常後, 灑掃陳席, 以待來者. 自以蔽薄, 坐常處下, 凡爲貧燭不屬故也. 夫一室之中, 益一人燭不爲暗, 損一人燭不爲明, 何愛東壁之餘光, 不使貧妾得蒙見哀之思, 長爲妾役之事? 使諸君常有惠施於妾, 不亦可乎?」

李吾莫能應, 遂復與夜, 終無後言.

君子曰:「婦人以辭不見棄於鄰, 則辭安可以已乎哉?」

詩云:『辭之輯矣, 民之協矣.』此之謂也.

頌曰:『齊女徐吾, 會績獨貧.

　　　夜託燭明, 李吾絶焉.

　　　徐吾自列, 辭語甚分.

　　　卒得容入, 終沒後言.』

【與夜】 밤에 함께 길쌈을 함.

【蔽薄】 낡고 얇은 자리.

【東壁】 별자리 이름. 壁宿와 室宿를 합하여 네 개의 별이며 이를 營室이라 함.
동벽은 이 영실의 동쪽에 있어 희미한 빛을 발함. 王照圓의《補注》에 "東壁,
星名, 猶言四壁也"라 함.

【辭之輯矣】《詩經》大雅 板의 구절.

┤ 참고 및 관련 자료 ├

1.《詩經》大雅 板 → 007 참조.

2.《戰國策》秦策(二)

甘茂亡秦, 且之齊, 出關遇蘇子, 曰:「君聞夫江上之處女乎?」蘇子曰:「不聞.」曰:
「夫江上之處女, 有家貧而無燭者, 處女相與語, 欲去之. 家貧無燭者將去矣, 謂處女曰:
『妾以無燭, 故常先至, 掃室布席, 何愛餘明之照四壁者? 幸以賜妾, 何妨於處女?
妾自以有益於處女, 何爲去我?』處女相語以爲然而留之. 今臣不肖, 棄逐於秦而
出關, 願爲足下掃室布席, 幸無我逐也.」蘇子曰:「善. 請重公於齊.」乃西說秦王曰:
「甘茂, 賢人, 非恒士也. 其居秦累世重矣, 自殽塞 · 谿谷, 地形險易盡知之. 彼若以
齊約韓 · 魏, 反以謀秦, 是非秦之利也.」秦王曰:「然則奈何?」蘇代曰:「不如重

其贊·厚其祿以迎之. 彼來則置之槐谷, 終身勿出, 天下何從圖秦?」秦王曰:「善.」
與之上卿, 以相迎之齊. 甘茂辭不往, 蘇秦偽謂王曰:「甘茂, 賢人也. 今秦與之上卿,
以相迎之, 茂德王之賜, 故不往, 願爲王臣. 今王何以禮之? 王若不留, 必不德王.
彼以甘茂之賢, 得擅用强秦之衆, 則難圖也!」齊王曰:「善.」賜之上卿, 命而處之.

3.《史記》甘茂列傳

甘茂之亡秦奔齊, 逢蘇代. 代爲齊使於秦. 甘茂曰:「臣得罪於秦, 懼而遁逃, 無所
容跡. 臣聞貧人女與富人女會績, 貧人女曰:『我無以買燭, 而子之燭光幸有餘, 子可
分我餘光, 無損子明而得一斯便焉.』今臣困而君方使秦而當路矣. 茂之妻子在焉,
願君以餘光振之.」蘇代許諾. 遂致使於秦. 已, 因說秦王曰:「甘茂, 非常士也. 其居
於秦, 累世重矣. 自殽塞及至鬼谷, 其地形險易皆明知之. 彼以齊約韓·魏反以
圖秦, 非秦之利也.」秦王曰:「然則奈何?」蘇代曰:「王不若重其贊, 厚其祿以迎之,
使彼來則置之鬼谷, 終身勿出.」秦王曰:「善.」即賜之上卿, 以相印迎之於齊. 甘茂
不往. 蘇代謂齊湣王曰:「夫甘茂, 賢人也. 今秦賜之上卿, 以相印迎之. 甘茂德王
之賜, 好爲王臣, 故辭而不往. 今王何以禮之?」齊王曰:「善.」即位之上卿而處之.
秦因復甘茂之家以市於齊.

4.《藝文類聚》卷80

列女傳曰: 齊女徐吾者, 東海上貧婦人. 其鄰婦李吾之屬, 合燭夜績. 吾最貧而燭
不屬, 李吾曰:「徐吾燭數不屬, 請無與夜.」徐吾曰:「妾以貧故, 起常先, 去常後,
掃陳席以待來者. 坐常處下, 爲貧故也. 今一室之中, 益一人, 燭不爲益明, 去一人,
燭不爲益闇, 何愛東壁餘光?」莫之能應, 遂復與夜績.

089(6-15) 齊太倉女
제나라 태창공의 딸

태창녀太倉女는 한漢나라 때 태창령太倉令 순우공淳于公의 막내딸로
이름은 제영緹縈이다. 순우공에게는 아들이 없고 딸만 다섯이었다.
효문황제孝文皇帝 때 순우공이 죄를 지어 형벌을 받게 되었다. 당시에는
아직 육형肉刑이 남아 있었다. 왕의 조칙에 의해 순우공이 장안長安의
옥에 갇히게 되었다. 그가 체포되던 때에 그는 이렇게 딸들을 꾸짖었다.
"낳은 자식이 모두 사내가 아니라 딸밖에 없으니 급할 때엔 아무런
도움이 되지 않는구나!"

제태창녀(齊太倉女)

그러자 제영은 슬피 울며 호송
되는 아버지를 따라 장안에 이르
자 왕에게 이렇게 글을 올렸다.
"저의 아버지는 관리로서 제齊
땅 안에서는 모두가 그를 청렴하고
공평하다고 칭찬하고 있습니다.
그런데 지금 법에 걸려 형을 받게
되었습니다. 제가 슬퍼하는 것은
무릇 사람이란 한 번 죽고 나면
다시 살아날 수 없고, 한 번 형을
받아 몸의 일부가 잘린 자는 다시
온전하게 그 몸을 되붙일 수 없어,
비록 과오를 고치고 스스로 새

사람이 되고자 해도 그렇게 할 수 없다는 점입니다. 저는 원컨대 이 몸을 보내어 관비官婢가 되어, 아버지의 죄를 대속하여 아버지로 하여금 스스로 새로운 삶을 얻을 수 있도록 하고자 합니다."

그 글이 올라가자 천자는 그의 뜻을 가엽게 여겨 이렇게 조서를 내렸다.

"대체로 듣기로 유우씨有虞氏 때에는 죄인의 의복과 갓에 표시를 하여 그 복장을 달리 하는 것으로써 벌로 삼았더니 백성들이 죄를 짓지 않았다고 하였다. 이 얼마나 지극한 다스림인가! 지금 법에는 육형이 다섯 가지나 있어도 오히려 간악한 범죄가 그치지 않고 있으니 그 잘못은 어디에 있는 것일까? 바로 짐의 덕이 얇고 교화가 명확하지 않은데 있는 것이 아니겠는가? 나는 심히 이를 부끄럽게 여긴다. 무릇 도道를 훈계함이 순수하지 못하면서 어리석은 백성을 함정에 몰아넣는 것이로다. 《시》에 '저 훌륭하신 군자여, 백성의 부모가 되도다'라 하였는데 지금 사람이 허물이 있다고 하여 가르침을 베풀어 보지도 아니하고 형벌부터 가하여 혹 그가 자신의 행동을 고쳐 선을 행하고자 하여도 방도를 찾지 못하고 있으니 짐은 이를 심히 안타깝게 여기고 있다. 무릇 형벌이란 지체支體를 자르거나 살과 피부를 깎아 내어 종신토록 다시는 그 부분이 살아날 수 없도록 하는 지경에 이르고 있으니 이 얼마나 잔혹하고도 덕 없는 짓인가! 이것이 어찌 백성의 부모라 칭해지는 자의 마음이겠는가? 이제는 육형을 폐지하라!"

이로부터 이마를 파서 문신을 새기던 형벌은 머리를 깎는 것으로 하고, 갈비의 힘줄을 뽑던 형벌은 태장으로 대신하며, 발뒤꿈치를 자르던 형벌은 목에 형틀을 씌우는 것으로 대신하였다. 이에 따라 순우공은 드디어 육형을 면할 수 있었다.

군자가 말하였다.

"제영의 한 마디가 성군聖君의 마음을 열어 놓았으니, 가히 사리의 마땅함을 얻었다고 할 수 있다."

《시詩》에 "백성이 그 말을 즐겁게 여기는 것은 자신의 고통을 덜어주기 때문일세"라 하였으니 이를 두고 한 말이다.

頌曰:

"제영이 아버지를 위해 호소하니 역시 그 깨우침도 컸다네.
정성을 미루어 글을 올리니 문제 또한 훌륭함을 갖추었네.
어린 딸아이 말에 임금은 그 뜻에 감동하여,
마침내 육형을 없애니 아버지도 형을 면제받게 되었다네."

齊太倉女者, 漢太倉令淳于公之少女也, 名緹縈. 淳于公無男, 有女五人.

孝文皇帝時, 淳于公有罪當刑, 是時, 肉刑尚在, 詔獄繫長安, 當行會逮, 公罵其女曰:「生子不生男, 緩急非有益!」

緹縈自悲泣, 而隨其父至長安, 上書曰:「妾父爲吏, 齊中皆稱廉平, 今坐法當刑, 妾傷夫死者不可復生, 刑者不可復屬, 雖欲改過自新, 其道無由也. 妾願入身爲官婢, 以贖父罪, 使得自新.」

書奏, 天子憐悲其意, 乃下詔曰:「蓋聞有虞之時, 畫衣冠, 異章服以爲僇, 而民不犯, 何其至治也! 今法有肉刑五, 而姦不止, 其咎安在? 非朕德薄而敎之不明歟? 吾甚自媿. 夫訓道不純, 而愚民陷焉. 詩云:『愷悌君子, 民之父母.』今人有過, 敎未施而刑已加焉. 或欲改行爲善, 而其道無繇, 朕甚憐之. 夫刑者, 至斷支體, 刻肌膚, 終身不息, 何其痛而不德也! 豈稱爲民父母之意哉? 其除肉刑!」

自是之後, 鑿顚者髡, 抽脅者笞, 刖足者鉗. 淳于公遂得免焉.

君子謂:「緹縈一言發聖主之意, 可謂得事之宜矣.」

詩云:『辭之懌矣, 民之莫矣.』此之謂也.

頌曰:『緹縈訟父, 亦孔有識.
　　　推誠上書, 文雅甚備.
　　　小女之言, 乃感聖意.
　　　終除肉刑, 以免父事.』

【齊】西漢 초기 諸侯國의 하나. 臨淄를 도읍으로 하였으며 지금의 山東 淄博市
동북 臨淄鎭.

【淳于公】淳于意. 淳于는 複姓. 일찍이 齊나라의 太倉令을 역임하면서 糧倉을
관리함. 그 때문에 太倉公이라 불렸으며, 유명한 醫學者이기도 함.《史記》〈孝文
本紀〉및〈扁鵲倉公列傳〉참조.

【孝文皇帝】漢나라 제3대 황제인 文帝. 高祖 劉邦의 아들이며 이름은 劉恒.
B.C.179~157년까지 23년간 재위함.

【有罪當刑】이 사건은《史記》〈扁鵲倉公列傳〉에는 文帝 4년(B.C.176)으로
되어 있으나《史記》〈文帝本紀〉와《漢書》〈文帝紀〉에는 문제 13년(B.C.167)
으로 되어 있음.

【肉刑】신체에 가하는 형벌. 體刑을 뜻함. 이에 상대되는 형벌이 '象刑'(상징적인
표시로 죄를 지었음을 표시하는 것)이다.

【書奏】《文選》에 인용된 구절에는 "緹縈歌鷄鳴, 晨風之詩"의 구절이 더 있음.

【有虞】有虞氏, 즉 舜임금 시절을 가리킴.

【㣥】'戮'과 같음. 여기서는 형벌을 뜻함. 원래는 '示'로 되어 있으나《史記》
〈文帝本紀〉에 의해 고침.

【肉刑五】《史記》〈孝文本紀〉와《漢書》〈刑法志〉에는 "肉刑三"으로 되어 있고
顏師古의 주에 "黥劓二, 刖左右趾合一, 凡三也"라 함.

【自媿】'自愧'와 같음. 스스로 부끄럽게 여김.

【愷悌君子】《詩經》大雅 泂酌의 구절.

【無繇】'繇'는 '由'와 같음. 그렇게 하고자 하여도 그렇게 할 방법이 없음.

【支體】'肢體'와 같음. 팔다리를 말함.

【辟之懍矣】《詩經》大雅 板의 구절.

1. 《詩經》 大雅 洞酌

泂酌彼行潦, 挹彼注玆, 可以饋饎. 豈弟君子, 民之父母. 泂酌彼行潦, 挹彼注玆,
可以濯罍. 豈弟君子, 民之攸歸. 泂酌彼行潦, 挹彼注玆, 可以濯漑. 豈弟君子, 民之
攸塈.

2. 《詩經》 大雅 板 →007 참조

3. 《史記》 孝文本紀

五月, 齊太倉令淳于公有罪當刑, 詔獄逮徙繫長安. 太倉公無男, 有女五人. 太倉公
將行會逮, 罵其女曰:「生子不生男, 有緩急非有益也!」其少女緹縈自傷泣, 乃隨其
父至長安, 上書曰:「妾父爲吏, 齊中皆稱其廉平, 今坐法當刑. 妾傷夫死者不可
復生, 刑者不可復屬, 雖復欲改過自新, 其道無由也. 妾願沒入爲官婢, 贖父刑罪,
使得自新.」書奏天子, 天子憐悲其意, 乃下詔曰:「蓋聞有虞氏之時, 畫衣冠異章服
以爲僇, 而民不犯. 何則? 至治也. 今法有肉刑三, 而姦不止, 其咎安在? 非乃朕德薄
而教不明歟? 吾甚自愧. 故夫馴道不純而愚民陷焉. 詩曰『愷悌君子, 民之父母』.
今人有過, 教未施而刑加焉? 或欲改行爲善而道毋由也. 朕甚憐之. 夫刑至斷支體,
刻肌膚, 終身不息, 何其楚痛而不德也, 豈稱爲民父母之意哉! 其除肉刑.」

4. 《史記》 扁鵲倉公列傳

文帝四年中, 人上書言意, 以刑罪當傳西之長安. 意有五女, 隨而泣. 意怒, 罵曰:
「生子不生男, 緩急無可使者!」於是少女緹縈傷父之言, 乃隨父西. 上書曰:「妾父
爲吏, 齊中稱其廉平, 今坐法當刑. 妾切痛死者不可復生而刑者不可復續, 雖欲改過
自新, 其道莫由, 終不可得. 妾願入身爲官婢, 以贖父刑罪, 使得改行自新也.」書聞,
上悲其意, 此歲中亦除肉刑法.

5. 《漢書》 刑法志

(孝文)卽位十三年, 齊太倉令淳于公有罪當刑, 詔獄逮繫長安. 淳于公無男, 有五女,
當行會逮, 罵其女曰:「生子不生男, 緩急非有益!」其少女緹縈, 自傷悲泣, 乃隨
父至長安, 上書曰:「妾父爲吏, 齊中皆稱其廉平, 今坐法當刑. 妾傷夫死者不可
復生, 刑者不可復屬, 雖後欲改過自新, 其道亡繇也. 妾願沒入爲官婢, 以贖父刑罪,
使得自新.」書奏天子, 天子憐悲其意, 遂下令曰:「制詔御史: 蓋聞有虞氏之時, 畫衣
冠異章服以爲戮, 而民弗犯, 何治之至也! 今法有肉刑三, 而姦不止, 其咎安在?

非乃朕德之薄, 而敎不明與! 吾甚自愧. 故夫訓道不純而愚民陷焉. 詩曰:『愷弟君子, 民之父母.』今人有過, 敎未施而刑已加焉, 或欲改行爲善, 而道亡繇至, 朕甚憐之. 夫刑至斷支體, 刻肌膚, 終身不息, 何其刑之痛而不德也! 豈稱爲民父母之意哉? 其除肉刑, 有以易之; 及令罪人各以輕重, 不亡逃, 有年而免, 具爲令.」……是後, 外有輕刑之名, 內實殺人. 斬右止者又當死. 斬左止者笞五百, 當劓者笞三百, 率多死.

6.《文選》권36 永明九年策秀才文 注

班固歌詩曰: 三王德彌薄, 惟後用肉刑. 太倉令有罪, 就逮長安城. 自恨身無子, 困急獨煢煢. 小女痛父言, 死者不復生. 上書詣北闕, 闕下歌雞鳴. 憂心摧折裂. 晨風激揚聲. 聖漢孝文帝, 惻然感至誠. 百男何憒憒, 不如一緹縈!

7.《藝文類聚》卷20

淳于緹縈, 齊人淳于意, 五女無男. 坐事當刑, 緹縈最小, 涕泣隨父到長安. 上書曰: 「妾父爲監, 齊中皆稱廉平, 今坐事當刑. 妾乞沒爲官婢, 以贖父罪.」文帝詔免意罪, 并除肉刑.

8.《幼學瓊林》文帝本紀

漢文除肉刑, 仁昭法外; 周武分寶玉, 恩溢倫中.

제7권
얼폐전孽嬖傳

　얼폐孽嬖는 '얼폐孽嬖'로도 표기하며 재앙을 일으킨 폐첩
嬖妾들의 언행을 모아 경계의 의미를 삼도록 한 것이다.

　〈四部備要本〉目錄 注에 "惟若孽嬖, 亦甚嫚易, 淫妒熒惑, 背節
棄義, 指是爲非, 終被禍敗"라 하였다.

美人圖

090(7-1) 夏桀末姬
하나라 걸의 애첩 말희

　　말희末姬는 하夏나라 걸왕桀王의 비妃이다. 얼굴은 아름다웠으나, 덕이 얇고 혼란의 재앙을 일으켜 무도無道하였다. 여자임에도 장부의 마음을 품고 칼을 차고 관을 썼다. 걸왕은 이미 예의를 버린 상태였으며, 부인에게 빠져 음란한 짓을 마음대로 하였으며 미인들을 구하여 후궁을 채웠다. 창우倡優와 주유侏儒, 압도狎徒를 모으고 기이하고, 엄청난 기예를 잘하는 자를 모두 모아 곁에 두었으며, 난만지악爛漫之樂를 지어

하걸말희(夏桀末姬)

밤낮을 두고 말희와 함께 궁녀들을 거느리고 술을 마시느라 쉴 시간도 없었다. 말희를 무릎 위에 앉혀 놓고 그녀의 말은 무엇이나 다 들어 주느라 혼란함이 도를 잃고, 교만하고 사치 부리기에 제멋대로였다. 술을 부어 못을 만들었는데 배를 띄워 운행할 정도였다. 이 못에는 한 번 북을 울리면 소처럼 엎드려 술을 마시는 사람이 삼천 명이었는데 그들 머리에 굴레를 씌워 술로 채워진 못에 들어가 마시도록 하여 술에 취해 빠져 죽는 자가 있으면, 그것을 보고 말희는

웃으면서 즐거움으로 삼았다.

용봉龍逢이 나서서 간언하였다.

"임금이 무도하면 틀림없이 망하고 맙니다."

그러자 걸왕은 이렇게 대꾸하였다.

"태양이 없어지는 걸 보았느냐? 그러한 태양이 없어져야 나도 없어질 것이다."

이렇게 하여 용봉의 간언을 듣지 않고 도리어 요망한 말을 하였다 하여 그를 죽여 버렸다.

구슬로 방을 장식하고 옥으로 누대를 지어 놓고 운우雲雨를 즐기기에 정신이 없어 결국 재정은 파탄이 나고 재물은 탕진되었으나, 그래도 그의 뜻은 도리어 싫증을 느낄 줄 몰랐다.

탕湯을 불러 이를 하대夏臺에 가두었다가 얼마 뒤에 풀어 주자, 드디어 제후들이 크게 반기를 들고 말았다. 이에 탕이 천명天命을 받아 걸왕을 토벌하고자 명조鳴條에서 전투를 벌였다. 그러자 걸왕의 군사들은 아예 싸우려 들지도 않아 드디어 탕은 걸왕을 방축하였다. 걸왕은 말희와 애첩들을 데리고 배를 타고 바다로 흘러가다가 남소南巢라는 산에서 죽었다.

《시詩》에 "지혜 많은 그 부인, 올빼미나 부엉이처럼 사악하도다"라 하였으니 이를 두고 한 말이다.

송頌:

"말희가 걸왕의 짝이 되어 난잡하고 교만함이 끝이 없었네.

이미 도를 잃은 걸왕을 다시 더욱 황음하게 만들었도다.

간사한 무리를 등용하니 떳떳한 법까지 무시하였네.

하나라 왕조는 드디어 망하고 상나라가 들어섰도다."

末喜者, 夏桀之妃也. 美於色, 薄於德, 亂孼無道. 女子行, 丈夫心, 佩劍帶冠. 桀旣棄禮義, 淫於婦人, 求美女, 積之於

後宮. 收倡優・侏儒・狎徒, 能爲奇偉戲者, 聚之於旁, 造爛漫
之樂, 日夜與末喜及宮女飮酒, 無有休時. 置末喜於膝上, 聽用
其言, 昏亂失道, 驕奢自恣. 爲酒池, 可以運舟, 一鼓而牛飮者
三千人, 𩍿其頭而飮之於酒池, 醉而溺死者, 末喜笑之以爲樂.

龍逢進諫曰:「君無道, 必亡矣.」

桀曰:「日有亡乎? 日亡而我亡.」

不聽, 以爲妖言而殺之.

造瓊室瑤臺, 以臨雲雨. 殫財盡幣, 意尙不饜. 召湯, 囚之於
夏臺, 已而釋之. 諸侯大叛. 於是湯受命而伐之, 戰於鳴條, 桀師
不戰, 湯遂放桀, 與末喜・嬖妾同舟, 流於海, 死於南巢之山.

詩曰:『懿厥哲婦, 爲梟爲鴟.』此之謂也.

頌曰:『末喜配桀, 維亂驕揚.
　　　桀旣無道, 又重其荒.
　　　姦軌是用, 不恤法常.
　　　夏后之國, 遂反爲商.』

【夏桀】하나라의 마지막 임금. 夏癸. 禹임금이 세운 夏나라 17세 王皐의 손자이며
　王發의 아들.
【末喜】妺喜, 妹嬉로도 표기하며 有施氏의 딸로 걸이 이 씨족을 정벌하고 얻은
　여인으로 桀王의 총애를 받았음. 夏나라를 망친 여인으로 널리 거론됨.
【倡優】노래하는 신하.
【侏儒】난쟁이로서 여러 가지 재주를 부리는 藝人.
【狎徒】귀족의 음주 연회에 음악과 반주를 맡은 악대.
【酒池】술로 못을 삼음.《韓詩外傳》에 "桀爲酒池, 可以運舟糟邱, 足以望十里"
　라 함.

【龍逢】關龍逢. 판본에 따라 관룡방(關龍逄)으로 표기하기도 하며 하나라 충신.
《韓詩外傳》에 "關龍逢諫曰: '古之人君, 身行仁義, 愛民節財, 故國安而身壽. 今君
用財若無窮, 殺人若恐弗勝. 君若不革, 天殃必降, 而誅必至矣, 君其革之.'"라 함.
【瓊室瑤臺】구슬로 방을 짓고 구슬로 누대를 장식함. 온갖 사치를 다 부림을
뜻함.
【雲雨】 '雲雨之情'의 줄인 말. 남녀 사이의 사랑을 뜻함. 혹은 瓊室瑤臺가 구름과
안개에 닿을 정도로 높고 화려함을 뜻하는 말이라고도 함.
【夏臺】하나라 때의 감옥이라 함.
【鳴條】지명. 지금의 山西 運城縣 安邑鎭 북쪽.
【南巢】지명. 지금의 安徽 巢縣 서남쪽이라 함.
【懿厥哲婦】《詩經》大雅 瞻卬의 구절.
【夏后】《史記》夏本紀에 "太史公曰: 禹爲姒姓, 其後分封, 用國爲姓, 故有夏后氏,
有扈氏, 有男氏, 斟尋氏, 彤城氏, 褒氏, 費氏, 杞氏, 繒氏, 辛氏, 冥氏, 斟氏,
戈氏"라 함.

> 참고 및 관련 자료

1. 《詩經》大雅 瞻卬 →009 참조.

2. 《史記》外戚世家

自古受命帝王及繼體守文之君, 非獨內德茂也, 蓋亦有外戚之助焉. 夏之興也以
塗山, 而桀之放也以末喜. 殷之興也以有娀, 紂之殺也嬖妲己. 周之興也以姜原及
大任, 而幽王之禽也淫於褒姒. 故易基乾坤, 詩始關雎, 書美釐降, 春秋譏不親迎.
夫婦之際, 人道之大倫也.

3. 《韓詩外傳》卷二

昔者, 桀爲酒池糟隄, 縱靡靡之樂, 而牛飲者三千. 羣臣皆相持而歌:「江水沛兮!
舟楫敗兮! 我王廢兮! 趣歸於亳, 亳亦大兮!」又曰:「樂兮樂兮! 四牡驕兮! 六轡
沃兮! 去不善兮, 善何不樂兮!」伊尹知大命之將至, 擧觴造桀, 曰:「君王不聽臣言,
大命去矣, 亡無日矣.」桀相然而抃, 嗑然而笑, 曰:「子又妖言矣. 吾有天下, 猶天之
有日也, 日有亡乎? 日亡, 吾亦亡也.」於是伊尹接履而趨, 遂適於湯, 湯以爲相.
可謂「適彼樂土, 爰得其所」矣. 詩曰:「逝將去汝, 適彼樂土; 樂土樂土, 爰得我所.」

4.《韓詩外傳》卷四

桀爲酒池, 可以運舟; 糟丘, 足以望十里; 而牛飲者三千人. 關龍逢進諫曰:「古之人君, 身行禮義, 愛民節財, 故國安而身壽. 今君用財若無窮, 殺人若恐弗勝, 君若不革, 天殃必降, 而誅必至矣. 君其革之!」立而不去朝. 桀因而殺之. 君子聞之曰:「天之命矣!」. 詩曰:「昊天太憮, 予愼無辜!」

5.《新序》節士篇

桀爲酒池, 足以運舟, 糟丘, 足以望七里, 一鼓而牛飲者三千人. 關龍逢進諫曰:「爲人君, 身行禮義, 愛民節財, 故國安而身壽也. 今君用財若無盡, 用人若恐不能死, 不革, 天禍必降, 而誅必至矣, 君其革之!」立而不去朝, 桀因囚拘之, 君子聞之曰:「天之命矣夫!」

6.《新序》刺奢篇

桀作瑤臺罷民力. 殫民財, 爲酒池糟隄, 縱靡靡之樂, 一鼓而牛飲者三千人, 群臣相持歌曰:「江水沛沛兮, 舟楫敗兮, 我王廢兮, 趣歸薄兮, 薄亦大兮.」又曰:「樂兮樂兮, 四牡蹻兮, 六轡沃兮, 去不善而從善, 何不樂兮?」伊尹知天命之至, 舉觴而告桀曰:「君王不聽臣之言, 亡無日矣.」桀拍然而作, 啞然而笑曰:「子何妖言? 吾有天下, 如天之有日也, 日有亡乎? 日亡吾亦亡矣.」於是接履而趣, 遂適湯, 湯立爲相. 故伊尹去官入殷, 殷王而夏亡.

7.《博物志》卷七

夏桀之時, 爲長夜宮於深谷之中, 男女雜處, 三旬不出聽政. 天乃大風揚沙, 一夕填此宮谷. 又爲石室瑤臺, 關龍逢諫, 桀言曰:「吾之有民, 如天之有日, 日亡我則亡.」以爲龍逢妖言而殺之. 其後夏於山谷下作宮在上, 耆老相與諫, 桀又以爲妖言而殺之.

8.《十八史略》卷一

孔甲之後, 歷王皐, 王發, 王履癸, 號爲桀, 貪虐, 力能伸鐵鉤索, 伐有施氏, 有施以末喜女焉, 有寵, 所言皆從, 爲傾宮瑤臺, 殫民財, 肉山脯林, 酒池可以運船, 糟堤可以望十里, 一鼓而牛飲者參千人, 末喜以爲樂, 國人大崩. 湯伐夏, 桀走鳴條而死. 夏爲天子一十有七世, 凡四百三十二年.

9.《尚書大傳》卷二 商書篇

夏人飲酒醉者持不醉者, 不醉者持醉者, 相和而歌曰:「盍歸於亳, 亳亦大矣.」故伊尹退而閑居深德. 樂聲更曰:「覺兮較兮吾大命, 格兮去不善, 而就善何樂兮.」伊尹入告於桀曰:「大命之亡有日矣.」桀啞曰:「天之有日, 猶吾之有民. 日有亡哉? 日亡 吾亦亡矣.」是以伊尹遂去夏適湯.

10. 기타 참고자료

《韓詩外傳》卷四·《新序》卷七·《韓非子》喩老, 十過·《淮南子》本經訓·《呂氏 春秋》過理·《史記》殷本紀, 集解·《說苑》反質篇·《春秋繁露》王道篇·《類說》 38·《太平御覽》82·《群書治要》31,42

〈聊齋圖〉淸 蒲松齡의 《聊齋志異》를 주제로 그린 것

091(7-2) 殷紂妲己
은나라 주왕의 애첩 달기

달기妲己는 은殷나라 주왕紂王의 비이며 주왕의 총애를 받았다. 주왕은 힘이 보통 사람을 뛰어넘어 맨손으로 맹수를 잡을 정도였으며, 그 지혜는 간언하는 자를 물리치기에 충분하였으며, 언변은 틀린 것도 옳다고 꾸며대기에 충분할 정도였다. 신하들에게 자신의 능력을 자랑하여 천하에 명성을 높였으며 모두가 자신의 아래라고 여겼다. 술을 좋아하고 음란하게 음악을 즐겨 달기 곁에서 떠나지 않았다. 달기가 칭찬하는 사람은 귀하게 해 주고 달기가 미워하는 사람은 주벌하였다. 음란한 음악과 북비北鄙의 춤, 그리고 미미지악靡靡之樂이라는 음악을 새로 짓고 진기한 물건들을 거두어 들여 후궁에 쌓아 놓아 아첨하는 신하들과 후궁의 많은 여자들이 원하는 것을 가질 수 있도록 해 주었다. 술 찌꺼기를 쌓아 언덕을 만들고, 흐르는 술로 못을 만들었으며, 매달아 놓은 고기로 숲을 만들어 사람들로 하여금 벌거벗은 채 그 사이를 서로 쫓고 쫓기는 놀이를 하도록 하며 긴긴

은주달기(殷紂妲己)

밤을 낮으로 삼아 술을 마셨다. 달기는 그러한 놀이를 좋아하였다.

백성들은 원망하였으며 제후들 중에는 반기를 드는 자도 있었다. 주왕은 이에 포락炮烙의 법을 만들었는데, 이는 구리 기둥에 기름을 바르고 불로 달구어 죄 지은 사람에게 그 기둥을 타고 올라가게 하여 미끄러져 타고 있는 숯불로 떨어지도록 한 것이었다. 달기는 이를 보고 재미있다고 웃었다.

비간比干이 나서서 이렇게 간하였다.

"선왕先王의 전법典法을 닦지 아니하고, 부인의 말을 따르다가는 화가 닥칠 날이 얼마 남지 않았습니다!"

주왕이 화를 내며 요망한 말이라 여기자 달기가 이렇게 말하였다.

"제가 듣기로 성인의 심장에는 일곱 개의 구멍이 있다고 하더이다."

이에 주왕은 그의 심장을 도려 내어 들여다보았다. 그리고 기자箕子를 잡아 가두고 미자微子를 멀리 추방하였다.

무왕武王이 드디어 천명을 받아 군사를 일으켜 주왕을 토벌하고자 목야牧野에서 전투를 벌였다. 그러자 주왕의 군사는 도리어 창 끝을 거꾸로 돌려 주왕에게 향하며 무왕의 편이 되었다. 주왕은 이에 늠대廩臺에 올라가 보옥으로 장식한 그 화려한 옷을 입은 채 자살하였다. 무왕은 이에 하늘이 내린 벌을 수행하고, 달기의 머리를 잘라 작은 백기에 매달아 주왕을 망하게 한 원인이 바로 이 여자 때문이었음을 알렸다.

《서書》에는 "암탉을 새벽에 울리지 말라. 암탉이 새벽에 울면 집안이 패망한다"라 하였다.

《시詩》에 "임금이 소인을 믿으니 어지러움이 이로써 더욱 포악해졌네. 함께 할 만한 자들이 못 되나니 임금님만 구렁텅이로 몰아넣는 자들일세"라 하였으니 이를 두고 한 말이다.

송頌:

"달기가 주왕과 짝을 이루어 미혹하고 혼란한 짓만 일삼았도다.
주왕이 이미 무도하니 거기에 거듭 죄를 짓도록 도와 주었네.

불기둥에서 미끄러지는 자를 손가락질하며 웃고, 간언하는 자 심장을
도려내었네.
결국 목야에서 패하여 상나라는 사라지고 주나라가 들어서게 되었네."

妲己者, 殷紂之妃也, 嬖幸於紂. 紂材力過人, 手格猛獸. 智足
以距諫, 辯足以飾非. 矜人臣以能, 高天下以聲, 以爲人皆出己
之下. 好酒淫樂, 不離妲己. 妲己之所譽, 貴之; 妲己之所憎,
誅之. 作新淫之聲, 北鄙之舞, 靡靡之樂, 收珍物積之於後宮,
諛臣群女, 咸獲所欲. 積糟爲邱, 流酒爲池, 懸肉爲林, 使人裸形
相逐其間, 爲長夜之飮. 妲己好之.

百姓怨望, 諸侯有畔者. 紂乃爲炮烙之法, 膏銅柱, 加之炭.
令有罪者行其上, 輒墮炭中, 妲己乃笑.

比干諫曰:「不修先王之典法, 而用婦言, 禍至無日!」

紂怒, 以爲妖言. 妲己曰:「吾聞聖人之心有七竅.」

於是剖心而觀之. 囚箕子. 微子去之.

武王遂受命興師伐紂, 戰於牧野. 紂師倒戈. 紂乃登廩臺, 衣寶
玉衣而自殺. 於是武王遂致天之罰, 斬妲己頭, 懸於小白旗, 以爲
亡紂者, 是女也.

《書》曰:『牝雞無晨, 牝雞之晨, 惟家之索.』

詩云:『君子信盜, 亂是用暴. 匪其止共, 維王之邛.』此之謂也.

頌曰:『妲己配紂, 惑亂是修.
　　　　紂旣無道, 又重相謬.
　　　　指笑炮炙, 諫士刳囚.
　　　　遂敗牧野, 反商爲周.』

【妲己】有蘇氏의 딸로 己姓.《國語》晉語(1)에 "殷辛伐有蘇, 有蘇氏以妲己女焉"
이라 함.

【殷紂之妃也】《太平御覽》(135)에는 이 다음에 "紂伐有蘇, 有蘇女以妲己. 美於辯,
用心邪僻, 夸比於體, 戚施於貌"의 25자가 더 있음.

【紂】殷(商)의 마지막 임금. 帝辛이며 湯의 31세 帝乙의 아들.

【北鄙】북쪽.《史記》〈殷本紀〉에는 '北里'로 되어 있음.

【炮烙】구리 기둥에 기름을 발라 숯불 위에 돌리며 죄인이 걸어 넘어지도록
하는 酷刑.

【比干】당시의 귀족으로 紂의 숙부라 함. 紂王에게 죽음을 당함.

【七竅】사람의 눈, 귀, 코 두 개씩의 구멍과 입을 합하여 七竅라 함.

【箕子】상대의 귀족으로 箕(지금의 山西 太谷縣 동북)에 봉하여 箕子라 부름.
자는 公侯伯子男의 작위 명칭.

【微子】이름은 啓. 紂의 서형으로 微(지금의 山東 梁山 서북)에 봉하여 미자라
부름. 周 武王이 찾아 그를 宋에 봉하여 송나라 시조가 됨.《史記》〈宋微子
世家〉참조.

【牧野】지명. 지금의 河南 淇縣 서남쪽.

【廩臺】《史記》殷本紀에는 '鹿臺'로 되어 있으며《新序》刺奢篇에는 "紂爲鹿臺,
七年乃成, 其大三里, 高千尺"이라 함.

【小白】雜白의 비단. '白'은 '帛'과 같음.

【牝雞無晨】'암탉이 새벽에 울어서는 안 된다'는 뜻.《尙書》牧誓에 실려 있음.

【君子信盜, 匪其止共】둘 모두《詩經》小雅 巧言의 구절.

참고 및 관련 자료

1.《詩經》小雅 巧言

悠悠昊天, 曰父母且. 無罪無辜, 亂如此憮. 昊天已威, 予愼無罪. 昊天泰憮, 予愼
無辜. 亂之初生, 僭始旣涵. 亂之又生, 君子信讒. 君子如怒, 亂庶遄沮. 君子如祉,
亂庶遄已. 君子屢盟, 亂是用長. 君子信盜, 亂是用暴. 盜言孔甘, 亂是用餤. 匪其
止共, 維王之邛. 奕奕寢廟, 君子作之. 秩秩大猷, 聖人莫之. 他人有心, 予忖度之.
躍躍毚兔, 遇犬獲之. 荏染柔木, 君子樹之. 往來行言, 心焉數之. 蛇蛇碩言, 出自

口矣. 巧言如簧, 顔之厚矣. 彼何人斯, 居河之麋. 無拳無勇, 職爲亂階. 旣微且尰,
爾勇伊何. 爲猶將多, 爾居徒幾何.

2. 《史記》殷本紀

紂愈淫亂不止. 微子數諫不聽, 乃與大師‧少師謀, 遂去. 比干曰:「爲人臣者, 不得
不以死爭.」迺强諫紂. 紂怒曰:「吾聞聖人心有七竅.」剖比干, 觀其心. 箕子懼,
乃詳狂爲奴, 紂又囚之.

3. 《新序》節士篇

紂作炮烙之刑, 王子比干曰:「主暴不諫, 非忠臣也; 畏死不言, 非勇士也. 見過則諫,
不用則死, 忠之至也.」遂進諫, 三日不去朝, 紂因而殺之. 詩曰:「昊天太憮, 予愼
無辜.」無辜而死, 不亦哀哉!

4. 《新序》刺奢篇

紂爲鹿臺, 七年而成, 其大三里, 高千尺, 臨望雲雨. 作炮烙之刑, 戮無辜, 奪民力.
冤暴施於百姓, 慘毒加於大臣, 天下叛之, 願臣文王. 及周師至, 令不行於左右. 悲夫!
當是時, 求爲匹夫, 不可得也. 紂自取之也.

5. 《韓詩外傳》卷四

紂作炮烙之刑. 王子比干曰:「主暴不諫, 非忠也; 畏死不言, 非勇也. 見過卽諫,
不用卽死, 忠之至也.」遂諫, 三日不去朝, 紂因殺之. 詩曰:「昊天太憮, 予愼無辜!」

6. 《韓詩外傳》卷六

比干諫而死. 箕子曰: 知不用而言, 愚也, 殺身以彰君之惡, 不忠也. 二者不可,
然且爲之, 不祥莫大焉. 遂解髮佯狂而去. 君子聞之, 曰:「勞矣! 箕子! 盡其精神,
竭其忠愛, 見比干之事, 免其身, 仁知之至.」詩曰:『人亦有言, 靡哲不愚.』

7. 《十八史略》卷一

歷太丁‧帝乙, 至帝辛, 名受, 號爲紂. 資辯捷疾, 手格猛獸, 智足以拒諫, 言足以
飾非, 始爲象箸, 箕子歎曰:「彼爲象箸, 必不盛以土簋; 將爲玉杯, 玉杯象箸, 必不羹
藜藿. 衣短褐, 而舍茅茨之下, 則錦衣九重, 高臺廣室, 稱此以求, 天下不足矣.」
紂伐有蘇氏, 有蘇以妲己女焉, 有寵, 其言皆從, 厚賦稅, 以實鹿臺之財, 盈鉅橋
之粟, 廣沙丘苑臺, 以酒爲池, 縣肉爲林, 爲長夜之飮, 百姓怨望, 諸侯有畔者, 紂乃
重刑辟, 爲銅柱以膏塗之, 加於炭火之上, 使有罪者緣之, 足滑跌墜火中, 與妲己觀
之大樂, 名曰炮烙之刑. 淫虐甚, 庶兄微子數諫, 不從, 去之, 比干諫, 三日不去,

紂怒曰：「吾聞聖人之心有七竅。」剖而觀其心, 箕子佯狂爲奴, 紂囚之, 殷大師, 持其樂器祭器奔周. 周侯昌, 鄂及九侯, 侯, 爲紂三公, 紂殺九侯, 鄂侯爭, 幷脯之, 昌聞而歎息, 紂囚昌, 羑里, 昌之臣散宜生, 求美女珍寶進, 紂大悅, 乃釋昌, 昌退而修德, 諸侯多叛紂歸之, 昌卒, 子發立, 率諸侯伐紂, 紂敗于牧也, 衣寶玉自焚死, 殷亡. 箕子後朝周, 過故殷墟, 傷宮室毀壞生禾黍, 欲哭不可, 欲泣則爲近婦人, 乃作麥秀之歌曰：「麥秀漸漸兮, 禾黍油油兮, 彼狡童兮, 不與我好兮.」殷民聞之, 皆流涕. 殷爲天子三十一世, 六百二十九年.

8.《幼學瓊林》飲食篇

「昏庸桀紂, 胡爲酒池肉林；苦學仲淹, 惟有斷齏畫粥.」

9. 기타 참고자료

《荀子》議兵篇·《管子》形勢解

092(7-3) 周幽褒姒
주나라 유왕의 애첩 포사

포사褒姒는 어린 궁녀의 딸로 주周나라 유왕幽王의 왕후이다.

처음 하夏나라가 쇠할 때 포褒나라 사람의 신이 두 마리의 용으로 변하여 왕궁의 정원에 함께 살면서 이렇게 말하였다.

"나는 포나라의 두 임금이다."

하나라 임금이 점을 쳐 보았더니 이를 죽이거나 쫓아 버리는 것은 모두 불길하다고 하였다. 다만 용의 침을 달라고 청하여 그 침을 받아

주유포사(周幽褒姒)

놓으면 길할 것이라는 점괘가 나왔다. 이에 비단과 옥백 등 제수를 차려 놓았더니 용이 갑자기 보이지 아니하는 것이었다. 이에 그 용이 흘리고 남긴 침을 나무 궤짝에 넣어 이를 교외에 갈무리해 두게 되었다.

그리고 주周나라에 이르도록 감히 이를 열어 볼 생각을 하지 않았다. 그러다가 주 여왕厲王 말에 이르러 비로소 이를 열고 살펴보았더니 그 침이 궁정 뜰로 흘러 거두어들일 수가 없었다.

왕은 부인들로 하여금 벌거벗고

시끄럽게 소리를 지르도록 하였더니 침은 검은 도마뱀으로 변하여 후궁으로 들어가는 것이었다. 후궁에는 마침 어린 궁녀가 있었는데 아직 이를 갈지도 않은 나이에 이 뱀을 만났다. 그리고 이윽고 비녀 꽂을 성인이 되자 임신이 되어 있었던 것이다.

여왕을 지나 선왕宣王 때에 이르러 아기를 낳게 되었다. 아비 없는 아기를 기르게 되자 그는 두려워 이를 버렸다.

이에 앞서 이러한 동요가 불리고 있었다.

"산뽕나무로 만든 활, 키 모습으로 만든 화살통,
이것이 주나라를 망하게 하리로다."

선왕도 이 노래를 들었다.

뒷날 어떤 부부가 산뽕나무로 만든 활과 키 모양의 화살통을 팔러 다니고 있었다. 선왕이 그 부부를 잡아 죽이도록 하자 부부는 밤에 도망을 쳤다. 그 도중에 부부는 그 궁녀가 낳아서 버린 여자 아이의 울음소리를 듣게 되었고, 결국 아기를 가엾게 여겨 데리고 드디어 포나라로 숨어들었다.

그 여자 아이는 크면서 아주 예쁘게 자랐다. 그때 마침 포나라의 임금 후姁가 주나라에 죄를 지어 옥에 갇히게 되었다. 그러자 이 여자 아이를 당시 주나라 임금 유왕幽王에게 바쳐 죄값을 대신하자 유왕이 이를 받아들여 첩으로 삼아 드디어 포나라 군주 후는 풀려나게 되었고 그 여자를 포사라 불렀다.

얼마 후 포사가 백복伯服을 낳자 유왕은 왕후인 신申나라 제후의 딸을 폐하고 포사를 왕후로 삼고, 태자 의구宜臼를 폐하고 백복을 태자로 세웠다. 유왕은 포사에 미혹하여 출입을 할 때마다 언제나 포사와 같은 수레를 탔으며, 나랏일은 돌보지 않은 채 말을 몰아 수렵을 즐기 느라 한가할 틈도 없었다. 그리고 포사의 뜻에 맞추어 주느라 술에 빠졌고, 창우倡優를 앞에 세워 밤을 낮으로 이어갔다. 그런데 포사는 전혀 웃는 일이 없었다. 유왕은 그녀를 웃기고자 온갖 노력을 다해 보았지만 포사는 여전히 웃지 않는 것이었다. 그러던 어느 날 유왕이 봉화烽火를 올리고 큰북을 쳐서 외적의 침입이 있음을 알렸다. 제후들이 다 모여들었지만 외적은 침입하지 않았다. 그러자 포사가 웃는 것이었다.

그러자 유왕은 포사를 기쁘게 해 주고자 자주 봉화를 올렸다. 그 뒤 제후들은 이를 믿지 않게 되었고 달려오지도 않았다. 유왕은 충간하는 자는 죽여 없애고 오직 포사의 말만 따랐다. 그러자 상하가 다투어 아첨을 일삼고 백성들의 마음은 어그러지고 이산하게 되었다.

신나라 제후가 증繒·서이西夷·견융犬戎과 연합하여 함께 유왕을 공격하자, 유왕은 봉화를 올려 각 제후국의 군대를 동원하려 하였지만 제후들은 달려오지 않았다. 드디어 유왕은 여산驪山 아래에서 죽음을 당하고 포사는 사로잡혔으며, 그들은 주나라 보물을 모두 취하여 가지고 가 버렸다. 이에 제후들이 신나라 제후의 뜻에 따라 옛 태자인 의구를 세웠다. 이가 곧 평왕平王이다. 이로부터 주나라는 다른 제후국과 다를 바가 없었다.

《시詩》에 "빛나는 종주국 주나라여! 포사가 멸망시켰도다"라 하였으니 바로 이를 두고 한 말이다.

송頌:
"포나라의 신이 용으로 변하여 이가 포사를 낳았네.
자라서 유왕의 짝이 되자 본래의 왕후와 태자를 폐하였네.
봉화를 올려 군대를 불렀지만 적이 온 것이 아니라고 포사가 웃었네.
신후가 주나라를 토벌하여 과연 그 제사가 끊어지고 말았네."

褒姒者, 童妾之女, 周幽王之后也.

初, 夏之衰也, 褒人之神化爲二龍, 同於王庭而言曰:「余, 褒之二君也.」

夏后卜殺之與去, 莫吉. 卜請其漦, 藏之而吉. 乃布幣焉, 龍忽不見. 而藏漦櫝中, 乃置之郊. 至周, 莫之敢發也. 及周厲王之末, 發而觀之, 漦流於庭, 不可除也. 王使婦人裸而譟之, 化爲玄蚖, 入後宮, 宮之童妾未毀而遭之, 旣笄而孕, 當宣王之時産. 無夫而乳, 懼而棄之.

先是有童謠曰:「檿弧箕服, 寔亡周國.」

宣王聞之, 後有人夫妻賣檿弧箕服之器者, 王使執而戮之. 夫妻夜逃, 聞童妾遭棄而夜號, 哀而取之, 遂竄於褒.

長而美好, 褒人姁有獄, 獻之以贖, 幽王受而嬖之, 遂釋褒姁, 故號曰褒姒.

旣生子伯服, 幽王乃廢后申侯之女, 而立褒姒爲后, 廢太子宜咎, 而立伯服爲太子. 幽王惑於褒姒, 出入與之同乘, 不恤國事, 驅馳弋獵不時, 以適褒姒之意, 飲酒流湎, 倡優在前, 以夜續晝. 褒姒不笑, 幽王乃欲其笑, 萬端, 故不笑. 幽王爲烽燧大鼓, 有寇至則擧. 諸侯悉至而無寇, 褒姒乃大笑. 幽王欲悅之, 數爲擧烽火, 其後不信, 諸侯不至. 忠諫者誅, 唯褒姒言是從. 上下相諛, 百姓離.

申侯乃與繒西夷犬戎共攻幽王, 幽王擧烽燧徵兵, 莫至. 遂殺幽王於驪山之下, 虜褒姒, 盡取周賂而去. 於是諸侯乃卽申侯, 而共立故太子宜咎, 是爲平王. 自是之後, 周與諸侯無異.

詩曰:『赫赫宗周, 褒姒滅之.』此之謂也.

頌曰:『襃神龍變, 寔生襃姒.
　　　興配幽王, 廢后太子.
　　　擧熢致兵, 笑寇不至.
　　　申侯伐周, 果滅其祀.』

【襃姒】 褒姒로도 표기함. 有襃國(지금의 陝西 漢中 襃城)의 여자로 姒姓이며 周 幽王이 이 나라를 정벌하고 얻은 여인. 전혀 웃지 않아 나라를 망친 고사를 가지로 있음.《國語》晉語(1)에 "周幽王伐有褎, 褒人以褒姒女焉"이라 함.《史記》〈周本紀〉에도 내용이 자세히 나와 있음.

【周幽王】 서주 말의 임금. 宣王의 아들이며 姬姓. 이름을 宮涅. 혹 宮生. B.C.781~771년까지 11년간 재위함.

【襃人】 襃나라 임금을 가리킴.

【二君】 포나라의 선대 두 임금.

【夏后】 하나라 임금.

【卜殺之與去】《國語》鄭語와《史記》〈周本紀〉에는 "夏帝卜殺之與去之與止之"라 하여 일부 문장이 누락된 것이 아닌가 함.

【漦】 용의 침. 唾液.《國語》鄭語 韋昭 주에 "漦, 龍所吐沫, 龍之精氣也"라 함.

【布幣】 玉帛을 펼쳐놓음. 제품을 차려놓고 용이 침을 흘려 주기를 청함.

【周厲王】 서주 말의 임금. 姬姓, 이름은 胡.

【玄蚖】 玄黿과 같음. 검은색의 도마뱀.

【未毁】 아직 이가 빠지기 전의 어린 나이.《國語》鄭語에는 "未旣齓"이라 하고 韋昭 주에 "毁齒曰齓. 未盡齓, 毁未畢也. 女七歲而毁齒"라 함.

【旣笄】 성년식을 거친 여자는 머리에 비녀를 꽂으며 여기서는 이미 성년이 되었음을 말함. 韋昭 주에 "女十五而笄"라 함.

【宣王】 周 宣王. 姬靖(姬靜). B.C.827~782년 재위.

【檿弧】 산뽕나무로 만든 활.

【箕服】 키와 같은 모습으로 만든 화살통.

【姁】 포나라 임금의 이름.

【申侯】申나라의 임금. 姜姓이며 伯夷의 후손을 봉한 나라라 함. 周 宣王 때 일부가 동쪽으로 옮겨 謝(지금의 河南 南陽)를 봉지로 받아 申國을 세웠음. 춘추 시대 楚나라에게 망함.

【宜咎】宜臼로도 표기함.

【流湎】술에 찌들음.

【繒】曾, 鄫으로도 쓰며 고대 소국 이름. 지금의 河南 方城 일대.

【驪山】산 이름. 지금의 陝西 臨潼縣 동남쪽에 있음.

【赫赫宗周】《詩經》 小雅 正月의 구절.

> 참고 및 관련 자료

1. 《詩經》 小雅 正月 →079 참조.

2. 《史記》 周本紀

三年, 幽王嬖愛褒姒. 褒姒生子伯服, 幽王欲廢太子. 太子母申侯女, 而爲后. 後幽王得褒姒, 愛之, 欲廢申后, 幷去太子宜臼, 以褒姒爲后, 以伯服爲太子. 周太史伯陽讀史記曰:「周亡矣.」昔自夏后氏之衰也, 有二神龍止於夏帝庭而言曰:「余, 褒之二君.」夏帝卜殺之與去之與止之, 莫吉. 卜請其漦而藏之, 乃吉. 於是布幣而策告之, 龍亡而漦在, 櫝而去之. 夏亡, 傳此器殷. 殷亡, 又傳此器周. 比三代, 莫敢發之, 至厲王之末, 發而觀之. 漦流于庭, 不可除. 厲王使婦人裸而譟之. 漦化爲玄黿, 以入王後宮. 後宮之童妾旣齔而遭之, 旣笄而孕, 無夫而生子, 懼而棄之. 宣王之時童女謠曰:「檿弧箕服, 實亡周國.」於是宣王聞之, 有夫婦賣是器者, 宣王使執而戮之. 逃於道, 而見鄕者後宮童妾所棄妖子出於路者, 聞其夜啼, 哀而收之, 夫婦遂亡, 奔於褒. 褒人有罪, 請入童妾所棄女子者於王以贖罪. 棄女子出於褒, 是爲褒姒. 當幽王三年, 王之後宮見而愛之, 生子伯服, 竟廢申后及太子, 以褒姒爲后, 伯服爲太子. 太史伯陽曰:「禍成矣, 無可奈何!」

褒姒不好笑, 幽王欲其笑萬方, 故不笑. 幽王爲烽燧大鼓, 有寇至則擧烽火. 諸侯悉至, 至而無寇, 褒姒乃大笑. 幽王說之, 爲數擧烽火. 其後不信, 諸侯益亦不至. 幽王以虢石父爲卿, 用事, 國人皆怨. 石父爲人佞巧善諛好利, 王用之. 又廢申后, 去太子也. 申侯怒, 與繒·西夷犬戎攻幽王. 幽王擧烽火徵兵, 兵莫至. 遂殺幽王驪山下, 虜褒姒, 盡取周賂而去. 於是諸侯乃卽申侯而共立故幽王太子宜臼, 是爲平王, 以奉周祀.

3. 《十八史略》卷一

崩, 子幽王宮涅立. 初夏后氏之世, 有二龍降于庭, 曰:「予, 褒之二君.」卜藏其漦,
歷夏殷, 莫敢發, 周人發之, 漦化爲鼀, 童妾遇之而孕, 生女, 棄之. 宣王時有童謠,
曰:『檿弧箕服, 實亡周國.』適有鬻是器者, 宣王使執之, 其人逃, 於道見棄女, 哀其
夜號而取之, 逸於褒. 至幽王之時, 褒人有罪, 入是女於王, 是爲褒姒. 王嬖之, 褒姒
不好笑, 王欲其笑, 萬方不笑. 故王與諸侯約, 有寇至, 則擧烽火, 召其兵來援, 乃無
故擧火, 諸侯悉至, 而無寇, 褒姒大笑. 王廢申后及太子宜臼, 以褒姒爲后, 其子伯服
爲太子. 宜臼奔申, 王求殺之, 弗得, 伐申, 申侯召犬戎攻王. 王擧烽火徵兵, 不至,
犬戎殺王驪山下.

4. 《國語》鄭語

且宣王之時有童謠曰:「檿弧箕服, 實亡周國.」於是宣王聞之, 有夫婦鬻是器者, 王使
執而戮之. 府之小妾生女而非王子也, 懼而棄之. 此人也, 收以奔褒. 天之命此久矣,
其又何可爲乎? 〈訓語〉有之曰:「夏之衰也, 褒人之神化爲二龍, 以同于王庭, 而言
曰:「余, 褒之二君也.」夏之卜殺之與去之與止之, 莫吉. 卜請其漦而藏之, 吉. 乃布
幣焉而策告之, 龍亡而漦在, 櫝而藏之, 傳郊之.」及殷, 周, 莫之發也. 及厲王之末,
發而觀之, 漦流于庭, 不可除也. 王使婦人不幃而譟之, 化爲玄鼀, 以入于王府. 府之
童妾未旣 而遭之, 旣筓而孕, 當宣王時而生. 不夫而育, 故懼而棄之. 爲弧服者方戮
在路, 夫婦哀其夜號也, 而取之以逸, 逃于褒. 褒人褒姁有獄, 而以爲入於王, 王遂
置之, 而嬖是女也, 使至於爲后而生伯服, 天之生此久矣, 其爲毒也大矣, 將使候淫
德而加之焉. 毒之酋腊者, 其殺也滋速. 申, 繒, 西戎方彊, 王室方騷, 將以縱欲,
不亦難乎? 王欲殺太子以成伯服, 必求之申, 申人弗畀, 必伐之. 若伐申, 而繒與
西戎會以伐周, 周不守矣!

5. 《國語》晉語(1)

史蘇曰:「昔夏桀伐有施, 有施人以妹喜女焉, 妹喜有寵, 於是乎與伊尹比而亡夏.
殷辛伐有蘇, 有蘇氏以妲己女焉, 妲己有寵, 於是乎與膠鬲比而亡殷. 周幽王伐
有褒, 褒人以褒姒女焉, 褒姒有寵, 生伯服, 於是乎與虢石甫比, 逐太子宜臼, 而立
伯服. 太子出奔申, 申人·鄫人召西戎以伐周, 周於是乎亡.

6. 《新序》雜事(一)

禹之興也, 以塗山; 桀之亡也, 以末喜. 湯之興也, 以有莘; 紂之亡也, 以妲己. 文武
之興也, 以任姒; 幽王之亡也, 以褒姒缸. 是以詩正關雎, 而春秋褒伯姬也.

7. 《太平御覽》881.

夏之衰也, 襃人之神降化爲二龍而同于王庭, 而言曰:「余襃之二君也.」夏后卜殺之.
「與去之, 與止止, 莫吉.」卜請其漦, 而藏之吉, 乃布幣焉, 而策告之. 龍亡其漦,
在櫝而藏之.

093(7-4) 衛宣公姜
위나라 선공의 부인 선강

선강宣姜은 제齊나라 제후의 딸로서 위衛나라 선공宣公의 부인이다. 처음 선공의 부인이었던 이강夷姜이 아들 급자伋子를 낳자, 선공은 급자를 태자로 정하였다. 그리고 다시 제나라에 장가를 들었는데 그가 바로 선강이라 부르는 여자였으며, 그가 낳은 아들이 수壽와 삭朔이 었다. 이강이 죽자 선강은 자신이 낳은 수를 태자로 세우고자, 이에 수의 동생 삭과 공모하여 급자를 모함하여 얽어매었다. 선공이 마침 급자를 제나라에 사신으로 보내게 되자, 선강은 이에 몰래 역사力士를 시켜 두 나라의 국경에서 기다렸다가 태자 급자를 죽이도록 하면서 역사에게 이렇게 일러 주었다.

위선공강(衛宣公姜)

"말 네 마리가 끄는 수레에 흰 쇠꼬리 털로 된 깃발을 달고 올 것이니 그자를 반드시 죽여야 한다."

수가 이를 듣고 태자에게 이렇게 알려 주었다.

"태자께서는 피하셔야 합니다."

그러나 급자는 이렇게 말하였다.

"안 된다. 아버지의 명을 어기고서 어찌 자식이라 할 수 있겠는가?"

수는 태자가 기어코 갈 것임을 헤아리고 이에 태자와 이별의 술을 함께 마시며 그가 취하자, 그 흰 쇠꼬리 털로 된 깃발을 몰래 빼앗아 지니고 대신 길을 떠났다. 그리하여 결국 수는 그 도적에게 죽음을 당하고 말았다.

한편 술에서 깨어난 급자가 그 깃발을 찾았으나, 이미 없어진 것을 알고 급히 뒤쫓아갔지만 이미 수가 죽은 뒤였다.

급자는 수가 자기를 대신해서 죽었음을 알고, 그 역사에게 이렇게 말하였다.

"그대가 죽이려던 사람은 바로 나다. 이 사람에게 무슨 죄가 있단 말이냐? 청컨대 다시 나를 죽여다오."

그러자 역사는 급자조차 죽였다. 두 아들이 이미 죽고 나자, 드디어 삭이 태자가 되었다.

선공이 세상을 떠난 뒤, 삭이 그 뒤를 이어 왕위에 올랐으니 이가 바로 혜공惠公이다. 혜공은 대를 이을 아들이 없어 군주 자리를 다투는 난이 5대 동안 계속되었으며 대공戴公 때에 이르러서야 겨우 안녕을 찾게 되었다.

《시詩》에 "이와 같은 사람이라면 그 말씀에 선량함을 잃었군요"라 하였으니 이를 두고 한 말이다.

송頌:
"위나라 선강은 태자를 해치려 음모를 꾸몄네.
자신의 아들 수를 태자로 세우고자 몰래 역사를 숨겨 놓았네.
수와 태자가 함께 죽으니 위나라는 과연 위태로움에 빠졌다네.
오대 동안 편안함을 누리지 못하였으니, 그 난은 바로 선강 때문이었다네."

宣姜者, 齊侯之女, 衛宣公之夫人也.

初, 宣公夫人夷姜生伋子, 以爲太子. 又娶於齊曰宣姜, 生壽及朔. 夷姜旣死, 宣姜欲立壽, 乃與壽弟朔謀構伋子. 公使伋子之齊, 宣姜乃陰使力士待之界上而殺之, 曰:「有四馬, 白旄至者必要殺之.」

壽聞之以告太子曰:「太子其避之.」

伋子曰:「不可, 夫棄父之命, 則惡用子也?」

壽度太子必行, 乃與太子飮, 奪之旄而行, 盜殺之. 伋子醒, 求旄不得, 遽往追之, 壽已死矣.

伋子痛壽爲己死, 乃謂盜曰:「所欲殺者乃我也, 此何罪? 請殺我.」

盜又殺之. 二子旣死, 朔遂立爲太子.

宣公薨, 朔立是爲惠公, 竟終無後. 亂及五世. 至戴公而後寧.

詩云:『乃如之人, 德音無良.』此之謂也.

頌曰:『衛之宣姜, 謀危太子,
　　　　欲立子壽, 陰設力士.
　　　　壽乃俱死, 衛果危殆.
　　　　五世不寧, 亂由姜起.』

【衛宣公】 춘추시대 위나라 임금. 姬姓이며 이름은 晉. B.C.718~700년까지 19년간 재위함.
【伋子】 혹 '急子'로도 표기함. 夷姜 소생으로 宣姜 소생의 壽·朔과는 이복형제 관계이다.《詩經》邶風〈二子乘舟〉序에 "二子乘舟, 思伋壽也. 衛宣公之二子, 爭相爲死, 國人傷而思之, 作是詩也"라 하였다.
【構陷】 죄를 얽어 함정에 빠뜨림.
【白旄】 사자가 지니고 가는 부절로 흰색 쇠꼬리 털로 장식한 것임.

【無後】대를 이을 아들이 없음.

【亂及五世】《左傳》과 《史記》〈衛世家〉에는 '三世'로 되어 있음. 衛나라 宣公·
惠公·懿公을 가리킴.

【戴公】춘추시대 위나라 임금으로 姬姓이며 이름은 申. B.C.660년 1년간 재위함.

【乃如之人】《詩經》邶風 日月의 구절.

> ## 참고 및 관련 자료

1.《詩經》邶風 日月

日居月諸, 照臨下土. 乃如之人兮, 逝不古處. 胡能有定, 寧不我顧. 日居月諸, 下土
是冒. 乃如之人兮, 逝不相好. 胡能有定, 寧不我報. 日居月諸, 出自東方. 乃如之
人兮, 德音無良. 胡能有定, 俾也可忘. 日居月諸, 東方自出. 父兮母兮, 畜我不卒.
胡能有定, 報我不述.

2.《新序》節士篇

衛宣公之子伋也, 壽也, 朔也. 伋, 前母子也; 壽與朔, 後母子也. 壽之母與朔謀,
欲殺太子伋而立壽也, 使人與伋乘舟於河中, 將沈而殺之. 壽知, 不能止也, 因與之
同舟, 舟人不得殺伋, 方乘舟時, 伋傅母恐其死也, 閔而作詩, 二子乘舟之詩是也.
其詩曰:『二子乘舟, 汎汎其景. 願言思子, 中心養養.』於是壽閔其兄之且見害, 作憂
思之詩, 黍離之詩是也. 其詩曰:『行遇靡靡, 中心搖搖. 知我者謂我心憂; 不知我者
謂我何求? 悠悠蒼天, 此何人哉?』又使伋之齊, 將使, 盜見載旌, 要而殺之, 壽止伋,
伋曰:「棄父之命, 非子道也, 不可.」壽又與之偕行, 壽之母不知能止也, 因戒之曰:
「壽無爲前也.」壽又爲前, 竊伋旌以先行, 幾及齊矣, 盜見而殺之. 伋至, 見壽之死,
痛其代己死, 涕泣悲哀, 遂載其屍還, 至境而自殺, 兄弟俱死. 故君子義此二人, 而傷
宣公之聽讒也.

3.《左傳》桓公 十六年 傳

初, 衛宣公烝于夷姜, 生急子, 屬諸右公子. 爲之娶於齊, 而美, 公取之. 生壽及朔.
屬壽於左公子. 夷姜縊. 宣姜與公子朔構急子. 公使諸齊, 使盜待諸莘, 將殺之. 壽子
告之, 使行. 曰:「棄父之命, 惡用子矣? 有無父之國則可也.」及行, 飲以酒. 壽子載其
旌以先, 盜殺之. 急子至, 曰:「我之求也. 此何罪? 請殺我乎!」又殺之. 二公子故怨
惠公. 十一月, 左公子洩, 右公子職立公子黔牟. 惠公奔齊.

4.《史記》衛康叔世家

宣公七年, 魯弑其君隱公. 九年, 宋督弑其君殤公, 及孔父. 十年, 晉曲沃莊伯弑其君哀侯.

十八年, 初, 宣公愛夫人夷姜, 夷姜生子伋, 以爲太子, 而令右公子傅之. 右公子爲太子取齊女, 未入室, 而宣公見所欲爲太子婦者好, 說而自取之, 更爲太子取他女. 宣公得齊女, 生子壽·子朔, 令左公子傅之. 太子伋母死, 宣公正夫人與朔共讒惡太子伋. 宣公自以其奪太子妻也, 心惡太子, 欲廢之. 及聞其惡, 大怒, 乃使太子伋於齊而令盜遮界上殺之, 與太子白旄, 而告界盜見持白旄者殺之. 且行, 子朔之兄壽, 太子異母弟也, 知朔之惡太子而君欲殺之, 乃謂太子曰:「界盜見太子白旄, 卽殺太子, 太子可毋行.」太子曰:「逆父命求生, 不可.」遂行. 壽見太子不止, 乃盜其白旄而先馳至界. 界盜見其驗, 卽殺之. 壽已死, 而太子伋又至, 謂盜曰:「所當殺乃我也.」盜并殺太子伋, 以報宣公. 宣公乃以子朔爲太子. 十九年, 宣公卒, 太子朔立, 是爲惠公.

5.《詩經》邶風「二子乘舟」毛序 및 鄭箋

詩序:「二子乘舟, 思伋壽也. 衛宣公之二子, 爭相爲死. 國人傷而思之, 作是詩也.」
鄭箋:「宣公爲伋取於齊女而美, 公奪之, 生壽及朔. 朔與其母愬伋於公. 公令伋之齊, 使賊先待於隘而殺之. 壽知之, 以告伋, 使去之. 伋曰:『君命也, 不可以逃.』壽竊其節而先往, 賊殺之. 伋至, 曰:『君命殺我, 壽有何罪?』賊又殺之.」

094(7-5) 魯桓文姜
노나라 환공의 부인 문강

문강文姜은 제齊나라 제후의 딸이며 노魯나라 환공桓公의 부인이다.
시집 오기 전 집안에서 그녀는 오빠 양공襄公과 은밀히 정을 통하고
있었다. 노나라 환공은 정鄭나라를 쳐서 도망가 있던 정나라 여공厲公을
그 나라에 복위시킬 계획을 세우고 있었다. 출발하면서 환공은 부인
문강과 함께 우선 제나라로 가고자 하였다.

이에 신수申繡가 말하였다.

"안 됩니다. 여자에게 남편이 있
고, 남자에게 부인이 있어 부부가
되었으면 서로 모독함이 없어야
합니다. 이를 일러 예가 있다고 하
는 것입니다. 만약 이러한 행동을
뒤집게 되면 틀림없이 망하고 말
것입니다. 또 예禮에 부인으로서
대고大故가 없는 한 친정으로 가는
일은 없다라 하였습니다."

그러나 환공은 신수의 권유에도
불구하고 문강과 함께 제나라로
갔다. 과연 문강은 음란한 버릇을
버리지 못하고 예전대로 오라비
양공과 사통하였다. 이 사실을 알게

노환문강(魯桓文姜)

된 환공이 크게 노하여 부인 문강의 음행을 막으려 하였지만 문강의 음행은 그치지 않았다. 문강은 양공에게 자신들의 음행을 환공이 알고 있음을 고하자, 양공은 환공에게 주연을 베풀어 취하도록 한 다음 공자公子 팽생彭生으로 하여금 수레에 양공을 안아 태우는 척하면서 갈비뼈를 부러뜨려 죽여 버렸다. 이리하여 환공은 결국 수레 안에서 죽고 말았다. 노나라 사람들이 팽생을 찾아 그 치욕을 씻겠다고 나서자 제나라는 팽생을 죽여 버렸다.

《시詩》에 "난亂은 하늘에서 내려오는 것이 아니로다. 바로 부인에 게서 시작된 것이로다"라 하였는데 이를 두고 한 말이다.

송頌:
"문강은 음란한 채로 노나라 환공의 부인이 되었네.
함께 제나라에 다니러 가서도 제 양공과 다시 음행을 벌였네.
팽생을 시켜 갈비뼈를 부러뜨려 환공을 죽이니,
이 여자의 음란함이 끝내 흉악한 재앙이 되고 말았네."

文姜者, 齊侯之女, 魯桓公之夫人也. 內亂其兄齊襄公. 桓公
將伐鄭, 納厲公. 旣行, 與夫人俱, 將如齊也.

申繻曰:「不可, 女有家, 男有室, 無相瀆也, 謂之有禮, 易此
必敗. 且禮: 婦人無大故, 則不歸.」

桓公不聽, 遂與如齊. 文姜與襄公通, 桓公怒, 禁之不止. 文姜
以告襄公, 襄公享桓公酒, 醉之, 使公子彭生抱而乘之, 因拉其
脅而殺之, 遂死於車. 魯人求彭生以除恥, 齊人殺彭生.

詩云:『亂匪降自天, 生自婦人.』此之謂也.

頌曰:『文姜淫亂, 配魯桓公.
　　　與俱歸齊, 齊襄淫通.
　　　俾厥彭生, 摧幹拉胸.
　　　維女爲亂, 卒成禍凶.』

【魯桓公】 춘추시대 노나라 군주로 姬姓이며 이름은 軌. B.C.711~694년까지
　18년간 재위함.

【齊襄公】 齊나라 군주로 姜姓이며 이름은 諸兒. 文姜의 오빠. B.C.697~686년
　까지 12년간 재위함.

【厲公】 鄭나라 군주로 莊公의 아들이며 姬姓으로 이름은 突. 대신 祭仲이 정권을
　휘두를 때 일시 齊나라 변방 읍으로 피신한 적이 있음. B.C.700~697년까지
　4년간 재위함.

【申繻】 노나라 대부. '신수'로 읽으며 혹 '申兪'로 표기하기도 함.

【有家·有室】 여자가 시집가 남편이 있는 것을 '有家'라 하며 남자가 장가들어
　아내가 있는 경우를 '有室'이라 함. 《禮記》 曲禮(上)에 "三十曰壯有室"이라 하고
　鄭玄의 주에 "有室, 有妻也. 妻稱室"이라 함.

【無相瀆】 서로를 모독하는 일이 없음.

【且禮, 婦人無大故, 則不歸】 詩經 鄘風 載馳의 正義에 《左傳》의 服虔 주를 인용
　하여 "在禮, 婦人父母俱沒, 不得寗兄弟"라 함. 大故는 大罪의 다른 말이며 여인
　으로서의 七去之惡을 뜻함.

【脅】 肋骨. 갈비뼈.

【亂匪降自天】 《詩經》 大雅 瞻卬의 구절.

참고 및 관련 자료

1. 《詩經》 大雅 瞻卬 →009 참조.

095(7-6) 魯莊哀姜
노나라 장공의 부인 애강

애강哀姜은 제齊나라 임금의 딸이며 노魯나라 장공莊公의 부인이다.
처음 애강이 노나라로 시집오기 전 장공은 자주 제나라에 가서 애강과
정을 통하고 있었다. 이윽고 애강이 시집 오게 되자, 애강의 여동생
숙강叔姜도 함께 노나라로 와 장공을 모시게 되었다. 장공은 종족 대부의
아내를 시켜 예물을 가지고 애강을 만나 보도록 하였다. 그러자 대부
하보불기夏甫不忌가 이렇게 말하였다.
"부인에게 주는 예물은 대추나 밤을 넘지 않도록 하여 예에 맞추는
것이며, 남자에게 주는 예물은 옥과
비단, 가금家禽을 넘지 않도록 하여
그 신분에 걸맞도록 하는 것입니다.
지금 부인에게 보내는 예물로 옥과 비
단을 보내는 것은 남녀에게 구별을
두지 않는 것이 됩니다. 남녀의 구별
을 밝히는 것은 나라가 지켜야 할 중요
한 절도입니다. 불가한 일을 하고 있
는 것은 아닙니까?"
장공은 이를 듣지 아니하고 다시
그의 아버지 환공桓公의 사당기둥에
붉은칠을 하고, 서까래에 조각을 하여
애강에게 과시하려 하였다.

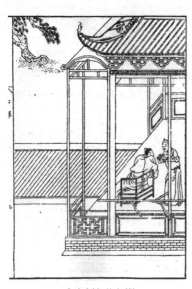

노장애강(魯莊哀姜)

애강은 교만하고 음탕하여 두 시동생 공자公子 경보慶父와 공자 아牙와도 은밀히 정을 통하고 있었다. 애강은 경보를 임금 자리에 앉히고자 하였다. 장공이 세상을 떠나자 장공의 전부인 당씨黨氏 소생의 자반子般이 왕위에 올랐다. 이에 경보와 애강은 음모를 꾸며 자반을 당씨의 집에서 죽이고, 숙강의 아들을 왕위에 앉혔다. 이가 바로 민공閔公이다.

이윽고 민공이 왕위에 오르자 경보와 애강의 음란한 행실은 더욱 심해졌다. 애강은 다시 경보와 음모를 꾸며 민공을 죽이고 경보를 왕위에 세우려고 드디어 대부 복기卜齮를 시켜 민공을 무위武闈에서 습격하여 시해하게 하고, 경보 자신이 군주의 자리를 차지하려고 하였다. 그러나 노나라 사람들이 경보를 주살하려고 모의하자, 경보는 두려워 거莒나라로 달아나고, 애강은 주邾나라로 몸을 피하였다. 그러나 제나라 환공桓公이 노나라에 희공僖公을 세워 왕위를 계승토록 하였다. 제 환공은 애강이 경보와 사통하여 노나라를 위태롭게 만들었다는 사실을 듣고, 애강을 불러 짐독鴆毒을 먹여 죽여 버렸다. 노나라 사람들은 드디어 경보도 죽이고 말았다.

《시詩》에서 "훌쩍이며 울어본들 그 탄식이 무슨 소용있으랴"라 하였는데 이를 두고 한 말이다.

송頌:
"애강은 사악한 짓을 잘도 저질러 노나라 장공과 음행을 하였다네.
두 시동생과도 정을 통하며 교만과 질투를 제멋대로 부렸다네.
경보가 이에 기대어 나라는 결국 망하고 말았네.
제 환공이 정벌하여 애강에게 짐독을 먹여 죽였다네."

哀姜者, 齊侯之女, 莊公之夫人也.
初, 哀姜未入時, 公數如齊, 與哀姜淫. 旣入, 與其弟叔姜俱. 公使大夫宗婦用幣見, 大夫夏甫不忌曰:「婦贄不過棗栗, 以致禮也. 男贄不過玉帛禽鳥, 以章物也. 今婦贄用幣, 是男女無別也. 男女之別, 國之大節也, 無乃不可乎?」

公不聽. 又丹其父桓公廟宮之楹, 刻其桷以夸哀姜. 哀姜驕淫, 通於二叔公子慶父・公子牙, 哀姜欲立慶父, 公薨, 子般立, 慶父與哀姜謀, 遂殺子般於黨氏, 立叔姜之子是爲閔公.

閔公旣立, 慶父與哀姜淫益甚, 又與慶父謀殺閔公而立慶父. 遂使卜齮襲弒閔公於武闈, 將自立. 魯人謀之, 慶父恐, 奔莒. 哀姜奔邾.

齊桓公立僖公, 聞哀姜與慶父通以危魯, 乃召哀姜酖而殺之, 魯遂殺慶父.

詩云: 『啜其泣矣, 何嗟及矣!』 此之謂也.

頌曰: 『哀姜好邪, 淫於魯莊.
　　　延及二叔, 驕妒縱橫.
　　　慶父是依, 國適以亡.
　　　齊桓征伐, 酖殺哀姜.』

【莊公】 魯 莊公. 姬姓이며 이름은 同. B.C.693~662년까지 32년간 재위함.
【夏甫不忌】《國語》魯語(上)에 '夏父展'으로 되어 있으며 韋昭 주에 "夏父, 氏也. 展. 名也"라 하였고 "夏父弗忌爲宗"의 주에는 "弗忌, 魯大夫, 夏父展之後也"라 함.
【婦贄】《禮記》曲禮(上)에 "婦人之摯・棋・榛・脯・脩・棗・栗"이라 함. 고대 상견례에 반드시 예물로 성의와 공경을 표하며 이를 贄(摯)라 하였음. 남녀는 각기 그 물품이 달라 이렇게 표현한 것.
【男贄】《國語》魯語(上) 韋昭 주에 "謂公執桓圭, 侯執信圭, 伯執躬圭, 子執穀璧, 男執蒲璧, 孤執皮帛, 卿執羔, 大夫執鴈, 士執雉, 庶人執鶩, 工商執雞也"라 함.

【章物】 각 신분에 따른 물건이 다름으로 해서 그 등급을 구분함.

【婦贄用幣】 남녀의 물건이 같으면 이는 예에 어긋나는 것이라는 뜻.

【丹其父】 고례에 천자로부터 사에 이르기까지 그 기둥을 붉은색을 칠하지 않았으며 그 서까래(桷)에도 조각을 하지 않았음. 그런데 노 장공이 기둥과 서까래를 칠하고 조각한 것은 예에 맞지 않는다는 뜻.

【慶父】 仲慶父, 혹은 共仲이라고도 부르며 孟氏라고도 칭함. 노 장공의 아우. 그는 哀姜과 사통하고 장공이 죽자 사람을 시켜 太子 子般을 살해함. 그리고 閔公이 즉위하자 다시 민공까지 죽이고 스스로 목을 매어 자살함. 이렇게 연속하여 노나라에 분란을 일으키자 "慶父不死, 魯難未已"라는 성어가 생겼다 함.

【閔公】 춘추시대 魯나라 군주로 湣公으로도 표기함. 姬姓이며 이름은 開. 哀姜의 여동생 叔姜의 아들. B.C.661~660년까지 2년간 재위함.

【卜齮】 노나라 대부.

【武闈】 궁중의 側門 이름.

【莒】 소국 이름. 己姓이며 지금의 山東 莒縣 일대. 전국시대 楚나라에게 멸망함.

【邾】 나라 이름. 鄒로도 표기하며 曹姓. 지금의 山東 鄒縣 일대. 전국시대 楚나라에게 망함.

【齊桓公】 齊나라 桓公. 春秋五霸의 首長으로 姜姓, 이름은 小白. B.C.685~643년까지 43년간 재위. 鮑叔과 管仲의 힘을 입어 당시 가장 강력한 제후국이 되었음. 《史記》〈齊太公世家〉 참조.

【僖公】 춘추시대 노나라 군주. 釐公으로도 표기함. 姬姓이며 이름은 申. 莊公의 아들. B.C.659~627년까지 33년간 재위함.

【啜其泣矣】 《詩經》王風 中谷有蓷의 구절.

【酖】 '鴆'과 같음. 鴆毒.

참고 및 관련 자료

1. 《詩經》王風 中谷有蓷

中谷有蓷, 暵其乾矣. 有女仳離, 嘅其嘆矣. 嘅其嘆矣, 遇人之艱難矣. 中谷有蓷, 暵其脩矣. 有女仳離, 條其嘯矣. 條其嘯矣, 遇人之不淑矣. 中谷有蓷, 暵其濕矣. 有女仳離, 啜其泣矣. 啜其泣矣, 何嗟及矣.

2. 《國語》 魯語(上)

哀姜至, 公使大夫, 宗婦覿用幣. 宗人夏父展曰:「非故也.」公曰:「君作故.」對曰:「君作而順則故之, 逆則亦書其逆也. 臣從有司, 懼逆之書於後也, 故不敢不告. 夫婦贄不過棗・栗, 以告虔也. 男則玉・帛・禽・鳥, 以章物. 今婦執幣, 是男女無別也. 男女之別, 國之大節也, 不可無也.」公不聽.

〈木棉紆床圖〉《農書》

진나라 헌공의 부인 여희

여희驪姬는 여융국驪戎國의 여자로 진晉나라 헌공獻公의 부인이다.

처음, 헌공이 제齊나라 출신 제강齊姜을 부인으로 맞아 진秦나라 목공穆公의 부인이 된 딸 목희穆姬와 태자 신생申生 두 남매를 낳았다. 다시 그는 융戎에서 두 여자를 맞이하여 공자公子 중이重耳와 이오夷吾 두 형제를 낳았다. 헌공은 다시 여융국을 정벌하여 여희를 얻어 돌아와 해제奚齊와 탁자卓子를 낳았다. 여희는 헌공의 총애를 받았고 제강이 먼저 죽자 헌공은 여희를 부인으로 삼았다.

여희는 태자를 폐하고 자신이 낳은 해제를 태자로 세우고자 자신의 동생과 이렇게 모의하였다.

"어느 아침 조회에 나오지 않는 때에 그 사이에 칼을 사용하자. 그리하여 태자와 두 공자를 쫓아내는 것은 다시 틈을 보자."

이에 여희는 헌공을 설득하였다.

"곡옥曲沃은 주군의 종족의 사당이 있는 읍입니다. 그리고 포蒲와 이굴二屈 두 곳은 이 나라 국경의 중요한 거점입니다. 그런 중요한

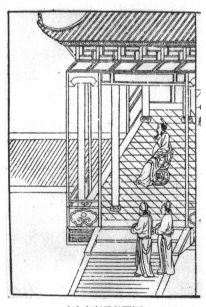

진헌려희(晉獻驪姬)

곳에 책임자를 두지 않을 수 없습니다. 선군을 모신 사당이 있는 고을에 주인이 없다면 백성들이 외경심을 느끼지 않을 것이며, 중요한 변경에 주인이 없다면 오랑캐에게 침략의 마음을 열어 주는 것입니다. 무릇 침략 의지를 열어 주고 백성이 나라의 정치를 마구 여기게 된다면 나라의 근심거리가 될 것입니다. 만약 태자를 곡옥의 책임자로 하고 두 공자를 포와 이굴의 책임자로 보내신다면 백성에게 엄격함을 보일 수 있고 외적을 두렵게 할 수 있을 것입니다."

그리하여 드디어 태자로 하여금 곡옥을 주관하고, 중이를 포에, 이오를 이굴에서 살게 하였다. 여희는 자신의 뜻대로 태자를 멀리 보내게 되자 밤마다 울었다. 헌공이 그 까닭을 묻자 여희는 이렇게 대답하였다.

"제가 듣기로 신생의 사람됨이 아주 어질면서 강하다고 합니다. 관대함과 은혜로 백성을 사랑합니다. 신생은 지금 임금께서 저에게 빠져 틀림없이 나라가 어지러워질 것이라 말하고 있습니다. 이는 신생이 백성을 사랑한다는 이유로 임금에게 대드는 행동을 하여 과연 임금께서 천수를 누리지 못하고 죽는다는 것이 아니겠습니까? 그렇게 되면 주군께서는 어떻게 하시겠습니까? 또 어찌 나를 죽여, 첩 하나로 인해 백성을 어지럽히는 일이 없어지도록 하지 않습니까?"

헌공이 말하였다.

"백성을 사랑한다면 그것이 곧 그 아비를 사랑한다는 것이 아니겠소?"

여희가 말하였다.

"백성을 위하는 것과 아버지를 위하는 것은 다릅니다. 무릇 임금을 죽여 백성을 이롭게 한다면 백성들 가운데 누가 그를 받들지 않겠습니까? 진실로 이익이 함께 돌아가면서 총애를 얻는 일이나, 난을 제거하여 백성들이 즐거워한다면 누가 이런 일을 하고자 하지 않겠습니까? 비록 아버지를 사랑한다고 해도 욕심을 이기지는 못할 것입니다. 이는 마치 주왕紂王에게 훌륭한 아들이 있어 먼저 그 아버지 주를 죽여 아버지의 악행이 드러나지 않도록 하였다면 죽은 것은 매 한 가지이지만,

무왕武王의 손을 빌려 그 사직을 폐기하는 일은 없었을 것이 아닙니까? 우리 선군先君 무공武公께서 익익을 정벌하여 그 후사를 멸한 것과 초楚나라 목왕穆王이 부왕인 성왕成王을 시해한 것은 모두가 백성을 위한 답시고 아버지는 돌아보지 아니한 것이니, 임금께서는 어서 대책을 세우지 않았다가는 화가 곧 미치고 말 것입니다."

헌공은 두려워 이렇게 말하였다.

"그러면 이 일을 어떻게 해야겠소?"

여희가 대답하였다.

"주군께서는 어찌하여 늙었다고 핑계삼아 정권을 태자에게 넘기지 않으십니까? 태자도 정권을 넘겨받아 나라를 다스리게 되면 아마 장차 임금을 편안히 풀어 주지 않겠습니까?"

헌공이 말하였다.

"그건 안 되오. 나도 대책을 세워야겠소."

이로부터 헌공은 태자를 의심하기 시작하였다. 여희는 사람을 시켜 헌공의 명령이라 꾸며 태자에게 이렇게 말을 전하도록 하였다.

"주군께서는 꿈에 태자의 생모 제강을 보시었다. 어서 서둘러 태자는 모친의 제사를 모시도록 하라."

태자가 곡옥에서 모친을 위한 제사를 지내고 그 음식을 헌공에게 음복飮福으로 드리고자 도읍 강絳으로 가지고 왔는데, 마침 헌공은 사냥을 나가고 없었다. 여희는 음복의 음식을 받아 그 술에는 짐독鴆毒을 넣고 그 포에는 독약을 넣었다. 헌공이 돌아오자 태자 신생을 불러들였다. 신생이 음식을 올려 헌공이 입에 대려 하자 여희가 말하였다.

"음식이 밖에서 들여왔으니 시험해 보지 않을 수 없습니다."

여희가 술을 땅에다 부었더니 땅바닥이 부풀어오르는 것이었다. 신생은 두려워 밖으로 나가 버렸다. 그러자 여희는 개에게 음식을 던져 주자 개가 죽는 것이었다. 소신에게 술을 마시게 하자 소신이 죽었다.

여희는 이에 하늘을 우러러 가슴을 치며 울부짖었다. 그리고 신생을 보며 이렇게 곡을 하였다.

"아! 나라는 태자의 나라요. 그대는 어찌 임금 되는 것이 늦다고 여겼소? 은혜를 입은 아버지에게조차 차마 이런 짓을 하는데 하물며 백성들에게야 어떠하겠소? 아버지를 시해하여 이익을 구한다면 사람 가운데 어느 누가 당신을 이롭게 여기겠소?"

헌공이 사람을 보내 태자에게 일렀다.

"너는 너의 길을 택하거라!"

그러자 태부太傅 이극里克이 말하였다.

"태자께서 들어가시어 스스로 밝힌다면 살 수 있을 것이지만, 그렇지 않으면 살아날 수 없습니다."

그러나 태자는 이렇게 말하였다.

"우리 임금께서는 이미 늙으셨습니다! 내가 만약 들어가서 밝힌다면 여희는 죽을 것입니다. 그렇게 되면 우리 임금께서는 편안히 사실 수 없습니다."

결국 신생은 신성新城의 사당에서 스스로 목숨을 끊었다.

헌공은 드디어 소부少傅 두원관杜原款을 죽이고 내시 엄초閹楚로 하여금 포蒲 땅에 가 있던 공자 중이를 죽이도록 하였다. 중이는 적狄으로 달아났다. 헌공은 또 대부 가화賈華로 하여금 이굴二屈 땅을 지키던 공자 이오를 죽이도록 하였다. 이오 역시 양梁나라로 달아났다. 그리하여 모든 공자를 축출한 후 여희의 소생 해제를 태자로 세웠다.

헌공이 죽고 해제가 왕이 되었으나 이극이 해제를 죽이자, 해제의 아우 탁자가 왕위에 올랐다. 탁자 역시 살해되었다. 마침내 여희도 죄를 쓰고 채찍에 맞아 죽었다. 이에 진秦나라에서 이오를 왕으로 세워 주었다. 이가 바로 혜공惠公이다.

혜공이 세상을 떠나자 그의 아들 어圉가 왕위에 올랐다. 이가 바로 회공懷公이다. 진晉나라 사람들이 회공을 고량高梁에서 죽이고 중이를 세웠다. 이가 바로 문공文公이다. 이러한 내란은 오대를 지난 연후에야 평정되었다.

《시詩》에 "부인의 긴 혀는 재앙을 부르는 계단이로다"라 하였고, 또 "지혜로운 부인은 성城을 기울게 하는구나"라 하였으니 이를 두고 한 말이다.

송頌:
"여희는 계모가 되어 진나라 헌공을 혼란에 빠뜨렸네.
태자를 모함하여 독주를 마시도록 술책을 썼네.
과연 신생을 죽이고 공자를 도망가게 하였으나.
자신 또한 죄를 쓰고 오세를 혼란으로 몰아넣었네."

驪姬者, 驪戎之女, 晉獻公之夫人也.

初, 獻公娶於齊, 生秦穆夫人及太子申生. 又娶二女於戎, 生公子重耳·夷吾. 獻公伐驪戎, 克之, 獲驪姬以歸, 生奚齊·卓子. 驪姬嬖於獻公, 齊姜先死, 公乃立驪姬以爲夫人.

驪姬欲立奚齊, 乃與弟謀曰:「一朝不朝, 其間用刀. 逐太子與二公子, 而可間也.」

於是驪姬乃說公曰:「曲沃, 君之宗邑也, 蒲與二屈, 君之境也, 不可以無主. 宗邑無主, 則民不畏; 邊境無主, 則開寇心; 夫寇生其心, 民慢其政, 國之患也. 若使太子主曲沃, 二公子主蒲與二屈, 則可以威民而懼寇矣.」

遂使太子居曲沃, 重耳居蒲, 夷吾居二屈. 驪姬旣遠太子, 乃夜泣.

公問其故, 對曰:「吾聞申生爲人甚好仁而强, 甚寬惠而慈於民, 今謂君惑於我, 必亂國. 無乃以國民之故行强於君, 果未終命而殁? 君其奈何? 胡不殺我, 無以一妾亂百姓?」

公曰:「惠其民而不惠其父乎?」

驪姬曰：「爲民與爲父異. 夫殺君利民, 民孰不戴? 苟父利而得寵, 除亂而衆說, 孰不欲焉? 雖其愛君, 欲不勝也. 若紂有良子, 而先殺紂, 毋章其惡, 鈞死也, 毋必假手於武王以廢其祀? 自吾先君武公兼翼而楚穆弑成, 此皆爲民而不顧親, 君不早圖, 禍且及矣.」

公懼曰：「奈何而可?」

驪姬曰：「君何不老而授之政, 彼得政而治之, 殆將釋君乎?」

公曰：「不可, 吾將圖之.」

由此疑太子. 驪姬乃使人以公命告太子曰：「君夢見齊姜, 速往祀焉.」

申生祭於曲沃, 歸福於絳, 公田不在. 驪姬受福乃寘鴆於酒, 施毒於脯. 公至, 召申生, 將胙, 驪姬曰：「食自外來, 不可不試也.」

覆酒於地, 地墳. 申生恐而出. 驪姬與犬, 犬死. 飲小臣, 小臣死之. 驪姬乃仰天叩心以泣, 見申生哭曰：「嗟乎! 國, 子之國, 子何遲爲君? 有父恩忍之, 況國人乎? 弑父以求利, 人孰利之?」

獻公使人謂太子曰：「爾其圖之!」

太傅里克曰：「太子入自明, 可以生; 不則不可以生.」

太子曰：「吾君老矣! 若入而自明, 則驪姬死, 吾君不安.」

遂自經於新城廟, 公遂殺少傅杜原款, 使閹楚刺重耳, 重耳奔狄. 使賈華刺夷吾, 夷吾奔梁. 盡逐群公子, 乃立奚齊. 獻公卒, 奚齊立, 里克殺之, 卓子立, 又殺之. 乃戮驪姬, 鞭而殺之. 於是秦立夷吾, 是爲惠公.

惠公死, 子圉立, 是爲懷公, 晉人殺懷公於高梁, 立重耳, 是爲文公. 亂及五世然後定.

詩曰：『婦有長舌, 惟厲之階.』又曰：『哲婦傾城.』此之謂也.

頌曰:『驪姬繼母, 惑亂晉獻.
　　　謀譖太子, 毒酒爲權.
　　　果弒申生, 公子出奔.
　　　身又伏辜, 五世亂昏.』

【驪戎】西戎의 한 지파로 姬姓이며 男爵의 작위를 받았음. 지금의 陝西 臨潼縣
驪山 일대.

【晉獻公】춘추시대 晉나라 군주로 姬姓이며 이름은 詭諸. 晉 武公의 아들. B.C.676~
651년까지 26년간 재위함.

【曲沃】진나라 읍 이름. 지금의 山西 聞喜縣 동북.《國語》晉語(1)의 韋昭 주에
"曲沃, 桓叔之封, 先君宗廟在焉, 猶西周謂之宗周"라 함.

【蒲·二屈】둘 모두 진나라 지명. 蒲는 지금의 山西 隰縣 서북. 二屈은 北屈과
南屈.《國語》晉語(1) 韋昭 주에 "屈有南北也, 今河東有北屈, 則是時復有南屈也"
라 함.

【無乃】반어법 문장의 文頭語. "~함이 아니겠는가?"의 뜻.

【苟父利而得寵】'父'는《國語》晉語(1)에는 '交'로 되어 있으며, 韋昭 주에 "交,
俱也"라 하여 태자가 백성과 이익을 함께하면서 백성들로부터 사랑도 받게
됨을 뜻함.

【武公兼翼】武公이 翼 땅을 겸병함. 무공은 晉 武公. 이름은 稱. B.C.678~677년
까지 2년간 재위함. 曲沃의 桓叔成師의 손자이며, 환숙이 晉나라를 치자 그
형의 아들 昭侯를 翼 땅에서 살해함. 환숙이 嚴伯을 낳고 엄백이 다시 익을
토벌하여 소후의 아들 孝侯를 죽였음. 엄백은 무공의 아버지. 翼은 진나라
읍 이름으로 지금의 山西 翼城縣 남쪽.

【楚穆弒成】楚 穆王이 병사를 이끌고 초나라 궁궐을 포위하여 자신의 아버지
楚 成王을 자살하도록 핍박한 사건. 穆王은 B.C.625~614까지 12년간 재위하였
으며 장왕의 아버지. 성왕은 B.C.671~626까지 46년간 재위함.

【福】제사에 사용한 고기와 술 등 복물.

【絳】진나라 읍 이름. 翼과 이웃한 곳.

【胙】제사에 사용한 고기.

【墳】융기함. 솟아오름.

【小臣】원래 관직 이름.《國語》晉語(2) 韋昭 주에 "官名, 掌陰事陰命, 閹士也"
라 함.

【太傅】관직 이름. 晉나라의 관직으로 임금의 일을 보좌하는 높은 직위임.

【新城廟】曲沃에 세웠던 종묘.

【杜原款】태자 申生의 선생님.

【閹楚】《國語》晉語(2) 韋昭 주에 "閹, 閹士也. 楚, 謂伯楚, 寺人披之字也, 於文公
時爲勃鞮"라 함.

【覃華】진나라 대부 이름.

【梁】나라 이름. 嬴姓으로 지금의 陝西 韓城縣 남쪽에 있었음.

【高梁】진나라 읍 이름. 지금의 山西 臨汾縣 동북쪽.

【五世】奚齊로부터 卓子, 惠公, 懷公을 거쳐 定公까지를 말함.

【婦有長舌・哲婦傾城】둘 모두《詩經》大雅 瞻卬의 구절.

【伏辜】伏罪. 죄를 자복함.

참고 및 관련 자료

1.《詩經》大雅 瞻卬 →009 참조.

2.《說苑》立節篇

晉驪姬譖太子申生於獻公, 獻公將殺之, 公子重耳謂申生曰:「爲此者非子之罪也,
子胡不進辭, 辭之必免於罪.」申生曰:「不可. 我辭之, 驪姬必有罪矣, 吾君老矣,
微驪姬寢不安席, 食不甘味, 如何使吾君以恨終哉!」重耳曰:「不辭則不若速去矣.」
申生曰:「不可, 去而免於死, 是惡吾君也; 夫彰父之過而取美諸侯, 孰肯内之? 入困
於宗, 出困於逃, 是重吾惡也. 吾聞之, 忠不暴君, 智不重惡, 勇不逃死, 如是者,
吾以身當之.」遂伏劍死. 君子聞之曰:「天命矣! 夫世子!」詩曰:『萋兮斐兮, 成是
貝錦. 彼譖人者, 亦已太甚!』

3.《左傳》僖公 4年

或謂太子:「子辭, 君必辯焉.」太子曰:「君非姬氏, 居不安, 食不飽. 我辭, 姬必有罪.
君老矣, 吾又不樂.」曰:「子其行乎!」太子曰:「君實不察其罪, 被此名也以出, 人誰
納我?」十二月戊申, 縊於新城.

4.《穀梁傳》僖公 10年

世子之傅里克謂世子曰:「入自明. 入自明則可以生, 不入自明, 則不可以生.」世子曰:「吾君已老矣, 已昏矣, 吾若此而入自明, 則麗姬必死; 麗姬死, 則吾君不安, 所以使吾君不安者, 吾不若自死. 吾寧自殺以安吾君, 以重耳爲寄矣.」刎脰而死.

5.《國語》晉語(1)

獻公卜伐驪戎, 史蘇占之, 曰:「勝而不吉」公曰:「何謂也?」對曰:「遇兆, 挾以銜骨, 齒牙爲猾, 戎‧夏交捽. 交捽, 是交勝也, 臣故云. 且懼有口, 攜民, 國移心焉」公曰:「何口之有! 口在寡人, 寡人弗受, 誰敢興之?」對曰:「苟可以攜, 其入也甘受, 呈而不知, 胡可壅也?」公弗聽, 遂伐驪戎, 克之. 獲驪姬以歸, 有寵, 立以爲夫人. 公飲大夫酒, 令司正實爵與史蘇曰:「飲而無肴. 夫驪戎之役, 女曰『勝而不吉』, 故賞女以爵, 罰女以無肴. 克國得妃, 其有吉孰大焉!」史蘇卒爵, 再拜稽首曰:「兆有之, 臣不敢蔽. 蔽兆之紀, 失臣之官, 有二罪焉, 何以事君? 大罰將及, 不唯無肴. 抑君亦樂其吉而備其凶, 凶之無有, 備之何害? 若其有凶, 備之爲瘳. 臣之不信, 國之福也, 何敢憚罰?」飲酒出, 史蘇告大夫曰:「有男戎必有戎. 若晉以男戎勝戎, 而戎亦必以女戎勝晉, 其若之何!」里克曰:「何如?」史蘇曰:「昔夏桀伐有施, 有施人以妹喜女焉, 妹喜有寵, 於是乎與伊尹比而亡夏. 殷辛伐有蘇, 有蘇氏以妲己女焉, 妲己有寵, 於是乎與膠鬲比而亡殷. 周幽王伐有褒, 褒人以褒姒女焉, 褒姒有寵, 生伯服, 於是乎與虢石甫比, 逐太子宜臼, 而立伯服. 太子出奔申, 申人‧鄫人召西戎以伐周, 周於是乎亡. 今晉寡德而安俘女, 又增其寵, 雖當三季之王, 不亦可乎? 且其兆云: 『挾以銜骨, 齒牙爲猾.』我卜伐驪, 龜往離散以應我. 夫若是, 賊之兆也, 非吾宅也, 離則有之. 不跨其國, 可謂挾乎? 不得其君, 能銜骨乎? 若跨其國而得其君, 雖逢齒牙, 以猾其中, 誰云不從? 諸夏從戎, 非敗而何? 從政者不可以不戒, 亡無日矣.」郭偃曰:「夫三季王之亡也宜. 民之主也, 縱惑不疚, 肆侈不違, 流志而行, 無所не疚, 是以及亡而不獲追鑑. 今晉國之方, 偏侯也. 其土又小, 大國在側, 雖欲縱惑, 未獲專也. 大家‧隣國將師保之, 多而驟立, 不其集亡. 雖驟立, 不過五矣. 且夫口, 三五之門也. 是以讒口之亂, 不過三五. 且夫挾, 小鯁也. 可以小戕, 而不能喪國. 當之者戕焉, 於晉何害? 雖謂之挾, 而猾以齒牙, 口弗堪也, 其與幾何? 晉國懼則甚矣, 亡猶未也. 商之衰也, 其銘有之曰:『嗛嗛之德, 不足就也, 不可以矜, 而祇取憂也. 嗛嗛之食, 不足狃也, 不能爲膏, 而祇罹咎也.」雖驪之亂, 其罹咎而已, 其何能服? 吾聞以亂得聚者, 非謀不卒時, 非人不免難, 非禮不終年, 非義不盡齒, 非德不及世,非天不離數. 今不據其安, 不可謂能謀; 行之以齒牙, 不可謂得人; 廢國而向己, 不可謂禮; 不度而迂求, 不可謂義; 以寵賈怨, 不可謂德; 少族而多敵, 不可謂天. 德義不行, 禮義不則, 棄人失謀, 天亦不贊. 吾觀君夫人也, 若爲亂, 其猶隷農也. 雖獲沃田而勤易之, 將不克饗, 爲人而已.」士蔿曰:「誠莫如豫, 豫而後給. 夫子誠之, 抑二大夫之言其皆有焉.」旣, 驪姬不克, 晉正於秦, 五立而後平.

6. 《國語》 晉語(二)

人謂申生曰:「非子之罪, 何不去乎?」申生曰:「不可. 去而罪釋, 必歸於君, 是怨君也. 章父之惡, 取笑諸侯, 吾誰鄕而入? 內困於父母, 外困於諸侯, 是重困也. 棄君去罪, 是逃死也. 吾聞之:『仁不怨君, 智不重困, 勇不逃死.』若罪不釋, 去而必重. 去而罪重, 不智. 逃死而怨君, 不仁. 有罪不死, 無勇. 去而厚怨, 惡不可重, 死不可避, 吾將伏以俟命.

7. 《禮記》 檀弓(上)

晉獻公將殺其世子申生. 公子重耳謂之曰:「子蓋言子之志於公乎?」世子曰:「不可. 君安驪姬, 是我傷公之心也.」曰:「然則蓋行乎?」世子曰:「不可, 君謂我欲弑君也, 天下豈有無父之國哉? 吾何行如之.」使人辭於狐突曰:「申生有罪, 不念伯氏之言也, 以至於死, 申生不敢愛其死, 雖然, 吾君老矣, 子少, 國家多難. 伯氏不出而圖吾君, 伯氏苟出而圖吾君, 申生受賜而死.」再拜稽首乃卒, 是以爲恭世子也.

8. 《史記》 晉世家

或謂太子曰:「爲此藥者, 乃驪姬也, 太子何不自辭明之.」太子曰:「吾君老矣, 非驪姬, 寢不安, 食不甘, 卽辭之, 君且怒之. 不可.」或謂太子曰:「可奔他國.」太子曰:「被此惡名以出, 人誰內我, 我自殺耳.」十二月戊申, 申生自殺於新城.

9. 《呂氏春秋》 上德篇

晉獻公爲麗姬遠太子. 太子申生居曲沃, 公子重耳居蒲, 公子夷吾居屈. 麗姬謂太子曰, 往昔君夢見姜氏. 太子祠而膳於公, 麗姬易之. 公將嘗膳, 姬曰:「所由遠, 請使人嘗之. 嘗人人死, 食狗狗死, 故誅太子.」太子不肯自釋, 曰:「君非麗姬, 居不安, 食不甘.」遂以劍死. 公子夷吾自屈奔梁. 公子重耳自蒲奔翟. 去翟過衛, 衛文公無禮焉.

10. 《十八史略》 卷一

後世至文公, 霸諸侯. 文公名重耳, 獻公之次子也. 獻公嬖於驪姬, 殺太子申生, 而伐重耳於蒲. 重耳出奔, 十九年而後反國. 嘗餒於曹, 介子推割股以食之. 及歸賞從亡者, 孤偃·趙衰·顚頡·魏犨, 而不及子推.

노나라 선공의 부인 목강

목강繆姜은 제齊나라 제후의 딸로 노魯나라 선공宣公의 부인이며 성공成公의 어머니이다. 그녀는 총명하고 지혜로웠지만 그 행실은 난잡하였다. 그 때문에 시호를 목繆이라 하였다.

처음 성공이 어렸을 때 목강은 숙손선백叔孫宣伯과 정을 통하고 있었다. 숙손선백은 이름이 교여喬如였다. 교여는 목강과 함께 계손季孫과 맹손孟孫을 제거하고 노나라의 정권을 독차지하기로 모의하였다.

그때 진晉나라와 초楚나라는 정鄭나라의 언릉鄢陵 땅에서 전쟁을 벌이고 있었는데, 선공이 진나라를 돕기 위해 출정할 때 목강이 선공에게 이렇게 말하였다.

"계손과 맹손을 쫓아내야 합니다. 그들은 주군을 배반할 것입니다."

선공은 진나라가 급하다는 이유로 목강의 청을 거절하며 돌아와 듣겠노라 하였다. 또 목강은 진나라 대부에게 뇌물을 보내어 대부 계손행보季孫行父를 잡아 감금하게 하고, 또 대부 중손멸仲孫蔑을 죽여

노선목강(魯宣繆姜)

주면, 노나라가 진晉나라를 섬기는 신하의 나라가 될 것임을 허락하였다. 이에 노나라 사람들이 교여를 따르지 않고 오히려 그를 축출하기로 맹약하자 교여는 제나라로 달아났으며, 노나라에서는 드디어 목강을 동궁東宮에 몰아 넣어 유폐시켰다.

목강이 동궁으로 들어가면서 점쟁이로 하여금 자신의 앞날에 대하여 점을 쳐 보도록 하였다. 그랬더니 간艮괘의 제 육효六爻가 나왔다. 점쟁이가 말하였다.

"이는 간괘의 여섯 번째의 효가 변하여 수괘隨卦가 되는 것입니다. 수는 나간다는 것입니다. 부인께서는 금방 나가게 될 것입니다."

그러자 목강은 이렇게 말하였다.

"그럴 리 없소. 이 괘는《주역周易》에서 말한 '원元·형亨·이利·정貞을 따르면 재앙이 없으리라"라는 뜻이오. 원願은 선善의 우두머리이며, 형亨은 훌륭함을 만나는 것이며, 이利는 의롭게 화합한다는 뜻이며, 정貞은 일의 근간이 되는 것입니다. 그렇게만 한다면 끝에는 그 때문에 잘못될 까닭이 없소. 이 까닭으로 비록 수괘隨卦라 할지라도 재앙이 없는 것이오. 그러나 지금 나는 여자로서 난을 일으키는 데 가담하였소. 진실로 아래에 처하여야 함에도 그렇게 하지 못하였으니 이는 어질지 못한 것으로 이를 두고 원元이라 할 수 없으며, 나라를 편안하게 하지 못하였으니 형亨이라고 할 수 없소. 그리고 일을 꾸며 자신을 해쳤으니 이利라고 할 수 없으며, 지위를 생각하지 아니하고 방탕하게 굴었으니 정貞이라고 할 수 없소. 이 네 가지 덕을 모두 갖추고 있는 자만이 수괘를 만나도 재앙이 없는 것인데 나는 이들 중 어느 하나도 가지고 있는 것이 없소. 어찌 나갈 수 있다는 뜻이겠소? 내가 이미 나쁜 짓을 하였는데 능히 재앙이 없을 수 있겠소? 틀림없이 여기서 나가지 못한 채 죽을 것이며 결코 나갈 수 없을 것이오."

마침내 목강은 과연 동궁에서 죽었다.

군자가 말하였다.

"애석하도다 목강이여! 비록 총명하고 지혜로운 자질을 가졌지만,

마침내 그 음란한 죄를 가릴 수는 없었다."

《시詩》에서 "남자가 즐기는 것은 벗어날 수 있지만, 여자가 탐닉하는 것은 벗어날 길이 없도다"라 하였는데 이를 두고 한 말이다.

송頌:

"목강이 음란하자 선백이 거기에 휩쓸려,

계손과 맹손을 축출하고 노나라를 휘젓고자 하였네.

그로써 쫓겨나 유폐당하니 그 심경이 꺾였도다.

나중에는 좋은 말로 천리를 알았지만 끝내 자신의 죄에 도움받을

수는 없었네."

繆姜者, 齊侯之女, 魯宣公之夫人, 成公母也. 聰慧而行亂. 故諡曰「繆」.

初, 成公幼, 繆姜通於叔孫宣伯名喬如, 喬如與繆姜謀, 去季孟而擅魯國.

晉楚戰於鄢陵, 公出佐晉, 將行, 姜告:「公必逐季孟, 是背君也.」

公辭以晉難, 請反聽命. 又貨晉大夫使執季孫行父而止之, 許殺仲孫蔑, 以魯士晉爲內臣, 魯人不順喬如, 明而逐之, 喬如奔齊, 魯遂擯繆姜於東宮. 始往, 繆姜使筮之, 遇艮之六.

史曰:「是謂艮之隨, 隨其出也, 君必速出.」

姜曰:「亡是, 於周易曰:『隨元亨利貞, 無咎.』元, 善之長也. 亨, 嘉之會也. 利, 義之和也. 貞, 事之幹也. 終, 故不可誣也. 是以雖隨無咎. 今我婦人而與於亂, 固在下位, 而有不仁, 不可謂元; 不靖國家, 不可謂亨; 作而害身, 不可謂利; 棄位而放,

不可謂貞. 有四德者, 隨而無咎, 我皆無之, 豈隨也哉? 我則
取惡, 能無咎乎? 必死於此, 不得出矣!」

辛薨於東宮.

君子曰:「惜哉繆姜! 雖有聰慧之質, 終不得掩其淫亂之罪.」

詩曰:『士之耽兮, 猶可說也; 女之耽兮, 不可說也.』此之謂也.

頌曰:『繆姜淫泆, 宣伯是阻.

謀逐季孫, 欲使專魯.

旣廢見擯, 心意摧下.

後雖善言, 終不能補.』

【魯宣公】춘추시대 노나라 군주. 姬姓 이름은 倭. 魯 文公의 아들. 18년간(B.C.608~
591) 재위함.

【成公】노나라 군주로 이름은 黑肱. 魯 宣公의 아들. 18년간(B.C.590~573)
재위함.

【諡曰繆】梁端의《校注》에 "逸周書, 諡法解: 名於實爽曰繆"라 함.

【叔孫宣伯】叔孫宣子. 이름은 喬如. 혹은 僑如라고도 표기하며 叔孫氏, 叔牙의
증손이며 莊叔得臣의 아들. 魯나라 종실 대신.

【鄢陵】鄭나라 읍 이름. 지금의 河南 鄢陵縣 북쪽.

【季孫行父】季文子. 季孫氏이며 季友의 손자. 齊仲無佚의 아들. 魯나라 정경.

【仲孫蔑】孟獻子. 孟孫氏이며 仲慶父의 증손. 公孫伯歜의 아들. 魯나라 종실귀족.

【士】'事'의 가차자.

【明】'盟'과 같음.《左傳》成公 16년에 "出叔孫僑如而盟之"라 함.

【筮】蓍草로써 점을 치는 일.

【艮之六】艮의 陰爻(六)를 얻음.《左傳》襄公 9년에는 '六'이 '九'(陽爻)로 되어
있음.

【史】史官. 문서를 초안하며 나라일을 기록하는 일을 맡음.

【艮之隨】艮이 隨卦로 변함.

【其出也】수괘는 남을 따르는 것이므로 도망하여 떠나야 할 상임을 뜻함.

【隨元亨利貞無咎】《周易》隨卦의 卦辭.

【元善之長也】《左傳》襄公 9년에 "元, 體之長也"라 함.

【亨嘉之會也】亨은 嘉禮饗宴의 주빈으로서 사람을 모음. '亨'은 '享'과 같음.

【利義之和也】利는 고대 이익을 논함에 이를 公利로 사용하는 것을 '義'라 하고 私利를 위해 쓰는 것을 '利'라 함. 따라서 여기서는 調和를 이루어 公利를 취한다는 뜻.《大戴禮記》四代에 "義, 利之本也"라 함.

【貞事之幹也】貞은 일의 근본이라는 뜻.《周易》乾卦 文言傳에 "貞固足以幹事"라 함.

【終】《左傳》에는 '然'으로 되어 있음.

【固在下位】고대 男尊女卑로 인하여 여자는 아래 자리에 처함을 뜻함.

【棄位而放】《左傳》襄公 9년에 "棄位而姣"로 되어 있음. '棄位'는 太后로서의 본분을 버림을 뜻함.

【士之耽兮】《詩經》魏風 氓의 구절.

【是阻】王照圓의《補注》에 郝懿行의 의견을 인용하여 "是阻, 疑寔怚之誤. 寔與實古字通, 說文: 怚, 驕也"라 함.

【摧下】슬픔. 悲傷.

참고 및 관련 자료

1.《詩經》魏風 氓 →009 참조.

2.《左傳》襄公 9년

穆姜薨於東宮. 始往而筮之, 遇艮之八三. 史曰:「是謂艮之隨三. 隨, 其出也. 君必速出!」姜曰:「亡! 是於周易曰:『隨, 元·亨·利·貞, 無咎.』元, 體之長也. 亨, 嘉之會也. 利, 義之和也. 貞, 事之幹也. 體仁足以長人, 嘉德足以合禮, 利物足以和義, 貞固足以幹事. 然, 故不可誣也, 是以雖隨無咎. 今我婦人, 而與於亂. 固在下位, 而有不仁, 不可謂元. 不靖國家, 不可謂亨. 作而害身, 不可謂利. 棄位而姣, 不可謂貞. 有四德者, 隨而無咎. 我皆無之, 豈隨也哉? 我則取惡, 能無咎乎? 必死於此, 弗得出矣.」

098(7-9) 陳女夏姬
진나라 여인 하희

진陳나라 여자 하희夏姬는 진나라 대부 하징서夏徵舒의 어머니이며 어숙御叔의 아내이다. 미모가 뛰어나 견줄 데가 없었고, 재능까지 있었으며 늙은 나이임에도 여전히 젊어 보였다. 세 번이나 왕후의 자리에 올랐고, 일곱 차례나 부인이 되었으며 공후公侯들이 다투어 그를 차지하고자 하여 미혹함에 빠져 정신을 잃지 않는 자가 없었다. 하희의 아들 징서는 대부였다. 공손녕公孫寧과 의행보儀行父, 그리고 진나라 임금

진녀하희(陳女夏姬)

영공靈公은 모두 하희와 정을 통한 사이였다.

그들은 혹 하희의 외투를 입고 나타나기도 하고 심지어 하희의 속옷을 입고 조정에까지 나타나 희롱거리로 삼을 정도였다.

설야泄冶가 이 꼴을 보고 이렇게 말하였다.

"주군에게 선하지 못한 점이 있으면 마땅히 당신들이 덮어 주어야 함에도, 도리어 당신들이 주군을 모시고 그런 짓을 하고 있으며 유한幽閒한 곳도 아닌 이 조정을 희롱의 장소로 만들고 있으니,

사민士民들이 그대들을 두고 뭐라 하겠소?"

두 사람이 영공에게 이 사실을 알리자 영공은 이렇게 말하였다.

"다른 사람들이 나의 불선을 안다 해도 해가 될 것이 없지만, 설야가 이를 알고 있다는 것은 과인의 치욕이다."

그리고 사람을 시켜 몰래 설야를 죽여 버리도록 하였다.

영공은 공손녕과 의행보 두 사람과 함께 하씨의 집에서 술을 마시던 중 하희의 아들 징서를 불렀다. 그 자리에서 영공은 두 사람을 놀리면서 이렇게 말하였다.

"징서는 당신을 닮았소!"

그러자 두 사람도 이렇게 말하였다.

"징서는 공을 더 많이 닮은 것 같습니다!"

징서는 이런 말에 모욕을 느껴 영공이 술자리를 파하고 나갈 때, 마구간에 숨어 있다가 영공을 활로 쏘아 죽여 버렸다. 공손녕과 의행보는 초楚나라로 달아났고, 영공의 태자 오午는 진晉나라로 달아나 버렸다.

그 이듬해 초楚나라 장왕莊王이 군사를 일으켜 징서를 죽이고 진陳나라를 안정시키고는 진晉나라에 피신해 있던 태자 오를 세웠다. 이가 바로 성공成公이다.

그런데 초나라 장왕도 하희의 미모를 보고 반하여 자신의 부인으로 삼고자 하였다. 그러자 신공무신申公巫臣이 이렇게 간언하였다.

"안 됩니다. 대왕께서는 죄 지은 자들을 토벌하신다면서 하희를 받아들인다면 이는 색을 탐하시는 것이 됩니다. 색을 탐하는 것은 음행을 저지르는 것이며 음행을 저지르는 것은 큰 벌을 받습니다. 원컨대 대왕께서 헤아려 주십시오."

장왕은 무신의 간언을 따라 뒷담을 헐어 하희를 내보냈다.

그러자 이번에는 장군인 자반子反 역시 하희의 미모를 보고 이를 자신이 차지하려 하였다. 이에 무신이 충고하였다.

"이 여자는 상서롭지 못한 사람이오! 남편 어숙御叔을 일찍 죽게 하였고, 영공을 시해당하게 하였으며, 아들 하징서를 죽게 만들었소.

그리고 공손녕과 의행보를 국외로 달아나게 하였으며, 마침내 진陳나라를 멸망하게 하였소. 천하에 아름다운 여자들이 많은데 하필 그 여자를 취하려 하시오?"

자반은 이 말을 듣고 중지하고 말았다.

장왕은 하희를 연윤連尹 양로襄老에게 주었으나 양로가 필邲 땅에서 전투에 죽고 그 시체마저 찾지 못하였다. 그러자 그 아들 흑요黑要가 또 하희와 정을 통하였다.

그런데 이번에는 무신이 하희에게 이렇게 말하였다.

"그대는 정鄭나라로 돌아가 기다리시오. 내 장차 그대를 부인으로 맞이하겠소."

초 공왕恭王이 즉위하여 무신이 제齊나라에 사신으로 가게 되자 무신은 자신의 가족과 모든 재산을 챙겨 정鄭나라로 가서 사람을 시켜 하희를 불러 오도록 하면서 이렇게 말하였다.

"양로의 시체를 찾을 수 있을 것 같소."

하희가 무신을 따라 나서자 무신은 사람을 시켜 제나라로 보내려던 예물을 초나라로 되돌려보내는 중간 일을 맡기고 자신은 하희를 데리고 진晉나라로 달아났다. 그러자 대부 자반이 배신감을 품고 드디어 영윤 자중子重과 무신의 가족을 죽이고 그 재산을 나누어 버렸다.

《시詩》에 "이 못된 사람, 혼인과 예절을 파괴하고 있네. 아무런 미더움도 없고 생명도 보전할 줄 모르네"라 하였으니 여색은 생명을 죽임을 말한 것이다.

송頌:
"하희의 미모가 진나라를 파멸로 몰아갔네.
두 대부를 달아나게 하고 자신의 아들도 죽게 하였네.
자칫 초 장왕도 빠질 뻔하였고 무신도 망하게 하였네.
자반이 원한을 품고 신공과 함께 그 집을 멸하고 가산을 나누었네."

陳女夏姬者, 陳大夫夏徵舒之母, 御叔之妻也. 其狀美好無比, 內挾伎術, 蓋老而復壯者. 三爲王后, 七爲夫人, 公侯爭之, 莫不迷惑失意. 夏姬之子徵舒爲大夫. 公孫寧·儀行父與陳靈公皆通於夏姬.

或衣其衣, 或裝其幡, 以戲於朝. 泄冶見之謂曰:「君有不善, 子宜掩之, 今自子率君而爲之, 不待幽閒於朝廷以戲, 士民其謂爾何?」

二人以告靈公, 靈公曰:「衆人知之吾不善, 無害也. 泄冶知之, 寡人恥焉.」

乃使人徵賊泄冶而殺之. 靈公與二子飮於夏氏, 召徵舒也.

公戲二子曰:「徵舒似汝!」

二子亦曰:「不若其似公也!」

徵舒疾此言, 靈公罷酒出, 徵舒伏弩廐門, 射殺靈公. 公孫寧·儀行父皆奔楚, 靈公太子午奔晉.

其明年, 楚莊王擧兵誅徵舒, 定陳國, 立午, 是爲成公.

莊王見夏姬美好, 將納之, 申公巫臣諫曰:「不可, 王討罪也而納夏姬, 是貪色也. 貪色爲淫, 淫爲大罰, 願王圖之.」

王從之, 使壞後垣而出之.

將軍子反見美, 又欲取之. 巫臣諫曰:「是不祥人也! 殺御叔, 弑靈公, 戮夏南, 出孔儀, 喪陳國, 天下多美婦人, 何必取是?」

子反乃止. 莊王以夏姬與連尹襄老, 襄老死於邲, 亡其尸, 其子黑要又通於夏姬.

巫臣見夏姬謂曰:「子歸. 我將聘汝.」

及恭王卽位, 巫臣聘於齊, 盡與其室俱至鄭, 使人召夏姬曰:「尸可得也.」

夏姬從之. 巫臣使介歸幣於楚, 而與夏姬奔晉. 大夫子反怨之,
遂與子重滅巫臣之族, 而分其室.

詩云:『乃如之人兮, 懷昏姻也, 大無信也, 不知命也.』言嬖色
殞命也.

頌曰:『夏姬好美, 滅國破陳.
　　　　走二大夫, 殺子之身.
　　　　殆誤楚莊, 敗亂巫臣.
　　　　子反悔懼, 申公族分.』

【陳女夏姬】 梁端의《校注》에 "夏姬不當稱陳女, 疑鄭字之誤"라 함. 한편《國語》
　楚語(上)에 "昔陳公子夏爲御叔娶於鄭穆公"이라 하고, 韋昭의 주에 "公子夏, 陳宣
　公之子, 御叔之父也, 爲御叔娶鄭穆公少妃姚子之女夏姬也"라 함.
【夏徵舒】 자는 子南. 夏南이라고도 부름.
【御叔】 嬀姓으로 夏徵舒의 아버지. 陳 公子 夏의 아들이며 靈公의 從祖父.
【公孫寧·儀行父】 陳나라의 國卿. 公孫寧은 孔寧이라고도 부름.
【陳靈公】 嬀姓이며 이름은 平國. 舜임금의 먼 후예로 恭公(共公)의 아들. 15년간
　(B.C.613~599) 재위함.
【泄冶】 陳나라 대부.
【不待幽閒】 '待'는 '是'와 같음. '幽閒'은 '幽閑'과 같음. 조정은 은밀한 곳이 아님을
　뜻함.
【徵】 王照圓의《補注》에 '微'자의 오기로 보았음.
【申公巫臣】 楚나라 申公 屈巫子靈을 가리킴. 초나라의 종족 대신.
【子反】 楚나라 司馬子反.
【襄老】 초나라 連尹. 連尹은 벼슬 이름.
【邲】 鄭나라 지명. 지금의 河南 鄭州市 서북. 魯 宣公 12년에 晉나라와 楚나라가
　이 곳에서 전쟁을 벌여 晉나라 智莊子가 襄老를 쏘아 사로잡아 그 시신을 가지
　고 감.

【恭王】'共王'으로도 표기하며 춘추시대 楚나라 군주로 莊王의 아들이며 이름은 箴(혹, 審). B.C.590~560년까지 31년간 재위함.

【子重】公子 嬰齊. 楚 莊王의 아우.

【乃如之人兮】《詩經》 鄘風 蝃蝀의 구절.

참고 및 관련 자료

1. 《詩經》 鄘風 蝃蝀

蝃蝀在東, 莫之敢指. 女子有行, 遠父母兄弟. 朝隮于西, 崇朝其雨. 女子有行, 遠兄弟父母. 乃如之人也, 懷昏姻也. 大無信也, 不知命也.

2. 《史記》 陳杞世家

十四年, 靈公與其大夫孔寧 · 儀行父皆通於夏姬, 衷其衣以戲於朝. 泄冶諫曰:「君臣淫亂, 民何效焉?」靈公以告二子, 二子請殺泄冶, 公弗禁, 遂殺泄冶. 十五年, 靈公與二子飲於夏氏. 公戲二子曰:「徵舒似汝.」二子曰:「亦似公.」徵舒怒. 靈公罷酒出, 徵舒伏弩廏門射殺靈公. 孔寧 · 儀行父皆奔楚, 靈公太子午奔晉. 徵舒自立爲陳侯. 徵舒, 故陳大夫也. 夏姬, 御叔之妻, 舒之母也.

3. 《左傳》 成公 二年 傳

楚之討陳夏氏也, 莊王欲納夏姬. 申公巫臣曰:「不可. 君召諸侯, 以討罪也; 今納夏姬, 貪其色也. 貪色爲淫. 淫爲大罰. 周書曰:『明德愼罰』, 文王所以造周也. 明德, 務崇之之謂也; 愼罰, 務去之之謂也. 若興諸侯, 以取大罰, 非愼之也. 君其圖之!」王乃止. 子反欲取之, 巫臣曰:「是不祥人也. 是夭子蠻, 殺御叔, 殺靈侯, 戮夏南, 出孔, 儀, 喪陳國, 何不祥如是? 人生實難, 其有不獲死乎! 天下多美婦人, 何必是?」子反乃止. 王以予連尹襄老. 襄老死於邲, 不獲其尸. 其子黑要烝焉. 巫臣使道焉, 曰:「歸, 吾聘女.」又使自鄭召之, 曰:「尸可得也, 必來逆之.」姬以告王. 王問諸屈巫. 對曰:「其信. 知罃之父, 成公之嬖也, 而中行伯之季弟也, 新佐中軍, 而善鄭皇戌, 甚愛此子. 其必因鄭而歸王子與襄老之尸以求之. 鄭人懼於邲之役, 而欲求媚於晉, 其必許之.」王遣夏姬歸. 將行, 謂送者曰:「不得尸, 吾不反矣.」巫臣聘諸鄭, 鄭伯許之. 及共王卽位, 將爲陽橋之役, 使屈巫聘於齊, 且告師期. 巫臣盡室以行. 申叔跪從其父, 將適郢, 遇之, 曰:「異哉! 夫子有三軍之懼, 而又有桑中之喜, 宜將竊妻以逃者也.」及鄭, 使介反幣, 而以夏姬行. 將奔齊. 齊師新敗, 曰:「吾不處不勝之國.」

遂奔晉, 而因郤至, 以臣於晉. 晉人使爲邢大夫. 子反請以重幣錮之. 王曰:「止!
其自爲謀也則過矣, 其爲吾先君謀也則忠. 忠, 社稷之固也, 所蓋多矣. 且彼若能利
國家, 雖重幣, 晉將可乎? 若無益於晉, 晉將棄之, 何勞錮焉?」

4.《穀梁傳》宣公 9年

陳殺其大夫泄治, 稱國以殺其大夫, 殺無罪也. 泄治之無罪如何? 陳靈公通于夏徵舒
之家, 公孫寧·儀行父, 亦通. 其家, 或衣其衣, 或衷其襦, 以相戲於朝. 泄治聞之,
入諫曰:「使國人聞之則猶可, 使仁人聞之則不可.」君愧於泄治, 不能用其言而殺之.

5.《新序》雜事(一)

楚莊王旣討陳靈公之賊, 殺夏徵舒, 得夏姬而悅之. 將近之. 申公巫臣諫曰:「此女亂
陳國, 敗其群臣, 孌女不可近也.」莊王從之. 令尹又欲取, 申公巫臣諫, 令尹從之.
後襄尹取之. 至恭王, 與晉戰於鄢陵, 楚兵敗, 襄尹死, 其屍不反, 數求晉, 不與.
夏姬請如晉求屍, 楚方遣之. 申公巫臣將使齊, 私說夏姬, 與謀. 及夏姬行, 而申公巫
臣廢使命, 道亡, 隨夏姬之晉. 令尹將徙其族, 言之於王曰:「申公巫臣諫先善王以無
近夏姬, 今身廢使命, 與夏姬逃之晉, 是欺先王也, 請徙其族.」王曰:「申公巫臣爲先
王謀則忠, 自爲謀則不忠, 是厚於先王而自薄也, 何罪於先王?」遂不徙.

6.《藝文類聚》卷35

列女傳曰: 夏姬者, 陳大夫徵舒母也. 狀美好, 老而復壯者三. 三爲王后, 諸侯爭之,
莫不迷惑. 陳靈公與孔甯儀父皆通焉. 或衣其衣, 或裝其幡. 幡, 蔽膝衣, 以戲於朝.

7. 기타 참고자료

《群書治要》卷二

제나라 영공의 부인 성희

성희聲姬는 노魯나라 임금의 딸로 제齊나라 영공靈公의 부인이며 태자 광光의 어머니이다. 성희는 호를 맹자孟子라 하였다. 그는 대부 경극慶剋과 은밀히 정을 통하고 있었다. 경극이 그 부인과 함께 수레를 타고 갈 때는 여자로 변장하여 궁중의 좁은 문을 들락거렸다. 그런데 포견鮑牽이 이를 발견하고 이를 국좌國佐에게 고하자 국좌는 경극을 불러 장차 이를 물어 보려 하였으나, 경극은 오랫동안 집에서 나오지 않은 채 맹자에게 이렇게 말하였다.

"국좌가 나를 비난하고 있습 니다."

맹자는 노하였다. 당시 국좌는 영공을 도와 가릉柯陵에 제후들을 모아놓고 회맹을 하고 있었으며, 나라 안에는 대부 고자高子와 포자 鮑子가 국사를 처리하고 있었다. 그들이 귀환하여 장차 도성에 이 를 때 성문을 폐쇄하고 드나드는 사람들을 검문하게 되자, 성희는 이 기회를 노려 영공에게 그들을 비방하였다.

"고자와 포자가 임금을 도성으로

제령성희(齊靈聲姬)

들어오지 못하게 하고 공자公子 각角을 세우고자 합니다. 이 사실을
국좌도 알고 있습니다."

영공은 노하여 포자를 잡아 발뒤꿈치를 자르고, 고자와 국좌를 국외
로 추방하였다. 두 사람은 거莒 땅으로 달아났다. 영공은 최저崔杼를
대부로 임명하여 나랏일을 맡기고 경극을 그의 보좌로 삼았다. 그리고
나서 군사를 이끌고 거 땅을 포위하였으나 승리를 거두지 못하였다.
국좌는 사람을 시켜 경극을 죽이고, 영공을 도울 것을 맹세하고 다시
제나라로 돌아왔다. 그러나 맹자는 다시 국좌를 참소하여 죽이고
말았다. 영공이 죽고 나서 고자와 포자는 다시 복권되었으며, 마침내
맹자를 죽여 제나라의 난리가 비로소 그치게 되었다.

《시詩》에서 "가르치지도 깨우치지도 않으면서 오직 이 여자만 좋아
하네"라 하였으니 이를 두고 한 말이다.

송頌:
"제나라 영공의 부인 성희, 그 행실이 음란하였네.
경극과 음행을 저질러 포견이 질책하자,
고자와 포자를 참소하여 모두가 달아났네.
간악한 재앙을 불러 혼란을 저질러 놓고, 역시 그 일로 자신도 죽음을
당하였네."

聲姬者, 魯侯之女, 靈公之夫人, 太子光之母也. 號孟子. 淫通
於大夫慶剋, 與之蒙衣乘輂而入於閎. 鮑牽見之, 以告國佐, 國佐
召慶剋, 將詢之, 慶剋久不出, 以告孟子, 曰:「國佐非我.」

孟子怒. 時國佐相靈公, 會諸侯於柯陵, 高子鮑子處內守. 及還,
將至, 閉門而索客.

孟子訴之曰:「高鮑將不內君, 而欲立公子角, 國佐知之.」

公怒, 刖鮑牽而逐高子國佐, 二人奔莒. 更以崔杼爲大夫, 使慶剋佐之, 乃帥師圍莒, 不勝. 國佐使人殺慶剋, 靈公與佐盟而復之, 孟子又愬而殺之, 及靈公薨, 高·鮑皆復, 遂殺孟子, 齊亂乃息.

詩云:『匪敎匪誨, 時維婦寺.』此之謂也.

頌曰:『齊靈聲姬, 厥行亂失.
　　　淫於慶剋, 鮑牽是疾.
　　　譖愬高鮑, 遂以奔亡.
　　　好禍用亡, 亦以事喪.』

【聲姬】종성(謚姓). 謚聲姬.

【靈公】춘추시대 제나라 임금. 姜姓이며 이름은 環. B.C.581~554년까지 28년간 재위함.

【太子光】齊 靈公의 태자이며 이름은 購. 뒤에 莊公이 됨. B.C.553~548년까지 6년간 재위함.

【慶剋】慶克으로도 표기하며 제나라 대부. 慶封의 아버지.

【蒙衣】두건으로 얼굴을 가림. 이는 고대 여인들의 외출 복장으로 여기서는 남자가 여자 복장을 하였음을 말함.

【闈】궁중의 좁은 문.

【鮑牽】鮑莊子. 鮑叔의 증손으로 제나라 대부.

【國佐】國差로도 표기하며 國武子. 역시 齊나라 正卿.

【柯陵】지명. 嘉陵이라고도 하며 지금의 河南 許昌市 남쪽.

【高子·鮑子】高子는 高無咎, 鮑子는 鮑牽을 가리킴.

【索客】오가는 자를 수색하고 검문하여 경계를 폄.

【公子角】齊 頃公의 아들이며 靈公의 아우.

【刖】다리를 자르는 극형.

【莒】나라 이름. 지금의 山東 莒縣.

【崔杼】崔武子. 제나라 대부. 齊나라 莊公을 시살하고 景公을 옹립한 인물. 《晏子春秋》 참조.

【匪敎匪誨】《詩經》 大雅 瞻卬의 구절.

【婦寺】'婦侍'와 같음. 가까이 모시는 여인.

【失】泆과 같음. 淫泆을 뜻함.

【好禍用亡】王照圓의 《補注》에 "好, 當作奸"이라 하였으며, 梁端의 《校注》에 "陳氏奐曰: 亡疑妄字之誤. 說文: 妄, 亂也"라 함.

참고 및 관련 자료

1. 《詩經》 大雅 瞻卬 →009 참조.

2. 《左傳》 成公 17년

齊慶克通于聲孟子, 與婦人蒙衣乘輦而入于閎. 鮑牽見之, 以告國武子. 武子召慶克而謂之. 慶克久不出, 而告夫人曰:「國子謫我.」夫人怒. 國子相靈公以會, 高·鮑處守. 及還, 將至, 閉門而索客. 孟子訴之曰:「高·鮑將不納君, 而立公子角, 國子知之.」秋七月壬寅, 刖鮑牽而逐高無咎. 無咎奔莒. 高弱以盧叛. 齊人來召鮑國而立之. 初, 鮑國去鮑氏而來爲施孝叔臣. 施氏卜宰, 匡句須吉. 施氏之宰有百室之邑. 與匡句須邑, 使爲宰, 以讓鮑國而致邑焉. 施孝叔曰:「子實吉.」對曰:「能與忠良, 吉孰大焉?」鮑國相施氏忠, 故齊人取以爲鮑氏後. 仲尼曰:「鮑莊子之知不如葵, 葵猶能衛其足.」

100(7-11) 齊東郭姜
제나라 당공의 처 동곽강

제齊나라의 동곽강東郭姜은 당공棠公의 처이며 제나라 최저崔杼의 가신家臣 동곽언東郭偃의 누이이다. 아름답고 뛰어난 미모를 가지고 있었다. 그녀의 남편 당공이 죽자 최저가 조문을 가게 되었는데, 그만 강의 미모에 반하여 드디어 동곽언과 모의하여 강을 부인으로 맞이하였다. 동곽강과 차린 살림집은 왕궁에 가까웠다. 그 때문에 장공이 그와 사통하였고, 자주 최씨의 집에서 만나 놀았다. 최씨도 장공이 자신의 집에 자주 오는 이유를 알고 있었다.

어느 날 장공이 최저의 모자를 시종에게 주어 버렸다. 최저는 화를 내며 병을 핑계로 조정에 나가지 않았다. 어느 날 장공이 누대에 올랐는데 그 누대는 최저의 집과 가까이 있었다. 그 누대 위에서 있던 왕은 그 아래에 있던 동곽강을 보자 서로 희롱의 말을 걸었다. 그리고 누대에서 내려와 동곽강을 따라가자 동곽강은 달아나 집안으로 들어가더니 문을 닫아거는 것이었다.

장공이 문을 밀면서 말하였다.

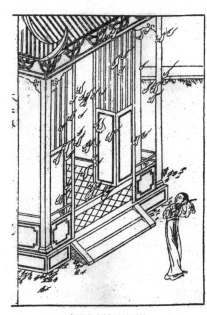

제동곽강(齊東郭姜)

"문을 여시오. 나요."

그러자 동곽강이 말하였다.

"남편이 안에 있소. 나는 아직 머리도 손질하지 못하였습니다."

왕이 말하였다.

"나는 최저가 병이 났다는 말을 듣고 왔소. 그래도 열지 못하겠소?"

그녀는 최저와 함께 옆문으로 나와서는 문을 걸어 잠그고 많은 사람들을 모이도록 북을 울렸다. 장공이 놀라 두려워하며 기둥을 안고 노래를 불렀다. 그리고 장공은 최씨에게 간청하였다.

"나에게 죄가 있다는 것을 알고 있소. 마음을 고쳐먹겠소. 그리고 그대를 받들어 모시겠소. 믿지 못하겠다면 맹세를 합시다."

그러자 최저는 이렇게 거절하였다.

"신은 감히 주군의 명을 들을 수가 없습니다."

그리고는 그 자리를 피해 버렸다. 장공은 다시 최씨의 가신에게 간청하였다.

"부탁하니 선군先君의 사당에 가서 죽음을 맞이하게 해 달라."

그러자 최저의 가신은 이렇게 말하였다.

"주군의 신하 최저는 병이 있어 지금 이 자리에 없습니다. 그를 모시는 신하로서 감히 주군의 명령을 들을 수가 없습니다."

장공이 담을 넘어 달아나자 최저는 장공의 발꿈치를 활로 쏘았다. 장공은 고꾸라져 떨어졌다. 이리하여 최저가 장공을 시해하였다.

이에 앞서 동곽강이 최저의 집으로 들어올 때 당공의 아들 당무구棠毋咎를 데리고 왔었다. 최저가 그를 사랑하여 상실相室의 자리에 앉혔다. 최저는 전처에게서 낳은 두 아들이 있었는데 큰아들은 성城이었으며 둘째 아들은 강彊이었다. 동곽강이 들어와서 아들을 낳았는데 이름이 명明이었다. 전처 소생의 큰아들 성에게 병이 있어 최저는 성을 폐하고 명을 후계자로 삼았다. 그러자 성은 사람을 아버지에게 보내어 최읍崔邑에서 여생을 보내고 싶다고 전하였다. 최저는 아들을 가련히 여겨 이를 허락하였다. 그러자 당무구와 동곽언은 성에게 최읍을 주는 것을 강하게 반대하였다. 이에 성과 강 형제는 노하여 이들 당무구와 동곽언을 죽이고자 경봉慶封에게 자신들의 뜻을 고하였다. 경봉은 제나라 대부로 은밀히 최씨와 권력을 다투고 있던 터라 그들이 서로 죽여 주기를 바라고 있었다. 경봉은 두 아들에게 이렇게 말하였다.

"죽여 버리시오!"

이에 두 아들은 돌아와 당무구와 동곽언을 최저의 마당에서 죽여 버렸다.

최저는 노하여 경봉에게 이렇게 하소연하였다.

"내가 불초하여 아들이 있어도 제대로 가르치지 못하였소. 그리하여 이 지경에 이른 것이라오! 내가 선생을 섬기는 것은 온 나라 사람들이 모두 알고 있소. 오직 그대께서 욕되게 사람을 보내어 도와 주셔야겠소. 여기서 끝낼 수 없는 일이오."

경봉은 이에 부하 노포별盧蒲嫳에게 병사를 이끌고 그 나라 사람들과 함께 최저의 창고와 마구간을 불태우고 성과 강 형제를 죽이도록 하였다. 최씨의 처 동곽강은 이를 보고 이렇게 말하였다.

"사는 것이 이와 같다면 죽는 것만 못하다."

이리하여 스스로 목을 매어 숨을 끊고 말았다.

최저가 밖에서 돌아와 창고와 마구간이 모두 불타고 처자가 모두 죽은 것을 보고는 그도 역시 목을 매어 죽고 말았다.

군자가 말하였다.

"동곽강은 한나라의 군주를 죽이고 또 세 집안을 멸망시켰으며 자신은 잔혹하게 죽었으니 상서롭지 못한 여자라고 할 수 있다."

《시詩》에 "가지와 잎에는 해가 없다니, 사실은 뿌리가 먼저 썩은 걸"이라 하였으니 이를 두고 한 말이다.

송頌:

"제나라의 동곽강은 최저의 처가 되었네.

장공을 미혹시켜 혼란에 빠뜨렸고, 무구는 이에 의지하였네.

재앙이 아들 명明과 성成에 미쳤고 읍을 다투다 서로 죽였네.
의지할 곳 없는 부모가 되어 최씨 집안 결국 망하고 말았네."

齊東郭姜者, 棠公之妻, 齊崔杼御東郭偃之姊也. 美而有色.
棠公死, 崔子弔而說姜, 遂與偃謀娶之, 旣居其室, 比於公宮,
莊公通焉. 驟如崔氏, 崔子知之.

異日, 公以崔子之冠賜侍人, 崔子慍, 告有疾不出. 公登臺以
臨崔子之宮, 由臺上與東郭姜戲, 公下從之, 東郭姜奔入戶而
閉之, 公推之曰:「開, 余.」

東郭姜曰:「老夫在此, 未及收髮.」

公曰:「余開崔子之疾也, 不開?」

崔子與姜自側戶出, 閉門聚衆鳴鼓, 公恐, 擁柱而歌.

公請於崔氏曰:「孤知有罪矣, 請改心事吾子, 若不信請盟.」

崔子曰:「臣不敢聞命.」

乃避之.

公又請於崔氏之宰曰:「請就先君之廟而死焉.」

崔氏之宰曰:「君之臣杼有疾不在, 侍臣不敢聞命.」

公踰牆而逃, 崔氏射公中踵. 公反墮, 遂弒公.

先是時東郭姜與前夫子棠毋咎俱入, 崔子愛之, 使爲相室.
崔子前妻子二人; 大子成, 少子彊. 及姜入後, 生二子明·成.
成有疾, 崔子廢成而以明爲後. 成使人請崔邑以老, 崔子哀而
許之. 棠毋咎與東郭偃爭而不與, 成與彊怒, 將欲殺之, 以告
慶封. 慶封, 齊大夫也, 陰與崔氏爭權, 欲其相滅也.

謂二子曰:「殺之!」

於是二子歸殺棠毋咎·東郭偃於崔子之庭.

崔子怒, 愬之於慶氏曰:「吾不肖, 有子不能教也, 以至於此!
吾事夫子, 國人之所知也. 唯辱使者, 不可以已.」

慶封乃使盧蒲嫳帥徒衆與國人, 焚其庫廄, 而殺成姜.

崔氏之妻曰:「生若此, 不若死.」

遂自經而死.

崔子歸, 見庫廄皆焚, 妻子皆死, 又自經而死.

君子曰:「東郭姜殺一國君而滅三室, 又殘其身, 可謂不祥矣.」

詩曰:『枝葉未有害, 本實先敗.』此之謂也.

頌曰:『齊東郭姜, 崔杼之妻.
　　　惑亂莊公, 毋咎是依.
　　　禍及明成, 爭邑相殺.
　　　父母無聊, 崔氏遂滅.』

【棠公】춘추시대 齊나라 棠邑의 대부. 棠邑은 지금의 山東 平度縣 경내가 아닌
가 함.

【莊公】춘추시대 齊나라 군주. 靈公의 아들이며 姜姓, 이름은 光. 6년간(B.C.553~
548) 재위함.

【擁柱而歌】《左傳》襄公(25년)에 "公拊楹而歌"라 하고 服虔의 주에 "公以姜氏
不知己在外, 故歌以命之也. 一曰, 公自知見欺, 公不得出, 故歌以自悔"라 함.

【相室】자신 집안의 집정 대신.

【大子成】원문에는 '城'으로 되어 있으나《史記》〈齊太公世家〉에는 '成'으로
되어 있어 이를 따름.

【生二子明成】이 구절은 문제가 있음. 동곽강과 최저 사이에 '明'과 '成' 두 아들을
낳은 것으로 되어 있으나 '成'은 전처 소생의 '成'과 같아 논리상 맞지 않음.

梁端의 《校注》에 "子上二字衍, 明下又衍成字, 涉頌明成而誤"라 하여 「生子明」
이라 하여야 전체 문맥상 맞게 되어 있음.

【崔邑】 최씨의 조상 사당이 있는 읍. 구체적으로 지금의 山東 濟陽縣 경내.

【慶封】 춘추시대 齊나라 대부로 崔杼가 齊 莊公을 시살하고 景公을 옹립하자,
그는 崔杼와 함께 좌우 재상직을 나누어 맡았으며 景公 2년에 최씨 일당을
멸하고 齊나라 실권을 잡음. 그러나 다음 해 鮑氏, 高氏, 欒氏가 모의하여 경봉을
공격하자 그는 吳나라로 도망쳤으나 마침 楚 靈王이 오나라를 벌할 때 잡혀
멸족당함.

【盧蒲嫳】 경봉의 신하.

【殺成姜】 姜은 彊의 오기. 전처 소생의 成과 彊 형제를 가리킴. 《史記》에는
'彊'으로 되어 있음.

【三室】 崔, 棠, 東郭의 세 가문을 가리킴.

【枝葉未有害】 《詩經》 大雅 蕩의 구절.

참고 및 관련 자료

1. 《詩經》 大雅 蕩 →031 참조.

2. 《左傳》 襄公 25년

齊棠公之妻, 東郭偃之姊也. 東郭偃臣崔武子. 棠公死, 偃御武子以弔焉. 見棠姜而
美之, 使偃取之. 偃曰:「男女辨姓, 今君出自丁, 臣出自桓, 不可.」武子筮之, 遇困☰
之大過☰. 史皆曰:「吉.」示陳文子, 文子曰:「夫從風, 風隕, 妻 不可娶也. 且其繇曰:
'困于石, 據于蒺藜, 入于其宮, 不見其妻, 凶.' 困于石, 往不濟也; 據于蒺藜, 所恃
傷也; 入于其宮, 不見其妻, 凶, 無所歸也.」崔子曰:「嫠也 何害?先夫當之矣.」
遂取之. 莊公通焉, 驟如崔氏, 以崔子之冠賜人. 侍者曰:「不可.」公曰:「不爲崔子,
其無冠乎?」崔子因是, 又以其間伐晉也, 曰:「晉必將報.」欲弑公以說于晉, 而不
獲間. 公鞭侍人賈擧 而又近之, 乃爲崔子間公.
夏五月, 莒爲且于之役故, 莒子朝于齊. 甲戌, 饗諸北郭. 崔子稱疾, 不視事. 乙亥,
公問崔子, 遂從姜氏. 姜入于室, 與崔子自側戶出. 公拊楹而歌. 侍人賈擧止衆從者
而入, 閉門. 甲興, 公登臺而請, 弗許; 請盟, 弗許; 請自刃於廟, 弗許. 皆曰:「君之臣杼
疾病, 不能聽命. 近於公宮, 陪臣干掫有淫者, 不知二命.」公踰牆, 又射之, 中股,

反隊, 遂弑之. 賈擧・州綽・邴師・公孫敖・封具・鐸父・襄伊・僂堙皆死. 祝佗父祭於高唐, 至, 復命, 不說弁而死於崔氏. 申蒯, 侍漁者, 退, 謂其宰曰:「爾以帑免, 我將死.」其宰曰:「免, 是反子之義也.」與之皆死. 崔氏殺鬷蔑于平陰.

晏子立於崔氏之門外, 其人曰:「死乎?」曰:「獨吾君也乎哉, 吾死也?」曰:「行乎?」曰:「吾罪也乎哉, 吾亡也?」曰:「歸乎?」曰:「君死, 安歸? 君民者, 豈以陵民? 社稷是主. 臣君者, 豈爲其口實? 社稷是養. 故君爲社稷死, 則死之; 爲社稷亡, 則亡之. 若爲己死, 而爲己亡, 非其私暱, 誰敢任之? 且人有君而弑之, 吾焉得死之? 而焉得亡之? 將庸何歸?」門啓而入, 枕尸股而哭. 興, 三踊而出. 人謂崔子,「必殺之!」崔子曰:「民之望也, 舍之, 得民.」盧蒲葵奔晉, 王何奔莒.

叔孫宣伯之在齊也, 叔孫還納其女於靈公, 嬖, 生景公. 丁丑, 崔杼立而相之, 慶封爲左相, 盟國人於大宮, 曰:「所不與崔・慶者.」晏子仰天歎曰:「嬰所不唯忠於君, 利社稷者是與, 有如上帝.」乃歃. 辛巳, 公與大夫及莒子盟.

大史書曰:「崔杼弑其君.」崔子殺之. 其弟嗣書, 而死者二人. 其弟又書, 乃舍之. 南史氏聞大史盡死, 執簡以往. 聞旣書矣, 乃還.

閭丘嬰以帷縛其妻而載之, 與申鮮虞乘而出, 鮮虞推而下之, 曰:「君昏不能匡, 危不能救, 死不能死, 而知匿其暱, 其誰納之?」行及弇中, 將舍. 嬰曰:「崔・慶其追我.」鮮虞曰:「一與一, 誰能懼我?」遂舍, 枕轡而寢, 食馬而食, 駕而行. 出弇中, 謂嬰曰:「速驅之! 崔・慶之衆, 不可當也.」遂來奔.

崔氏側莊公于北郭. 丁亥, 葬諸士孫之里, 四翣, 不蹕, 下車七乘, 不以兵甲.

3. 《史記》齊太公世家

六年, 初, 棠公妻好, 棠公死, 崔杼取之. 莊公通之, 數如崔氏, 以崔杼之冠賜人. 待者曰:「不可.」崔杼怒, 因其伐晉, 欲與晉合謀襲齊而不得間. 莊公嘗笞宦者賈擧, 賈擧復侍, 爲崔杼間公以報怨. 五月, 莒子朝齊, 齊以甲戌饗之. 崔杼稱病不視事. 乙亥, 公問崔杼病, 遂從崔杼妻. 崔杼妻入室, 與崔杼自閉戶不出, 公擁柱而歌. 宦者賈擧遮公從官而入, 閉門, 崔杼之徒持兵從中起. 公登而請解, 不許; 請盟, 不許; 請自殺於廟, 不許. 皆曰:「君之臣杼疾病, 不能聽命. 近於公宮. 陪臣爭趣有淫者, 不知二命.」公踰牆, 射中公股, 公反墜, 遂弑之. 晏嬰立崔杼門外, 曰:「君爲社稷死則死之, 爲社稷亡則亡之. 若爲己死己亡, 非其私暱, 誰敢任之!」門開而入, 枕公尸而哭, 三踊而出. 人謂崔杼:「必殺之.」崔杼曰:「民之望也, 舍之得民.」

丁丑, 崔杼立莊公異母弟杵臼, 是爲景公. 景公母, 魯叔孫宣伯女也. 景公立, 以崔杼爲右相, 慶封爲左相. 二相恐亂起, 乃與國人盟曰:「不與崔慶者死!」晏子仰天曰: 「嬰所不(獲)唯忠於君利社稷者是從!」不肯盟. 慶封欲殺晏子, 崔杼曰:「忠臣也, 舍之.」齊太史書曰:『崔杼弑莊公』, 崔杼殺之. 其弟復書, 崔杼復殺之. 少弟復書, 崔杼乃舍之.

景公元年, 初, 崔杼生子成及彊, 其母死, 取東郭女, 生明. 東郭女使其前夫子無咎與其弟偃相崔氏. 成有罪, 二相急治之, 立明爲太子. 成請老於崔[杼], 崔杼許之, 二相弗聽, 曰:「崔, 宗邑, 不可.」成・彊怒, 告慶封. 慶封與崔杼有郤, 欲其敗也. 成・彊殺無咎・偃於崔杼家, 家皆奔亡. 崔杼怒, 無人, 使一宦者御, 見慶封. 慶封曰:「請爲子誅之.」使崔杼仇盧蒲嫳攻崔氏, 殺成・彊, 盡滅崔氏, 崔杼婦自殺. 崔杼毋歸, 亦自殺. 慶封爲相國, 專權.

三年十月, 慶封出獵. 初, 慶封已殺崔杼, 益驕, 嗜酒好獵, 不聽政令. 慶舍用政, 已有內郤. 田文子謂桓子曰:「亂將作.」田・鮑・高・欒氏相與謀慶氏. 慶舍發甲圍慶封宮, 四家徒共擊破之. 慶封還, 不得入, 奔魯. 齊人讓魯, 封奔吳. 吳與之朱方, 聚其族而居之, 富於在齊. 其秋, 齊人徙葬莊公, 僇崔杼尸於市以說衆.

101(7-12) 衛二亂女
위나라의 음란한 두 여인

위衛나라의 두 음란한 여자는 남자南子와 위衛나라 백희伯姬를 말한다.
남자는 송宋나라 여자로 위衛나라 영공靈公의 부인인데, 송나라 출신의
자조子朝와 정을 통하고 있었다. 태자 괴외蒯聵가 이를 알고 남자를
증오하자, 남자는 영공에게 태자를 이렇게 참소하였다.
"태자가 나를 죽이려 합니다."
영공이 괴외에게 크게 화를 내자 괴외는 송나라로 달아났다. 영공이
세상을 떠나자 괴외의 아들 첩輒이
영공의 뒤를 이어 왕위에 올랐는
데 이가 곧 출공出公이다.

위衛나라 백희는 괴외의 누이로
공문자孔文子의 처이자 공회孔悝의
어머니이다. 공회는 출공의 재상
이 되었다. 공문자가 죽자 그의 처
백희는 죽은 남편이 부리던 혼량
부渾良夫와 정을 통하였다. 이 백희
가 혼량부를 망명해 있는 동생 괴
외에게 심부름 보냈는데 괴외가
혼량부에게 이렇게 제의하였다.

"당신이 나를 고국으로 돌아갈 수
있도록 해 준다면 당신을 대부로

위이란녀(衛二亂女)

삼아 보답하겠소. 또 죽을 죄를 저지르더라도 세 번은 용서해 주겠소."

괴외와 혼량부는 서로 약속을 지키기로 하였으며, 아울러 누이 백희를 처로 삼아도 좋다고 혼량부에게 허락하였다. 이에 혼량부는 즐거워하며 이를 백희에게 전하였다. 백희도 역시 크게 즐거워하였다. 혼량부는 이에 괴외와 더불어 공회의 집 안에 머물렀다가 날이 어두워지자, 여장을 한 다음 수레를 타고 백희가 있는 위나라로 들어갔다. 식사가 끝나자 백희가 창을 잡아 앞장 서고, 태자였던 괴외와 다섯 명의 무장한 병사가 백희의 아들 공회를 구석으로 몰아, 강제로 괴외의 아들 출공을 축출할 것을 맹세하도록 하였다. 그리하여 출공이 노나라로 달아났으며 이 때 자로子路도 죽었다. 괴외가 드디어 왕위에 오르니 이가 바로 장공莊公이다.

장공은 영공의 부인 남자南子를 죽이고 혼량부도 죽여 버렸다. 그러나 장공은 융주戎州에서 일어난 난으로 인해 다시 국외로 추방당하였다. 4년 후에는 노나라로 추방되었던 출공이 다시 돌아오게 되었다. 출공이 돌아올 무렵 위나라의 대부들은 공회의 어머니 백희를 죽이고 출공을 맞이하였다.

두 여인으로 인해 위나라는 5대에 걸쳐 혼란에 빠졌던 것이며 도공悼公에 이른 뒤에야 안정을 찾았다.

《시詩》에 "쥐에게도 가죽이 있거늘 사람이면서 예의가 없구나. 사람으로서 예의가 없으면서 죽지도 않고 어찌려뇨"라 하였으니 이를 두고 한 말이다.

송頌:
"남자南子는 음란하여 송나라의 자조를 가까이 하였네.
태자 괴외를 참소하여 그를 도망치도록 하였다네.
공회의 어머니도 음란한지라 두 남편을 두고 드나들었네.
두 음란한 여자가 서로 얽히더니 모두가 제몸을 망치고 말았네."

衛二亂女者, 南子及衛伯姬也. 南子者, 宋女, 衛靈公之夫人,
通於宋子朝.

太子蒯瞶知而惡之, 南子譖太子於靈公曰:「太子欲殺我.」

靈公大怒蒯瞶, 蒯瞶奔宋. 靈公薨, 蒯瞶之子輒立, 是爲出公.

衛伯姬者, 蒯瞶之姊也, 孔文子之妻, 孔悝之母也. 悝相出公,
文子卒, 姬與孔氏之豎渾良夫淫, 姬使良夫於蒯瞶, 蒯瞶曰:
「子苟能内我於國, 報子以乘軒, 免子三死.」

與盟, 許以姬爲良夫妻, 良夫喜, 以告姬, 姬大悅. 良夫乃與蒯
瞶入舍孔氏之圃, 昏時, 二人蒙衣而乘, 遂入至姬所, 已食, 姬杖
戈先太子與五介冑之士, 迫其子悝於厠, 强盟之出. 公奔魯, 子路
死之, 蒯瞶遂立, 是爲莊公.

殺夫人南子, 又殺渾良夫. 莊公以戎州之亂又出奔. 四年而
出公復入. 將入, 大夫殺孔悝之母而迎公. 二女爲亂五世, 至悼
公而後定.

詩云:『相鼠有皮, 人而無儀. 人而無儀, 不死何爲.』此之謂也.

頌曰:『南子惑淫, 宋朝是親.
　　　譖彼蒯瞶, 使之出奔.
　　　悝母亦嬖, 出入兩君.
　　　二亂交錯, 咸以滅身.』

【衛靈公】춘추시대 衛나라 군주로 姬姓이며 이름은 元. 衛 襄公의 아들. 孔子와
　비슷한 시기이며 B.C.534~493년까지 42년간 재위함.
【宋子朝】宋나라 公子 子朝.
【蒯瞶】衛 莊公. 衛 靈公의 태자이며 出公의 이어 왕위에 오름. B.C.480~478년

까지 3년간 재위함.

【孔文子】 衛나라의 대부.

【孔悝】 '공회', 혹 '공리'로도 읽으며 孔文子의 아들로 出公을 보좌하였음.

【豎】 內豎. 낮은 직위의 심부름꾼. 부리는 하인.

【乘軒】 대부들만이 타는 지붕이 있는 수레. 여기서는 '大夫'를 달리 이른 말.

【三死】 《史記》〈衛康叔世家〉 裴駰 《集解》에 "杜預曰: 三死, 死罪三"이라 하였고, 張守節의 《正義》에는 "杜預曰: 三罪, 紫衣, 袒裘, 帶劍"이라 하였다. 여기서 紫衣는 임금만의 복색으로 대부가 이러한 복장을 하였을 때 불경에 해당하며, 袒裘도 어깨를 드러내는 옷으로 임금에게 불경을 저지르는 일. 그리고 임금 앞에 검을 차고 나타나는 것도 역시 불경에 해당하는 것으로 大罪에 해당함. 《左傳》 哀公 17년에 衛侯가 渾良夫를 청하여 식사할 때 혼량부가 紫衣와 狐皮袍를 입고 나타나 이를 벗은 다음 칼을 찬 채 음식을 먹자, 이를 본 太子가 사람을 시켜 그가 돌아가는 길에 三罪의 죄목을 씌워 죽여 버린 고사가 있음.

【介冑】 갑옷과 투구 등으로 무장한 무사.

【莊公以戎州之亂又出奔】 《左傳》 哀公(17년)에 실려 있음. 衛 莊公이 성에 올라 戎州를 바라보며 "나는 姬姓의 나라로서 어찌 戎人이 저 곳에 살도록 그냥 둔단 말인가?"라고 하면서 그들을 소탕할 것을 명하였다. 이 때 大臣 石圃가 그 틈을 타서 모반을 일으키자, 장공은 융주 己姓의 집으로 도망하였지만 그 기성의 집안에서 그를 죽이고 말았다.

【五世】 衛 莊公, 公子 班師, 公子 起, 衛 出公, 衛 悼公을 가리킴.

【悼公】 춘추 말기 위나라 군주로 이름은 黔.

【相鼠有皮】 《詩經》 鄘風 相鼠의 구절.

【兩君】 衛나라 莊公과 出公을 가리킴.

참고 및 관련 자료

1. 《詩經》 鄘風 相鼠

相鼠有皮, 人而無儀. 人而無儀, 不死何爲. 相鼠有齒, 人而無止. 人而無止, 不死何俟. 相鼠有體, 人而無禮. 人而無禮, 胡不遄死.

2. 기타 참고 자료

《左傳》 哀公 17년

102(7-13) 趙靈吳女
조나라 무령왕의 오녀

조趙나라 무령왕武靈王의 오녀吳女는 호가 맹요孟姚이며 오광吳廣의 딸이자 조나라 무령왕의 왕후이다.

처음 무령왕은 한韓나라 왕의 딸을 부인으로 맞이하여 아들 장章을 낳자, 그 부인을 왕후로 삼고 아들 장을 태자로 세웠었다. 그런데 어느 날 무령왕은 어떤 처녀가 거문고를 뜯으며 이렇게 노래하는 꿈을 꾸었다.

"미인의 환하고 환한 모습, 그 얼굴 마치 초초芦草, 능소화 같구나.

운명이여, 운명이여. 천시天時를 만나 태어났건만 아무도 나를 어여쁘다 여겨 주지 않는구나."

다른 날, 왕은 술자리에서 즐거움이 넘치면 자주 그 꿈 얘기를 하면서 꿈에 본 그 처녀를 보고 싶어하였다. 오광이 이를 듣고 왕후를 통하여 자신의 딸 맹요를 들여보냈다. 맹요는 심히 예뻤으며 왕이 그녀를 총애하여 언제나 곁에 두어 떠날 수 없도록 하였다.

몇 년이 지나 맹요가 아들 하何를 낳았다. 맹요는 자주 왕에게 왕후가

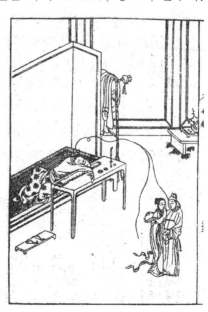

조령오녀(趙靈吳女)

음란한 뜻을 가지고 있으며, 태자는 효를 다할 태도가 아니라고 은밀히 속삭였다.

왕은 마침내 왕후와 태자를 폐하고 맹요를 세워 혜후惠后라 하고, 하를 세워 왕으로 삼았는데 이가 바로 혜문왕惠文王이다.

무령왕은 물러나 스스로를 주부主父라 하고, 이전의 태자 장을 대代 땅에 봉하여 호를 안양군安陽君이라 하였다.

4년이 지나 여러 신하들의 조회를 받을 때 안양군도 이 자리에 참석하였다. 주부가 곁에서 조회에 참석한 여러 신하와 종실 인척들을 살펴보았다. 그런데 장은 매우 상심하여 기가 죽은 모습이었다. 형인 자신이 도리어 아우의 신하가 되었기 때문일 것이라 여겨 주부는 가슴 아프게 생각하였다.

이 때 마침 혜후가 죽어 혜후에 대한 오랜 은총이 시들해졌다. 이에 주부는 대 땅을 조나라에서 독립시켜 장을 대왕大王으로 세우고자 하였다. 그러나 계획은 결정되기도 전에 철회되었다.

주부가 사구궁沙丘宮으로 놀이를 나섰을 때, 장이 그의 무리를 이끌고 난을 일으켰다. 이 때 이태李兌가 네 읍의 군사를 일으켜 장을 공격하자, 장은 아버지 주부가 있는 사구궁으로 달아났다. 주부가 문을 닫아걸자 이태는 주부의 궁을 포위하였다.

이윽고 장을 살해하고 나서 이태는 자신의 무리들에게 말하였다. "우리가 주부의 성을 포위한 것은 장을 토벌하기 위해서였다. 그러나 지금 우리가 포위를 풀게 되면 도리어 우리가 전멸당할 것이다."

그리고 주부의 궁을 계속 포위하자 주부는 궁에서 나오려고 하였지만 나올 수 없었다. 게다가 먹을 것조차 떨어지자 주부는, 새끼 참새를 훑어 내어 이를 먹으며 결국 석 달 남짓을 견뎌내었지만 사구궁에서 굶어 죽고 말았다.

《시詩》에 "유언비어를 사실인 양 믿으니 도적들이 안으로 들어오도다"라 하였는데 이는 옳지 못한 재앙은 안으로부터 나온다는 것을 말한 것이다.

頌曰:
"오녀의 능소화 같은 얼굴, 신비하게 무령왕의 꿈에 나타나
이윽고 만나 가까이 두고 사랑하니 미혹한 마음이 생겼네.
왕후를 폐하고 전쟁을 치러 아들 하何를 왕좌에 앉혔지만
주부는 사구궁에 유폐되고 나라는 난으로 기울고 말았네."

趙靈吳女者, 號孟姚, 吳廣之女, 趙武靈王之后也.

初, 武靈王娶韓王女爲夫人, 生子章, 立以爲后, 章爲太子.
王嘗夢見處女鼓瑟而歌曰:『美人熒熒兮, 顏若苕之榮, 命兮
命兮, 逢天時而生, 曾莫我嬴嬴.』

異日, 王飲酒樂, 數言所夢, 想見其人. 吳廣聞之, 乃因后而入
其女孟姚, 甚有色焉. 王愛幸之不能離.

數年, 生子何. 孟姚數微言后有淫意, 太子無慈孝之行. 王乃
廢后與太子, 而立孟姚爲惠后, 以何爲王, 是爲惠文王. 武靈王
自號主父. 封章於代, 號安陽君.

四年朝羣臣, 安陽君來朝, 主父從旁觀窺羣臣宗室, 見章儻
然也, 反臣於弟, 心憐之. 是時惠后死久恩衰, 乃欲分趙而王章
於代, 計未決而輟.

主父游沙丘宮, 章以其徒作亂, 李兌乃起四邑之兵擊章, 章走
主父, 主父閉之. 兌因圍主父宮.

旣殺章, 乃相與謀曰:「以章圍主父, 卽解兵, 吾屬夷矣.」

乃遂圍主父. 主父欲出不得, 又不得食, 乃探雀鷇而食之, 三月
餘遂餓死沙丘宮.

詩曰:『流言以對, 寇攘式內.』言不善之從內出也.

頌曰:『吳女苕顔, 神寤趙靈,
　　　　旣見嬖近, 惑心乃生,
　　　　廢后興戎, 子何是成,
　　　　主閉沙丘, 國以亂傾.』

【吳廣】 전국시대 趙나라 사람으로 虞舜의 먼 후예.

【趙武靈王】 전국시대 趙나라의 군주로 이름은 雍. 개혁에 힘을 기울여 胡服騎馬
의 편리함을 권장하여 국력을 키웠음.《史記》〈趙世家〉및《戰國策》조책 등
참조. 그는 왕위를 아들 何(惠文王. B.C.298~266년까지 33년간 재위)에게 물려
주고 자칭 '主父'라 하였으며 이로 인해 내란이 일어나 죽음. B.C.325~299년까지
27년간 재위함.

【苕之榮】 苕草의 꽃. 凌霄花라고도 함. 이 꽃은 물감을 들일 수 있다 함.

【嬴嬴】 '盈盈'과 같으며 의태가 아름다운 모습.

【代】 지명. 지금의 河南 蔚縣 경내.

【惠文王】 전국시대 趙나라의 군주로 이름은 何. B.C.298~B.C.266년까지 33년간
재위.

【主父】 太上王과 같음. '주보'로도 읽음.

【四年】 趙나라 惠文王 4년(B.C.295).

【沙丘宮】 砂丘로도 쓰며 조나라의 궁궐 이름.

【李兌】 趙나라 대신으로 司寇 벼슬을 하고 있었음.

【主父閉之】 원문은 도리어 '主父開之'라 하여 뜻이 반대로 되어 있다. 그러나
梁端은《校注》에서 '閉'자여야 한다고 하여 이를 따랐다. 이는 시간적으로 이미
章을 받아들인 다음 李兌를 막기 위해 성문을 닫아 걸은 것이다.

【鷇】 어미새가 먹이를 날라 주어야 살아갈 수 있는 어린 새.

【流言以對】《詩經》大雅 蕩의 구절.

【興戎】 公子 章과 惠文王 사이의 투쟁.

1.《詩經》大雅 蕩 →031 참조.

2.《史記》趙世家

十六年, 秦惠王卒. 王遊大陵. 他日, 王夢見處女鼓琴而歌詩曰:「美人熒熒兮, 顏若
苕之榮. 命乎命乎, 曾無我嬴!」異日, 王飲酒樂, 數言所夢, 想見其狀. 吳廣聞之,
因夫人而內其女娃嬴. 孟姚也. 孟姚甚有寵於王, 是爲惠后.

103(7-14) 楚考李后
초나라 고열왕의 이후

초楚나라 고열왕考烈王의 이후李后는 조趙나라 사람 이원李園의 여동생이며 초楚나라 고열왕의 왕후이다. 고열왕에게 아들이 없어 재상 춘신군春申君이 이를 걱정하고 있었다. 이 때 이원은 춘신군의 사인舍人이었는데, 자신의 여동생을 춘신군에게 바쳤다. 춘신군의 사랑을 받게 된 이원의 여동생은 곧 임신하였다. 이원의 여동생은 틈을 보아 춘신군에게 이렇게 말하였다.

초고리후(楚考李后)

"초나라 왕께서 그대에게 베푸는 은총은 비록 임금의 형제일지라도 그대만 못할 것입니다. 지금 그대가 초나라 재상이 된 지 30여 년이 되도록 왕께서는 아들이 없습니다. 임금이 죽고 나면 장차 그들의 형제 중 누군가가 임금으로 서게 될 것이며, 그렇게 새로운 임금이 들어선 후에는 그 역시 각기 가깝게 친한 자를 귀히 여길 것이니 어찌 그대만이 길이 총애를 받을 수 있겠습니까? 단지 그렇게만 되지도 않을 것입니다. 그대는 오랫동안 재상 자리에 있으면서 왕의 형제들에게 알게 모르게 서운하게 한 것이 많을 것입니다. 형제 중 누군가가 왕으로 들어서게 되면 화는 장차 그대 몸에게까지 미칠 텐데, 그렇게 되면 어찌 재상의 도장과 강동江東의 봉지를 보존할 수 있겠습니까? 지금 저는 당신의 아기를 가진 것을 알게 되었으며 다른 사람은 전혀 알지 못합니다. 제가 당신의 사랑을 받은 지 그리 오래되지 않았습니다. 진실로 당신은 중한 신하로서 저를 초왕에게 바치신다면 초왕은 틀림없이 저를 사랑하게 될 것이며, 저는 하늘의 도움으로 만약 아들을 낳는다면 이는 그대의 아들이 왕이 되는 것입니다. 그렇게 되면 그대는 초나라를 모두 가질 수 있게 될 것입니다. 이것과 그대 몸에 예측할 수 없는 죄가 다가오는 것을 비교하면 어떻습니까?"

춘신군은 이를 크게 그럴 듯하다고 여기고는 이에 이원의 여동생을 밖으로 내보내어 다른 거처를 마련하여 조심스럽게 지내도록 하며 이를 고열왕에게 추천하였다. 고열왕은 그를 불러 보고 총애하였으며, 드디어 아들 도悍를 낳아 도를 태자로 세웠으며 이원의 여동생은 왕후가 되었다. 그러자 이원은 귀한 신분이 되어 권력을 휘두르게 되었고, 결국 병사를 양성하여 춘신군을 죽여 그 입을 막고자 하였다.

고열왕이 죽자 이원은 결국 춘신군을 죽이고 그 집안을 멸족시켰다. 태자 도가 왕위에 오르니 이가 유왕幽王이다.

왕후에게는 고열왕의 유복자인 유猶가 있었다. 그가 다시 유왕의 뒤를 이어 왕위에 올랐는데 이가 애왕哀王이다. 그러자 고열왕의 동생 부추負芻의 무리들이 유왕이 고열왕의 아들이 아니라는 것을 알고 애왕까지 의심하였다. 결국 애왕과 태후를 습격하여 죽이고 이원의 집안을 멸족시키고는 부추를 왕으로 세웠으나 그로부터 5년 만에 진秦나라에게 멸망당하고 말았다.

《시詩》에 "참언하는 말일수록 아주 달콤하여 더욱 혼란을 부추기는 법"이라 하였으니 이를 두고 한 말이다.

頌曰:

"이원의 여동생은 춘신군을 거쳐 높이 올라가

고열왕이 아들 없음을 이용하여 과연 그 몸이 왕에게 바쳐졌네.

먼저 아이를 가진 채 들어가 드디어 후계를 낳았네.

세워진 왕이야 근본을 배반한 것이니 종족이 모두가 멸족을 당하였다네."

楚考李后者, 趙人李園之女弟, 楚考烈王之后也.

初, 考烈王無子, 春申君患之. 李園爲春申君舍人, 乃取其女弟與春申君, 知有身.

園女弟承間謂春申君曰「楚王之貴幸, 君雖兄弟不如. 今君相楚三十餘年而王無子, 卽百歲後將立兄弟, 卽楚更立君後, 彼亦各貴其所親, 又安得長有寵乎? 非徒然也. 君用事久, 多失禮於王兄弟, 王兄弟誠立, 禍且及身, 何以保相印江東之封乎? 今妾知有身矣, 而人莫知. 妾之幸君未久, 誠以君之重而進妾於楚王, 楚王必幸妾, 妾賴天有子男, 則是君之子爲王也. 楚國盡可得, 孰與身臨不測之罪乎?」

春申君大然之, 乃出園女弟, 謹舍之, 言之考烈王. 考烈王召而幸之, 遂生子悼, 立爲太子, 園女弟爲后. 而李園貴用事, 養士欲殺春申君以滅口.

及考烈王死, 園乃殺春申君滅其家. 悼立, 是爲幽王.

后有考烈王遺腹子猶立, 是爲哀王. 考烈王弟公子負芻之徒, 聞知幽王非考烈王子, 疑哀王, 乃襲殺哀王及太后, 盡滅李園之家, 而立負芻爲王. 五年而秦滅之.

詩云:『盜言孔甘, 亂是用餤.』此之謂也.

頌曰:『李園女弟, 發迹春申,
　　　　考烈無子, 果得納身.
　　　　知重而入, 遂得爲嗣.
　　　　旣立畔本, 宗族滅弑.』

【楚考烈王】 전국시대 楚나라 군주로 熊姓이며 이름은 元(完). B.C.262~238년
까지 25년간 재위함.
【春申君】 黃歇. 齊나라 孟嘗君, 趙나라 平原君, 魏나라 信陵君과 더불어 戰國
四公子의 하나. 楚나라의 귀족으로 頃襄王 때부터 국권을 잡아 考烈王 때에는
令尹이 되었으며 식객 삼천을 거느렸음. 뒤에 李園의 일로 내란이 일어나 피살됨.
《史記》〈春申君列傳〉 및 《戰國策》 楚策 등 참조.
【三十餘年】 《史記》〈楚世家〉와 《戰國策》 楚策(4)에는 모두 '二十餘年'으로
되어 있음.
【江東】 고대 蕪湖와 南京 이하의 長江 남안을 江東이라 불렀음. 춘신군의 봉지가
吳(지금의 江蘇 蘇州) 땅이어서 그렇게 말한 것.
【悼】 《史記》〈楚世家〉에는 '悍'으로 되어 있으며 자형이 비슷하여 오류를
일으킨 것임.
【幽王】 《史記》〈楚世家〉에는 "十年, 幽王卒"이라 하였음.
【猶】 《史記》〈趙世家〉에 幽王의 아우라 하였음.
【負芻】 《史記》〈趙世家〉에 哀王의 庶兄이라 하였음.
【太后】 초 考烈王의 李后를 가리킴.
【盜言孔甘】 《詩經》 小雅 巧言의 구절.
【畔本】 '反本'과 같음. 幽王이 춘신군의 아들을 초나라 임금이 되도록 한 것을
말함.

참고 및 관련 자료

1. 《詩經》 小雅 巧言 →091 참조.

2.《史記》春申君列傳

楚考烈王無子, 春申君患之, 求婦人宜子者進之, 甚衆, 卒無子. 趙人李園持其女弟, 欲進之楚王, 聞其不宜子, 恐久毋寵. 李園求事春申君爲舍人, 已而謁歸, 故失期. 還謁, 春申君問之狀, 對曰:「齊王使使求臣之女弟, 與其使者飲, 故失期.」春申君曰: 「娉入乎?」對曰:「未也.」春申君曰:「可得見乎?」曰:「可.」於是李園乃進其女弟, 卽幸於春申君. 知其有身, 李園乃與其女弟謀. 園女弟承閒以說春申君曰:「楚王之貴幸君, 雖兄弟不如也. 今君相楚二十餘年, 而王無子, 卽百歲後將更立兄弟, 則楚更立後, 亦各貴其故所親, 君又安得長有寵乎? 非徒然也, 君貴用事久, 多失禮於王兄弟, 兄弟誠立, 禍且及身, 何以保相印江東之封乎? 今妾自知有身矣, 而人莫知. 妾幸君未久, 誠以君之重而進妾於楚王, 王必幸妾; 妾賴天有子男, 則是君之子爲王也, 楚國盡可得, 孰與身臨不測之罪乎?」春申君大然之, 乃出李園女弟, 謹舍而言之楚王. 楚王召入幸之, 遂生子男, 立爲太子, 以李園女弟爲王后. 楚王貴李園, 園用事. 李園既入其女弟, 立爲王后, 子爲太子, 恐春申君語泄而益驕, 陰養死士, 欲殺春申君以滅口, 而國人頗有知之者.

春申君相二十五年, 楚考烈王病. 硃英謂春申君曰:「世有毋望之福, 又有毋望之禍. 今君處毋望之世, 事毋望之主, 安可以無毋望之人乎?」春申君曰:「何謂毋望之福?」曰:「君相楚二十餘年矣, 雖名相國, 實楚王也. 今楚王病, 旦暮且卒, 而君相少主, 因而代立當國, 如伊尹・周公, 王長而反政, 不卽遂南面稱孤而有楚國? 此所謂毋望之福也.」春申君曰:「何謂毋望之禍?」曰:「李園不治國而君之仇也, 不爲兵而養死士之日久矣, 楚王卒, 李園必先入據權而殺君以滅口. 此所謂毋望之禍也.」春申君曰:「何謂毋望之人?」對曰:「君置臣郎中, 楚王卒, 李園必先入, 臣爲君殺李園. 此所謂毋望之人也.」春申君曰:「足下置之. 李園, 弱人也, 僕又善之, 且又何至此!」硃英知言不用, 恐禍及身, 乃亡去.

後十七日, 楚考烈王卒, 李園果先入, 伏死士於棘門之內. 春申君入棘門, 園死士俠刺春申君, 斬其頭, 投之棘門外. 於是遂使吏盡滅春申君之家. 而李園女弟初幸春申君有身而入之王所生子者遂立, 是爲楚幽王. 是歲也, 秦始皇帝立九年矣. 嫪毐亦爲亂於秦, 覺, 夷其三族, 而呂不韋廢.

3.《戰國策》楚策(4)

楚考烈王無子, 春申君患之, 求婦人宜子者進之, 甚衆, 卒無子.

趙人李園, 持其女弟, 欲進之楚王, 聞其不宜子, 恐又無寵. 李園求事春申君爲舍人.

已而謁歸, 故失期. 還謁, 春申君問狀. 對曰:「齊王遣使求臣女弟, 與其使者飲, 故失期.」春申君曰:「聘入乎?」對曰:「未也.」春申君曰:「可得見乎?」曰:「可.」於是園乃進其女弟, 卽幸於春申君. 知其有身, 園乃與其女弟謀. 園女弟承間說春申君曰:「楚王之貴幸君, 雖兄弟不如. 今君相楚王二十餘年, 而王無子, 卽百歲後將更立兄弟. 卽楚王更立, 彼亦各貴其故所親, 君又安得長有寵乎? 非徒然也? 君用事久, 多失禮於王兄弟, 兄弟誠立, 禍且及身, 奈何以保相印・江東之封乎? 今妾自知有身矣, 而人莫知. 妾之幸君未久, 誠以君之重而進妾於楚王, 王必幸妾. 妾賴天而有男, 則是君之子爲王也, 楚國封盡可得, 孰與其臨不測之罪乎?」春申君大然之. 乃出園女弟謹舍, 而言之楚王. 楚王召入, 幸之. 遂生子男, 立爲太子, 以李園女弟立爲王后. 楚王貴李園, 李園用事. 李園旣入其女弟爲王后, 子爲太子, 恐春申君語泄而益驕, 陰養死士, 欲殺春申君以滅口, 而國人頗有知之者.

春申君相楚二十五年, 考烈王病. 朱英謂春申君曰:「世有無妄之福, 又有無妄之禍. 今君處無妄之世, 以事無妄之主, 安不有無妄之人乎?」春申君曰:「何謂無妄之福?」曰:「君相楚二十餘年矣, 雖名爲相國, 實楚王也. 五子皆相諸侯. 今王疾甚, 旦暮且崩, 太子衰弱, 疾而不起, 而君相少主, 因而代立當國, 如伊尹・周公. 王長而反政, 不, 卽遂南面稱孤, 因而有楚國. 此所謂無妄之福也.」春申君曰:「何謂無妄之禍?」曰:「李園不治國, 王之舅也. 不爲兵將, 而陰養死士之日久矣. 楚王崩, 李園必先入, 據本議制斷君命, 秉權而殺君以滅口. 此所謂無妄之禍也.」春申君曰:「何謂無妄之人?」曰:「君先仕臣爲郎中, 君王崩, 李園先入, 臣請爲君刲其胸殺之. 此所謂無妄之人也.」春申君曰:「先生置之, 勿復言已. 李園, 軟弱人也, 僕又善之, 又何至此?」朱英恐, 乃亡去. 後十七日, 楚考烈王崩, 李園果先入, 置死士, 止於棘門之內. 春申君後入, 止棘門. 園死士夾刺春申君, 斬其頭, 投之棘門外. 於是使吏盡滅春申君之家. 而李園女弟, 初幸春申君有身, 而入之王所生子者, 遂立, 爲楚幽王也. 是歲, 秦始皇立九年矣. 嫪毐亦爲亂於秦. 覺, 夷三族, 而呂不韋廢.

104(7-15) 趙悼倡后
조나라 도양왕의 창후

창후倡后는 한단邯鄲의 가수로서 조趙나라 도양왕悼襄王의 왕후가 된 여인이다. 그녀는 전에 시집갈 때 종족들과 음란한 짓을 벌여 온통 뒤흔들고 었었다. 그가 과부가 되고 나자 도양왕은 그 여자의 미모에 반해 자신의 여자로 삼았던 것이다.

그 때 이목李牧이 이렇게 간하였다.

"안 됩니다. 여자의 행실이 바르지 못하면 나라가 그 때문에 뒤집히고 안녕을 얻지 못하는 것입니다! 이

조도창후(趙悼倡后)

여자는 이미 한 집안을 어지럽혀 놓았습니다. 대왕께서는 두렵지도 않으십니까?"

그러자 도양왕이 이렇게 말하였다.

"혼란이 일어나거나 일어나지 않는 것은 과인이 정치를 어떻게 하는가에 달려 있는 것이외다."

그리고는 드디어 그녀를 맞이하였던 것이다.

처음 도양왕의 왕후가 가嘉를 낳아 이미 태자로 세워져 있었다. 창후가 후궁으로 들어와 희姬가 되어

아들 천遷을 낳게 되자, 자신은 이미 왕의 총애를 한 몸에 받고 있던 터라 몰래 왕에게 왕후와 태자를 헐뜯기 시작하였다. 그리고 사람을 시켜 태자가 범법을 저질러 죄에 빠지도록 하였다.

드디어 왕은 태자 가를 폐하고 창희가 낳은 천을 태자로 세웠으며, 왕후를 축출하고 창희를 후로 세웠다.

도양왕이 세상을 떠나자 천이 도양왕을 이어 왕위에 올랐는데 이가 유민왕幽閔王이다.

창후는 음란하고 행실이 바르지 못하여 다시 춘평군春平君과 몰래 사통하고 있었으며, 진秦나라로부터 많은 뇌물까지 받고 있었다. 그리고 왕으로 하여금 훌륭한 장수 무안군武安君 이목을 죽이도록 하였다.

그 후 진秦나라의 군대가 곧바로 공격하여 오자, 이를 막아낼 수 없게 되어 유민왕 천은 드디어 포로가 되어 진나라로 잡혀 갔고 조나라는 망하고 말았다. 어떤 대부가 태자 가嘉를 참소하고 장수 이목을 죽게 한 창후를 원망하여 이에 창후를 죽이고 그녀의 가문을 멸족하였다. 그리고 함께 가嘉를 옹립하여 대代 땅에서 대왕代王으로 삼았다. 그러나 7년 뒤에 진나라를 이겨내지 못하고 조나라는 드디어 망하여 진나라의 군이 되고 말았다.

《시詩》에 "사람이 예가 없으면서 죽지 않으니 얼마나 기다릴꼬?"라 하였으니 이를 두고 한 말이다.

송頌:

"조나라 도양왕의 창후, 탐욕에 만족함을 몰랐네.
왕후와 태자를 폐하기 위한 사기에만 열중하여 성실함이란 조금도 없었네.
춘평군과 음란하게 놀며 자신이 욕정을 끝까지 몰고 갔으며,
진나라 뇌물 챙기다 조나라 멸망시키니 자신도 죽고 나라도 망하고 말았네."

倡后者, 邯鄲之倡, 趙悼襄王之后也. 前日而亂一宗之族, 旣寡, 悼襄王以其美而取之.

李牧諫曰:「不可! 女之不正, 國家所以覆而不安也! 此女亂一宗, 大王不畏乎?」

王曰:「亂與不亂, 在寡人爲政.」

遂娶之.

初, 悼襄王后生子嘉爲太子, 倡后旣入爲姬, 生子遷, 倡后旣嬖幸於王, 陰譖后及太子於王, 使人犯太子而陷之於罪, 遂廢嘉而立遷, 黜后而立倡姬爲后. 及悼襄王薨, 遷立, 是爲幽閔王. 倡后淫佚不正, 通於春平君, 多受秦賂, 而使王誅其良將武安君李牧.

其後秦兵徑入, 莫能距, 遷遂見虜於秦, 趙亡.

大夫怨倡后之譖太子及殺李牧, 乃殺倡后而滅其家, 共立嘉於代. 七年不能勝秦, 趙遂滅爲郡.

詩云:『人而無禮, 不死胡俟?』此之謂也.

頌曰:『趙悼倡后, 貪叨無足,
　　　　　黜廢后適, 執詐不愨;
　　　　　淫亂春平, 窮意所欲,
　　　　　受賂亡趙, 身死滅國.』

【邯鄲之倡】 邯鄲은 趙나라의 수도. 지금의 河北 邯鄲市. '倡'은 '唱'과 같으며 가무를 잘하는 藝人. 이 구절은 원본에 탈락되어 있으며《史記》〈趙世家〉集解와 〈張釋之馮唐列傳〉索隱에 의해 보입해 넣은 것임.

【趙悼襄王】 전국시대 趙나라 군주로 이름은 偃. B.C.244~236년까지 9년간
재위함.

【李牧】 조나라 마지막 대장군. 일찍이 秦나라 군대를 대패시켜 武安君에 봉해
졌었음. 뒤에 趙王이 秦나라의 反間計에 걸려들어 이목을 살해함.

【姬】 궁중 后妃의 직함. 명칭.

【幽閔王】《史記》〈趙世家〉에는 '幽穆王'이라 되어 있음. 이름은 遷.

【春平君】 趙나라의 왕족. 春平君은 작호.

【代】 고대 나라 이름. 지금의 河北 蔚縣 동북. 원래 代國은 趙 襄子에게 멸망하였
으며 뒤에 秦나라가 조나라를 깨뜨리자 公子 嘉가 대국으로 도망하여 代王이
되었음.

【人而無禮】《詩經》鄘風 相鼠의 구절.

【貪叨】 貪婪과 같음.

【隳廢后適】 王后와 적자인 태자를 廢黜함.

참고 및 관련 자료

1. 《詩經》鄘風 相鼠 → 101 참조.

2. 《史記》趙世家

太史公曰. 吾聞馮王孫曰:「趙王遷, 其母倡也, 嬖於悼襄王. 悼襄王廢適子嘉而
立遷. 遷素無行, 信讒, 故誅其良將李牧, 用郭開.」豈不繆哉! 秦旣虜遷, 趙之亡大夫
共立嘉爲王, 王代六歲, 秦進兵破嘉, 遂滅趙以爲郡.

3. 《史記》張釋之馮唐列傳

當是之時, 趙幾霸. 其後會趙王遷立, 其母倡也. 王遷立, 乃用郭開讒, 卒誅李牧,
令顏聚代之. 是以兵破士北, 爲秦所禽滅.

제8권
속열녀전續列女傳

《속열녀전續列女傳》은 후인이 추가하여 속집으로 편집하여 넣은 것이다.

保姆戲兒圖

105(8-1) 周郊婦人 仁智
주나라 교외의 부인

　주교周郊 부인은 주周나라 대부 윤고尹固가 교외에서 우연히 만난 부인이다. 주나라 경왕敬王 때 왕자 조朝가 아버지 경왕景王의 총애를 믿고 난을 일으켜 경왕敬王과 왕위를 다투었다. 이 일로 경왕敬王은 도성으로 들어올 수가 없었다. 이 때 윤고와 소백召伯 영盈, 그리고 원백原伯 로魯는 왕자 조에게 빌붙어 있었다.

　《춘추春秋》 노魯 소공昭公 2년 6월에 진晉나라가 도망온 경왕敬王을

주교부인(周郊婦人)

도성 낙읍洛邑으로 돌려보내어 들어갈 수 있도록 도와 주자, 윤고와 자조는 곧 주나라 왕실의 전적典籍을 가지고 초楚나라로 도망갔다.

　며칠이 지나 윤고가 초나라로부터 낙읍으로 되돌아오는 길에 교외에서 이 부인을 만났다. 그러자 그 부인은 이렇게 질책하는 것이었다.

　"그대는 조정에 있을 때는 남에게 재앙을 짓도록 권하더니, 떠났다가는 며칠만에 되돌아오니 겨우 삼 년만 살 작정이오?"

　노 소공 20년에 이르러 서울

사람이 과연 윤고를 죽이고 말았다.

군자가 말하였다.

"주나라 교외의 부인은 윤씨가 난을 도운 것을 미워하여, 천도로 보아 그가 도움을 받지 못할 것임을 알았다. 그에게 목숨의 한계를 일러 주었으며 마침내 그 말대로 되었다."

《시詩》에 "멀고 먼 비유를 말하는 것이 아니로다. 하늘의 도리는 어긋남이 없도다"라 하였으니 이를 두고 한 말이다.

周郊婦人者, 周大夫尹固所遇於郊之婦人也. 周敬王之時, 王子朝怙寵爲亂, 與敬王爭立, 敬王不得入. 尹固與召伯盈·原伯魯附於子朝.《春秋》魯昭二年六月, 晉師納王, 尹固與子朝奉周之典籍出奔楚. 數日道還周郊, 婦人遇郊.

尤之曰:「處則勸人爲禍, 行則數日而反, 是其過三歲乎?」

至昭公二十九年, 京師果殺尹固.

君子謂:「周郊婦人, 惡尹氏之助亂, 知天道之不祐, 示以大期, 終如其言.」

詩云:『取辟不遠, 昊天不忒.』此之謂也.

【周郊】東周의 도성인 洛邑. 지금의 河南 洛陽.

【周敬王】원래는 周 赧王으로 되어 있으나《左傳》昭公(26년)과《史記》〈周本紀〉에 의해 고침. 周 敬王은 이름이 丐이며 周 景王의 아들. 周 悼王의 아우. B.C.519~476년까지 44년간 재위함.

【王子朝】周 景王의 長庶子.《史記》〈周本紀〉에 王子 朝가 총애를 믿고 난을 일으킨 사건이 실려 있음.

【召伯盈】召簡公을 가리킴.

【二年六月】'二十六年'이어야 맞는 것으로 봄. 梁端의《校注》에 "當作二十六年.

案左傳在昭公二十六年十一月, 傳文下云: '是其過三歲乎'至昭公二十九年京師
果殺尹固, 尤其明證"이라 함.

【納王】周 敬王을 洛邑으로 모시고 옴.

【尹固】《左傳》昭公(26년)에 "王子朝及召氏之族, 毛伯得, 尹氏固, 南宮囂奉周
之典籍以奔楚"라 함.

【果殺尹固】《左傳》昭公(29년)에 "三月己卯, 京師殺召伯盈・尹氏固及原伯魯
之子"라 함.

【大期】목숨의 한계. 즉 죽음을 뜻함.

【取辟不遠】《詩經》大雅 抑의 구절.

참고 및 관련 자료

1. 제목 仁智 다음에 "此二字從明張溥翻宋本增, 後放(倣)此"(이 두 글자는 明代
장부(張溥)가 宋本을 翻刻하여 증보한 것을 따른 것이며, 이 다음은 모두가 같다)라는
구절이 있어 각 장마다 그 내용이 《열녀전》어느 편에 속하는지를 밝혀놓았다.

2. 《詩經》大雅 抑 →022 참조.

3. 《史記》周本紀

景王十八年, 后太子聖而蚤卒. 二十年, 景王愛子朝, 欲立之, 會崩, 子丐之黨與爭立,
國人立長子猛爲王, 子朝攻殺猛, 猛爲悼王. 晉人攻子朝而立丐, 是爲敬王. 敬王
元年, 晉人入敬王, 子朝自立, 敬王不得入, 居澤. 四年, 晉率諸侯入敬王於周, 子朝
爲臣, 諸侯城周. 十六年, 子朝之徒復作亂, 敬王犇于晉. 十七年, 晉定公遂入敬王于周.

4. 《左傳》昭公 29년

三月己卯, 京師殺召伯盈・尹氏固及原伯魯之子. 尹固之復也, 有婦人遇之周郊, 尤之,
曰:「處則勸人爲禍, 行則數日而反, 是夫也, 其過三歲乎?」夏五月庚寅, 王子趙車
入于鄐以叛, 陰不佞敗之.

5. 기타 참고자료

《左傳》昭公 26년

106(8-2) 陳國辯女 辯通
진나라의 말솜씨 뛰어난 여인

변녀辯女는 진陳나라 뽕을 따는 여인이다. 진晉나라 대부 해거보解居甫가 송宋나라에 사신으로 가면서 진나라를 지나던 길에 뽕 따는 이 여자를 만나자 가던 길을 멈추고 이렇게 놀렸다.
"나를 위해 노래를 불러 주면 내 장차 너를 놓아 주리라."
뽕을 따던 그녀는 이에 이렇게 노래를 불렀다.

"묘지의 문에 우거진 가시나무는,
도끼로 찍어 없애기라도 하지.
못된 저 사람의 온갖 행동은 온
나라 사람이 다 알고 있지.
알아도 그치지 아니하고 있으니
예부터 그 모양 역시 그러네."

대부가 다시 말하였다.
"다시 2절을 불러 주렴."
그녀는 다시 이렇게 노래를 불렀다.

"묘지의 문에 우거진 매화나무는,
올빼미라도 모여 앉기나 하지.

진국변녀(陳國辯女)

못된 저 사람의 온갖 행동은 노래로 불러서 일러 주어도,
여전히 알아듣지 못하고 있으니 엎어지고 자빠져야 생각나겠지."

대부가 물었다.
"매화나무는 있다만 그렇다면 올빼미는 어디 있느냐?"
그녀가 대답하였다.
"우리 진陳나라는 작은 나라입니다. 큰 나라의 가운데 끼어 기근이
들면 그로써 괴롭고 게다가 무력으로 짓누르니 이 나라 사람들은 모두
사라지고 말았습니다. 그런데 하물며 올빼미인들 있겠습니까?"
대부는 이에 탄복하고 그를 풀어 주었다.
군자가 말하였다.
"변녀는 곧고도 말솜씨에 뛰어났으며 유순하면서도 지키는 바가
있었다."
《시詩》에 "이미 군자의 모습을 보니 즐겁기도 하고 따라 배우네"라
하였으니 이를 두고 한 말이다.

辯女者, 陳國採桑之女也. 晉大夫解居甫使於宋, 道過陳,
遇採桑之女, 止而戲之曰:「女爲我歌, 我將舍汝.」
採桑女乃爲之歌曰:『墓門有棘, 斧以斯之. 夫也不良, 國人
知之. 知之不已, 誰昔然矣.』
大夫又曰:「爲我歌其二.」
女曰:「墓門有梅, 有鴞萃止. 夫也不良, 歌以訊止. 訊予不顧,
顚倒思予.」
大夫曰:「其梅則有, 其鴞安在?」
女曰:「陳, 小國也. 攝乎大國之間, 因之以饑饉, 加之以師旅,
其人且亡, 而況鴞乎?」

大夫乃服而釋之.

君子謂:「辯女貞正而有辭, 柔順而有守.」

詩云:『旣見君子, 樂且有儀.』此之謂也.

【辯女】'언변에 뛰어난 여자'라는 뜻.

【解居甫】晉나라 대부 이름. 解居父로도 표기함.

【墓門有棘】《詩經》陳風 墓門의 구절. 墓門은 묘지로 나가는 문. 혹은 묘지의 문을 말함. 음심을 품을 수 없는 곳임을 상징함.

【饑饉】원문은 '饑餓'로 되어 있으나 《楚辭補注》에 의해 고침.

【旣見君子】《詩經》小雅 菁菁者莪의 구절.

참고 및 관련 자료

1. 《詩經》陳風 墓門

墓門有棘, 斧以斯之. 夫也不良, 國人知之. 知而不已, 誰昔然矣. 墓門有梅, 有鴞萃止. 夫也不良, 歌以訊之. 訊予不顧, 顚倒思予.

2. 《詩經》小雅 菁菁者莪 →085 참조.

3. 《校注》梁端

「楚辭, 天文: "何繁鳥萃棘, 負子肆情." 王逸注: "言解居父聘吳, 過陳之墓門, 見婦人負其子, 欲與之淫洗, 肆其情欲. 婦人則引詩刺之曰: '墓門有棘, 有鴞萃止.' 故曰: '繁鳥萃棘也. 言墓門有棘, 雖無人, 棘上有鴞, 汝獨不愧也?'"」라 하여 解居甫가 陳나라 묘문을 지나며 아기 업은 여인에게 음심을 품자, 『詩』의 구절을 인용하여 '묘문의 가시나무 위에서 올빼미가 보고 있는데 그대는 부끄러움도 모르는가?'라고 핀잔을 주었다는 뜻으로 보아 본 장의 내용과 차이가 있음.

4. 《藝文類聚》88

陳辯女者, 陳國採桑之女也. 晉大夫解君甫使於宋, 道過陳. 過採桑之女, 止而戲之曰:「女爲我歌, 吾將舍女.」女乃歌曰:「墓門有棘, 斧以斫之. 夫也不良, 國人知之.」

107(8-3) 聶政之姉 節義
섭정의 누나

제齊나라 용사 섭정聶政의 누나이다. 섭정은 이윽고 어머니가 돌아가시고 오직 누나만 남게 되었다. 이에 복양濮陽 사람 엄중자嚴仲子를 위하여 한韓나라 재상 협루俠累를 찔러 죽였는데 그 때 죽인 사람이 수십 명이 되었다. 그는 자신의 재앙이 그 누나에게까지 미칠까 두려워 스스로 얼굴을 벗기고 눈을 후벼 내고 창자를 드러내어 잘라 남이 알아보지 못하게 한 채 죽었다.

한나라에서는 그의 시체를 저잣거리에 드러내어 놓고 천금을 걸고

섭정지자(聶政之姉)

물었으나 아무도 그가 누구인지 알아보는 자가 없었다.

그 누나가 말하였다.

"내 동생은 지극히 똑똑하였다. 내가 자신의 몸을 아껴 아우의 이름을 사라지게 할 수는 없다. 이는 아우의 뜻도 아니다."

그리고는 한나라로 가서 섭정의 시신을 두고 곡을 하면서 관리에게 이렇게 말하였다.

"한나라 재상을 죽인 자는 내 아우 지軹 땅 심정리深井里의 섭정입니다."

그리고는 자신도 그 시신 아래에서 자살하고 말았다.

진晉·초楚·제齊·위衛나라에서 이를 듣고 모두 이렇게 말하였다.

"섭정의 용맹만이 위대한 것이 아니라 그 누나는 정말 열녀烈女로다."

군자가 말하였다.

"섭정의 누나는 어질고도 용기가 있었다. 죽음 때문에 이름을 사라지게 하는 일은 피하지 않았다."

《시詩》에 "죽을 고비 만나도 형제라면 정을 주지"라 하였으니 이는 죽음이란 가히 두려운 일이지만 오직 형제라면 그러한 경우에도 심히 서로 사랑함을 말한 것으로 이를 두고 한 말이다.

齊勇士聶政之姉也. 聶政母旣終, 獨有姉在. 及爲濮陽嚴仲子刺韓相俠累, 所殺者數十人, 恐禍及姉. 因自披其面, 抉其目, 自屠剔而死. 韓暴其尸於市, 購問以千金, 莫知爲誰.

姉曰:「弟至賢, 愛妾之軀, 滅吾之弟名, 非弟意也.」

乃之韓, 哭聶政尸, 謂吏曰:「殺韓相者, 妾之弟軹深井里聶政也.」

亦自殺於尸下.

晉·楚·齊·衛聞之曰:「非獨聶政之勇, 乃其姉者烈女也.」

君子謂:「聶政姉仁而有勇, 不去死以滅名.」

詩云:『死喪之滅, 兄弟孔懷.』言死可畏之事, 唯兄弟甚相懷. 此之謂也.

【聶政】 전국시대 자객. 河內 軹(지금의 河南 濟源縣 軹城鎭) 땅 深井里 사람으로 사람을 죽인 일로 숨어 살면서 개백정 노릇을 하였음. 韓나라 대신 嚴遂로부터 당시 상국 俠累를 죽이도록 부탁받고 일을 저지른 다음 자결한 인물.《史記》

〈刺客列傳〉및〈韓世家〉,《戰國策》韓策(2) 등을 참조할 것. 그 누이의 이름은
嫈, 혹은 榮이라 함.
【濮陽】지명. 衛나라 도읍. 지금의 河南 濮陽縣 서남.
【嚴仲子】嚴遂. 당시 한나라 대신.
【屠剔】《史記》와《戰國策》에는 '屠出腸'이라 함.
【軹深井里】軹縣의 深井里라는 지명. 섭정의 고향, 출신지.
【晉】전국시대 晉나라는 흔히 三晉, 즉 魏·韓·趙를 함께 일컫는 말로 쓰임.
【死喪之威】《詩經》小雅 常棣의 구절.

> ### 참고 및 관련 자료

1.《詩經》小雅 常棣 → 078 참조.

2.《史記》刺客列傳

聶政者, 軹深井里人也. 殺人避仇, 與母·姊如齊, 以屠爲事.

久之, 濮陽嚴仲子事韓哀侯, 與韓相俠累有卻. 嚴仲子恐誅, 亡去, 游求人可以報俠
累者. 至齊, 齊人或言聶政勇敢士也, 避仇隱於屠者之閒. 嚴仲子至門請, 數反, 然後
具酒自暢聶政母前. 酒酣, 嚴仲子奉黃金百溢, 前爲聶政母壽. 聶政驚怪其厚, 固謝
嚴仲子. 嚴仲子固進, 而聶政謝曰:「臣幸有老母, 家貧, 客游以爲狗屠, 可以旦夕得
甘毳以養親. 親供養備, 不敢當仲子之賜.」嚴仲子辟人, 因爲聶政言曰:「臣有仇,
而行游諸侯衆矣; 然至齊, 竊聞足下義甚高, 故進百金者, 將用爲大人麤糲之費, 得以
交足下之驩, 豈敢以有求望邪!」聶政曰:「臣所以降志辱身居市井屠者, 徒幸以養
老母; 老母在, 政身未敢以許人也.」嚴仲子固讓, 聶政竟不肯受也. 然嚴仲子卒備賓
主之禮而去.

久之, 聶政母死. 旣已葬, 除服, 聶政曰:「嗟乎! 政乃市井之人, 鼓刀以屠; 而嚴仲子乃
諸侯之卿相也, 不遠千里, 枉車騎而交臣. 臣之所以待之, 至淺鮮矣, 未有大功可以
稱者, 而嚴仲子奉百金爲親壽, 我雖不受, 然是者徒深知政也. 夫賢者以感忿睚眦之
意而親信窮僻之人, 而政獨安得嘿然而已乎! 且前日要政, 政徒以老母; 老母今以天
年終, 政將爲知己者用.」乃遂西至濮陽, 見嚴仲子曰:「前日所以不許仲子者, 徒以
親在; 今不幸而母以天年終. 仲子所欲報仇者爲誰? 請得從事焉!」嚴仲子具告曰:
「臣之仇韓相俠累, 俠累又韓君之季父也, 宗族盛多, 居處兵衛甚設, 臣欲使人刺之,

終莫能就. 今足下幸而不棄, 請益其車騎壯士可爲足下輔翼者.」聶政曰:「韓之與衛, 相去中間不甚遠, 今殺人之相, 相又國君之親, 此其勢不可以多人, 多人不能無生得失, 生得失則語泄, 語泄是韓舉國而與仲子爲讎, 豈不殆哉!」遂謝車騎人徒, 聶政乃辭獨行. 杖劍至韓, 韓相俠累方坐府上, 持兵戟而衛侍者甚衆. 聶政直入, 上階刺殺俠累, 左右大亂. 聶政大呼, 所擊殺者數十人, 因自皮面決眼, 自屠出腸, 遂以死. 韓取聶政屍暴於市, 購問莫知誰子. 於是韓(購)縣(購)之, 有能言殺相俠累者予千金. 久之莫知也.

政姊榮聞人有刺殺韓相者, 賊不得, 國不知其名姓, 暴其尸而縣之千金, 乃於邑曰: 「其是吾弟與? 嗟乎, 嚴仲子知吾弟!」立起, 如韓, 之市, 而死者果政也, 伏尸哭極哀, 曰:「是軹深井里所謂聶政者也.」市行者諸衆人皆曰:「此人暴虐吾國相, 王縣購其名姓千金, 夫人不聞乎? 何敢來識之也?」榮應之曰:「聞之. 然政所以蒙污辱自棄於市販之間者, 爲老母幸無恙, 妾未嫁也. 親旣以天年下世, 妾已嫁夫, 嚴仲子乃察舉吾弟困污之中而交之, 澤厚矣, 可奈何! 士固爲知己者死, 今乃以妾尚在之故, 重自刑以絶從, 妾其奈何畏歿身之誅, 終滅賢弟之名!」大驚韓市人. 乃大呼天者三, 卒於邑悲哀而死政之旁.

晉‧楚‧齊‧衛聞之, 皆曰:「非獨政能也, 乃其姊亦烈女也. 鄉使政誠知其姊無濡忍之志, 不重暴骸之難, 必絶險千里以列其名, 姊弟俱僇於韓市者, 亦未必敢以身許嚴仲子也. 嚴仲子亦可謂知人能得士矣!」

3.《戰國策》韓策(二)

韓傀相韓(韓相俠累), 嚴遂重於君, 二人相害也. 嚴遂政議直指, 舉韓傀之過. 韓傀以之叱之於朝. 嚴遂拔劍趨之, 以救解. 於是嚴遂懼誅, 亡去游, 求人可以報韓傀者. 至齊, 齊人或言:「軹深井里聶政, 勇敢士也, 避仇隱於屠者之間.」嚴遂陰交於聶政, 以意厚之. 聶政問曰:「子欲安用我乎?」嚴遂曰:「吾得爲役之日淺, 事今薄, 奚敢有請?」於是嚴遂乃具酒, 觴聶政母前, 仲子奉黃金百鎰, 前爲聶政母壽. 聶政驚, 愈怪其厚, 固謝嚴仲子. 仲子固進, 而聶政謝曰:「臣有老母, 家貧, 客游以爲狗屠, 可旦夕得甘脆以養親. 親供養備, 義不敢當仲子之賜.」嚴仲子辟人, 因爲聶政語曰: 「臣有仇, 而行游諸侯衆矣. 然至齊, 聞足下義甚高. 故直進百金者, 特以爲夫人麤糲之費, 以交足下之驩, 豈敢以有求邪?」聶政曰:「臣所以降志辱身, 居市井(屠)者, 徒幸而養老母. 老母在, 政身未敢以許人也.」嚴仲子固讓, 聶政竟不肯受. 然仲子卒備賓主之禮而去.

久之, 聶政母死, 旣葬, 除服. 聶政曰:「嗟乎! 政乃市井之人, 鼓刀以屠, 而嚴仲子乃諸侯之卿相也, 不遠千里, 枉車騎而交臣, 臣之所以待之至淺鮮矣, 未有大功可以稱者, 而嚴仲子舉百金爲親壽, 我雖不受, 然是深知政也. 夫賢者以感忿睚眦之意, 而親信窮僻之人, 而政獨安可嘿然而止乎? 且前日要政, 政徒以老母. 老母今以天年終, 政將爲知己者用.」

遂西至濮陽, 見嚴仲子曰:「前所以不許仲子者, 徒以親在. 今親不幸, 仲子所欲報仇者爲誰?」嚴仲子具告曰:「臣之仇韓相傀. 傀又韓君之季父也, 宗族盛, 兵衛設, 臣使人刺之, 終莫能就. 今足下幸而不棄, 請益具車騎壯士, 以爲羽翼.」政曰:「韓與衛, 中間不遠, 今殺人之相, 相又國君之親, 此其勢不可以多人. 多人不能無生得失, 生得失則語泄, 語泄則韓擧國而與仲者爲讎也, 豈不殆哉!」遂謝車騎人徒, 辭, 獨行仗劍至韓.

韓適有東孟之會, 韓王及相皆在焉, 持兵戟而衛者甚衆. 聶政直入, 上階刺韓傀. 韓傀走而抱哀侯, 聶政刺之, 兼中哀侯, 左右大亂. 聶政大呼, 所殺者數十人. 因自皮面抉眼, 自屠出腸, 遂以死. 韓取聶政屍(暴)於市, 縣購之千金. 久之莫知誰子. 政姊聞之, 曰:「弟至賢, 不可愛妾之軀, 滅吾弟之名, 非弟意也.」乃之韓. 視之曰:「勇哉! 氣矜之隆. 是其軼賁·育而高成荊矣. 令死而無名, 父母旣歿矣, 兄弟無有, 此爲我故也. 夫愛身不揚弟之名, 吾不忍也.」乃抱屍而泣之曰:「此吾弟軹深井里聶政也.」亦自殺於屍下.

晉·楚·齊·衛聞之曰:「非獨政之能, 乃其姊者, 亦列女也.」聶政之所以名施於後世者, 其姊不避菹醢之誅, 以揚其名也.

108(8-4) 王孫氏母 節義
왕손가의 어머니

왕손씨王孫氏의 어머니는 제齊나라 대부 왕손가王孫賈의 어머니이다.

왕손가가 나이 열다섯에 제나라 민왕閔王을 섬겼는데 나라에 난이 일어나 민왕이 도망하여 시해를 당하고 말았다. 그런데도 나라 사람들은 그 시해한 자를 토벌하지 않고 있었다. 그러자 왕손씨의 어머니가 아들 가에게 이렇게 말하였다.

"네가 아침에 나가 저녁에 돌아올 때면 나는 문에 기대어 너를 기다렸다. 그리고 네가 저녁에 나가 돌아오지 아니하면 나는 동구 밖에서 너를 기다렸다. 지금 너는 왕을 모시면서 왕이 도망하였는데 너는 그의 소재조차 모르면서 그래도 집에 돌아올 수 있느냐?"

왕손가는 이에 저자로 들어가 백성들에게 이렇게 명하였다.

"요치淖齒가 제나라를 혼란에 몰아넣고 민왕을 죽였다. 나와 함께 요치를 처단하고자 하는 자는 오른쪽 어깨를 벗어라!"

저자에 있던 사람들 중에 이를 따르겠다는 자가 4백 명이 되어

왕손씨모(王孫氏母)

그들과 더불어 요치를 토벌하여 그를 찔러 죽여 버렸다.

군자가 말하였다.

"왕손씨의 어머니는 의롭고 또한 능히 아들을 잘 가르쳤다."

《시詩》에 "너의 아들을 잘 가르쳐라. 착하고 진실하게"라 하였으니 이를 두고 한 말이다.

王孫氏之母者, 齊大夫王孫賈之母也. 賈年十五, 事齊閔王, 國亂, 閔王出, 見弑, 國人不討賊.

王孫母謂賈曰:「汝朝出而晚來, 則吾倚門而望汝; 汝暮出而不還, 則吾倚閭而望汝. 今汝事王, 王出走, 汝不知其處, 汝尚何歸乎?」

王孫賈乃入市中, 而令百姓曰:「淖齒亂齊國, 弑閔王, 欲與我誅之者, 袒右!」

市人從者四百人, 與之誅淖齒, 刺而殺之.

君子謂:「王孫母義而能敎.」

詩云:『敎誨爾子, 式穀似之.』此之謂也.

【王孫賈】齊나라 대부. 처음 아버지를 잃고 편모 밑에서 자랐다. 나이 열다섯에 閔王(湣王)을 따라 도망갔다가 왕이 淖齒에게 죽자 돌아왔다. 이때 어머니의 '倚門而望', '倚閭而望'을 듣고 齊나라 王權을 회복한 인물이다.

【齊閔王】湣王으로도 쓰며 전국시대 제나라 임금. B.C.300~284년까지 17년간 재위함.

【閔王出見弑】《戰國策》齊策(6)에는 "王出走, 失王之處"라 함.

【女尚何歸】'어머니도 자식을 이처럼 정성껏 기다리는데 신하 된 자가 임금을 위해 아무것도 하지 못하고 되돌아올 수 있느냐'라 꾸짖은 것이다.

【淖齒】원래 楚나라 公族으로 齊 閔王 17년 燕나라 장수 樂毅가 燕·秦·趙·魏·韓 다섯 나라와 연합하여 제나라를 공격, 제나라 70여 성을 함락하자 민왕이

도망함. 이 때 楚 頃襄王이 요치를 파병하여 제나라를 구원해 주어 제나라는
요치를 상국으로 삼았으나 요치는 민왕을 협박하여 鼓里에서 죽임.

【祖右】오른쪽 어깨를 벗어 드러내어 보임. '뜻을 함께 하겠다'는 의지를 표현한
것임.

【敎誨爾子】《詩經》小雅 小宛의 구절.

1.《詩經》小雅 小宛 →010 참조.

2.《戰國策》齊策(6)

王孫賈年十五, 事閔王. 王出走, 失王之處. 其母曰:「女朝出而晩來, 則吾倚門而望;
女暮出而不還, 則吾倚閭而望. 女今事王, 王出走, 女不知其處, 女尚何歸?」王孫賈
乃入市中, 曰:「淖齒亂齊國, 殺閔王, 欲與我誅者, 袒右!」市人從者四百人, 與之
誅淖齒, 刺而殺之.

3.《史記》田敬仲完世家

四十年, 燕·秦·楚·三晉合謀, 各出銳師以伐, 敗我濟西. 王解而郤. 燕將樂毅遂入
臨淄, 盡取齊之寶藏器. 湣王出亡, 之衛. 衛君辟宮舍之, 稱臣而共具. 湣王不遜,
衛人侵之. 湣王去, 走鄒·魯, 有驕色, 鄒·魯君弗內, 遂走莒. 楚使淖齒將兵救齊,
因相齊湣王. 淖齒遂殺湣王而與燕共分齊之侵地鹵器.

4.《十八史略》卷一

王孫賈年十五, 事閔王. 王出走, 失王之處. 其母曰:「女朝出而晩來, 則吾倚門而望;
女暮出而不還, 則吾倚閭而望. 女今事王, 王出走, 女不知其處, 女尚何歸?」王孫賈
乃入市中, 曰:「淖齒亂齊國, 殺閔王, 欲與我誅者, 袒右!」市人從者四百人, 與之誅
淖齒, 刺而殺之.

5.《小學》稽古 明倫篇

王孫賈, 事齊閔王, 王出走, 賈失王之處, 其母曰:「女朝去而晩來, 則吾倚門而望,
女莫出而不還, 則吾倚閭而望. 女今事王, 王出走, 女不知其處, 女尚何歸?」王孫賈
乃入市中曰:「淖齒亂齊國, 殺閔王, 欲與我誅齒者袒右.」市人從之者四百人, 與誅
淖齒, 刺而殺之.

109(8-5) 陳嬰之母 賢明
진영의 어머니

한漢나라 당읍후棠邑侯 진영陳嬰의 어머니이다. 처음 진영이 동양현東陽縣의 영사令史가 되어 그 현에 살면서 평소 신망이 있어 어른으로서의 존경을 받았다.

진秦 이세二世 때에 동양의 소년이 현령을 죽이고 수천 명을 모아 자신들을 이끌 장수를 세우고자 하였으나 아직 그에 맞는 자가 없었다. 이에 진영에게 청하자 진영은 능력이 없다고 사양하였지만, 결국 억지로 세워 지도자가 되었다. 현에서 이를 따르는 자 2만 명을 얻게 되자 사람들은 진영을 왕으로 세우고자 하였다.

그러자 진영의 어머니가 이렇게 말하였다.

"내 너의 집안에 며느리로 들어와서 듣기로 너의 집 조상 중에 심히 귀하게 되었던 자는 없었다고 한다. 지금 갑자기 큰 이름을 얻는 것은 상서롭지 못하다. 그러니 너의 병력을 모두 다른 사람에게 위촉하느니만 못하다. 일이 성공하면 오히려 봉후封侯 정도는

진영지모(陳嬰之母)

얻을 수 있을 것이요, 만약 패하면 도망가기라도 쉬울 것이다. 그렇게 되면 남에게 그 이름을 들어 질책받는 일은 없을 것이다."

진영은 그 말을 듣고 자신의 병력을 항량項梁에게 넘겨 주었으며 항량은 그를 상주국上柱國으로 삼았다.

뒤에 항씨項氏가 패하자 진영은 한나라에 귀속하였고 그 공으로 당읍후에 봉해졌다.

군자가 말하였다.

"진영의 어머니는 천명을 알았으며, 능히 선조의 업을 지켜낼 수 있어 그 복이 후세까지 흐르도록 하였으니 모책과 사려가 깊었다."

《시詩》에 "자손에게 좋은 계책 세워 주셔서 길이길이 후대를 편케 하셨네"라 하였으니 이를 두고 한 말이다.

漢棠邑侯陳嬰之母也. 始, 嬰爲東陽令史, 居縣, 素信, 爲長者.

秦二世之時, 東陽少年殺縣令, 相聚數千人, 欲立長帥, 未有所用. 乃請陳嬰, 嬰謝不能, 遂强立之, 縣中從之得二萬人, 欲立嬰爲王.

嬰母曰:「我爲子家婦, 聞先故不甚貴, 今暴得大名不祥, 不如以兵有所屬. 事成, 猶得封侯, 敗, 則易以亡; 可無爲人所指名也.」

嬰從其言, 以兵屬項梁, 梁以爲上柱國.

後項氏敗, 嬰歸漢, 以功封棠邑侯.

君子曰:「嬰母知天命, 又能守先固之業, 流祚後世, 謀慮深矣.」

詩曰:『貽厥孫謀, 以燕翼子.』此之謂也.

【棠邑】堂邑으로도 표기하며 지금의 江蘇 六合縣 경내.
【東陽】秦나라 때 설치하였던 현 이름. 지금의 安徽 天長縣 서북.

【令史】 낮은 직책의 옥리. 법관.

【素信】 평소 신망이 두터웠음을 말함. 《史記》〈項羽本紀〉에 "居縣中, 素信謹, 稱爲長者"라 함.

【秦二世】 秦나라 二世皇帝 胡亥. 秦始皇(嬴政)의 둘째 아들. B.C.209~207년까지 3년간 재위함.

【嬰從其言】 《史記》〈項羽本紀〉에 "嬰乃不敢爲王" 다음에 "謂其軍吏曰: '項氏 世世將家, 有名於楚. 今欲擧大事, 將非其人, 不可. 我倚名族, 亡秦必矣.' 於是衆 從其言"이라 함.

【項梁】 초나라 귀족으로 項燕의 아들이며 秦 二世 元年 陳勝 등이 반기를 들자 항량은 조카 項羽와 함께 吳(지금의 江蘇 蘇州)에서 난을 일으켜 秦나라에 항거함.

【項氏】 항량과 항우를 가리킴.

【上柱國】 楚나라의 관직 이름.

【詒厥孫謀】 《詩經》 大雅 文王有聲의 구절.

> ### 참고 및 관련 자료

1. 《詩經》 大雅 文王有聲

文王有聲, 遹駿有聲. 遹求厥寧, 遹觀厥成. 文王烝哉. 文王受命, 有此武功. 既伐 于崇, 作邑于豐. 文王烝哉. 築城伊淢, 作豐伊匹. 匪棘其欲, 遹追來孝. 王后烝哉. 王公伊濯, 維豐之垣. 四方攸同, 王后維翰. 王后烝哉. 豐水東注, 維禹之績. 四方 攸同, 皇王維辟. 皇王烝哉. 鎬京辟廱. 自西自東, 自南自北, 無思不服. 皇王烝哉. 考卜維王, 宅是鎬京. 維龜正之, 武王成之. 武王烝哉. 豐水有芑, 武王豈不仕. 詒厥 孫謀, 以燕翼子. 武王烝哉.

2. 《史記》 項羽本紀

廣陵人召平於是爲陳王徇廣陵, 未能下. 聞陳王敗走, 秦兵又且至, 乃渡江矯陳王命, 拜梁爲楚王上柱國. 曰:「江東已定, 急引兵西擊秦.」項梁乃以八千人渡江而西. 聞陳嬰已下東陽, 使使欲與連和俱西. 陳嬰者, 故東陽令史, 居縣中, 素信謹, 稱爲 長者. 東陽少年殺其令, 相聚數千人, 欲置長, 無適用, 乃請陳嬰. 嬰謝不能, 遂彊 立嬰爲長, 縣中從者得二萬人. 少年欲立嬰便爲王, 異軍蒼頭特起. 陳嬰母謂嬰曰:

「自我爲汝家婦, 未嘗聞汝先古之有貴者. 今暴得大名, 不祥. 不如有所屬, 事成猶得封侯, 事敗易以亡, 非世所指名也.」嬰乃不敢爲王. 謂其軍吏曰:「項氏世世將家, 有名於楚. 今欲擧大事, 將非其人, 不可. 我倚名族, 亡秦必矣.」於是衆從其言, 以兵屬項梁. 項梁渡淮, 黥布・蒲將軍亦以兵屬焉. 凡六七萬人, 軍下邳.

110(8-6) 王陵之母 節義
왕릉의 어머니

한漢나라 승상 안국후安國侯 왕릉王陵의 어머니이다. 왕릉은 처음 그 현의 호걸로 고조高祖가 미천할 때 그 왕릉을 형으로 섬겼다. 고조가 패沛에서 봉기할 때 왕릉 역시 무리 수천을 모아 그 병력을 한왕漢王 유방劉邦에게 귀속시켜 주었다.

항우項羽가 한漢나라를 적국으로 여겨 싸움이 벌어지자, 항우는 왕릉의 어머니를 인질로 잡아 군영에 두었다.

왕릉지모(王陵之母)

왕릉이 사자로 하여금 찾아가도록 하자, 항우는 왕릉의 어머니를 존대하여 그 어머니로 하여금 동쪽을 향에 앉도록 하여 이로써 왕릉의 마음을 움직여 부르고자 하였다. 왕릉의 어머니가 이윽고 사사롭게 그 사자를 보내게 되자 울면서 이렇게 말하였다.

"늙은 나를 위하여 아들에게 일러 주시오. 한왕을 잘 모시라고. 한왕은 어른다운 자로서 아들이 늙은 나로 인하여 두 가지 마음을 품지 말라고 해 주시오. 그리고 나는 이미 죽었다고 하시오."

그리고는 칼을 품고 엎어져 죽어 왕릉으로 하여금 힘쓸 수밖에 없도록 하였다. 항우가 노하여 그 어머니를 삶아 버리자 왕릉의 의지는 더욱 굳어졌으며, 마침내 고조와 더불어 천하를 평정하여 재상의 지위에 올랐고 후侯에 봉해져 오세五世를 전하게 되었다.

군자가 말하였다.

"왕릉의 어머니는 능히 자신의 몸을 버려 의를 세웠으며 이로써 그 아들을 성공시켰다."

시에 "내 몸조차 용납되지 못하는 세상, 어찌 남까지 돌아볼 수 있으랴"라 하여, 한 사람이 종신토록 인덕을 지켜내기 어려운 일인데 왕릉 어머니의 그 인덕이 오세까지 미칠 수 있었다.

漢丞相安國侯王陵之母也. 陵始爲縣邑豪, 高祖微時, 兄事陵. 及高祖起沛, 陵亦聚黨數千, 以兵屬漢王.

項羽與漢爲敵國, 得陵母置軍中. 陵使至, 則東嚮坐陵母, 欲以招陵, 陵母旣而私送使者泣曰:「爲老妾語陵, 善事漢王, 漢王長者, 無以老妾故懷二心, 言妾已死也.」

乃伏劍而死, 以固勉陵. 項羽怒烹之, 陵志益感, 終與高祖定天下, 位至丞相, 封侯, 傳爵五世.

君子謂:「王陵母能棄身立義, 以成其子.」

詩云:『我躬不閱, 遑恤我後.』終身之仁也, 陵母之仁及五世矣.

【王陵】 沛縣 사람으로 劉邦을 따라 천하를 평정하여 安國侯에 봉해진 인물. 漢 惠帝 6년 右丞相이 되었으며 뒤에 呂太后에게 미움을 받아 재상직을 빼앗기고 죽음을 당함.《漢書》張陳王周傳(王陵傳) 참조.

【高祖】漢 高祖 劉邦을 가리킴. 字는 季. 패현 사람으로 泗水亭長으로 있다가 秦 二世 元年에 反秦세력을 형성하여 자칭 沛公이라 함. 咸陽을 공격하여 秦나라를 무너뜨렸으나 項羽에 의해 漢王(漢中王)에 봉해진 다음 다시 5년 동안 楚漢戰을 거쳐 항우를 물리치고 皇帝에 올라 漢나라를 건립함. 高祖는 유방 사후의 廟號임. B.C.206~195년까지 12년간 재위함.《史記》〈高祖本紀〉참조.

【項羽】이름은 籍. 자는 羽. 下相(지금의 江蘇 宿遷縣 서남) 사람으로 楚나라의 귀족. 秦 二世 원년 숙부 項梁을 따라 반란을 일으켜 秦이 망한 뒤 자립하여 西楚霸王이 됨. 초한전에서 劉邦에게 패하여 천하를 잃은 뒤 垓下(지금의 安徽 靈壁縣 남쪽)에서 최후를 마침.《史記》〈項羽本紀〉참조.

【東嚮坐】동쪽을 향하여 앉음. 고대 賓主의 예로서 보통 동쪽을 향하여 앉는 자리가 존귀한 위치였음. 그러나 상례(喪禮)로서 왕릉의 어머니를 죽은 것처럼 보이게 한 것이라 하기도 함. 상례에서는 남성은 서쪽으로 향하게 하고, 여성은 동쪽으로 향하게 함.(《禮記》)

【長者】유덕자(有德者). 어른과 같다.

【傳爵五世】《史記》〈高祖功臣侯者年表〉와《漢書》高惠高后文功臣表에 의하면 王陵으로부터 哀侯(忌), 終侯(㫒), 安侯(辟)을 거쳐 至侯(定)에 이르기까지 모두 5세라 함.

【我躬不閱】《詩經》邶風 谷風과 小雅 小弁의 구절.

참고 및 관련 자료

1.《詩經》邶風 谷風 →022 참조.

2.《詩經》小雅 小弁 →070 참조.

3.《漢書》(10) 張陳王周傳(王陵傳)

王陵, 沛人也. 始爲縣豪, 高祖微時兄事陵. 及高祖起沛, 入咸陽, 陵亦聚黨數千人, 居南陽, 不肯從沛公. 及漢王之還擊項籍, 陵乃以兵屬漢. 項羽取陵母置軍中, 陵使至, 則東鄕坐陵母, 欲以招陵. 陵母旣私送使者, 泣曰:「願爲老妾語陵, 善事漢王. 漢王長者, 毋以老妾故持二心. 妾以死送使者.」遂伏劍而死. 項王怒, 亨陵母. 陵卒從漢王定天下. 以善雍齒, 雍齒, 高祖之仇, 陵又本無從漢之意, 以故後封陵, 爲安國侯. 陵爲人少文任氣, 好直言. 爲右丞相二歲, 惠帝崩. 高后欲立諸呂爲王,問陵. 陵曰:「高皇帝刑白馬而盟曰:『非劉氏而王者, 天下共撃之.』今王呂氏, 非約也.」
太后不說. 問[左]丞相平及絳侯周勃等, 皆曰:「高帝定天下, 王子弟;今太后稱制,
欲王昆弟諸呂, 無所不可.」太后喜. 罷朝, 陵讓平′勃曰:「始與高帝唼血而盟, 諸君
不在邪? 今高帝崩, 太后女主, 欲王呂氏, 諸君縱欲阿意背約, 何面目見高帝於地
下乎!」平曰:「於面折廷爭, 臣不如君;全社稷, 定劉氏後, 君亦不如臣.」陵無以應之.
於是呂太后欲廢陵, 乃陽遷陵爲帝太傅, 實奪之相權. 陵怒, 謝病免, 杜門竟不朝請,
十年而薨.

4. 《蒙求》卷上 陵母伏劒

前漢王陵沛人. 高祖起, 陵亦取黨數千人. 及高祖撃項羽, 迺以兵屬漢. 羽取陵母置
軍中. 陵使至, 則東向坐陵母, 以招陵. 陵母私送使者, 泣曰:「爲妾語陵. 善事漢王.
漢王長者, 母以老妾故持心. 妾以死送使者.」遂伏劒而死.

5. 《太平御覽》441

列女傳曰: 沛王母, 王陵之母也. 陵始爲縣邑豪, 及高祖起沛, 亦聚黨數千人, 屬漢王.
項羽與漢爲敵國, 得陵母置軍中. 漢使至, 則東向坐陵母, 欲以招陵, 陵私送使者
泣曰:「爲老妾語陵, 善事漢王, 漢王長者也, 必得天下. 無以妾故懷持二心, 言妾已
死也.」乃伏劒而死.

111(8-7) 張湯之母 仁智
장탕의 어머니

한漢나라 어사대부御史大夫 장탕張湯의 어머니이다. 탕은 법을 잘 제정하는 것으로써 무제武帝를 섬겨 어사대부가 되었던 것이다. 그러나 그는 남을 이기고 능멸하기를 좋아하여, 어머니가 여러 차례 책하고 노하였지만 그의 본성은 고쳐지지 않았다. 뒤에 과연 승상 엄청적嚴靑翟과 세 명의 장사長史에게 원한을 샀고, 마침 조왕趙王의 상서上書에 장탕의 죄를 언급한 것이 있어 정위廷尉에게 잡혀 옥에 갇히게 되었다. 승상과 세 명의 장사가 함께 나서서 그의 죄를 다스리자 장탕은 그만 자살하고 말았다.

그의 형제들과 여러 아들들이 아버지의 장례를 후하게 치르려 하자 어머니가 말하였다.

"탕은 천자의 대신으로 악담에 걸려 죽었다. 어찌 후한 장례를 치르겠는가?"

그리고 소가 끄는 수레에 싣고 관棺만 썼으며 곽槨은 없이 하였다.

천자가 이를 듣고 말하였다.

"이러한 어머니가 아니라면 이러한 아들이 있을 수 없다!"

장탕지모(張湯之母)

그리고 그 안건을 자세히 살핀 다음 세 장사를 모두 주멸하자, 승상 엄청적은 자살하고 말았다.

군자가 말하였다.

"장탕의 어머니는 능히 자신의 감정을 억제하여 당시 임금을 깨닫게 하였다."

《시詩》에 "저 강씨의 집 큰딸이여, 훌륭하신 그 말씀 잊을 수 없네"라 하였으니 이를 두고 한 말이다.

漢御史大夫張湯之母也. 湯以文法事漢孝武帝, 爲御史大夫. 好勝陵人, 母數責怒, 性不能悛改. 後果爲丞相嚴青翟及三長史所怨, 會趙王上書言湯罪, 繫廷尉, 丞相及三長史共致其罪, 遂自殺.

昆弟諸子欲厚葬之, 母曰:「湯爲天子大臣, 被惡言而死, 亦何厚葬?」

載以牛車, 有棺而無槨.

天子聞之曰:「非此母不生此子!」

乃盡案誅三長史, 丞相嚴青翟自殺.

君子謂:「張湯母, 能克己感悟時主.」

詩云:『彼美孟姜. 德音不忘.』此之謂也.

【張湯】西漢 杜陵(지금의 陝西 西安市 남쪽) 사람으로 武帝 때 廷尉, 御史大夫 등을 역임한 행정가이며 법관. 白金과 五銖錢을 주조할 것을 건의하였으며 鹽鐵과 銅錢으로 경제를 부흥시킬 것을 주장하기도 하였음. 그는 律令을 제정하고 법을 엄격히 적용하였으나 너무 가혹하여 뒤에 모함을 입어 자살함. 《史記》〈酷吏列傳〉과 《漢書》張湯傳 참조.

【御史大夫】 관직 이름으로 監察, 司法 업무를 담당함. 뒤에 大司空, 司空 등으로 명칭을 바꾸었음. 이 관직은 丞相(大司徒), 太尉(大司馬)와 함께 흔히 三公으로 불릴 정도로 대단하였음.

【漢孝武帝】 漢나라 武帝. 이름은 劉徹. 경제의 둘째 아들이며 한나라 5대 황제. B.C.140~87년까지 54년간 재위하였으며, 한나라를 대제국으로 만든 영명한 군주임. 한나라 황제의 廟號에는 흔히 앞에 '孝'자를 붙여 불렀음. 유철.

【嚴靑翟】 丞相 莊靑翟. 한 明帝(劉莊)의 이름을 피휘하여 '嚴氏'로 고침.

【三長史】 세 명의 長史 벼슬. 즉 朱買臣, 王朝, 邊通.《史記》〈酷吏列傳〉과《漢書》 張湯傳 참조. 長史는 관직 이름으로 서한 때 丞相, 太尉, 御史大夫의 屬官으로 '三公輔佐'라 불렀음.

【廷尉】 관직 이름으로 大理, 廷尉卿으로도 부르며 司法과 刑獄을 담당하는 九卿 의 하나.

【有棺而無槨】 '棺槨'은 '內棺外槨'으로 시신을 두 겹으로 싸는 것. 槨이 없이 장례를 치렀다는 것은 매우 간소하게 장례 치름을 뜻함. 서민의 장례.

【彼美孟姜】《詩經》鄭風 有女同車의 구절.

> 참고 및 관련 자료

1.《詩經》鄭風 有女同車 →055 참조.

2.《史記》酷吏列傳

張湯者, 杜人也. 其父爲長安丞, 出, 湯爲兒守舍. 還而鼠盜肉, 其父怒, 笞湯, 湯掘窟 得盜鼠及餘肉, 劾鼠掠治, 傳爰書, 訊鞫論報, 幷取鼠與肉, 具獄磔堂下. 其父見之, 視其文辭如老獄吏, 大驚, 遂使書獄. 父死後, 湯爲長安吏, 久之.

周陽侯始爲諸卿時, 嘗繫長安, 湯傾身爲之. 及出爲侯, 大與湯交, 徧見湯貴人. 湯給 事內史, 爲寧成掾, 以湯爲無害, 言大夫, 調爲茂陵尉, 治方中.

武安侯爲丞相, 徵湯爲史, 時薦言之天子, 補御史, 使案事. 治陳皇后蠱獄, 深竟 黨與. 於是上以爲能, 稍遷至太中大夫. 與趙禹共定諸律令, 務在深文, 拘守職之吏. 已而趙禹遷爲中尉, 徙爲少府, 而張湯爲廷尉, 兩人交驩, 而兄事禹. 禹爲人廉倨. 爲吏以來, 舍毋食客. 公卿相造請禹, 禹終不報謝, 務在絶知友賓客之請, 孤立行一 意而已. 見文法輒取, 亦不覆案, 求官屬陰罪. 湯爲人多詐, 舞智以御人. 始爲小吏,乾沒, 與長安富賈田甲·魚翁叔之屬交私. 及列九卿, 收接天下名士大夫, 己心內雖不合, 然陽浮慕之.

是時上方鄉文學, 湯決大獄, 欲傅古義, 乃請博士弟子治《尚書》·《春秋》補廷尉史, 亭疑法. 奏讞疑事, 必豫先爲上分別其原, 上所是, 受而著讞決法廷尉, 絜令揚主之明. 奏事卽譴, 湯應謝, 鄉上意所便, 必引正·監·掾史賢者, 曰: 「固爲臣議, 如上責臣, 臣弗用, 愚抵於此.」罪常釋. (聞)[閑]卽奏事, 上善之, 曰: 「臣非知爲此奏, 乃正·監·掾史某爲之.」其欲薦吏, 揚人之善蔽人之過如此. 所治卽上意所欲罪, 予監史深禍者; 卽上意所欲釋, 與監史輕平者. 所治卽豪, 必舞文巧詆; 卽下戶羸弱, 時口言, 雖文致法, 上財察. 於是往往釋湯所言. 湯至於大吏, 內行脩也. 通賓客飮食. 於故人子弟爲吏及貧昆弟, 調護之尤厚. 其造請諸公, 不避寒暑. 是以湯雖文深意忌不專平, 然得此聲譽. 而刻深吏多爲爪牙用者, 依於文學之士. 丞相弘數稱其美. 及治淮南·衡山·江都反獄, 皆窮根本. 嚴助及伍被, 上欲釋之. 湯爭曰: 「伍被本畫反謀, 而助親幸出入禁闥爪牙臣, 乃交私諸侯如此, 弗誅, 後不可治.」於是上可論之. 其治獄所排大臣自爲功, 多此類. 於是湯益尊任, 遷爲御史大夫.

會渾邪等降, 漢大興兵伐匈奴, 山東水旱, 貧民流徙, 皆仰給縣官, 縣官空虛. 於是丞上指, 請造白金及五銖錢, 籠天下鹽鐵, 排富商大賈, 出告緡令, 鉏豪彊并兼之家, 舞文巧詆以輔法. 湯每朝奏事, 語國家用, 日晏, 天子忘食. 丞相取充位, 天下事皆決於湯. 百姓不安其生, 騷動, 縣官所興, 未獲其利, 姦吏並侵漁, 於是痛繩以罪. 則自公卿以下, 至於庶人, 咸指湯. 湯嘗病, 天子至自視病, 其隆貴如此.

匈奴來請和親, 羣臣議上前. 博士狄山曰: 「和親便.」上問其便, 山曰: 「兵者凶器, 未易數動. 高帝欲伐匈奴, 大困平城, 乃遂結和親. 孝惠·高后時, 天下安樂. 及孝文帝欲事匈奴, 北邊蕭然苦兵矣. 孝景時, 吳楚七國反, 景帝往來兩宮閒, 寒心者數月. 吳楚已破, 竟景帝不言兵, 天下富實. 今自陛下擧兵擊匈奴, 中國以空虛, 邊民大困貧. 由此觀之, 不如和親.」上問湯, 湯曰: 「此愚儒, 無知.」狄山曰: 「臣固愚忠, 若御史大夫湯乃詐忠. 若湯之治淮南·江都, 以深文痛詆諸侯, 別疏骨肉, 使蕃臣不自安. 臣固知湯之爲詐忠.」於是上作色曰: 「吾使生居一郡, 能無使虜入盜乎?」曰: 「不能.」曰: 「居一縣?」對曰: 「不能.」復曰: 「居一障閒?」山自度辯窮且下吏, 曰: 「能.」於是上遣山乘鄣. 至月餘, 匈奴斬山頭而去. 自是以後, 羣臣震慴.

湯之客田甲, 雖賈人, 有賢操. 始湯爲小吏時, 與錢通, 及湯爲大吏, 甲所以責湯行義過失, 亦有烈士風.

湯爲御史大夫七歲, 敗.

3. 《漢書》(29) 張湯傳

張湯, 杜陵人也. 父爲長安丞, 出, 湯爲兒守舍. 還, 鼠盜肉, 父怒, 笞湯. 湯掘熏得鼠及餘肉, 劾鼠掠治, 傳爰書, 訊鞫論報, 幷取鼠與肉, 具獄磔堂下, 父見之, 視文辭如老獄吏, 大驚, 遂使書獄. 父死後, 湯爲長安吏. 周陽侯爲諸卿時, 嘗繫長安, 湯傾身事之. 及出爲侯, 大與湯交, 徧見貴人. 湯給事内史, 爲甯成掾, 以湯爲無害, 言大府, 調茂陵尉, 治方中.(下略)

4. 《十八史略》卷二

公孫弘後, 國家多事, 丞相連以誅死. 公孫賀拜相, 至涕泣不肯拜, 亦卒以罪死. 酷吏張湯・趙禹・杜周・義縱・王溫舒之徒, 皆嘗峻用刑法. 然湯等有罪, 亦不貸也. 其閒卜式・兒寬之屬, 亦以長者見用.

5. 《蒙求》卷上 張湯巧詆

前漢張湯杜陸人. 爲廷尉, 舞文巧詆, 其造請諸公, 不避寒暑. 是以湯雖文深意忌不專平, 然得此聲譽, 而深刻吏多爲爪牙用者, 依於文學之士, 每朝奏事, 語國家用, 日旰天子忘食, 丞相取充位 天下事皆決湯. 百姓不安其生騷動, 縣官所興, 未獲其利, 姦吏並侵漁. 於是痛繩以辠. 自公卿以下至庶人, 咸指湯. 後爲卿史大夫, 坐事自殺. 初湯父爲長安丞出, 湯爲兒守舍. 還鼠盜肉, 父怒笞湯. 湯掘熏得鼠及餘肉, 劾鼠掠治, 傳爰書訊鞫論報, 幷取鼠與肉, 具獄磔堂下. 父見之, 視文辭, 如老獄吏. 大驚, 遂使書獄.

112(8-8) 雋不疑母 母儀
준불의의 어머니

한漢나라 경조윤京兆尹 준불의雋不疑의 어머니이다. 어질면서 교육에 뛰어났다. 준불의가 경조윤이 되어 관할 현을 순행하며 옥에 갇힌 자들을 기록하고 돌아올 때마다 그 어머니는 판결을 바르게 하여 벌을 줄여 주었는지, 몇 사람이나 살려 주었는지에 대하여 묻곤 하였다. 그리고 준불의가 벌을 줄여 준 판결이 많으면 어머니는 기쁘게 웃으며 음식과 말씀이 다른 때와 달랐다. 그러나 혹 내보내 준 죄수가 없는 날이면 어머니는 노하여 그에게 밥도 주지 않았다.

이 까닭으로 준불의는 관리가 되어 엄하게 하면서도 잔혹하게 하지는 않았다.

군자가 말하였다.

"준불의의 어머니는 어짊을 가지고 자식을 가르쳤다."

《시詩》에 "저 하늘은 사람이 형벌을 저질러 온 땅에 재앙을 퍼뜨리는 것을 미워하도다"라 하였는데 이는 하늘은 도를 살리기 좋아하며 포악한 형벌이 땅에 두루 펼쳐지는 것을 미워함을 말한 것이다.

준불의모(雋不疑母)

漢京兆尹雋不疑之母也. 仁而善教. 不疑爲京兆尹, 行縣錄
囚徒; 還, 其母輒問所平反, 活幾何人. 卽不疑多所平反, 母喜笑,
飮食言語異於他時; 或無所出, 母怒, 爲之不食. 由是故不疑
爲吏, 嚴而不殘.

君子謂:「不疑母能以仁敎.」

詩云:『旻天疾威, 敷于下土.』言天道好生, 疾威虐之行於
下土也.

【雋不疑】 자는 曼倩. 西漢 渤海(지금의 河北 滄縣) 사람으로 武帝 때 靑州刺史,
昭帝 때 京兆尹을 지냈으며 儒家의 입장에서 일을 처리하여 조정에 이름이
났었음. 《漢書》 雋疏于薛乎彭傳 참조.
【京兆尹】 京兆는 首都를 뜻하며 尹은 최고 행정 책임자. 당시 長安(지금의 陝西
西安)을 관할하던 행정구의 총책. 刑 執行의 判官의 임무도 맡고 있었음.
【平反】 판결을 가볍게 하여 사형에 처할 자를 살려 줌.
【旻天疾威】《詩經》 小雅 小旻의 구절. '旻天'은 '旻天'으로 되어 있음.《詩毛氏
傳疏》에 "疾威二字平列. 箋云: 旻天之德, 疾王者以刑罰威恐萬民. 與列女傳續篇
雋不疑傳釋詩義合此三家說也"라 하여 '疾威'는 하늘이 '사람이 형벌로써 온
땅의 사람들에게 위협을 주는 것'을 미워하다의 뜻임.
【好生】 살려 주기를 좋아함.

⬭ 참고 및 관련 자료

1.《詩經》 小雅 小旻 →024 참조.

2.《漢書》 雋疏于薛乎彭傳

雋不疑字曼倩, 勃海人也. 治《春秋》, 爲郡文學, 進退必以禮, 名聞州郡.

武帝末, 郡國盜賊羣起, 暴勝之爲直指使者, 衣繡衣, 持斧, 逐捕盜賊, 督課郡國,
東至海, 以軍興誅不從命者, 威振州郡. 勝之素聞不疑賢, 至勃海, 遣吏請與相見.

不疑冠進賢冠, 帶櫑具劍, 佩環玦, 褒衣博帶, 盛服至門上謁. 門下欲使解劍, 不疑曰:「劍者君子武備, 所以衛身, 不可解. 請退.」吏白勝之. 勝之開閣延請, 望見不疑容貌尊嚴, 衣冠甚偉, 勝之躧履起迎. 登堂坐定, 不疑據地曰:「竊伏海瀕, 聞暴公子威名舊矣, 今乃承顏接辭. 凡爲吏, 太剛則折, 太柔則廢, 威行施之以恩, 然後樹功揚名, 永終天祿.」勝之知不疑非庸人, 敬納其戒, 深接以禮意, 問當世所施行. 門下諸從事皆州郡選吏, 側聽不疑, 莫不驚駭. 至昏夜, 罷去. 勝之遂表薦不疑, 徵詣公車, 拜爲青州刺史.

久之, 武帝崩, 昭帝卽位, 而齊孝王孫劉澤交結郡國豪傑謀反, 欲先殺青州刺史. 不疑發覺, 收捕, 皆伏其辜. 擢爲京兆尹, 賜錢百萬. 京師吏民敬其威信. 每行縣錄囚徒還, 其母輒問不疑:「有所平反, 活幾何人?」卽不疑多有所平反, 母喜笑, 爲飲食語言異於他時;或亡所出, 母怒, 爲之不食. 故不疑爲吏, 嚴而不殘.

3.《太平御覽》419

列女傳曰: 雋不疑母仁而善教. 不疑爲尹, 行縣錄囚徒; 還, 其母輒問所平活幾何人. 卽不疑多所平反, 母喜笑, 爲飲食言語異於他時; 或無出, 母怒, 爲之不食. 由是故不疑爲吏, 嚴而不殘. 君子謂:「不疑母能以仁教子.」

113(8-9) 漢楊夫人 賢明
한나라 양창의 아내

양부인楊夫人은 한漢나라 승상 안평후安平侯 양창楊敞의 아내이다. 한 소제昭帝가 죽고 창읍왕昌邑王 유하劉賀가 즉위하였으나 그는 행동이 제멋대로였으며 난잡하였다. 대장군大將軍 곽광霍光이 거기장군車騎將軍 장안세張安世와 모의하여 하를 폐하고 다른 임금을 세우고자 하였다. 모의가 이미 결정이 나서 대사농大司農 전연년田延年으로 하여금 이를 양창에게 보고하도록 하였다.

양창은 놀랍기도 하고 두렵기도 하여, 어떻게 말을 해야 할지 몰라 등에 땀을 줄줄 흘리면서 단지 '그렇지요, 그렇지요'라고만 할 뿐이었다.

한양부인(漢陽夫人)

전연년이 잠깐 변소에 간 사이 양창의 부인이 급히 동쪽 방에서 나와 양창에게 이렇게 말하였다. "이는 나라의 대사입니다. 지금 대장군의 계획은 이미 결정났습니다. 그리하여 구경九卿의 높은 직위에 있는 자를 당신에게 보내어 보고토록 한 것입니다. 그대께서 급히 응답을 하여 대장군의 뜻에 동조하지 못한 채 머뭇거리며 결정을 하지 않았다가는 우선 당신부터 죽음을 당합니다."

　전연년이 변소에서 돌아오자, 양창과 그의 부인, 그리고 전연년 셋은 함께 토론하여 허락하기로 하고 대장군의 명령을 받들기를 청하였다. 그리하여 드디어 함께 창읍왕을 폐하고 선제宣帝를 세웠다.

　그로부터 몇 달 뒤 양창은 죽었으며 3천 5백 호의 읍을 더 봉으로 받았다.

　군자가 말하였다.

　"양창의 부인은 가히 일의 기미를 아는 여인이었다."

　《시詩》에 "아리따운 저 아가씨, 나에게 찾아와 부덕으로 가르쳐 주네"라 하였으니 이를 두고 한 말이다.

　楊夫人者, 漢丞相安平侯楊敞之妻也. 漢昭帝崩, 昌邑王賀卽帝位, 淫亂. 大將軍霍光與車騎將軍張安世謀, 欲廢賀更立帝. 議已定, 使大司農田延年報敞. 敞驚懼, 不知所言, 汗出浹背, 徒曰唯唯而已.

　延年出更衣, 夫人遽從東廂謂敞曰:「此國之大事, 今大將軍計已定, 使九卿來報君侯, 君侯不疾應與大將軍同心, 猶與無決, 先事誅矣.」

　延年從更衣還, 敞夫人與延參語許諾, 請奉大將軍敎令. 遂共廢昌邑王, 立宣帝. 居月餘, 敞薨, 益封三千五百戶.

　君子謂:「敞夫人可謂知事之機者矣.」

　詩云:『辰彼碩女, 令德來敎.』此之謂也.

【楊敞】 서한 때 華陰(지금의 陝西) 사람으로 丞相에 올랐으며 安平侯에 봉해짐. 시호는 敬侯. 《漢書》 公孫劉田王楊蔡陳鄭傳 참조.

【漢昭帝】한나라 6대 황제. 무제를 이어 황제가 됨. 이름은 劉弗陵. B.C.86~74년까지 13년간 재위함.

【昌邑王賀】劉賀. 무제의 손자로 창읍(지금의 山東 巨野縣 동남쪽)에서 아버지 哀王을 이어 왕이 됨.

【霍光】자는 子孟. 西漢 河東 平陽(지금의 山西 臨汾縣) 사람으로 霍去病의 배다른 아우. 昭帝 때 桑弘羊과 더불어 정치를 보좌하여 大司馬大將軍의 직위에 올랐으며 博陸侯에 봉해짐. 昭帝가 죽자 昌邑王을 폐위하고 황제의 직위를 강화하는 모의에 참여하여 20여 년간 실권을 장악함. 諡號는 宣成侯.《漢書》霍光金日磾傳 참조.

【車騎將軍】대장군의 참모 직위.

【張安世】자는 子孺. 張湯의 아들. 富平侯에 봉해짐.《漢書》霍光金日磾傳 참조.

【大司農】관직 이름. 九卿의 하나로 租稅, 錢穀, 鹽鐵과 국가 재정 수지를 담당함.

【田延年】자는 子賓. 大司農을 거쳐 陽成侯에 봉해짐.《漢書》酷吏傳 참조.

【更衣】변소에 감을 뜻함.

【猶與】猶豫와 같음. 쌍성연면어.

【參語】세 사람이 똑같은 말을 함.

【宣帝】서한 7대 황제. 劉詢. 昭帝(劉弗陵)가 죽고 霍光에 의해 옹립되었으며 B.C.73~49년까지 25년간 재위.

【辰彼碩女】《詩經》小雅 車舝의 구절.

■ 참고 및 관련 자료

1.《詩經》小雅 車舝 →026 참조.

2.《漢書》公孫劉田王楊蔡陳鄭傳

楊敞, 華陰人也. 給事大將軍莫府, 爲軍司馬, 霍光愛厚之, 稍遷至大司農. 元鳳中, 稻田使者燕蒼知上官桀等反謀, 以告敞. 敞素謹畏事, 不敢言, 乃移病臥. 以告諫大夫杜延年, 延年以聞. 蒼·延年皆封, 敞以九卿不輒言, 故不得侯. 後遷御史大夫, 代王訢爲丞相, 封安平侯.

明年, 昭帝崩. 昌邑王徵卽位, 淫亂, 大將軍光與車騎將軍張安世謀欲廢王更立. 議旣定, 使大司農田延年報敞. 敞驚懼, 不知所言, 汗出洽背, 徒唯唯而已. 延年起至

更衣, 敞夫人遽從東箱謂敞曰:「此國大事, 今大將軍議已定, 使九卿來報君侯. 君侯
不疾應, 與大將軍同心, 猶與無決, 先事誅矣.」延年從更衣還, 敞·夫人與延年參語
許諾, 請奉大將軍教令, 遂共廢昌邑王, 立宣帝. 宣帝卽位月餘, 敞薨, 諡曰敬侯.
子忠嗣, 以敞居位定策安宗廟, 益封三千五百戶.

114(8-10) 漢霍夫人 孽嬖
한나라 곽광의 부인

  곽부인霍夫人 현顯은 한漢나라 대장군大將軍 박륙후博陸侯 곽광霍光의 처이다. 사치와 음란함이 심하며 포악하고 잔인하여 법도는 전혀 지키지 않았다.

  곽광은 충성스럽고 신중하여 효무황제孝武皇帝가 죽을 때 유조遺詔를 받아 어린 임금 소주少主 소제昭帝를 보필하였다. 효선제孝宣帝 때에는 다시 황제를 세워준 공로로 존귀와 총애를 한 몸에 받아 신하들 중에

한곽부인(漢霍夫人)

그를 따를 자가 없었다.

  곽부인 현에게는 어린 딸이 있어 자를 성군成君이라 하였으며, 부인은 딸이 황제의 사랑을 받도록 하고자 하였으나 기회를 얻지 못하였다.

  그런데 마침 선제의 허황후許皇后가 아이를 낳으면서 병이 들자 현은 여의사 순우연淳于衍에게 이렇게 말하였다.

  "부인이 아이를 낳는 것은 아주 위험한 일로 열 명 중 하나 살아날 정도요. 지금 황후가 아이를 낳게 될 거요. 이 때 약을 넣어 제거해

버릴 수 있소. 내 딸이 황후가 되면 그 부귀를 함께 누립시다."

순우연은 그 말을 따르기로 하고 부자附子를 찧어 가루로 만들어 태의太醫가 지은 큰 환약 속에 넣었다. 이를 지니고 가서 드디어 그 약으로 허후를 시해하고 말았다. 일이 급해진 현이 그 사실을 남편 곽광에게 알리자, 곽광은 놀라움을 금치 못하였다.

일이 드디어 순우연을 심문하는 과정에 이르자, 곽광은 황제로 하여금 다시는 더 이상 이 문제를 거론하지 말 것을 서명하도록 상서를 올렸다.

현은 드디어 자신의 딸 성군에게 시집가서 입을 옷과 궁 안으로 들어가 사용할 물건들을 갖추어 주었고, 과연 성군은 후后가 되었다.

이 때 허후 소생의 아들이 정적正適으로서 태자로 서게 되자, 현은 노하여 피를 토하며 밥도 먹지 않은 채 이렇게 말하였다.

"이는 황제가 민간에 있을 때 낳은 아들이다. 어찌 태자가 될 수 있겠는가? 내 딸이 아들을 낳는다면 도리어 그 애는 그저 제후의 왕이 될 뿐이란 말인가?"

그리하여 현은 다시 딸 곽황후로 하여금 태자를 독살하도록 교사하였다. 그러나 곽황후가 자주 태자를 불러 밥을 먹일 때마다 태자를 보살피는 보아保阿가 아이보다 먼저 음식 맛을 보는 바람에 뜻을 이루지 못하였다.

곽광이 죽고나서 그 아들 곽우郭禹가 뒤를 이어 박륙후가 되었다. 현은 다시 곽광이 만들어 놓았던 묘지를 더욱 사치롭고 크게 만들었으며, 신도神道를 만들고 연각輦閣까지 수축하며 양인良人과 비첩奴婢을 가두어 그들로 하여금 묘지를 지키도록 하였다. 게다가 현은 저택을 수축하여 황후나 제후들이 타는 수레를 만들었으며, 그 수레의 좌석과 식목軾木에 수 놓은 천을 깔고 소가죽으로 묶었으며, 황금으로 수레바퀴를 칠하여 시비로 하여금 오색 실로 수레를 묶어 자신이 타고 이를 끌고 다니며 놀이삼을 정도였다. 그리고 집안일을 담당한 노예 풍자도馮子都와 음란한 짓을 벌이기도 하였다.

한편 아들 곽우 등도 더욱 제멋대로 함이 날로 심해졌다. 이윽고 선제가 곽씨의 무도함을 듣게 되었고, 게다가 허후를 시해한 일도 누설되고 말았다. 현은 공포에 떨면서 드디어 역모를 모의하였다. 즉 천자天子를 폐하고 곽우를 황제로 삼고자 한 것이었다. 그러나 일이 발각되어 곽씨의 집 안팎이 모두 허리를 잘리는 형벌을 받았고, 현은 기시棄市 형에 처해졌으며, 황후 성군은 소대궁昭臺宮에 유폐되었다.

《시詩》에 "언제나 백성을 해치면서도 자신의 잘못조차 알지 못하네" 라 하였으니 이는 남에게 악행을 저지르는 일이 습관이 되었으면서도 그 과실을 모르고 있음을 말한 것으로 곽부인 현을 두고 한 말이다.

霍夫人顯者, 漢大將軍博陸侯霍光之妻也. 奢淫虐害, 不循軌度. 光以忠愼, 受孝武皇帝遺詔, 輔翼少主. 當孝宣帝時, 又以立帝之功, 甚見尊寵, 人臣無二.

顯有小女字成君, 欲貴之, 其道無由. 會宣帝許后當産疾, 顯乃謂女監淳于衍曰:「婦人免乳大故, 十死一生, 今皇后當免身, 可因投藥去之, 使我女得爲后, 富貴共之.」

衍承其言, 擣附子碎太醫大丸中, 持入, 遂藥弒許后. 事急, 顯以情告光, 光驚愕. 業已治衍, 奏因令上署勿論. 顯遂爲成君衣補, 治入宮具, 果立爲后.

是時, 許后之子以正適立爲太子, 顯怒, 歐血不食曰:「此乃帝在民間時子, 安得爲太子, 卽我女有子, 反當爲王耶?」

復敎皇后令毒殺太子. 皇后數召太子食, 保阿輒先嘗之.

光旣薨, 子禹嗣爲博陸侯. 顯更改光時所造塋而侈大之, 築神道爲輦閣, 幽閉良人奴婢. 又治第宅, 作乘輿輦盡繡絪鞍, 黃金塗爲薦輪, 侍婢以五采絲輓顯游戲. 又與監奴馮子都淫亂.

禹等縱弛日甚, 宣帝旣聞霍氏不道, 又弒許后事泄, 顯恐怖乃謀爲逆, 欲廢天子而立禹. 發覺, 霍氏中外皆腰斬, 而顯棄市.
后廢處昭臺宮.

詩云: 『廢爲殘賊, 莫知其尤.』言忕於惡, 不知其爲過. 霍夫人
顯之謂也.

【霍婦人顯】霍光의 부인으로 이름이 顯이었음.
【霍光】자는 子孟. 西漢 河東 平陽(지금의 山西 臨汾縣) 사람으로 霍去病의
　　배다른 아우. 昭帝 때 桑弘羊과 더불어 정치를 보좌하여 大司馬大將軍의 직위에
　　올랐으며 博陸侯에 봉해짐. 昭帝가 죽자 昌邑王을 폐위하고 황제의 직위를
　　강화하는 모의에 참여하여 20여 년간 실권을 장악함. 謚號는 宣成侯.《漢書》
　　霍光金日磾傳 참조.
【少主】여기서는 漢 昭帝(劉弗陵)를 가리킴. 여덟 살에 제위에 올라 이렇게
　　부른 것.
【孝武皇帝】漢나라 武帝. 이름은 劉徹. 경제의 둘째 아들이며 한나라 5대 황제.
　　B.C.140~87년까지 54년간 재위하였으며, 한나라를 대제국으로 만든 영명한
　　군주임. 한나라 황제의 廟號에는 흔히 앞에 '孝'자를 붙여 불렀음.
【遺詔】임금이 죽을 때 유언으로 남기는 조칙. 흔히 어린 아들을 잘 보살펴
　　나라의 안녕을 도모할 것을 말함. 여기서는 무제가 죽으면서 곽광에게 선제를
　　부탁한 것임.
【孝宣帝】서한 7대 황제 劉詢. 곽광이 옹립하여 황제에 오른 인물.
【女監】'女醫'가 아닌가 함.《漢書》霍光傳에는 '乳醫'로, 外戚傳에는 '女醫'로
　　되어 있음.
【挽乳大故】《漢書》에는 '免乳大故'로 되어 있으며 '免'은 '娩'과 같음. 아이를
　　출산함을 뜻함.
【正適】正嫡과 같음. 적자를 말함. 선제는 황제에 오르기 전에 허후와의 사이에
　　아들을 낳았음.
【附子】독약 이름. 맹독성의 약초.
【奏因令上署勿論】'奏上, 因署令勿論'이어야 함.《漢書》霍光傳에는 "會奏上,
　　因署衍勿論"으로 되어 있고, 外戚傳에는 "其後奏上, 署衍勿論"으로 되어 있음.

'上'은 宣帝를 가리키며 '署'는 署名, '論'은 論罪, 定罪의 뜻.

【衣褓】《漢書》外戚傳 顔師古 주에 "謂縫作嫁時衣被也"라 함.

【歐】嘔의 가차자. 嘔吐.

【皇后】宣帝의 霍皇后를 가리킴.

【阿保】阿母와 保姆. 어린아이를 보살피는 업무를 맡은 여자들.

【塋】무덤.

【神道】무덤 안으로 들어가는 길. 羨道.

【輦閣】수레가 두 대 나란히 엇갈려 갈 수 있는 지붕이 있는 길.

【興輦】君이나 后와 諸侯의 신분이 되어야 탈 수 있는 수레.

【薦輪】《漢書》霍光傳에 '韋絮薦輪'이라 하고 晉灼의 주에 "御輦以韋緣輪, 著之以絮"라 함.

【監奴馮子都】監奴는 집안일을 관리하는 노비. 馮子都는 그 노예의 이름. 곽광의 처가 이 노예와 사통하였음.

【中外】곽광 일당의 친족과 일가들.《漢書》霍光傳에 "自昭帝時, 光子禹及兄孫雲皆中郞將, 雲弟山奉車都尉侍中, 領胡越兵. 光兩女婿爲東西宮衛尉, 昆弟諸婿外孫皆奉朝請, 爲諸曹大夫, 騎都尉, 給事中. 黨親連體, 根據於朝廷"이라 함.

【棄市】고대 형벌의 하나. 사형수의 시신을 저잣거리에 내놓아 구경하도록 하는 것. 가장 큰 형벌로 여겼음.

【廢爲殘賊】《詩經》小雅 四月의 구절.

【狃】어떤 일에 아주 익숙해짐.

참고 및 관련 자료

1.《詩經》小雅 四月

四月維夏, 六月徂暑. 先祖匪人, 胡寧忍予. 秋日淒淒, 百卉具腓. 亂離瘼矣, 爰其適歸. 冬日烈烈, 飄風發發. 民莫不穀, 我獨何害. 山有嘉卉, 侯栗侯梅. 廢爲殘賊, 莫知我尤. 相彼泉水, 載淸載濁. 我曰構禍, 曷云能穀. 滔滔江漢, 南國之紀. 盡瘁以仕, 寧莫我有. 匪鶉匪鳶, 翰飛戾天. 匪鱣匪鮪, 潛逃于淵. 山有蕨薇, 隰有杞桋. 君子作歌, 維以告哀.

2. 《漢書》 霍光金日磾傳

(上略)宣帝始立, 立微時許妃爲皇后. 顯愛小女成君, 欲貴之, 私使乳醫淳于衍行毒
藥殺許后, 因勸光內成君, 代立爲皇后. 語在{外戚傳}. 始許后暴崩, 吏捕諸醫, 劾衍侍
疾亡狀不道, 下獄. 吏簿問急, 顯恐事敗, 卽具以實語光. 光大驚, 欲自發擧, 不忍,
猶與. 會奏上, 因署衍勿論. 光薨後, 語稍泄. 於是上始聞之而未察, 乃徙光女壻度遼
將軍未央衛尉平陵侯范明友爲光祿勳, 次壻諸吏中郞將羽林監任勝出爲安定太守.
數月, 復出光姊壻給事中光祿大夫張朔爲蜀郡太守, 羣孫壻中郞將王漢爲武威太守.
頃之, 復徙光長女壻長樂衛尉鄧廣漢爲少府. 更以禹爲大司馬, 冠小冠, 亡印綬, 罷其
右將軍屯兵官屬, 特使禹官名與光俱大司馬者. 又收范明友度遼將軍印綬, 但爲光
祿勳. 及光中女壻趙平爲散騎騎都尉光祿大夫將屯兵, 又收平騎都尉印綬. 諸領胡
越騎・羽林及兩宮衛將屯兵, 悉易以所親信許・史子弟代之.(下略)

3. 《漢書》 外戚傳(上)

孝宣霍皇后, 大司馬大將軍博陸侯光女也. 母顯, 旣使淳于衍陰殺許后, 顯因爲成君
衣補, 治入宮具, 勸光內之, 果立爲皇后.(下略)

〈婦女圖〉(殘畫) 唐 新疆 吐峪溝 출토

115(8-11) 嚴延年母 仁智
엄연년의 어머니

하남태수河南太守인 동해東海 사람 엄연년嚴延年의 어머니이다. 다섯 아들을 낳았는데, 모두가 관리로서의 재능이 있어 2천 석石의 지위에 올랐으며, 동해에서는 그 여자를 만석엄구萬石嚴嫗라 불렀다.

엄연년은 하남태수로서 그가 관할하는 지역에서는 엄혹하고 능력 있기로 이름을 떨쳤다. 겨울에 그의 관할 현에서 죄수를 송치하였는데, 그 관부 아래에서 이들을 집행하여 그 죄수들의 피가 몇 리를 흐를 정도였다. 그리하여 하남에서는 그를 도백屠伯이라 불렀다.

엄연년모(嚴延年母)

그의 어머니는 항상 고향 동해로부터 낙양洛陽으로 와서 엄연년과 함께 연말의 납제臘祭를 지내곤 하였다. 그가 낙양에 이르렀을 때 마침 아들이 죄수를 참수하는 것을 보게 되었다. 어머니는 깜짝 놀라 도정都亭에 멈추고 군부郡府로 들어가지 않으려 하였다. 엄연년은 자신이 군부를 나와 도정에 이르러 어머니를 뵈었다. 어머니는 도정의 옆문을 닫아걸고 아들을 보기를 거절하였다. 엄연년은 관을 벗고 그 문 아래에서 머리를 조아리자 그제야 어머니가 만나 주었다.

그리고 아들을 이렇게 책하였다.

"너는 운이 좋아 군수郡守의 자리에 올라 천 리나 이르는 이 군을 전담하여 다스리고 있다. 그런데 인의로 교화하여 어리석은 백성을 안전하게 한다는 소문은 들리지 아니하고, 도리어 형벌을 이용하여 많은 사람을 형벌로 죽여 위엄을 세우고자 하니 어찌 백성의 부모가 되려는 뜻이겠느냐?"

엄연년은 자신의 죄를 자복하고 머리를 조아려 사과하였다. 그리고 자신이 수레를 몰아 어머니를 모시고 군부의 관사로 돌아갔다.

어머니는 납제를 마치자 아들에게 이렇게 말하였다.

"천도와 신명은 사람으로 하여금 자신이 독단하여 사람을 죽일 수 없도록 되어 있다. 나는 이렇게 늙은 나이에 다 큰 어른이 사형을 받아 죽어 가는 모습을 보리라고는 생각지도 못하였다! 떠나리라! 너를 떠나 고향 동해로 돌아가서 네가 죽어 묻힐 묘지나 청소하고 기다리겠다."

그리고는 그만 떠나 동해군으로 돌아가서는 형제와 종족의 친척들을 만나자 다시 이 사실을 말하였다. 한해 남짓 지나 부승府丞이 올린 문서에 엄연년의 죄명이 열 가지나 얽혀 있었다. 이리하여 어사御史에게 사실을 조사토록 하여 드디어 엄연년은 기시棄市의 형에 처해지게 되었다. 동해에서는 어머니의 똑똑하고 지혜로움을 칭찬하지 아니하는 자가 없었다.

군자가 말하였다.

"엄연년의 어머니는 인자하고 지혜로웠으며 믿음과 도리가 있었다."

《시詩》에 "내 마음 가득한 이 근심, 지금 시작된 것이랴"라 하였으니 엄연년의 어머니를 두고 한 말이다.

河南太守東海嚴延年之母也. 生五男, 皆有吏材, 至二千石,
東海號爲「萬石嚴嫗」. 延年爲河南太守, 所在名爲嚴能. 冬月,
傳屬縣囚論府下, 流血數里, 河南號曰「屠伯」. 其母常從東海來,
欲就延年臘, 到洛陽, 適見報囚, 母大驚, 便止都亭, 不肯入府.
延年出, 至都亭謁母, 閉閤不見, 延年免冠頓首閤下, 母乃見之.

因責數延年曰:「幸備郡守, 專治千里, 不聞仁義教化, 有以全
安愚民. 顧乘刑罰, 多刑殺人, 欲以致威, 豈爲民父母之意哉?」

延年服罪, 頓首謝, 因爲御歸府舍.

母畢正臘已, 謂延年曰:「天道神明, 人不可獨殺. 我不自意老
當見壯子被刑戮也! 行矣! 去汝東海, 掃除墓地耳.」

遂去, 歸郡, 見昆弟宗族復爲言之. 後歲餘, 爲府丞所章, 結延
年罪名十事, 下御史案驗, 遂棄延年於市. 東海莫不稱母賢智.

君子謂:「嚴母仁智信道.」

詩云:『心之憂矣, 寧自今矣.』其嚴母之謂也.

【嚴延年】 자는 次卿. 서한 東海 下邳사람. 일찍이 河南太守를 지냈으며 법치에
  엄격하여 권세나 귀족을 피하지 않은 것으로 유명함.《漢書》酷吏傳 참조.
【萬石嚴嫗】《漢書》顔師古 주에 "門之中五二千石, 故總云萬石"이라 함.
【河南】 한나라 때의 郡 이름. 치소는 洛陽.
【東海】 역시 한나라 때의 군 이름. 치소는 郯(지금의 山東 郯城縣 북쪽).
【屠伯】 형벌만 일삼는 관리를 뜻함.《太平御覽》642에 "以用刑殺爲主, 若屠者也"
  라 함.
【臘】 正臘. 고대 제사 이름으로 先祖와 百神에게 음력 12월에 거행함.
【都亭】 고대 都城의 대문 아래에 있는 집, 건물을 말함.
【府】 郡府. 군의 행정처. 군청. 군수의 관사.
【閤】 側門.

【責數】 '責'은 '문책하다', '數'는 '따지다'의 뜻.

【顧乘刑罰】 형벌이라는 제도를 타는 일에 몰두함. '顧'는 '돌아보다, 이를 이용하다'의 뜻이며, '乘'은 '어떠한 형세나 제도를 타고 쉽게 해결하고자 함'을 뜻한다.

【去汝東海】《漢書》酷吏傳에는 '去女東歸'로 되어 있음.

【掃除墓地】《漢書》에는 '埽除墓地'라 하고 顔師古 주에 "言待其喪至也"라 하여 엄연년이 죽어 돌아와 묻힐 묘지를 만들어 청소하고 있겠다는 뜻으로 풀이하였음.

【府丞】 엄연년의 관할인 河南府의 府丞. 부의 丞相을 말함.

【御史】 御史丞. 관리의 비리를 조사하는 임무를 맡음.

【案驗】 사실 여부를 조사함. 오늘날의 搜査와 같음.

【心之憂矣】《詩經》大雅 瞻卬의 구절.

참고 및 관련 자료

1. 《詩經》大雅 瞻卬 → 009 참조.

2. 《漢書》酷吏傳

嚴延年字次卿, 東海下邳人也. ……初, 延年母從東海來, 欲從延年臘, 到雒陽, 適見報囚. 母大驚, 便止都亭, 不肯入府. 延年出至都亭謁母, 母閉閤不見. 延年免冠頓首閤下, 良久, 母乃見之, 因數責延年:「幸得備郡守, 專治千里, 不聞仁愛敎化, 有以全安愚民, 顧乘刑罰多刑殺人, 欲以立威, 豈爲民父母意哉!」延年服罪, 重頓首謝, 因自爲母御, 歸府舍. 母畢正臘, 謂延年:「天道神明, 人不可獨殺. 我不意當老見壯子被刑戮也! 行矣! 去女東歸, 埽除墓地耳.」遂去. 歸郡, 見昆弟宗人, 復爲言之. 後歲餘, 果敗. 東海莫不賢知其母. 延年兄弟五人皆有吏材, 至大官, 東海號曰「萬石嚴嫗」.

3. 《太平御覽》642

列女傳曰: 嚴延年爲河南太守, 河南號曰「屠伯」. 其母常從東海來, 欲就延年臘, 到洛陽, 適見報囚, 母大驚, 便止都亭, 不肯入府.

116(8-12) 漢馮昭儀 節義
한나라 풍소의

한漢나라 풍소의馮昭儀는 효원제孝元帝의 소의昭儀이며 우장군右將軍 광록훈光祿勳 풍봉세馮奉世의 딸이다.

원제元帝 2년 소의로 선발되어 후궁으로 들어 처음에는 장사長使가 되었다가 몇 달 만에 미인美人이 되어 아들을 낳았다. 이가 바로 중산효왕中山孝王이다. 그는 미인에서 다시 첩여婕妤로 승격하였다.

건소建昭 연간에 황제가 호랑이 우리 안의 야수들 싸움을 구경하러 가자, 후궁의 여인들이 모두 따라 나섰다. 그런데 곰이 갑자기 우리를 뛰쳐나와 우리를 타고 궁전으로 타고 오르려 하는 것이었다. 좌우의 귀인貴人들과 부소의傅昭儀는 그만 겁에 질려 모두 달아났지만 풍소의만은 곧바로 곰 앞을 가로막고 섰다. 그러자 좌우 병사들이 곰을 쳐서 죽여 버렸다.

천자가 첩여에게 물었다.

"사람이라면 모두가 놀라고 두려워할 것인데 어찌 곰을 가로막 았는가?"

풍첩여가 대답하였다.

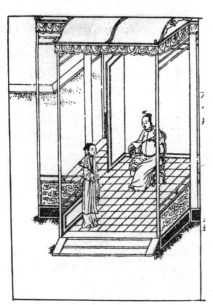

한풍소의(漢馮昭儀)

"제가 듣기로 맹수는 사람을 만나면 멈추어 선다고 하더이다. 저는 곰이 임금님 앉은 곳까지 다가올까 걱정하여 제 몸으로 이를 막아선 것입니다."

원제는 감탄하여 이로써 그를 더욱 존경하고 중히 여기게 되었으며, 부소의 등 달아났던 이들은 모두 부끄러워하였다.

이듬해 그의 아들이 중산왕으로 봉해지고 이 풍첩여는 소의로 승격하였다. 원제는 소의가 왕이 된 아들을 따라 봉국封國으로 가도록 허락하고, 호를 중산태후中山太后라 하였다.

군자가 말하였다.

"풍소의는 용감하면서도 의를 사모하였다."

《시詩》에 "온몸에 사랑을 받는 저 사람, 님을 모셔 사냥까지 따르네"라 하였고, 《논어論語》에는 "의를 보고 행동으로 옮기지 않는 것은 용기가 아니다"라 하였는데 풍소의는 이 두 가지를 겸하였다.

漢馮昭儀者, 孝元帝之昭儀, 右將軍光祿勳馮奉世之女也.

元帝二年, 昭儀以選入後宮, 始爲長使, 數月爲美人, 生男, 是爲中山孝王, 美人爲婕妤.

建昭中, 上幸虎圈鬪獸, 後宮皆從. 熊逸出圈, 攀檻欲上殿, 左右貴人·傅昭儀皆驚走, 而馮昭儀直當熊而立, 左右格殺熊.

天子問婕妤:「人情皆驚懼, 何故當熊?」

對曰:「妾聞猛獸得人而止, 妾恐至御坐, 故以身當之.」

元帝嗟嘆, 以此敬重焉. 傅昭儀等皆慚.

明年, 中山王封, 乃立婕妤爲昭儀, 隨王之國, 號中山太后.

君子謂:「昭儀勇而慕義.」

詩云:『公之媚子, 從公于狩.』《論語》曰:『見義不爲, 無勇也.』昭儀兼之矣.

【馮昭儀】이름은 媛. 昭儀는 西漢 때 妃嬪을 일컫는 칭호로서 丞相과 같은 지위이며 諸侯王과 같은 등급임. 馮媛은 한 元帝 때의 소의이며 平帝의 祖母.

【長使, 美人, 婕妤, 貴人】역시 모두가 妃嬪이나 女官의 칭호. 婕妤는 倢伃로도 표기함.《漢書》外戚傳(上)에 "漢興, 因秦之號, 帝母稱皇太后, 祖母稱太皇太后, 適稱皇后, 妾皆稱夫人. 又有美人, 良人, 八子, 七子, 長使, 少使之號焉. 至武帝制倢伃, 娙娥, 傛華, 充依, 各有爵位, 而元帝加昭儀之號, 凡十四等云"이라 함.

【孝元帝】서한 8대 황제. 이름은 劉奭. B.C.48～33년까지 16년간 재위.

【右將軍】관직 이름. 漢代에는 前後左右의 將軍이 있었으며, 모두가 황제의 측근이었음.

【光祿勳】관직 이름.

【馮奉世】자는 子明. 일찍이 군사를 이끌고 羌族을 토벌한 공로가 있었음.《漢書》馮奉世傳 참조.

【建昭】漢 元帝의 年號. B.C.38～34년까지 5년간임.

【傅昭儀】漢 元帝의 昭儀로 定陶 恭王의 어머니이며 哀帝의 조모. 恭王을 따라 귀국하여 定陶太后로 불렸으며, 뒤에 다시 恭皇太后로 불림.《漢書》外戚傳 참조.

【直當熊而立】《漢書》에는 "直前當熊而立"으로 되어 있음. '當'은 '가로막다'의 뜻.

【明年】여기에는 문장이 탈락되었음. 中山 孝王 劉興은 처음 信都王이었다가 다시 中山王으로 옮겨 孝王이 됨.《漢書》諸侯王表에 "建昭二年六月乙亥, 立爲信都王, 十五年, 陽朔二年, 徙中山, 凡三十年薨"이라 하였고, 外戚傳(下)에는 "明年夏, 馮倢伃男立爲信都王, 尊倢伃爲昭儀. 元帝崩, 爲信都太后, 與王俱居儲元宮. 河平中, 隨王之國, 復徙中山, 是爲孝王"이라 함.

【公之媚子】《詩經》秦風 駟驖의 구절.

【見義不爲】《論語》爲政篇에 "子曰:「非其鬼而祭之, 諂也. 見義不爲, 無勇也.」"라 함.

⬤ 참고 및 관련 자료

1.《詩經》秦風 駟驖

駟驖孔阜, 六轡在手. 公之媚子, 從公于狩. 奉時辰牡, 辰牡孔碩. 公曰左之, 舍拔則獲. 遊于北園, 四馬旣閑. 輶車鸞鑣, 載獫歇驕.

2.《漢書》(67) 外戚傳(上)

建昭中, 上幸虎圈鬪獸, 後宮皆坐. 熊佚出圈, 攀檻欲上殿. 左右貴人傅昭儀等皆驚走, 馮倢伃直前當熊而立, 左右格殺熊. 上問:「人情驚懼, 何故前當熊?」倢伃對曰:「猛獸得人而止, 妾恐熊止御坐, 故以身當之.」元帝嗟嘆, 以此倍敬重焉. 傅昭儀等皆慚. 明年夏, 馮倢伃男立爲信都王, 尊倢伃爲昭儀. 元帝崩, 爲信都太后, 與王俱居儲元宮. 河平中, 隨王之國. 後徙中山, 是爲孝王.

3.《文選》(10) 西征賦 注

漢書曰: 孝元馮昭儀, 上幸虎圈鬥獸, 熊佚出圈, 攀檻欲上殿, 左右貴人・傅昭儀皆走, 馮婕好直前, 當熊而立. 左右格殺熊. 上問:「人情驚懼, 何故當熊?」婕好對曰:「猛獸得人而止, 妾恐熊至御坐, 故身當之.」元帝嗟嘆, 以此倍敬重焉. 傅昭儀等皆慚.

4.《蒙求》卷上 馮媛當態

前漢元帝馮昭儀, 左將軍奉世女, 平帝祖母也. 拜倢伃, 內寵與傅昭儀等. 上幸虎圈鬪獸, 後宮皆坐. 熊佚出圈, 攀檻欲上殿, 左右貴人傅昭儀等, 皆驚走. 倢伃直前當熊而立. 上問:「人情驚懼, 何故前當熊?」對曰:「猛獸得人而止. 妾恐熊至御坐, 故以身當之.」上嗟嘆, 倍敬重焉.

117(8-13) 王章妻女 仁智
왕장의 아내와 딸

왕장王章의 아내와 딸은 한漢나라 때 경조윤京兆尹 왕중경王仲卿의 아내
와 첩을 말한다. 왕중경은 서생書生으로서 장안長安에서 공부하고 있었
는데 아내와 둘이서 살고 있었다. 그런데 병이 들어 이불도 없어 덕석을
깔고 견디면서 더 이상 어쩔 수 없어 아내와 이별하기로 하고 흐느껴
울었다.

그러자 그 아내는 노하여 이렇게 꾸짖었다.

왕장처녀(王章妻女)

"그대 중경, 조정에서 존중을 받
고 있는 자들 중에 그 누가 중경보
다 훌륭하오! 그런데 지금 질병과
곤액에 처하였다고 스스로 격앙하
지는 못하고 도리어 흐느껴 울다
니 어찌 그리 비루하오!"

뒤에 왕장은 벼슬이 경조윤에
이르렀다.

성제成帝의 외삼촌 대장군大將軍
왕봉王鳳이 당시 정권을 잡고 독단
을 부리고 있었는데, 왕장은 비록
왕봉의 추천을 받아 벼슬길에 오
르기는 하였지만 그에게 빌붙을
생각은 가지고 있지 않았다. 마침

일식日食의 변고가 일어나자, 왕장은 봉사封事를 올려 왕봉은 임용해서는 안 된다고 할 참이었다. 그 글이 완성되어 막 올리려 하자, 아내가 이를 저지하며 이렇게 말하였다.

"사람은 의당 만족할 줄 알아야 하오! 그대는 홀로 덕석을 입고 흐느껴 울 때를 생각하지 아니하고 있소?"

그러나 왕장은 이렇게 말하였다.

"여자가 알 바 아니오."

그리하여 드디어 그 글이 천자에게 올라가자, 천자는 차마 외삼촌 왕봉을 물러나게 할 수 없었다. 이 일로 왕장이 오히려 왕봉에게 모함을 받게 되었고, 일이 대역大逆 죄로까지 커져 결국 잡혀 옥에 갇히는 신세가 되었다.

그 때 왕장에게는 어린 딸이 있었는데 나이 열두 살이었다. 그는 밤에 크게 울며 이렇게 말하는 것이었다.

"평소 옥에 갇힌 자가 듣기로 항상 아홉 명이라 하였는데 지금 여덟 명 뿐이라 합니다. 우리 아버지께서는 본래 강직하신 분으로 먼저 죽은 자는 틀림없이 우리 아버지일 것입니다."

이튿날 물어 보았더니 과연 왕봉은 죽고 없었다.

아내와 딸은 모두 합포合浦로 유배당하였다.

왕봉이 죽은 후, 성도후成都侯 왕상王商이 대장군이 되어 왕장이 무죄임을 안타깝게 여겨 이를 사실대로 고백하였다. 그리하여 그 아내와 딸에게 재산과 전택을 모두 되돌려 주었고, 많은 백성들도 그를 그리워하며 기렸다.

군자가 말하였다.

"왕장의 처는 말고 펴야 할 절도를 알았다."

《시詩》에 "아무리 하늘이 두렵다 해도, 나에겐 아무런 죄가 없다오"라 하였으니 이는 군주가 위엄과 학정을 베풀더라도 죄가 없으면 재앙을 만나지 않음을 말한 것이다.

王章妻女, 漢京兆尹王仲卿之妻及其女也. 仲卿爲書生, 學於長安, 獨與妻居, 疾病無被, 臥牛衣中, 與妻訣泣涕.

妻呵怒曰:「仲卿, 尊重在朝廷, 誰愈於仲卿者! 今疾病困厄, 不自激昂, 乃反涕泣, 何鄙也!」

後章仕宦至京兆尹. 成帝舅大將軍王鳳秉政專權, 章雖爲鳳所奉, 意不肯附. 會有日食之變, 章上封事言鳳不可任用, 事成當上.

妻止之曰:「人當知足! 獨不念牛衣中流涕時耶?」

章曰:「非女子所知.」

書遂上, 天子不忍退鳳. 章猶是爲鳳所陷, 事至大逆, 收繫下獄.

章有小女年十二, 夜號哭曰:「平日坐獄上, 聞呼囚數常至九, 今八而止. 我君素剛, 先死者必我君也.」

明日問之, 果死. 妻子皆徙合浦. 鳳薨後, 成都侯王商爲大將軍, 閔章無罪, 白, 還其妻子財産田宅, 衆庶給之.

君子謂:「王章妻知卷舒之節.」

詩云: 『昊天已威. 予愼無罪.』言王爲威虐之政, 則無罪而遘咎也.

【王章】 자는 仲卿. 서한 泰山 巨平人. 일찍이 諫大夫를 역임하면서 직언을 일삼아 대신과 귀족들이 모두 두려워하였음. 京兆尹에 올랐으며 대장군 王鳳의 미움을 받아 옥사함. 《漢書》 趙尹韓張兩王傳 참조.

【牛衣】 牛被. 덕석. 겨울에 소의 추위를 막기 위해 짚으로 만든 것이나 가마니 등으로 덮어 주는 것.

【成帝】 西漢의 9대 황제. 劉鷔. 元帝의 아들이며 B.C.32년~7년까지 26년간 재위함.

【王鳳】자는 孝卿. 서한 平陵(지금의 山東 濟南市 동쪽) 출신으로 아버지를 이어 陽平侯가 되었으며, 그 누이가 元帝의 황후가 되자 외척으로서 大司馬, 大將軍, 領尙書事 등을 역임하면서 정권을 휘둘렀음. 《漢書》 元后傳 참조.

【日食】日蝕과 같음.

【封事】밀봉하여 황제에게 올리는 上疏文이나 書狀 등.

【徙】변방으로 옮김. 고대 유배의 일종.

【合浦】西漢 시대의 군 이름. 치소는 지금의 廣西 合浦縣.

【王商】자는 子威. 승상에 올라 외척으로 정치를 보좌함. 뒤에 무고로 모함을 받아 죽음. 《漢書》 王商史丹傅喜傳 참조.

【白還其妻子財産田宅】《漢書》 趙尹韓張兩王傳에는 "白上還章妻子故郡"이라 함.

【衆庶給之】《漢書》 趙尹韓張兩王傳에는 "衆庶冤紀之"라 함.

【卷舒】'말다'(捲)와 '펴다'의 뜻. '曲伸'과 같음. 일을 처리할 때 강직을 구분해야 함을 뜻함.

【昊天已威】《詩經》 小雅 巧言의 구절.

참고 및 관련 자료

1. 《詩經》 小雅 巧言 →091 참조.

2. 《漢書》 趙尹韓張兩王傳

王章字仲卿, 泰山鉅平人也. 少以文學爲官, 稍遷至諫大夫, 在朝廷名敢直言. ……初, 章爲諸生學長安, 獨與妻居. 章疾病, 無被, 臥牛衣中, 與妻決, 涕泣. 其妻呵怒之曰: 「仲卿! 京師尊貴在朝廷人誰踰仲卿者? 今疾病困戹, 不自激卬, 乃反涕泣, 何鄙也!」 後章仕宦歷位, 及爲京兆, 欲上封事, 妻又止之曰: 「人當知足, 獨不念牛衣中涕泣時耶?」 章曰: 「非女子所知也.」 書遂上, 果下廷尉獄, 妻子皆收繫. 章小女年可十二, 夜起號哭曰: 「平生獄上呼囚, (素)[數]常至九, 今八而止. 我君(數)[素]剛, 先死者必君.」 明日問之, 章果死. 妻子皆徙合浦. 大將軍鳳薨後, 弟成都侯商復爲大將軍輔政, 白上還章妻子故郡. 其家屬皆完具, 采珠致産數百萬, 時蕭育爲泰山太守, 皆令贖還故田宅.

3. 《幼學瓊林》

「姜氏翕和, 兄弟每宵同大被; 王章未遇, 夫妻寒夜臥牛衣.」

118(8-14) 班女婕妤 辯通
반황의 딸 반첩여

반첩여班婕妤는 좌조월기左曹越騎 반황班況의 딸로서 한漢나라 효성황제孝成皇帝의 첩여이다. 어질고 재능이 있고, 변론에 능통하였다.

처음 선발되어 후궁에 들어와 소사小使가 되었다가 잠깐 지나 크게 총애를 받아 첩여가 되었다.

성제成帝가 궁정의 뒤뜰에서 놀이를 하면서 첩여와 같은 손수레를 타고 가고 싶어하자 그는 이렇게 사양하였다.

반녀첩어(班女婕妤)

"옛날의 그림을 보니 어질고 성스러운 임금은 모두가 유명한 신하가 그 곁에 있었습니다. 그러나 삼대三代의 말왕末王들은 폐첩嬖妾들이 곁에 있더군요. 지금 수레를 함께 탄다면 이는 그들과 비슷한 것이 되지 않겠습니까?"

임금은 그의 말이 훌륭하다 여겨 중지하였다. 태후가 이를 듣고 즐거워하며 이렇게 칭찬하였다.

"옛날에 번희樊姬가 있었다면 지금은 반첩여가 있구나."

그는 매번 시詩를 외우며 요조窈窕와 덕상德象, 여사女師편에 이르면 반드시 세 번씩 반복하였다. 그리고 매번 임금에게 나아가 뵙게 될 때면 고례古禮에 의거하여 말씀을 올렸다. 홍가鴻嘉 이후로 성제는 차츰 여자들에게 빠지기 시작하였다. 이에 첩여는 시종하는 여인 이평李平을 올려 바쳤으며, 이평은 사랑을 받아 그도 첩여가 되었다.

성제는 이렇게 말하였다.

"처음에 위황후衛皇后도 역시 미천한 집안 출신이었다."

그리고 이평에게 위씨衛氏 성을 하사하였으니 이가 소위 위첩여衛婕妤이다. 그 뒤 조비연趙飛燕 자매가 사랑을 받아 교만하고 질투를 부려 반첩여를 이렇게 참소하였다.

"사악한 마음을 끼고 임금에게 화를 내리도록 저주의 기도를 하고 있습니다."

그리하여 반첩여를 불러 자세한 내용을 묻자 반첩여는 이렇게 말하였다.

"제가 듣기로 죽고 사는 것은 명에 달렸으며, 부귀는 하늘에 달렸다 하더이다. 자신을 수양하고 옳게 살아도 오히려 복을 받을 수 없거늘, 사악한 욕심으로써 한다면 무엇을 바랄 수 있겠습니까? 게다가 귀신이 만약 알아차리는 것이 있다면 옳지 못한 신하의 하소연은 받아들이지 않을 것이며, 만약 귀신이 아무것도 모른다면 하소연한들 무슨 이익이 있겠습니까? 그러므로 저는 그런 짓은 하지 않습니다."

임금은 그의 대답이 훌륭하다고 생각하였으며, 아울러 불쌍히 여겨 그에게 황금 백 근을 하사하였다.

당시 조비연이 교만과 질투를 부리자, 반첩여는 긴 세월을 두고 자신이 위험을 당할 것이라 걱정하여, 장신궁長信宮에서 태후를 봉양하는 일을 하겠다고 청하여 성제로부터 허락을 받았다.

반첩여는 동궁東宮으로 물러나자, 이렇게 부賦를 지어 자신의 슬픔을 나타내었다.

"조상의 남긴 덕을 이어받아 내 몸은 아름다운 성령을 품고 있도다.
미천한 신분으로 궁궐에 들어와 후궁의 반열에 충당되었네.
성스러운 황제에게 받은 사랑과 은택은 해와 달처럼 밝고 환하였네.
성스러운 왕실을 찬양하면서 은총은 증성사增成舍에서 깊었었네.
총애는 내가 누릴 자리가 아님을 알고 아름다운 시절이었음을 즐겁게
여길 뿐,
낮이나 밤이나 잊지 못하고 탄식함이여, 임금을 모셨던 지난날이 그리워.
열녀도列女圖를 펼쳐 놓고 경계로 삼고, 여사女史를 돌아보며 시詩를 묻도다.
새벽에 일어나는 신부의 불쌍함을 경계로 삼고 포염褒豔의 허물을 슬피
여기도다.
아황娥皇과 여영女英이 순舜에게 시집간 것을 아름답게 여기고, 태임太姙과
태사太姒가 주周나라 어머니 됨을 영광으로 여기도다.
내 비록 우둔하여 그들에게 미칠 수 없지만 감히 포기하여 이들을 잊으랴?
세월이 흘러 더욱 근심이 쌓이니 화려한 꽃도 영원하지 못함을 슬퍼하도다.
양록陽祿과 자관柘觀에서의 비통해하면서 기도하였으나 강보에 쌓인 어린
애기는 재앙을 만났네.
내 어찌 재앙을 일으키는 사람이겠소만 천명이 그러니 어쩔 수 없었네.
대낮의 해도 이미 그 석양이 되어 드디어 빛을 잃고 어두워지는구나.
황제의 후덕은 천지와 같으니 결코 스스로 포기하여 죄를 짓지는 않으리.
동궁에 들어 태후를 봉양하고 받들어 장신궁의 말단에 의탁하였네.
물 뿌리고 청소하는 일로 휘장 아래 바쁘니 죽고 나서야 이 일이 그칠
것이라 기약하네.
원하건대 이 뼈라도 산으로 돌아가 송백의 남는 그늘에 의지하면 족하리로다."

그리고 다시 이렇게 읊었다.

"깊은 궁궐에 살아 그윽하고 맑으나 궁궐 대문은 닫히고 작은 문은 잠겼네.
화려한 궁전에는 먼지 끼고 옥 계단에는 이끼가 돋았고, 뜰 가운데는

푸른 풀 자랐네.

큰 궁궐의 그늘에 휘장은 어둡고 방의 창살에는 냉랭한 바람.

흩날리는 치마와 붉은 비단에 어지럽게 슬피 우는 흰 비단 바람 소리.

신묘하도다, 고요한 후궁이여. 임금은 오지 않으니 누가 영광을 누린단 말인가?

내려다보니 붉은색 돌계단, 임금의 신발 자국 눈에 보이네.

고개 들어 구름 같은 궁궐을 보니 두 줄기 눈물이 옆으로 비끼네.

좌우를 돌아보니 모두가 환한 얼굴, 술잔을 돌리며 근심을 풀고 있네.

오직 사람이 태어난 한 세상이란 홀연히 흘러감이 뜬구름 같구나.

홀로 고명한 존귀를 누리면서 백성에게 오직 지극한 미인만 요구하네.

정욕을 즐기기에 힘써 쾌락을 끝까지 추구하며 복록이 한없기를 바라네.

녹의綠衣와 백화白華는 슬픔을 노래한 것으로 예로부터 이런 일은 있어 왔겠지."

성제가 죽고 나서 반첩여는 원릉園陵을 지키고 받드는 일에 충당되었으며, 그로 인하여 그도 죽고 나서 그 원릉에 묻히게 되었다.

군자가 말하였다.

"반첩여가 함께 수레를 타자고 했을 때 이를 사양한 말은 대체로 주周나라 때 선강宣姜의 뜻과 같고, 이평을 바쳐 같은 반열에 서도록 한 것은 번희樊姬의 덕과 같으며, 저주의 참훼를 해석한 것은 정강定姜의 지혜와 같으며, 동궁에 물러나 태후를 받드는 일을 하겠다고 청한 것은 진나라 과부의 효행과 같다. 그런가 하면 그가 지은 부는 애처로우나 상처를 주지는 않는 것으로 모든 것을 운명에 맡겨 원망함이 없었던 예이다."

《시詩》에 "훌륭하신 우리 님은 뼈와 상아를 갈고 다듬은 듯, 구슬과 돌을 갈고 다듬은 듯. 엄하고도 너그러우며 환하고도 의젓하도다. 훌륭하신 우리 님은 끝내 잊을 수가 없는 분일세"라 하였으니 이는 반첩여 같은 이를 두고 한 말이다.

班婕妤者, 左曹越騎班況之女, 漢孝成皇帝之婕妤也. 賢才通辯.

始選入後宮爲小使, 俄而大幸爲婕妤. 成帝遊於後庭, 嘗欲與婕妤同輦, 辭曰:「觀古圖畫, 賢聖之君, 皆有名臣在側. 三代之末主, 乃有女嬖. 今欲同輦, 得無似之乎?」

上善其言而止. 太后聞而喜曰:「古有樊姬, 今有班婕妤.」

每誦詩及窈窕·德象·女師之篇, 必三復之. 每進見上疏依古禮. 自鴻嘉之後, 成帝稍隆於女寵, 婕妤進侍者李平, 平得幸立爲婕妤.

帝曰:「始, 衛皇后亦從微起.」

乃賜平姓衛, 所謂衛婕妤也. 其後趙飛燕姊妹有寵驕妒, 譖訴婕妤云.「挾邪詛祝」考問班婕妤, 曰:「妾聞死生有命, 富貴在天, 修正尚未蒙福, 爲邪欲以何望? 且使鬼神有知, 不受不臣之訴; 如其無知, 訴之何益? 故弗爲也.」

上善其對而憐閔之, 賜黃金百斤. 時飛燕驕妒, 婕妤恐久見危, 求供養太后於長信宮, 上許焉.

婕妤退處東宮, 作賦自傷曰:

『承祖考之遺德兮, 荷性命之俶靈. 登薄軀於宮闕兮, 充下陳於後庭. 蒙聖皇之渥惠兮, 當日月之盛明. 揚光烈之翕赫兮, 奉隆寵於增成. 旣過幸於非位兮, 竊庶幾乎嘉時. 每寤寐而累息兮, 申佩離以自思. 陳女圖而鏡鑑兮, 顧女史而問詩. 悲晨婦之作戒兮, 哀褒豔之爲尤. 美皇英之女舜兮, 榮任姒之母周. 雖愚陋其靡及兮, 敢舍心而忘茲? 歷年歲而悼懼兮, 閔繁華之不滋. 痛陽祿與柘觀兮, 仍襁褓而離災. 豈妾人之殃咎兮, 將天命之不可求. 白日忽以移光兮, 遂奄莫而昧幽. 猶被覆載之厚德兮,不廢捐於罪尤. 奉供養於東宮兮, 託長信之末流. 供灑掃於帷幄兮, 永終死以爲期. 願歸骨於山足兮, 依松柏之餘休.』

重曰:

『潛玄宮兮幽以淸, 應門閉兮禁闥扃. 華殿塵兮玉階苔, 中庭萋兮綠草生. 廣屋蔭兮簷帷晻, 房櫳虛兮風泠泠. 感帷裳兮發紅羅, 紛悴慘兮紈素聲. 神眇眇兮密靖處, 君不御兮誰爲榮. 俯視兮丹墀, 思君兮履綦, 仰視兮雲屋, 雙涕下兮橫流. 顧左右兮和顏, 酌羽觴兮銷憂. 惟人生兮一世, 忽一過兮若浮. 已獨嚮兮高明, 處生民兮極休. 勉娛情兮極樂, 與福祿兮無期. 綠衣兮白華, 自古兮有之.』

至成帝崩, 婕妤充奉園陵, 薨, 因葬園中.

君子謂:「班婕妤辭同輦之言, 蓋宣后之志也; 進李平於同列, 樊姬之德也; 釋詛祝之譖, 定姜之知也; 求供養於東宮, 寡李之行也. 及其作賦, 哀而不傷, 歸命不怨.」

詩云:『有斐君子, 如切如磋. 如琢如磨, 瑟兮僩兮. 赫兮咺兮, 有斐君子. 終不可諼兮.』其班婕妤之謂也.

【婕妤】倢伃로도 표기하며 비빈의 칭호.《漢書》明帝紀 顏師古 주에 "倢, 接幸也. 伃, 美稱也, 故以名宮中婦官"이라 함.

【左曹越騎】관직 이름. 左曹越騎校尉. 京師의 衛戍를 맡은 군관.

【孝成皇帝】西漢의 제9대 황제인 成帝. 劉驁. 원제(劉奭)의 아들. B.C.32~7년까지 16년간 재위함.

【少使】궁중 비빈의 칭호. 제11등급.

【三代之末王】夏나라 桀王, 商나라 紂王, 周나라 幽王을 가리킴. 모두 여자 末喜·妲己·褒姒로 인하여 나라를 망침.

【樊姬】楚 莊王의 현명한 부인. 본《列女傳》(019) '楚莊樊姬' 참조.

【詩及窈窕德象女師】《漢書》外戚傳 顔師古 주에 “皆古箴戒之書也”라 함. ‘窈窕’는《詩經》첫 장 關雎의 ‘窈窕’를 뜻하며 ‘德象’과 ‘女師’는 책 이름으로 보이나 알 수 없음.

【鴻嘉】한 成帝의 연호. B.C.20년~17년까지의 4년간.

【衛皇后】한 武帝의 황후. 衛子夫. 원래 平陽公主 집안의 歌女였으며 궁중으로 들어가 세 딸과 戾太子를 낳고 皇后에 오름.《漢書》外戚傳 참조.

【挾邪詛祝】귀신에게 화를 내리도록 저주함을 뜻함.《漢書》外戚傳에 “挾媚道, 祝詛後宮, 詈及主上”이라 함.

【死生有命】《論語》顔淵篇이 구절. 참고란을 볼 것.

【長信宮】한나라 궁궐 이름. 태후가 거처하는 곳.《漢書》外戚傳에 “成帝母太皇太后稱長信宮”이라 함.

【東宮】태자가 거처하는 궁. 그러나 여기서는 장신궁을 가리킴.《漢書》外戚傳에 “東宮, 太后所居也”라 함.

【荷性命之俶靈】《漢書》外戚傳에 “何性命之淑靈”이라 함. ‘荷’는 짐. ‘性命’은 品性. ‘俶靈’은 善의 뜻.

【增成】후궁의 구역 이름.《漢書》外戚傳 顔師古 주에 應劭의 말을 인용하여 “後宮有八區, 增成第三也”라 함.

【佩纚】‘佩纚’와 같음. 부인들이 차는 장식물로 여기서는 成婚을 뜻함.

【女圖】부인의 덕행을 그림으로 그려 놓은 병풍.

【女史】관직 이름.《周禮》天官 女史에 王后의 儀禮와 儀式 등을 맡아 주관하는 직책이라 함.

【晨婦】부녀는 새벽부터 남자의 일을 돕는다는 뜻.《尙書》周書 牧誓에 “牝雞之晨, 惟家之索”이라 함.

【褒豔之爲尤】褒(포)는 褒姒. 豔(염)은 豔妻.《漢書》外戚傳에는 「褒閻之爲郵」으로 되어 있으며 顔師古 주에 “小雅刺幽王之詩曰‘赫赫宗周, 褒姒滅之’, ‘閻妻煽方處’, 故云爲郵, 郵, 過也”라 함. 한편 같은《漢書》谷永社鄴傳에는 “昔褒姒用國, 宗周以喪; 閻妻驕扇, 日以不臧. 此其效也”라 하였으며 顔師古 주에 “閻, 嬖寵之族也”라 함.《詩經》小雅 十月之交에도 “閻妻扇方處”라는 구절이 보임.

【皇英】舜임금의 두 비인 娥皇과 女英. 001 참조.

【任姒】妊姒, 姙姒로도 표기하며 周室의 太任과 太姒를 가리킴. 006 참조.

【陽祿·柘觀】모두 觀(도가 사당) 건물 이름.

【離】 罹의 가차자. '걸리다'의 뜻.

【奄莫】 저녁 어스름녘. '晻暮'와 같음.

【餘休】 '餘蔭'과 같음.

【玄宮】 깊은 궁궐. 구중궁궐.

【應門】 궁궐의 정문.

【禁闥】 궁중의 작은 문.

【扃】 궁문의 문고리.

【紅羅】 붉은색의 아름다운 비단.

【悴憏】 '췌제'로 읽으며 옷깃이 바람에 나부껴 나는 소리. 쌍성연면어. '縩縩'로도 표기함.

【紈素】 흰색의 깨끗한 비단.

【密靖】 아주 조용함. 靜寂, 寂靜과 같음.

【丹墀】 '단지'로 읽으며 '丹陛'와 같음. 고대 궁중의 돌계단으로 붉은색을 칠한 것.

【履綦】 신발의 장식물.

【雲屋】 아주 아름다운 궁궐을 비유함. 漢 成帝가 일찍이 甘泉宮에 雲帳, 雲幄, 雲幕으로 紫殿을 꾸며 이를 '三雲殿'이라 하였다 함.

【羽觴】 참새 모양으로 조각한 술잔.

【休】 '美'와 같은 뜻임.

【綠衣白華】 《詩經》의 편명. 《漢書》外戚傳 顔師古 주에 "綠衣, 詩邶風, 刺妾上僭夫人失位. 白華, 小雅篇, 周人刺幽王黜申后也"라 함.

【園陵】 제왕의 묘지.

【宣后】 周 宣王의 姜后. '周宣姜后'(015) 참조.

【定姜】 '衛姑定姜'(007) 참조.

【寡李】 '寡孝'의 오기. 王紹蘭 주에 "李, 當爲孝字之誤也. 寡李, 卽陳寡孝婦, 專心養姑, 班婕妤求供養皇太后於長信宮, 其事正同, 故云寡孝之行也"라 함. '陳寡孝婦'(059) 참조.

【有斐君子】 《詩經》 衛風 淇奧의 구절.

1.《詩經》小雅 十月之交

十月之交, 朔月辛卯. 日有食之, 亦孔之醜. 彼月而微, 此日而微. 今此下民, 亦孔之哀. 日月告凶, 不用其行. 四國無政, 不用其良. 彼月而食, 則維其常. 此日而食, 于何不臧. 爆爆震電, 不寧不令. 百川沸騰, 山冢崒崩. 高岸爲谷, 深谷爲陵. 哀今之人, 胡憯莫懲. 皇父卿士, 番維司徒, 家伯爲宰, 仲允膳夫, 棸子內史, 蹶維趣馬, 楀維師氏, 豔妻煽方處. 抑此皇父, 豈曰不時. 胡爲我作, 不卽我謀. 徹我牆屋, 田卒汙萊. 曰予不戕, 禮則然矣. 皇父孔聖, 作都于向. 擇三有事, 亶侯多藏. 不憖遺一老, 俾守我王. 擇有車馬, 以居徂向. 黽勉從事, 不敢告勞. 無罪無辜, 讒口囂囂. 下民之孽, 匪降自天. 噂沓背憎, 職競由人. 悠悠我里, 亦孔之痗. 四方有羨, 我獨居憂. 民莫不逸, 我獨不敢休. 天命不徹, 我不敢傚我友自逸.

2.《詩經》白華

白華菅兮, 白茅束兮. 之子之遠, 俾我獨兮. 英英白雲, 露比菅茅. 篇步艱難, 之子不猶. 滮池北流, 浸彼稻田. 嘯歌傷懷, 練彼碩人. 樵彼桑薪, 卬烘于煁. 維彼碩人, 實勞我心. 鼓鍾于宮, 聲聞于外. 念子懆懆, 視我邁邁. 有鶖在梁, 有鶴在林. 維彼碩人, 實勞我心. 鴛鴦在梁, 戢其左翼. 之子無良, 二三其德. 有扁斯石, 履之卑兮. 之子之遠, 俾我疧兮.

3.《詩經》衛風 淇奧

瞻彼淇奧, 綠竹猗猗. 有匪君子, 如切如磋, 如琢如磨. 瑟兮僩兮, 赫兮咺兮. 有匪君子, 終不可諼兮. 瞻彼淇奧, 綠竹靑靑. 有匪君子, 充耳琇瑩, 會弁如星. 瑟兮僩兮, 赫兮咺兮. 有匪君子, 終不可諼兮. 瞻彼淇奧, 綠竹如簀. 有匪君子, 如金如錫, 如圭如璧. 寬兮綽兮, 猗重較兮. 善戲謔兮, 不爲虐兮.

4.《漢書》外戚專(下)

孝成班倢伃, 帝初卽位選入後宮, 始爲小使, 俄而大幸爲倢伃, 居增成舍, 再就館. 有男, 數月失之. 成帝遊於後庭, 嘗欲與倢伃同輦載, 倢伃辭曰:「觀古圖畫, 賢聖之君, 皆有名臣在側. 三代之末主, 乃有嬖女. 今欲同輦, 得無近似之乎?」上善其言而止. 太后聞之, 喜曰:「古有樊姬, 今有班倢伃.」倢伃誦詩及窈窕・德象・女師之篇, 每進見上疏, 依則古禮.

自鴻嘉後, 上稍隆於內寵, 倢伃進侍者李平, 平得幸, 立爲倢伃. 帝曰:「始, 衛皇后亦從微起.」乃賜平姓衛, 所謂衛倢伃也. 其後趙飛燕姊弟亦從自微賤興, 踰越禮制, 寖盛於前. 班倢伃及許皇后皆失寵, 稀復進見. 鴻駕三年, 趙飛燕譖告許皇后·班倢伃挾媚道, 祝詛後宮, 詈及主上. 許皇后坐廢. 考問班倢伃, 倢伃對曰:「妾聞死生有命, 富貴在天, 修正尙未蒙福, 爲邪欲以何望? 使鬼神有知, 不受不臣之愬; 如其無知, 愬之何益? 故不爲也.」上善其對, 憐憫之, 賜黃金百斤.

趙氏姊弟驕妒, 倢伃恐久見危, 求共養太后長信宮, 上許焉. 倢伃退處東宮, 作賦自傷悼, 其辭曰:『承祖考之遺德兮, 何性命之淑靈. 登薄軀於宮闕兮, 充下陳於後庭. 蒙聖皇之渥惠兮, 當日月之盛明. 揚光烈之翕赫兮, 奉隆寵於增成. 旣過幸於非位兮, 竊庶幾乎嘉時. 每寤寐而累息兮, 申佩離以自思. 陳女圖而鏡監兮, 顧女史而問詩. 悲晨婦之作戒兮, 哀褒閻之爲郵. 美皇英之女虞兮, 榮任姒之母周. 雖愚陋其靡及兮, 敢舍心而忘玆? 歷年歲而悼懼兮, 閔蕃華之不滋. 痛陽祿與柘觀兮, 仍襁褓而離災. 豈妾人之殃咎兮, 將天命之不可求. 白日忽以移光兮, 遂晻莫而昧幽. 猶被覆載之厚德兮, 不廢捐於罪郵. 奉共養于東宮兮, 託長信之末流. 共洒埽於帷幄兮, 永終死以爲期. 願歸骨於山足兮, 依松柏之餘休.』

重曰:

『潛玄宮兮幽以清, 應門閉兮禁闥扃. 華殿塵兮玉階苔, 中庭萋兮綠草生. 廣室陰兮帷幄暗, 房櫳虛兮風泠泠. 感帷裳兮發紅羅, 紛綷縩兮紈素聲. 神眇眇兮密靚處, 君不御兮誰爲榮. 俯視兮丹墀, 思君兮履綦, 仰視兮雲屋, 雙涕下兮橫流. 顧左右兮和顏, 酌羽觴兮銷憂. 惟人生兮一世, 忽一過兮若浮. 已獨享兮高明, 處生民兮極休. 勉虞情兮極樂, 與福祿兮無期. 綠衣兮白華, 自古兮有之.』至成帝崩, 倢伃充奉園陵, 薨, 因葬園中.

5. 〈紈扇詩〉(《玉臺新詠》卷一. 「班婕妤怨詩一首并序」)

昔漢成帝班婕妤失寵, 供養於長信宮, 乃作賦自傷, 并爲怨詩一首:

「新裂齊紈素, 鮮潔如霜雪. 裁爲合歡扇, 團團似明月. 出入君懷袖, 動搖微風發. 常恐秋節至, 涼風奪炎熱. 棄捐篋笥中, 恩情中道絶.」

6. 《詩品》(上)

漢婕妤班姬詩, 其源出於李陵. 團扇短章, 詞旨淸捷, 怨深文綺, 得匹婦之致. 侏儒一節, 可以知其工矣.

7. 《文選》(10) 西征賦 注

成帝遊於後庭, 嘗欲與班婕妤同輦載. 婕妤辭曰:「觀古圖畫, 賢聖之君, 皆有名臣在側. 三代末主, 乃有嬖女. 今欲同輦, 得無近似之乎?」

8. 《**文選**》景福殿賦 注

成帝遊於後庭, 嘗與班婕妤同輦. 婕妤辭曰:「三代末主, 乃有嬖女, 今欲同輦, 得無近似之?」

9. 《**文選**》(27) 〈怨歌行〉班婕妤

(注) 歌錄曰: 怨歌行, 古辭. 然言古者有此曲, 而班婕妤擬之. 婕妤, 帝初卽位, 選入後宮. 始爲少使, 俄而大幸, 爲婕妤, 居增成舍. 後趙飛燕寵盛, 婕妤失寵, 希復進見. 成帝崩, 婕妤充園陵, 薨.

(詩) 新裂齊紈素, 皎潔如霜雪. 裁爲合歡扇, 團團似明月. 出入君懷袖, 動搖微風發. 常恐秋節至, 涼風奪炎熱. 棄捐篋笥中, 恩情中道絶.

10. 《**論語**》顏淵篇

司馬牛憂曰:「人皆有兄弟, 我獨亡.」子夏曰:「商聞之矣: 死生有命, 富貴在天. 君子敬而無失, 與人恭而有禮. 四海之內, 皆兄弟也. 君子何患乎無兄弟也?」

11. 《**蒙求**》卷上 班女辭輦

前漢成帝班倢伃越騎校尉況之女. 帝游後庭, 嘗欲同輦載. 辭曰:「觀古圖畫, 聖賢之君皆有名臣在側. 三代末主迺有嬖女. 今欲同輦, 得無近似之乎?」上善其言而止. 太后聞之憙曰:「古有樊姬, 今有班倢伃.」後趙飛燕譖告, 許皇后與倢伃挾媚道, 祝詛後宮, 詈及主上. 考問倢伃, 對曰:「妾聞死生有命, 富貴在天. 修正尙未蒙福, 爲邪欲以何望? 便鬼神有知, 不受不臣之愬; 如其無知, 愬之何益? 故不爲也.」上善其對, 憐閔之, 賜黃金百斤.

119(8-15) 趙飛燕姊娣 孼嬖
조비연 자매

조비연趙飛燕 자매는 성양후成陽侯 조림趙臨의 딸로 효성황제孝成皇帝의 총희寵姬이다. 조비연이 태어날 때 부모는 그를 기르지 아니하고자 하였으나, 사흘을 내버려 두어도 죽지 않자 이에 거두어 길렀다.

성제는 늘 미복微服을 입고 밖에 나가 살피기를 하였는데, 하양河陽의 어떤 주인집에서 음악을 보여 주었을 때 성제가 그 중 조비연을 보고 반하여, 이를 궁으로 불러들여 크게 사랑하게 되었다.

그의 동생 합덕合德도 뒤에 다시 불러들여 모두가 첩여婕妤가 되었으며, 그들의 귀함은 후궁 전체를 기울일 정도였다. 그의 아버지 조림도 성양후로 봉을 받았고 얼마 뒤 조비연은 황후皇后로 세워졌으며 그 동생은 소의昭儀가 되었다.

조비연은 황후가 되고 나서 총애가 시들었지만 동생 소의에 대한 총애는 비길 데 없었다. 그들은 소양궁昭陽宮 사택에 살면서 그 집 뜰을 붉은색으로 칠하고 전殿에는 옻칠을 하였으며 섬돌은 모두 구리로 이어 붙였으며, 황금으로

조비연자제(趙飛燕姊娣)

칠하고 백옥으로 계단을 만들었다. 벽의 가로 나무는 둘러가며 모두 중간에 황금으로 수레바퀴 모양의 둥근 형태를 만들어 붙였다. 그리고 주 사이마다 남전藍田에서 나는 벽옥璧玉을 장식으로 박아 넣고 명주와 비취를 새 깃 모양으로 만들어 꾸몄는데 후궁에서는 일찍이 없었던 일이었다.

두 자매는 황제의 총애를 독차지하였으나 모두가 자식을 낳지 못하였고, 교태와 애교에 불손함은 그지없었으며 후궁을 질투하였다.

성제가 허미인許美人을 총애하여 아들이 생기자, 소의가 이를 듣고 성제에게 대들었다.

"언제나 나에게 궁중에서 오는 길이라 속인 것이군요. 지금 허미인이 아들을 낳은 것은 어디로부터 생겨난 것이란 말입니까?"

그리고 원망하면서 손으로 자신을 치고, 머리로 기둥을 찧고 침대 위에서 아래로 떨어져 나뒹굴며 울며불며 밥도 먹지 않은 채 이렇게 말하였다.

"지금 나를 어떻게 처리할 거요? 나는 죽어 버리겠소!"

그러자 성제가 말하였다.

"내 말하려 하였다. 그런데 도리어 화부터 내니 어쩌란 말이냐?"

그리고 성제도 역시 밥을 먹지 않자 소의가 말하였다.

"폐하께서 스스로 이와 같이 한 짓인데 밥을 먹지 않는다고 무슨 말을 해 줄줄 아시오? 폐하는 늘 '너를 배반하지 않기로 약속하마'라고 하셨지요. 그런데 지금 허미인이 아이가 있다니 결국 약속을 어겨 놓고 무슨 말을 하겠다는 것입니까?"

성제는 이렇게 말하였다.

"너 조씨와 약속한다. 결코 허씨를 세우지 않겠다. 천하에 조씨말고는 그 위에 설 자가 없도록 하겠다. 걱정하지 말아라."

그리고 허씨 부인에게 조서를 내려 그가 낳은 아이를 죽여 이를 가죽으로 만든 바구니에 담아 밀봉을 하도록 하였다. 그리고 성제는 소의와 함께 그 밀봉을 뜯어 함께 확인하고 다시 봉하여 어사중승御史中丞의 봉인까지 찍은 다음, 이를 가지고 나가 감옥 담장 아래 묻었다.

중궁사中宮史 조궁曹宮은 자가 위능偉能으로 성제의 사랑으로 아이를 낳게 되었다. 그러자 성제는 다시 소의의 말을 따라 그가 낳은 아이가 아들이건 딸이건 묻지도 않은 채 죽여 버리도록 하였다. 조궁이 이를 죽이지 아니하자 소의는 노하였다. 액정掖庭의 옥승獄丞 적무籍武가 중황문中黃門을 통해 이 일에 대하여 이렇게 상주하였다.

"폐하께서는 후사가 없으시니 낳은 자식의 귀천에 관계없이 중시하셔야 합니다!"

성제는 이를 듣지 아니하고 그

〈漢宮春曉〉(成帝와 趙飛燕) 明 尤求(畫)

때 이미 낳은 지 여드레 아흐레 된 아이도 모두 거두어 죽여 버렸다.

소의는 위능에게 글과 독약을 보내어 자살하도록 명하였다. 위능이 그 글을 받아 보고는 이렇게 말하였다.

"과연 자매가 천하를 제멋대로 휘저으려 하는가? 내 아들은 이마에 긴 머리카락이 있어 모습이 원제元帝를 닮아 있다. 지금 그 아이는 어디에 있느냐? 이미 죽였느냐?"

그리고는 약을 마시고 죽어 버렸다.

그로부터 임금의 사랑을 받아 아이를 낳은 자는 그 때마다 죽여 버리거나 혹은 약을 마시고 스스로 낙태를 해 버렸다. 이로부터 성제에게는 후손이 없었다.

성제가 이윽고 죽자 먼 핏줄을 찾아 세웠으나, 그도 여전히 후대를 번성히 길러 내지 못하였다.

군자가 말하였다.

"조소의의 흉악함과 악의에 찬 사랑은 포사褒姒와 같은 행동이었고,

성제의 미혹하고 어지러움은 주周 유왕幽王과 같았다."

《시詩》에 "못의 물이 가뭄에 마를 때에는 가장자리부터 말라간다 하지 않는가? 샘물이 여름에 줄어들 때는 안부터 마른다고 하지 않았나?"라 하였다.

성제 때에 외삼촌들이 밖에서 제멋대로 하였고, 조씨 자매가 궁 안에서 전횡을 부렸으니 스스로 다하고 끝까지 간 것이다. 대체로 못이나 샘물이 말라 가는 형세와 같았던 것이다.

趙飛燕姊娣者, 成陽侯趙臨之女, 孝成皇帝之寵姬也. 飛燕 初生, 父母不擧, 三日不死, 乃收養之. 成帝常微行出, 過河 陽主, 樂作, 上見飛燕而悅之, 召入宮大幸.

有女弟復召入, 俱爲婕妤, 貴傾後宮, 乃封父臨爲成陽侯, 有頃 立飛燕爲皇后, 其娣爲昭儀.

飛燕爲后而寵衰, 昭儀寵無比. 居昭陽舍, 其中廷彤朱, 殿上 漆, 砌皆銅沓, 黃金塗, 白玉階, 壁往往爲黃金釭, 函藍田璧玉, 明珠翠羽飾之, 後宮未嘗有焉.

姊娣專寵, 而悉無子, 嬌媚不遜, 嫉妬後宮. 帝幸許美人有子, 昭儀聞之, 謂帝曰:「常紿我從中宮來, 今許美人子何從生?」

懟手自搗, 以頭擊柱, 從床上自投地, 涕泣不食曰:「今當安 置我? 我欲歸爾!」

帝曰:「我欲語之, 反怒爲?」

亦不食. 昭儀曰:「陛下自如是, 不食謂何? 陛下常言:『約不 負汝』, 今許美人有子, 竟負約謂何?」

帝曰:「約以趙氏, 故不立許氏, 使天下無出趙氏之上者, 無憂也.」

乃詔許氏夫人, 令殺所生兒, 革篋盛緘之. 帝與昭儀共視, 復緘, 封以御史中丞印, 出埋獄垣下. 中宮史曹宮字偉能, 御幸生子, 帝復用昭儀之言, 勿問男女, 殺之, 宮未殺, 昭儀怒, 掖庭獄丞籍武因中黃門奏事曰:「陛下無繼嗣, 子無貴賤, 唯留意!」

帝不聽. 時兒生八九日, 遂取去殺之.

昭儀與偉能書及藥, 令自死. 偉能得書曰:「果欲姊娣擅天下? 且我兒額上有壯髮似元帝, 今兒安在? 已殺之乎?」

乃飲藥死.

自後御幸有子者輒死, 或飲藥自墮, 由是成帝無嗣. 成帝旣崩, 援立外藩, 仍不繁育.

君子謂:「趙昭儀之凶嬖與褒姒同行, 成帝之惑亂與周幽王同風.」

詩云:『池之竭矣, 不云自濱; 泉之竭矣, 不云自中.』

成帝之時, 舅氏擅外, 趙氏專內, 其自竭極, 蓋亦池泉之勢也.

【趙飛燕】원래 長安宮의 궁녀였으며 歌舞에 뛰어나고 몸이 가벼워 호를 飛燕이라 하였음. 婕妤가 되어 후궁에서 가장 사랑을 받아 皇后에 올랐으나 平帝 때 폐위되어 庶人이 되자 자살함. 그와 동생 合德과의 고사가 《西京雜記》에 실려 있음.

【成陽侯】趙臨을 가리킴. 황후의 아버지로 2천 石의 봉록을 받았음. 成陽은 縣 이름으로 지금의 河南 信陽 동북.

【河陽】《漢書》外戚傳에는 '陽河'로 되어 있으며 이는 현 이름으로 지금의 山西 陽城縣 서북.

【砌皆銅沓】구리로 돌계단에서 문지방까지 장식함. '砌'는 돌계단을 뜻하며 '沓' 은 '合'과 같음.

【壁, 釭】'壁'은 '壁帶'로 벽의 중간에 드러난 가로의 나무를 가리키며, '釭'은

'車釭'으로 수레바퀴 가운데의 둥근 형태. 이를 황금으로 만들어 장식함. 《漢書》外戚傳 顔師古 주에 "壁帶, 壁之橫木露出如帶者也. 於壁帶之中, 往往以金爲釭, 若車釭之形也"라 하였으며 《西京雜記》에도 똑같이 표현함.

【藍田】 지명이며 산 이름. 지금의 陝西 藍田縣에 있음. 옥이 산출되는 곳으로 유명함.

【翠羽】 비취옥을 새의 깃털처럼 만들어 장식함.

【中宮】 황후가 거처하는 궁.

【歸】 사망을 뜻함.

【許氏夫人】 許美人을 가리킴. 美人은 궁중 직책 등급 명칭임.

【革笥】 가죽으로 만든 상자. 그러나 《漢書》에는 '葦笥'로 되어 있으며 이는 갈대로 만든 상자를 말함.

【中宮史】 황후궁의 女史. 女史는 직책 이름.

【掖庭】 황궁의 곁에 딸린 건물로 妃嬪이 거주하는 곳.

【獄丞】 재판과 刑獄을 관장하는 벼슬.

【籍武】 인명. 액정의 옥승 이름.

【中黃門】 궁궐 안의 太監.

【壯髮】 《漢書》 外戚傳의 顔師古 주에 "壯髮, 當額前侵下而生, 今俗呼爲圭頭者 是也"라 함. 앞머리에 나는 머리카락.

【元帝】 서한 8대 황제. 이름은 劉奭. B.C.48~33년까지 16년간 재위.

【外藩】 漢 成帝가 죽은 후 漢 元帝의 庶孫이며 定都 恭王의 아들인 劉欣이 제위를 이어 漢 哀帝가 됨.

【褒姒·幽王】 '周幽褒姒'(092)를 볼 것.

【池之竭矣】 《詩經》 大雅 召旻의 구절.

【舅氏】 成帝의 외삼촌인 대장군 王鳳과 王商 등을 가리킴.

참고 및 관련 자료

1. 《詩經》 大雅 召旻

旻天疾威, 天篤降喪. 瘨我饑饉, 民卒流亡. 我居圉卒荒. 天降罪罟, 蟊賊內訌. 昏椓靡共. 潰潰回遹, 實靖夷我邦. 皋皋訿訿, 曾不知其玷. 兢兢業業, 孔塡不寧, 我位孔貶. 如彼歲旱, 草不潰茂. 如彼棲苴. 我相此邦, 無不潰止. 維昔之富, 不如時, 維今之疚, 不如茲. 彼疏斯粺, 胡不自替, 職兄斯引.

2.《漢書》外戚傳(下) 孝成趙皇后

孝成趙皇后, 本長安宮人. 初生時, 父母不舉, 三日不死, 乃收養之. 及壯, 屬陽阿主家, 學歌舞, 號曰飛燕. 成帝嘗微行出, 過陽阿主, 作樂. 上見飛燕而說之. 召入宮, 大幸. 有女弟復召入. 俱爲倢伃, 貴傾後宮. 許皇后之廢也, 上欲立趙倢伃. 皇太后嫌其所出微甚, 難之. 太后姊子淳于長爲侍中, 數往來傳語, 得太后指, 上立封趙倢伃父臨爲成陽侯. 後月餘, 乃立倢伃爲皇后. 追以長前白罷昌陵功, 封爲定陵侯. 皇后既立, 後寵少衰, 而弟絶幸, 爲昭儀. 居昭陽舍, 其中庭彤朱, 而殿上髤彤漆, 切皆銅沓黃金塗, 白玉階, 壁帶往往爲黃金釭, 函藍田璧, 明珠・翠羽飾之, 自後宮未嘗有焉. 姊弟顓寵十餘年, 卒皆無子.(下略)

3.《西京雜記》卷一 寵擅後宮

趙后體輕腰弱, 善行步進退, 女弟昭儀不能及也. 但昭儀弱骨豐肌, 尤工笑語. 二人並色如紅玉, 爲當時第一, 皆擅寵後宮.

4.《西京雜記》卷二 趙后淫亂

慶安世年十五, 爲成帝侍郎, 善鼓琴, 能爲雙鳳・離鸞之曲. 趙后悅之, 白上, 得出入御內, 絶見愛幸. 常著輕絲履, 招風扇, 紫綈裘, 與后同居處. 欲有子而終無胤嗣. 趙后自以無子, 常託以祈禱, 別開一室, 自左右侍婢以外, 莫得至者, 上亦不得至焉. 以輴車載輕薄少年, 爲女子服, 入後宮者日以十數, 與之淫通, 無時休息. 有疲怠者, 輒差代之, 而卒無子.

5.《西京雜記》卷一 昭陽殿

趙飛鸞女弟居昭陽殿, 中庭彤朱, 而殿上丹漆, 砌皆銅沓黃金塗, 白玉階, 壁帶往往爲黃金釭, 含藍田璧, 明珠・翠羽飾之. 上設九金龍, 皆銜九子金鈴, 五色流蘇. 帶以綠文紫綬, 金銀花鑷. 每好風日, 幡旄光影, 照耀一殿; 鈴鑷之聲, 驚動左右. 中設木畫屏風, 文如蜘蛛絲縷. 玉几玉床, 白象牙簟, 綠熊席. 席毛長二尺餘, 人眠而擁毛自蔽, 望之不能見, 坐則沒膝, 其中雜熏諸香, 一坐此席, 餘香百日不歇. 有四玉鎭, 皆達照無瑕缺. 窗扉多是綠琉璃, 亦皆達照, 毛髮不得藏焉. 椽桷皆刻作龍蛇, 縈繞其間, 鱗甲分明, 見者莫不兢慄. 匠人丁緩・李菊, 巧爲天下第一, 締構既成, 向其姊子樊延年說之, 而外人稀知, 莫能傳者.

6.《西京雜記》卷一　飛燕昭儀贈遺之侈

趙飛燕爲皇后, 其女弟在昭陽殿遺飛燕書曰:「今日嘉辰, 貴姊懋膺洪册, 謹上襚三十五條, 以陳踴躍之心」. 金華紫輪帽. 金華紫羅面衣. 織成上襦. 織成下裳. 五色文綬. 鴛鴦襦. 鴛鴦被. 鴛鴦褥. 金錯繡襠. 七寶綦履. 五色文玉環. 同心七寶釵. 黃金步搖. 合歡圓璫. 琥珀枕. 龜文枕. 珊瑚玦. 馬腦彄. 雲母扇. 孔雀扇. 翠羽扇. 九華扇. 五明扇. 雲母屏風. 琉璃屏風. 五層金博山香爐. 迴風扇. 椰葉席. 同心梅. 含枝李. 青木香. 沈水香. 香螺巵(出南海, 一名丹螺). 九眞雄麝香. 七枝燈.

7.《太平廣記》卷272

漢趙飛鸞, 體輕腰弱, 善行步進退, 女弟昭儀, 不能及也. 但弱骨豐肌, 尤笑語. 二人並色如紅玉, 當時第一, 擅殊寵後宮.

8.《太平廣記》卷236

趙飛燕爲皇后, 其女弟昭儀在昭陽殿, 遺飛燕書曰:「今日嘉辰, 貴姊懋膺洪册, 上貢三十五條, 以陳踴躍之至」. 金華紫輪帽. 金華紫羅面衣. 織成下裾. 同心七寶釵. 七寶綦履. 玉環. 五色文綬. 鴛鴦褥. 雲母屏風. 琉璃屏風. 雲母七寶扇. 琥珀枕. 龜文枕. 金錯綉襠. 琉璃瑪瑙彄. 珊瑚玦. 黃金步搖. 金博山爐. 七支燈. 迴風席. 茆葉席. 金浦圓璫. 孔雀扇. 五明扇. 九華扇. 同心梅. 合枝李. 三淸木香. 螺巵. 麝香. 沈水香. 九眞黃. 鴛鴦襦及被.

9.《初學記》卷25

昭陽殿木畫屛風, 如蜘蛛絲縷.

10.《初學記》卷25

趙飛燕爲皇后, 其女弟上遺雲母屛風, 迴風席, 七華扇.

120(8-16) 孝平王后 貞順
한나라 효평황후

한漢나라 효평왕후孝平王后는 안한공安漢公 태부太傅 대사마大司馬 왕망
王莽의 딸이며 효평황제孝平皇帝의 후后이다. 사람됨이 완예婉嫕하고 예절
있는 행동을 하였다. 평제平帝가 즉위하였을 때 왕후는 나이 아홉이었고
아버지 왕망이 정권을 쥐고 있으면서 오직 곽광霍光의 옛일을 따르고자
하고 있었다. 그리하여 딸을 황제의 짝으로 삼고자 거짓 일을 꾸며
혼례를 성사시켰다.

그리고 황태후皇太后를 꾀어 장
락소부長樂少府·종정宗正·상서령
尙書令을 보내어 납채納采토록 하
고, 태사太師·대사도大司徒·대사
공大司空 이하 40명으로 하여금 피
변皮弁과 소적素積의 복장을 하고
종묘宗廟에 이 사실을 고하도록 하
였다.

이듬해 봄, 사도司徒와 사공司空,
그리고 좌우의 장군을 보내어 신
부가 탈 수레와 법가法駕를 가지고
안한공 왕망의 저택으로 가서 황
후를 모시고 오도록 하였다. 사도
가 옥새의 끈을 건네주고 수레에

효평왕후(孝平王后)

올라 경필警蹕을 하여 때맞추어 상림원上林苑으로부터 연수문延壽門을 거쳐 미앙궁未央宮 앞 건물에 이르렀다. 여러 신하들이 도열하여 예를 치르는 행사가 끝나자, 천하에 대사면을 내렸으며 공경으로부터 추재趨宰·집사執事에 이르기까지 차등에 따라 상을 내렸다.

황후로 들어선 지 한 해 남짓 만에 그만 평제가 죽고 말았다. 그 뒤 다시 몇 년 만에 왕망이 한나라를 찬탈하였는데 그 때 황후의 나이 18세였다.

유씨劉氏의 한 왕조가 폐하자, 황후는 항상 병을 핑계로 조회에 나가지 않았다. 왕망은 경외스럽기도 하고 불쌍하기도 하여 그를 다시 시집보 내려 하였다. 그리하여 입국장군立國將軍 손건孫建의 세자世子로 하여금 좋은 옷을 입고 의사를 데리고 황후에게 가서 병문안토록 하였다. 그러자 황후는 크게 노하여 곁에 있던 시어侍御에게 매질과 채찍질을 하여 이로 인해 병이 도져 다시는 일어나려 하지 않았다. 왕망도 드디어 감히 더 이상 강요할 수가 없었다.

한나라 병사들이 왕망을 주살하고 미앙궁을 불태우자 황후는 이렇게 말하였다.

"내 무슨 면목으로 한나라 왕실을 볼 수 있으랴!"

그리고는 스스로 불 속에 몸을 던져 죽고 말았다.

군자가 말하였다.

"평제의 황후는 몸소 자연스럽게 정숙한 행동을 하였으며, 나라의 존망에 대하여 뜻을 고치지 않았으니 가히 절의 있는 행동으로 전혀 자신을 더럽히지 않은 자라 할 수 있다."

《시詩》에 "두 줄기 더벅머리, 그래도 내 님일세, 죽어도 그를 따르기로 맹세하네!"라 하였으니 이를 두고 한 말이다.

漢孝平王后者, 安漢公太傅大司馬王莽之女, 孝平皇帝之 后也. 爲人婉㜪有節行. 平帝卽位, 后年九歲, 莽秉政, 欲只依霍光故事, 以女配帝, 設詐以成其禮. 諷皇太后遣長樂少府·宗正·尚書令·納采; 太師·大司徒·大司空以下四十人, 皮弁素積而告宗廟.

明年春, 遣司徒·司空·左右將軍奉乘輿法駕, 迎皇后於安漢公第. 司徒授璽綬, 登車稱警蹕, 時自上林延壽門, 入未央前殿. 群臣就位, 行禮畢, 大赦天下, 賜公卿下至趨宰·執事, 皆有差.

后立歲餘, 平帝崩. 後數年, 莽篡漢位, 后年十八. 自劉氏廢, 常稱疾不朝會. 莽敬憚哀傷, 意欲嫁之, 令立國將軍孫建世子豫, 將醫往問疾. 后大怒, 笞鞭旁侍御, 因廢疾, 不肯起, 莽遂不敢強也.

及漢兵誅莽, 燔燒未央, 后曰:「何面目以見漢家!」

自投火中而死.

君子謂:「平后體自然貞淑之行, 不爲存亡改意, 可謂節行不虧汙者矣.」

詩曰:『髢彼兩髦, 實惟我儀, 之死矢靡他!』此之謂也.

【王莽】西漢 말 新나라를 세웠던 인물. 자는 巨君. 漢 元帝 황후의 조카이며 孝平皇后의 아버지. 외척으로 정권을 휘둘렀으며 大司馬를 거쳐 新都侯에 봉해졌고 安漢公의 작위를 받음. 뒤에 平帝를 독살하고 假皇帝라 자칭하며 두 살의 廣戚侯의 아들 劉嬰을 태자로 삼았다. 初始 원년 그를 대신하여 자신이 皇帝를 칭하였으며 국호를 '新'으로 고치고 연호를 始建國으로 함. 그러나 更始 원년 赤眉軍과 綠林黨의 農民軍에 의해 망하여 피살됨. 이를 이어 劉秀가 洛陽에 東漢을 세워 劉氏의 왕통이 이어졌음. 新나라는 A.D.9년부터 23년까지 15년간 존속하였음. 《漢書》王莽傳 참조.

【孝平皇帝】서한 말의 황제. 서한 11대 황제로 劉衎. 서기 1년부터 5년까지 5년간 재위하였으며 왕망에 의해 독살됨. 漢 元帝의 庶孫이며 中山孝王의 아들.

【婉嫕】 모든 판본에는 완숙으로 되어 있으나 梁端의《校注》에 '婉嫕'로 표기함이
옳다고 하여 이를 따름. '婉嫕'는 '곱고 그윽하다'의 쌍성연면어.

【霍光故事】 '霍夫人顯'(114) 참조.

【設詐以成其禮】 왕망이 자신의 딸을 平帝의 황후로 삼아 권세를 공고히 하고자
속임수를 쓴 것. 먼저 많은 여자를 간택하면서 자신의 딸도 그 안에 포함시킨
다음, 짐짓 자신의 딸은 재능이 없으니 탈락시켜 줄 것을 皇太后에게 말하여
지극한 정성이 있는 것으로 여기도록 함. 이에 황태후가 "王氏女, 是我外家,
不宜選"이라고 詔勅을 내리자, 공경대부들이 그 진상을 모른 채 상서를 올려
이를 천하의 國母가 될 상이라고 하여 황태후가 부득이 그를 간택할 수밖에
없도록 일을 꾸몄음.《漢書》王莽傳 참조.

【諷皇太后】《漢書》外戚傳에 "太后不得已而許之, 遣長樂少府夏侯藩, 宗正劉宏,
少府宗伯鳳, 尙書令平晏納采"라 함. 長樂은 궁궐 이름으로 長信殿, 長秋殿 등이
있었으며 원래는 朝會를 보던 곳이었으나 뒤에 太后의 거처로 바꾸어 東宮이라
불렀음. 少府는 관직 이름으로 각지의 공물과 수공업을 관장하던 직책으로
황제의 私府에 해당하며 九卿의 하나. 宗正은 관직 이름으로 皇族의 사무를
관장하였으며 역시 구경의 하나. 尙書令은 원래 소부의 속관으로 궁전 안의
문서를 관장하였으며 西漢시대에는 대단한 실권을 가지고 있었음. 納采는 고대
혼례의 六禮 중의 하나로 신랑이 중매를 시켜 혼인을 청하는 것으로 기러기를
예물로 가져감.

【皮弁素積】 '皮弁'은 사슴 가죽으로 만든 고깔. '素積'은 '素績'의 오기이며 흰
천으로 만든 치마. 종묘에 제사 지낼 때의 복장.

【太師大司徒】《漢書》外戚傳에 "太師光, 大司徒馬宮, 大司空甄豐, 左將軍孫建,
執金吾尹賞, 行太常事太中大夫劉歆及太卜, 太史令以下四十九人皮弁素績,
以禮雜卜筮, 太牢祠宗廟, 待吉日月"이라 함. 皮弁은 사슴 가죽으로 만든 관.
소적은 흰색의 치마.

【遣司徒】《漢書》外戚傳에 "遣大司徒宮, 大司空豐, 左將軍建, 右將軍甄邯, 光祿
大夫歆奉乘輿法駕, 迎皇后于安漢公第"라 함.

【璽綬】 옥새를 맨 끈.

【警蹕】 천자·귀인의 출입에 지나가는 길을 엄하게 경계하는 것.

【上林】 궁원 이름. 上林苑. 武帝가 궁중 내에 식물원과 동물원을 지어 놓고
수렵과 놀이를 즐기던 곳. 지금의 陝西 西安 서쪽에 있었음.

【未央】未央宮. 漢代 가장 크게 지었던 正宮.

【趣宰】노비나 사역자를 총괄하는 업무를 맡은 자.

【執事】어떠한 행사를 주관하여 계획하고 처리하는 자.

【立國將軍孫建世子豫】왕망이 나라를 찬탈할 때 공을 세웠던 장군 孫建의 아들. 豫는 《漢書》外戚傳에 '襐飾'으로 되어 있으며 글자의 착오가 있는 것이 아닌가 함. '상(襐)'은 '옷을 단정하게 꾸며서 입힘'을 뜻함.

【髧彼兩髦】《詩經》鄘風 柏舟의 구절.

참고 및 관련 자료

1. 《詩經》鄘風 柏舟 → 047 참조.

2. 《漢書》外戚傳

孝平王皇后, 安漢公太傅大司馬王莽女也. 平帝卽位, 年九歲, 成帝母太皇太后稱制, 而莽秉政. 莽欲依霍光故事, 以女配帝, 太后意不欲也. 莽設變詐, 令女必入, 因以自重, 事在莽傳. 太后不得已而許之, 遣長樂少府夏侯藩·宗正劉宏·少傅宗伯鳳·尙書令平晏納采; 太師光·大司徒馬宮·大司空甄豊·左將軍孫建·執金吾尹賞·行太常事太中大夫劉歆及太卜·太史令以下四十九人賜皮弁素積, 以禮雜卜筮, 太牢祠宗廟, 待吉月日. 明年春, 遣司徒宮·大司空豊·左將軍建·右將軍甄邯·光祿大夫歆奉乘輿法駕, 迎皇后於安漢公第. 宮豊歆授皇后璽紱, 登車稱警蹕, 便時上林延壽門, 入未央前殿. 群臣就位行禮, 大赦天下. 益封父安漢公地滿百里, 賜迎皇后及行禮者, 自三公以下至騶宰執事長樂·未央宮·安漢公第者, 皆增秩, 賜金帛各有差. 皇后立三月, 以禮見高廟. 尊父安漢公號曰宰衡, 位在諸侯王上. 賜公夫人號曰功顯君, 食邑. 封公子安爲褒新侯, 臨爲賞都侯.

后立歲餘, 平帝崩. 莽立孝宣帝玄孫嬰爲孺子, 莽攝帝位, 尊皇后爲皇太后. 三年, 莽卽眞, 以嬰爲定安公, 改皇太后號爲定安太后. 太后時年十八矣. 爲人婉瘱有節操. 自劉氏廢, 常稱疾不朝會. 莽敬憚傷哀, 欲嫁之, 乃更號爲黃皇室主, 令立國將軍成新公孫建世子襐飾醫往問疾. 后大怒, 笞鞭其旁侍御, 因廢病, 不肯起, 莽遂不復彊也. 及漢兵誅莽, 燔燒未央宮, 后曰:「何面目以見漢家!」自投火中而死.

3. 기타 참고 자료

《漢書》王莽傳

121(8-17) 更始夫人 孽嬖
한나라 경시제의 부인

한漢나라 경시제更始帝의 한씨부인韓氏夫人은 경시황제 유성공劉聖公의 부인이다. 말로 아첨하며 사악하게 아름다움을 꾸몄으며 술을 좋아하고 무례하기 그지없었다.

처음에, 왕망王莽의 말년에 경시제는 신시新市와 평림平林, 그리고 하강下江의 무리를 모아 봉기하여 스스로 경시장군更始將軍이 되었으며, 군사들이 날로 늘어나자 드디어 스스로 자립하여 제帝가 되어 한漢나라의 왕통을 이었다.

신도건申屠建이 왕망을 토벌함에 이르러 왕망의 머리를 잘라 완宛으로 보내오자 경시제가 이를 보고 이렇게 말하였다.

"이와 같이 하지 않고는 곽광霍光처럼 되리라."

그러자 한부인이 이렇게 말하였다.

"이렇게 하지 않고서 어찌 황제의 자리를 차지하리오!"

그 여자의 아첨과 교묘함은 경시제의 환심을 사기가 이와 같았다.

경시제는 정사政事에 태만하자,

경시부인(更始夫人)

한부인은 술로 즐기고 색에 빠져 매일 경시제와 실컷 취하여 술에 절었다. 그러면서 이에 시중侍中으로 하여금 장막 안에서 경시제와 신하들이 회의하는 것처럼 꾸미도록 하였다. 그러나 신하들은 경시제의 음성이 아님을 알고 원한을 갖지 아니하는 자가 없었다.

상서尙書가 이를 상주하여 아뢰자 한부인은 이렇게 짜증을 내었다.

"황제께서는 지금 막 나와 술을 드시고 있소. 어찌 꼭 이럴 때에 와서 일을 아뢴다는 거요!"

이로부터 기강을 잡을 수 없었고, 제후諸侯들이 이반하기 시작하였다. 그리하여 적미군赤眉軍이 관關으로 들어오자, 이를 통제하지 못하고 결국 처자와 천자의 옥새 끈을 받들어 적미군에게 항복하였고 끝내 적미군에게 죽음을 당하고 말았다.

《시詩》에 "저 어둡고 아무것도 모르는 사람, 날마다 취하여 그 행패 더욱 키우네"라 하였으니 경시제와 한부인과 같은 경우를 두고 이른 말이다.

漢更始韓夫人者, 更始皇帝劉聖公之夫人也. 佞諂邪媚, 嗜酒無禮.

初, 王莽之末, 更始以新市·平林·下江之衆起, 自立爲更始將軍. 兵威日盛, 遂自立爲帝, 以紹漢統.

及申屠建討莽, 首詣宛, 更始視之曰:「不如此, 當與霍光等.」

韓夫人曰:「不如此, 帝那得之!」

其佞巧得更始意如此.

更始卽墮於政事, 而韓夫人嗜酒淫色, 日與更始醉飽沈湎, 乃令侍中於幃幕之內, 詐爲更始與羣臣語, 羣臣知非更始聲, 莫不怨恨.

尙書奏事, 韓夫人曰:「帝方對我飮樂, 正用是時來奏事!」

由是綱紀不攝, 諸侯離畔, 赤眉入關不能制, 乃將妻子奉天子
璽綬降於赤眉, 爲赤眉所殺.

詩云: 『彼昏不知, 一醉日富.』 其更始與韓夫人之謂也.

【更始皇帝】淮陽王 劉玄을 가리킴. 자는 聖公, 新莽 말에 南陽 蔡陽(지금의 湖北
鄺陽縣 서남쪽) 출신으로 원래 劉氏 皇族의 먼 支孫이었으며 東漢 光武帝 劉秀의
族兄이었음. 일찍이 봉기를 일으켜 세력이 커지자 更始將軍으로 추대를 받았
으며, 뒤에 皇帝를 칭하고 연호를 更始로 정함. 그 경시 3년 赤眉軍이 長安을
공격하자, 그는 적미군에게 항복하고 교살당함.《後漢書》劉玄劉盆子傳 참조.
'更始'는 '갱시'로도 읽음.

【新市·平林·下江】新莽 말 綠林軍이 봉기하였을 때의 세 부대. 新莽 天鳳 4년
(A.D.17년) 王匡과 王鳳 등이 군중을 모아 봉기하여 綠林山(지금의 湖北 當陽縣
동북)을 점거하고 호를 '綠林軍'이라 하였다. 다시 신망 地皇 3년(A.D.22년)에
綠林軍이 둘로 나뉘어 진출하던 중 新市(지금의 湖北 京山縣 동북) 출신의 王匡과
王鳳 등이 수령이 되어 南陽(지금의 河南 南陽)으로 공격하던 이들을 '新市軍'이라
불렀음. 그리고 다시 王常과 成丹이 수령으로 있던 한 지파가 南軍(지금의 湖北
江陵)에 주둔하면서 '下江兵'이라 불렀고, 다시 平林(지금의 湖北 隨縣 동북) 출신의
陳牧과 廖湛 등이 봉기하여 이에 합세하였으며 이를 '平林兵'이라 불렀음.

【申屠建】綠林軍의 西屛大將軍. 平氏王에 봉해진 인물.

【宛】지명 지금의 河南 南陽市. 更始帝가 처음 이곳을 도읍으로 정한 적이 있음.

【侍中】관직 이름. 황제의 곁에서 일을 돕는 직책.

【赤眉】신망 天鳳 5년(A.D.18) 瑯邪(지금의 山東 諸城) 사람 樊崇이 莒縣에서
봉기하여 이들은 모두 눈썹을 붉게 칠하여 자신들의 표지로 삼았음. 이에 그들을
'赤眉軍'이라 불렀음.

【關】函谷關. 長安으로 들어가는 중요한 관문으로 지금의 河南 靈寶縣.

【彼昏不知】《詩經》小雅 小宛의 구절.

1.《詩經》小雅 小宛 →010 참조.

2.《後漢書》劉玄劉盆子傳

長安中起兵攻未央宮. 九月, 東海人公賓就斬王莽於漸臺, 收璽綬, 傳首詣宛. 更始時
在便坐黃堂, 取視之, 喜曰:「莽不如是, 當與霍光等.」寵姬韓夫人笑曰:「若不如是,
帝焉得之乎?」更始悅, 乃懸莽首於宛城市. ……更始納趙萌女爲夫人, 有寵, 遂委政
於萌, 日夜與婦人飮讌後庭. 羣臣欲言事, 輒醉不能見, 時不得已, 乃令侍中坐帷內
與語. 諸將識非更始聲, 出皆怨曰:「成敗未可知, 遽自縱放若此!」韓夫人尤嗜酒,
每侍飮, 見常侍奏事, 輒怒曰:「帝方對我飮, 正用此時持事來乎!」起, 抵破書案.

122(8-18) 梁鴻之妻 賢明
양홍의 아내

양홍梁鴻의 처는 우부풍右扶風 양백순梁伯淳의 처이며 같은 군 맹씨孟氏의 딸이다. 그는 생긴 모습은 심히 추하였지만 덕행은 아주 잘 닦여져 있었다. 향리에서 그에게 구혼한 자가 많았지만 그녀는 그 때마다 응하지 않았다. 나이 서른이 되자 부모가 그에게 어떤 신랑감을 원하는지를 묻자 그는 이렇게 대답하는 것이었다.

"절조가 양홍만한 자이기를 바랍니다."

당시 양홍은 아직 장가를 들지 않았다. 양홍은 부풍의 세도가 집안

양홍-지처(梁鴻之妻)

으로 많은 사람들이 그의 아내가 되기를 원하였지만 그 역시 허락하지 아니하고 있었다.

그는 맹씨의 딸이 어질다는 말을 듣고 드디어 그에게 구혼하기로 하였다. 맹씨의 딸이 성장盛裝을 하고 양홍의 집에 들어섰더니 이레가 되도록 양홍은 그와 혼인의 예를 치르려 하지 않는 것이었다.

아내가 무릎을 꿇고 물었다.

"저는 몰래 그대께서 높은 의를 가지고 많은 사람들이 아내가 되겠다고 구혼하는 것도 거절하였다고 들었습

니다. 저 역시 많은 사나이에게 오만하게 거절하였습니다. 지금 이렇게 그대가 택하여 오게 되었는데 저를 택한 까닭은 어디에 있었습니까?"

양홍은 이렇게 설명하였다.

"내가 원한 것은 거친 가죽 옷을 입은 사람이었소. 그리하여 나와 함께 세상을 등지고 이 시대를 피할 수 있는 사람이기를 말이오. 지금 그대처럼 비단 옷을 화려하게 차려입고 검게 눈썹을 칠하고 화장을 한 얼굴은 내가 바라던 사람이 아니오."

처가 말하였다.

"제 생각으로는 그대께서 나를 감당하지 못한다는 것이 두렵소. 나는 다행히 은거할 기구들을 가지고 있소."

이리하여 거친 옷으로 갈아입고 머리도 갈래를 따지 않고 편하게 뭉쳐 올리고는 양홍 앞에 나타나자 양홍은 즐거워하며 이렇게 말하였다.

"이렇게 하고 나니 진실로 나의 처로다."

그리고는 아내에게 덕요德曜라 자를 지어 주고 이름을 맹광孟光이라 하였으며, 자신도 이름을 운기運期로 하고 자를 사광俟光이라 고쳐 부르고는 함께 패릉霸陵의 산 속으로 은거하여 숨어 버렸다.

이때는 바로 왕망王莽의 신新나라가 패망한 뒤였다.

양홍과 그의 처는 깊이 숨어 밭을 갈며 베를 짜고 하여 이로써 자신들의 먹고 입을 거리를 마련하였으며 글을 외고 거문고를 타면서 부귀富貴의 즐거움이란 잊고 살았다. 뒤에 그들은 다시 서로 이끌어 회계會稽에 이르러 남의 방아 찧는 일을 생업으로 삼았다. 비록 남의 잡일에 고용 살이를 하는 품팔이 생활이었지만, 아내는 매번 밥상을 올릴 때마다 그 밥상을 눈썹 높이까지 들어 감히 남편을 직접 보지 않았다.

그녀가 이렇게 예로써 자신을 수양하자 그곳 사람들은 모두 공경하며 사모하였다.

군자가 말하였다.

"양홍의 처는 도를 좋아하고 가난도 안락히 여겨 영화와 즐거움에 급급하지 않았다."

《논어》에 "옳지 못하면서 부유하고 게다가 귀한 신분이 되는 것은 나에게 있어서 뜬구름과 같다"라 하였는데 이를 두고 한 말이다.

梁鴻之妻, 右扶風梁伯淳之妻, 同郡孟氏之女也. 其姿貌甚醜, 而德行甚脩. 鄕里多求者, 而女輒不肯, 行年三十, 父母問其所欲, 對曰:「欲節操如梁鴻者.」

時鴻未娶, 扶風世家, 多願妻者, 亦不許. 聞孟氏女賢, 遂求納之. 孟氏盛飾入門, 七日而禮不成.

妻跪問曰:「竊聞夫子高義, 斥數妻; 妾亦偃蹇數夫, 今來而見擇, 請問其故?」

鴻曰:「吾欲得衣裘褐之人, 與共遁世避時, 今若衣綺繡, 傅黛墨, 非鴻所願也.」

妻曰:「竊恐夫子不堪, 妾幸有隱居之具矣.」

乃更粗衣椎髻而前, 鴻喜曰:「如此者誠鴻妻也.」

字之曰德曜, 名孟光, 自名曰運期, 字俟光, 共遯逃霸陵山中.

此時王莽新敗之後也.

鴻與妻深隱耕耘, 織作以供衣食, 誦書彈琴, 忘富貴之樂. 後復相將至會稽, 賃舂爲事, 雖雜庸保之中, 妻每進食, 擧案齊眉, 不敢正視. 以禮脩身, 所在敬而慕之.

君子謂:「梁鴻妻好道安貧, 不汲汲於榮樂.」

《論語》曰:『不義而富且貴, 於我如浮雲.』此之謂也.

【梁鴻】 東漢 때의 逸民. 그 처 孟光과 함께 은거하였던 인물로 일찍이 '五噫之歌'를 지어 당세를 풍자하기도 하였음.《後漢書》逸民傳 참조. 한편 양홍이 자신의 아내를 '拙荊'이라 부른 예도 본장과 관련된 고사로 아내가 검박하여 荊枝

(가시나무 가지)로 비녀를 삼고 거친 베로 치마를 해 입었다는 뜻임.(《太平御覽》718에 인용된 《列女傳》)

【右扶風】 한나라 때의 행정구역. 三輔의 하나로 長安 주위의 秦嶺 이북과 戶縣, 그리고 咸陽과 旬邑 서쪽을 구획하여 나눈 것.

【伯淳】 양홍의 자. 《後漢書》 逸民傳에는 '伯鸞'으로 되어 있음.

【斥】 멀어짐. 소원함. '簡斥'과 같음.

【偃蹇】 오만함. 疊韻連綿語.

【黛墨】 여자의 화장을 뜻함. 눈썹을 바르고 분칠을 하는 것.

【椎髻】 '椎結', '魋結'과 같음. 망치 모습으로 머리를 틀어 올림. 편한 머리 모양을 뜻함.

【自名曰運期】 《後漢書》 逸民傳에 "乃易姓運期, 名耀, 字侯光"이라 함. 따라서 '俟光'은 '侯光'이 아닌가 함.

【霸陵】 현 이름. 지금의 陝西 西安 동북.

【相將至會稽】 《後漢書》 逸民傳에 양홍 부부가 "遂至吳, 依大家皐伯通, 居廡下, 爲人賃舂"이라 함. '相將'은 '相隨'와 같은 표현이며 會稽는 군 이름으로 吳縣 (지금의 江蘇 蘇州 근처)임.

【賃舂】 남을 위해 방아 찧는 일로 생계를 삼음.

【庸保】 '傭保'로도 표기하며 품팔이를 함을 뜻함.

【擧案齊眉】 밥상을 들어 남편에게 드릴 때 그것을 눈썹 높이 만큼 들어 올림. 남편을 지극히 공경함을 뜻함. 지금 이 말은 남편을 지극히 위한다는 뜻의 성어로 되어 있음.

【不義而富且貴】 《論語》 述而篇의 구절.

참고 및 관련 자료

1. 《論語》 述而篇

子曰:「飯疏食飲水, 曲肱而枕之, 樂亦在其中矣. 不義而富且貴, 於我如浮雲.」

2. 《後漢書》 逸民傳

梁鴻字伯鸞, 扶風平陵人也. 父讓, 王莽時爲城門校尉, 封脩遠伯, 使奉少昊後, 寓於北地而卒. 鴻時尙幼, 而遭亂世, 因卷席而葬.

後受業太學, 家貧而尙節介, 博覽無不通, 而不爲章句. 學畢, 乃牧豕於上林園中.
曾誤遺火延及它舍, 鴻乃尋訪燒者, 問所去失, 悉以豕償之. 其主猶以爲少. 鴻曰:
「無它財, 願以身居作.」主人許之. 因爲執勤, 不懈朝夕. 鄰家耆老見鴻非恒人, 乃共
責讓主人, 而稱鴻長者. 於是始敬異焉, 悉還其豕. 鴻不受而去, 歸鄉里.

執家慕其高節, 多欲女之, 鴻並絶不娶. 同縣孟氏有女, 狀肥醜而黑, 力擧石臼, 擇對
不嫁, 至年三十. 父母問其故. 女曰:「欲得賢如梁伯鸞者.」鴻聞而聘之. 女求作
布衣·麻屨, 織作筐緝績之具. 及嫁, 始以裝飾入門. 七日而鴻不荅. 妻乃跪牀下請
曰:「竊聞夫子高義, 簡斥數婦, 妾亦偃蹇數夫矣. 今而見擇, 敢不請罪.」鴻曰:「吾欲
裘褐之人, 可與俱隱深山者爾. 今乃衣綺縞, 傅粉墨, 豈鴻所願哉?」妻曰:「以觀
夫子之志耳. 妾自有隱居之服.」乃更爲椎髻, 著布衣, 操作而前. 鴻大喜曰:「此眞梁
鴻妻也. 能奉我矣!」字之曰德曜, 名孟光.

居有頃, 妻曰:「常聞夫子欲隱居避患, 今何爲默默? 無乃欲低頭就之乎?」鴻曰:
「諾.」乃共入霸陵山中, 以耕織爲業. 詠詩書, 彈琴以自娛. 仰慕前世高士, 以爲四皓
以來二十四人作頌. 因東出關, 過京師, 作五噫之歌曰:『陟彼北芒兮, 噫! 顧覽帝
京兮, 噫! 宮室崔嵬兮, 噫! 人之劬勞兮, 噫! 遼遼未央兮, 噫!』肅宗聞而非之,
求鴻不得. 乃易姓運期, 名燿, 字侯光, 與妻子居齊魯之間.

有頃, 又去適吳. 將行, 作詩曰:

『逝舊邦兮遐征, 將遙集兮東南. 心惙怛兮傷悴, 志菲菲兮升降. 欲乘策兮縱邁, 疾吾
俗兮作讒. 競擧枉兮措直, 咸先佞兮唯唯. 固靡慙兮獨建, 冀異州兮尙賢. 聊逍搖兮
遨嬉, 纘仲尼兮周流. 儻云覩兮我悅, 遂舍車兮卽浮. 過季札兮延陵, 求魯連兮海隅.
雖不察兮光貌, 幸神靈兮與休. 惟季春兮華阜, 麥含含兮方秀. 哀茂時兮逾邁, 愍芳
香兮日臭. 悼吾心兮不獲, 長委結兮焉究! 口囂囂兮余訕, 嗟恓恓兮誰留?』

遂至吳, 依大家皐伯通, 居廡下, 爲人賃舂. 每歸, 妻爲具食, 不敢於鴻前仰視, 擧案
齊眉. 伯通察而異之, 曰:「彼傭能使其妻敬之如此, 非凡人也.」乃方舍之於家. 鴻潛
閉著書十餘篇. 疾且困, 告主人曰:「昔延陵季子葬子於嬴博之間, 不歸鄉里, 愼勿令
我子持喪歸去.」及卒, 伯通等爲求葬地於吳要離冢傍. 咸曰:「要離烈士, 而伯鸞
淸高, 可令相近.」葬畢, 妻子歸扶風.

3. 《高士傳》(皇甫謐) 卷下

梁鴻字伯鸞, 扶風平陵人也. 遭亂世, 受業太學, 博覽, 不爲章句. 學畢, 乃牧豕上林
園中. 曾誤遺火延及他舍, 鴻乃尋訪燒者, 問其所去失, 悉以豕償之. 其主猶爲少.

鴻又以身居作執勤不懈. 隣家耆老見鴻非恒人, 乃共責讓主人, 而稱鴻長者. 於是始敬異焉, 悉還其豕, 鴻不受而去歸. 鄉里勢家, 慕其高節, 多欲女之, 鴻並絕不娶. 同縣孟氏有女, 狀醜, 擇對不嫁. 父母問其故. 女曰:「欲得賢如梁伯鸞者.」鴻聞而聘之. 及嫁始以裝飾入門, 七日而鴻不答. 妻乃跪請, 鴻曰:「吾欲裘褐之人, 可與俱隱深山者爾. 今乃衣綺縞傅粉墨, 豈鴻所願哉!」妻曰:「以觀夫子之志耳. 妾自有隱居之服.」乃更爲椎髻著布衣操作而前, 鴻大喜曰:「此眞梁鴻妻也. 能奉我矣!」字之曰'德曜'. 名'孟光'. 居有頃, 乃共入霸陵山中, 以耕織爲業. 詠詩書彈琴以自娛, 仰慕前世高士, 而爲四皓以來二十四人作頌. 因東出關過京師作'五噫之歌'. 肅宗求鴻不得, 乃易姓'運期', 名'耀', 字'侯光', 與妻子居齊魯之間. 有頃, 又去適吳, 居皋伯通廡下, 爲人賃舂. 每歸妻爲具食舉案齊眉. 伯通察而異之. 乃方舍之於家. 鴻潛閉著書十餘篇. 疾且困, 告主人曰:「昔延陵季子, 葬子於嬴博之間, 不歸鄉里, 愼勿令我子持喪歸去.」及卒伯通等爲求葬地於吳要離冢傍.

4. 《文選》(59) 劉先生夫人墓誌 注

梁鴻妻者, 同郡孟氏之女也. 德行甚脩. 鴻納之, 共逃遁霸陵山中. 後復相將至會稽, 賃舂爲事. 雖雜傭保之中, 妻每進食, 常舉案齊眉, 不敢正視. 以禮脩身, 所在敬而慕之. 復有令德, 一與之齊.

5. 《蒙求》(115) 孟光荊釵

後漢, 梁鴻字伯鸞, 扶風平陵人. 同縣孟氏有女. 狀肥醜而墨, 力舉石臼. 擇對至年三十, 父母問其故, 曰:「得賢如梁伯鸞者.」鴻聞而聘之. 及嫁始以裝飾入門. 七日而鴻不答, 妻請罪. 鴻曰:「吾欲裘褐之人, 可與俱隱深山者. 今乃衣綺縞傅粉墨, 豈所願哉?」妻曰:「妾自有隱居之服.」乃更爲椎髻著布衣, 操作而前. 鴻大喜曰:「眞鴻妻也.」字之曰德曜, 名孟光. 乃共入霸陵山中.

6. 《蒙求》(234) 梁鴻五噫

後漢, 梁鴻受業太學, 家貧尙節介, 博覽不爲章句. 歸鄉里, 勢家慕其高節, 多欲女之, 鴻並不娶, 後娶孟氏. 隱霸陵山中, 以耕織爲業, 詠詩書, 彈琴以自娛. 因東出關, 過京師, 作〈五噫之歌〉, 曰:『陟彼北芒兮, 噫! 顧覽帝京兮, 噫! 宮室崔嵬兮, 噫! 人之劬勞兮, 噫!, 遼遼未央兮, 噫!』肅宗聞而非之, 求鴻不得. 乃易姓名, 居齊魯之間, 遂至吳, 依大家皋伯通居廡下, 爲人賃舂. 每歸妻爲具食, 不敢於鴻前仰, 舉案齊眉. 伯通異之曰:「彼傭能使其妻敬之如此, 非凡人也.」乃舍之於家. 鴻潛閉著書十餘篇, 卒於吳.

7.《幼學瓊林》

「不棄糟糠, 宋弘回光武之語; 舉案齊眉, 梁鴻配孟光之賢.」

「孟光力大, 石臼可擎; 飛燕身輕, 掌上可舞.」

「曹大家續完漢帙, 徐惠妃援筆成文, 此女之才者; 戴女之練裳竹笥, 孟光之荊釵裙布, 此女之貧者.」

「梁鴻葬要離冢側, 死後芳鄰; 鄭泉殯陶宅舍傍, 生前宿願.」

123(8-19) 明德馬后 母儀
마원의 딸 명덕황후 마씨

명덕마후明德馬后는 한漢나라 명제明帝의 황후이며 복파장군伏波將軍 신식후新息侯, 충성후忠成侯 마원馬援의 딸이다.

어려서 기억岐嶷의 성품을 지니고 있었으며, 나이 열셋에 궁에 선발되어 황제에 오르기 전의 태자의 집으로 들어가 다른 비빈과 같은 반열로 지존至尊을 모셨다.

그는 남을 먼저 세우고 자신은 뒤로 물러나며 지극한 정성을 폈으며 이로써 총애를 받았다. 황제가 정사를 볼 때면 황후는 자신의 마음을 미루어 대답해 주어 이치에 합당하지 않음이 없었다. 자신의 뜻으로 보아 처리가 아직 온전하지 못한 바가 있으면 그 이유를 명확하게 진술하여 주곤 하였다.

이 당시 후궁에는 아직 임신을 한 자가 없었다. 그러자 그는 항상 후사가 의당 때에 맞추어 서야 한다고 말하면서 좌우 비빈을 추천하여 올리고는 만약 미치지 못하면 어쩌나 하고 걱정하였다. 그리고 후궁에 바쳐져 임금에게 뵌 자는

명덕마후(明德馬后)

곧바로 받들어 길러 위로하며 받아 주고, 임금에게 더욱 총애를 받는 자가 있으면 그에게 더욱 잘해 주었다. 이 때 궁중에는 아직 일을 거들어 줄 사람이 없어 일은 모두 스스로 하였다. 춤출 때 입는 옷과 저고리를 마름질하여 만드느라 손이 모두 터지고 갈라졌으나, 끝내 이를 시어에게 사사롭게 말해 본적이 없었다. 이는 동복과 시어들이 뒤섞여 있는 곳이라 혹 이를 황제에게 알리는 자가 있어 이로써 만분에 일이라도 황제의 안색에 자신을 불쌍히 여기는 모습이 나타날까 두려워해서였다. 그 때문에 미리 그러한 경우를 막은 것이니 미세한 일에 신중하기가 이와 같았다.

영평永平 3년, 유사有司가 장추궁長秋宮에 황후를 세워 그곳의 팔첩八妾을 통솔할 수 있도록 하자고 상주하였지만 명제는 아무런 말이 없었다. 그러자 황태후가 이렇게 말하였다.

"마귀인馬貴人의 덕이 후궁에 가장 으뜸이니 그를 세우도록 하라."

이리하여 드디어 황후의 지위에 올랐다.

그러나 그 자신은 굵은 베옷을 입었으며 자신을 모시는 시녀들도 수를 놓거나 장식을 하지 않은 치마를 입되 그 치마의 가장자리조차 꿰매지 않은 것으로 하여 입었다. 그리고 모두가 강호왜월羌胡倭越 출신을 부리며 연고가 있는 옛날 동복을 데려다 쓰겠다고 청해 본 적이 없었다.

여러 제후 왕들과 친척이 조회에 나와 황제를 뵈올 때 멀리서 황후가 입은 옷이 지극히 거친 것임에도 도리어 이를 비단옷이려니 여겼다가 다가가 보고는 웃자 황후는 이렇게 말하였다.

"이는 옷감의 물감이 잘 들어 그 때문에 입었을 뿐이랍니다."

늙은 신하들이 이를 알고 감탄하며 한숨을 쉬지 않는 자가 없었다.

그의 성품은 바깥나들이를 좋아하지 않았으며, 궁중의 창문에 다가가 바깥을 구경한 적도 없었고 또한 음악도 좋아하지 않았다.

임금이 때때로 궁중의 원유苑囿나 이궁離宮에 갈 때도 이 까닭으로 따라가는 경우가 드물었다. 그리고 황제로 하여금 닭이 올 때까지는 새벽에 잠자리에서 일어나지 않도록 말하였는데, 이는 밤새 묵어 소통 되지 않은 바람과 사기邪氣, 안개와 이슬을 경계하기 위함이었다. 이렇게 말과 뜻이 매우 세심하여 황제도 그의 의견은 들어 주었다.

《역경易經》을 외우고 《시詩》와 《논어論語》, 《춘추春秋》를 익혀 그 대의를 거의 말할 수 있을 정도였다. 초사楚辭를 읽고 더욱 부송賦頌에도 뛰어났으나 그것은 과장과 화려함이 지나치다고 싫어하였다. 그 책에 대한 말이나 논의를 듣고 보면 문득 그 요점이 무엇인지 알아내었다.

그가 《후한서後漢書》 광무황제본기光武皇帝本紀를 읽다가 "천리마와 보검을 바친 자가 있었는데, 황제께서 말은 북을 싣고 다니는 말로 하고, 보검은 기사에게 하사하였다. 그리고 황제는 손에 주옥을 쥐어 본 적이 없다"라는 대목에 이르러서는 황후는 탄상하여 감탄과 한숨을 쉬지 않은 적이 없었다.

당시 초왕楚王 유영劉英의 역모사건으로 인하여 서로 증명하여 끌려온 자로서 옥에 갇힌 자가 심히 많았다. 황후는 그 사건이 단순히 한쪽 편의 말만 듣고 서로 죄를 뒤집어씌우는 경우가 있을까 염려하여, 사이사이 임금을 위하여 이를 귀띔하였으며, 그 때는 불쌍히 여기는 말이 황제에게 감동을 주었다. 그리하여 황제는 밤에 일어나 옷을 입고 방황할 정도였다. 이렇게 그의 논리가 채납되었으나 신하들은 그러한 일을 알지 못하였다.

황후는 자신의 감정은 누르고 임금을 보좌하는 데에 뜻을 두어 자신의 사사로운 친정일로 조정을 간섭하는 일이 없었다. 그의 오빠는 호분 중랑虎賁中郞이었고 아우는 황문시랑黃門侍郞이었지만, 영평시대가 끝날 때까지 승진을 시키지 않았다.

명제는 몸이 약했다. 그리하여 마황후의 남동생 황문시랑 마방馬防을 불러 의약을 달여 드리는 일을 받들어 참여하도록 하였는데 그는 밤낮을 두고 부지런히 이 일을 수행하였다.

명제가 죽고 황후는 《기거주起居注》를 쓰면서 마황후는 자신의 동생 마방이 의약 달이는 일에 참여한 일을 기록에서 삭제해 버렸다. 공경과 제후들이 이를 두고 글을 올려 옛날 기록을 마땅히 준수하여 삭제하지 말아야 하며 아울러 외삼촌의 공을 인정하여 그에 맞게 봉할 것을 말하였다.

그러자 태후는 이렇게 조서를 내렸다.

"외척外戚이 횡포를 부리고 제멋대로 하는 것은 대대로 전해오는 바이다. 영평 연간에는 항상 스스로 간단히 하고 잘 훈련을 하였고, 외삼촌들이 방자해서는 안 된다고 알고 있었다. 그리하여 그들을 추기樞機의 직위에는 있을 수 없도록 하였다. 지금 수해와 가뭄이 해마다 이어지고 백성들은 유랑하여 길을 메우고 있으며 굶주림에 시달리고 있다. 그런데 봉을 주거나 배수拜授하는 일을 시행한다면 마땅함을 잃는 것으로 불가하다.

게다가 선제先帝께서 '여러 제후의 왕들은 그 봉토가 겨우 초왕楚王이나 회양왕淮陽王의 반 정도가 되게 하라. 나의 아들이 광무제光武帝의 아들과 동등하게 주는 것은 있을 수 없다'라 하셨다. 지금 어찌 나 마씨 집안이 광무제의 음씨陰氏 집안과 비교될 수 있겠는가? 내 스스로 약속을 잘 지켜내어 위로는 선제의 뜻에 어긋남이 없도록 하고 아래로는 선인의 덕을 훼손함이 없도록 하고자 한다. 내 스스로 거친 베옷에 거친 옷감으로 치마를 해 입고, 먹는 것은 맛나는 것만 찾은 적이 없었으며, 좌우나 곁에 있는 이들도 모두가 향기 나는 치장을 하지 못하도록 하고 단지 베옷만 입도록 하였다.

이와 같이 한 것은 내 몸으로 하여금 여러 무리의 표본을 삼고자 한 것이며, 외척들이 이를 보고 마땅히 마음이 상할지라도 스스로 극복하도록 하고자 한 것이다. 그런데 도리어 태후는 검소하다고 함께 말들 하지만 이는 내 자신이 검소함을 좋아해서 그랬던 것이다.

지난날 탁룡문濯龍門을 지날 때 외가를 만나자, 그들이 문안을 하는데 그들의 수레는 마치 흐르는 물처럼 아름다웠고 말은 용처럼 치장을 하였으며 그들이 거느리는 노비들은 푸른 옷에 목 부분이 곧았고 옷깃과 소매는 흰색으로 아름답게 꾸민 것이었다. 그러나 내가 거느린 시종과 곁에 있는 이들을 돌아보았더니 그에 전혀 미치지 못하였다. 그러나 그때 나는 그들을 책하거나 화를 내지 않았고 단지 그들의 세비歲費를 끊어 그들이 모르는 사이에 그러한 즐거움을 중지하기를 바랐다. 신하를 아는 자로서 임금 만한 이가 없는데 하물며 친속에 대해서랴? 사람이 봉후封侯를 바라는 것은 그 식록으로써 어버이를 봉양하고 제사를 받들며 집안의 제사를 치르며 자신이 따뜻이 입고 배부른 생활을 위한 것일 뿐이다. 그런데 지금 집안 제사는 모두 조정 대신들의 덕분과 희생, 그리고 군국郡國에서 이미 바쳐온 진기한 물건, 농사를 맡든 자들이 주는 곡식으로 지내고 있으며, 자신의 몸은 어부御府의 남은 옷감으로 옷을 해 입는 것인데 그것으로도 부족하다고 여겨 반드시 적어도 한 현의 상령上令 정도의 부귀는 누려야 한다고 여긴단 말이냐? 장락궁에 있는 내가 말한 것을 어겨 책임질 일이 있다면 안으로 나부터 역시 세속에 부끄럽지 않겠는가?"

이에 앞서 마황후의 아우 성문교위城門校尉 마방과 월기교위越騎校尉 마광馬光이 어머니의 상을 치르면서 그 분묘가 조금씩 크게 지어 나가는 것이었다. 뒤에 태후가 이를 거론하자 그들은 황송히 겁을 내며 즉시 이를 깎고 줄여 무덤을 만들었다.

이처럼 위아래가 그의 뜻을 이어받아 함께 법도를 지켜 제후의 왕과 공주들 여러 집에서도 감히 금지된 법을 범하는 일이 없었다. 광평왕廣平王·거록왕鉅鹿王·낙성왕樂成王이 들어와 안부를 물을 때 그들이 타고 온 수레와 말의 안장과 꾸밈이 모두 검은색으로 금은 등으로 조각하거나 채색으로 수식하지 않았으며, 말은 6척이 넘지 않는 것을 보고, 장제章帝는 마태후의 의견에 따라 그들에게 전錢 5백만을 하사할 것을 아뢰었다. 그러나 신평공주新平公主만은 감색紺色의 좋은 비단옷에 곧은 동정으로 사치를 부렸다는 이유로 꾸지람을 듣고 후한 하사를 하지 않았다.

이에 친척의 복장 모습이 하나같았으며 교화는 엄하지 않으면서도 모두가 따랐다. 이는 바로 자신부터 솔선하였기 때문이었다.

마황후는 탁룡 정원에 베 짜는 작업실과 잠실蠶室을 설치하고, 직접 왕래하며 그 안을 살피고 점검하는 것을 즐거움으로 삼았다. 여러 어린 왕들을 가르치며 그들이 읽히고 외운 것들을 시험 보기도 하면서 자상함을 펴며 즐겁게 여겼다. 낮이나 저녁이나 도를 논하고서야 자신이 몸소 할 일을 마친 것으로 여겼다. 그는 장제章帝를 기르고 돌보기를 자신이 낳은 아들보다 더 소중히 하였고 장제 역시 마황후를 잘 모시고 받들어 효도를 극진히 하였다.

군자가 말하였다.

"덕 있는 황후는 집안에서는 가히 여러 여인들의 사범師範이 되었으며, 조정에서는 모후母后로서의 의표가 되었다."

《시詩》에 "오직 이처럼 은혜로운 왕이야말로, 백성들이 우러러 모시오리니, 그 마음 굳게 잡고 널리 펴시어, 반드시 좋은 보필 얻으옵소서"라 하였으니 이런 경우를 두고 한 말이다.

明德馬后者, 漢明帝之后, 伏波將軍新息忠成侯馬援之女也.

少有岐嶷之性, 年十三, 以選入太子家, 接待同列, 以承至尊. 先人後己, 發於至誠, 由此見寵. 時及政事, 后推心以對, 無不當理. 意有所未安, 則明陳其故.

是時, 後宮未有姙育者, 常言繼嗣當時而立, 薦達左右, 如恐弗及. 其後宮有進見者, 輒奉養慰納之; 其寵益進者, 與之愈隆. 是時宮中尙無人, 事皆自爲, 舞衣袿裁成, 手皆瘃裂, 終未嘗與侍御者私語, 防僮御雜錯, 或因有所訴, 恐萬分見於顔色, 故預絶漸, 其愼微如是.

永平三年, 有司奏立長秋宮, 以率八妾, 上未有所言.

皇太后曰:「馬貴人德冠後宮, 卽其人也.」

遂登后位. 身衣大練, 御者禿裙不緣, 率皆羌胡倭越, 未嘗請舊人僮使.

諸王親家朝請, 望見后袍極粗疏, 反以爲綺, 就視乃笑. 后曰:「此繒染色好, 故用之耳.」

老人知者, 無不嗟息. 性不喜出入游觀, 未嘗臨御窗, 又不好音樂. 上時幸苑囿離宮, 以故希從. 輒戒言不宜晨起及禽, 因陳風邪霧露之戒, 辭意甚備, 上納焉.

誦易經, 習詩論春秋, 略說大義, 讀楚辭不竟賦誦過耳, 疾浮華.

聽言觀論, 輒摘發其要. 讀光武皇帝本紀, 至於『獻千里馬寶劍者, 上以馬駕鼓車, 劍賜騎士, 手不持珠玉』. 后未嘗不嘆息. 時有楚獄因證相引, 繫者甚多, 后恐有單辭妄相覆冒, 承間爲上言之, 惻然感動, 於是上衣夜起彷徨, 思論所納, 非臣下得聞.

后志在克己輔佐, 不以私家干朝廷. 兄爲虎賁中郎, 弟黃門侍郎, 訖永平世不遷. 明帝體不安, 召黃門侍郎防奉參醫藥, 夙夜勤勞.

及帝崩, 后作起居注, 省去防參醫藥事. 公卿諸侯上書, 言宜遵舊典, 封舅氏.

太后詔曰:「外戚橫恣, 爲世所傳. 永平中, 常自簡練, 知舅氏不可恣, 不令在樞機之位. 今水旱連年, 民流滿道, 至有饑餓, 而施封拜, 失宜不可. 且先帝言:『諸王財令半楚·淮陽王, 吾子不當與光武帝子等.』今奈何欲以馬氏比陰氏乎? 吾自束脩, 翼欲上不負先帝, 下不虧先人之德, 身服大練縑裙, 食不求所甘, 左右旁人皆無香薰之飾, 但布帛耳. 如是者欲身師眾也, 以爲外親見之, 當傷心自克, 但反共言太后素自喜儉. 前過濯龍門, 上見外家問起居, 車如流水馬如龍, 蒼頭衣綠直領, 領袖正白,顧視旁御者, 遠不及也. 亦不譴怒, 但絶其歲用, 冀以黙止讙耳.
知臣莫若君, 况親屬乎? 人之所以欲封侯者, 欲以祿食養其親,
奉脩祭祀, 身溫飽耳. 今祭祀則受大官之牲, 郡國旣珍, 司農
黍稷, 身則衣御府之餘繒, 尚未足耶, 必當得一縣上令? 長樂宮
有負言之責, 内亦不愧於世俗乎?」

先是時, 城門越騎校尉治母喪, 起墳微大, 後太后以爲言, 惶懼
卽時削減成墳. 上下相承, 俱奉法度. 王主諸家, 莫敢犯禁.
廣平・鉅鹿・樂成王入問起居, 見車騎鞍勒, 皆純黑, 無金銀
采飾, 馬不踰六尺, 章帝緣太后意白賜錢五百萬. 新平主衣紺縞・
直領, 謫以不得厚賜. 於是親戚被服如一, 敎化不嚴而從, 以躬
親率先之故也. 置織室・蠶室・濯龍中, 后親往來占視於内, 以
爲娛樂. 敎諸小王, 試其誦論, 衎衎和樂, 日夕論道, 以終厥身.
其視養章帝過所生, 章帝奉之, 竭盡孝道.

君子謂:「德后在家則家可爲衆女師範, 在國則可爲母后表儀.」
詩云:『惟此惠君, 民人所瞻. 秉心宣猷, 考愼其相.』此之
謂也.

【明帝】 東漢(後漢)의 2대 황제. 劉莊. 光武帝 劉秀의 아들이며 A.D.58년~75년
까지 18년간 재위.
【馬援】 자는 文淵. 東漢 扶風 茂陵(지금의 陝西 興平縣 동북) 출신으로 隴西太守,
伏波將軍 등으로 역임하였으며 新息侯에 봉해짐. 뒤에 흉노 토벌의 軍中에서
죽음.《後漢書》馬援傳 참조.
【岐嶷】《詩經》大雅 生民의 구절로 "克岐克嶷"이라 하여 어리면서도 총명하고
똑똑함을 표현한 말.
【太子家】《後漢書》皇后紀에 '太子官'으로 되어 있으며 태자는 明帝가 황제에
오르기 전을 말함.

【至尊】 황제를 뜻하는 말. 여기서는 명제가 제위에 오르기 전의 태자를 가리킴.

【裿】 여자들의 저고리. 상의.

【瘃】 凍傷.

【永平】 명제 때의 연호. 58~75년까지 18년.

【長秋宮】《後漢書》皇后紀 李賢 주에 "皇后所居宮也. 長者久也, 秋者萬物成熟之初也, 故以名焉. 請立皇后, 不敢指言, 故以宮稱之"라 함.

【八妾】《漢書》五行志(上) 顔師古 주에 "一娶九女, 正嫡一人, 餘者妾也, 故云八妾"이라 함.

【大練】 거칠게 짠 베.

【禿裙不緣】 수놓거나 장식하지 않은 치마로서 그 가장자리도 꿰매지 않음.

【羌胡倭越】 자신이 부리는 시비나 일꾼들은 모두가 이민족 출신을 씀으로써 궁중의 일을 수월하고 질서가 있으며 쓸데없는 소문이 새어 나가지 않도록 함을 뜻함.

【親家】 친척의 집안.

【朝請】 천자를 뵙고 예를 올리는 것. 봄에 올리는 예를 '朝'라 하고, 가을에 올리는 예를 '請'이라 함.

【晨起及禽】 아침에 새들이 울 때 일어남.

【讀楚辭不竟賦誦過耳】 이 문장은 오류가 있음. '不竟'은 '尤善'의 오자이며 '賦誦'은 '賦頌'의 오자임. 그리고 '過耳'는 연문임. 《續漢書》에 "讀楚辭, 尤善賦頌, 疾其浮華"라 함.

【楚獄】 明帝 永平 13년(A.D.70) 楚王 劉英이 모반을 꾀하여 이에 연루된 수천 명이 죽음을 당한 사건.

【單辭】 한쪽만의 주장.

【覆冒】 모함하여 죄에 빠지게 함. 誣告와 같음.

【虎賁中郎】 관직 이름. 호분중랑장. 皇宮을 보위하는 수령으로 당시 馬皇后의 오빠 馬廖가 이 직책에 있었음.

【黃門侍郎】 황제를 수종하면서 조령을 전달하는 임무를 맡은 관직. 당시 마황후의 아우 馬防과 馬光 등이 이 직책에 종사하고 있었음.

【起居注】 황제의 언행을 기록한 문서. 《後漢書》皇后紀에 "自撰《顯宗起居注》"라 함. '起居'는 일상생활을 뜻함.

【舊典】《後漢書》皇后紀 李賢 주에 "漢制, 外戚以恩澤封侯, 故曰舊典也"라 함.

【舅氏】외삼촌. 여기서는 새로운 황제의 입장에서 본 마황후의 오빠와 아우를 가리킴.

【樞機】조정의 중요한 관직.《後漢書》皇后紀 李賢 주에 "樞機, 近要之官也"라 함.

【先帝】이 구절은 오류가 있음. 王照圓의《補注》에 "先帝下言字宜移于淮陽王之下, 屬下句讀之"라 함. 先帝는 명제를 가리킴. 諸王은 명제가 왕으로 봉한 여러 아들들. '財'는 '裁'로도 표기하며 뜻은 '纔'와 같으며 '겨우'(僅)의 뜻.

【楚王】광무제(劉秀)의 아들 楚王 劉英. 建武 15년(A.D.39) 楚公으로 봉해졌다가 17년 왕으로 승격되어 28년에 부임함. 楚나라는 彭城(지금의 江蘇 徐州)에 세웠던 제후국.

【淮陽王】《後漢書》皇后紀에는 "楚·淮陽諸國"으로 되어 있음. 역시 광무제의 아들 劉延을 말하며 건무 15년 淮陽公에서 17년 왕이 되었으며 28년 정식 부임하였음. 회양국은 陳(지금의 河南 淮陽縣)에 두었던 제후국. 이상《後漢書》光武十王傳 참조.

【光武帝】동한을 건국한 劉秀. 동한의 첫 황제. 南陽 蔡陽(지금의 湖北 棗陽縣 서북) 출신이며 漢 帝國 劉氏의 支族으로 西漢末 新莽의 학정에 봉기하여 建武 원년 황제를 칭하고 漢나라를 이어 洛陽에 도읍함. A.D.25~57년까지 33년간 재위함.《後漢書》光武帝紀 참조.

【陰氏】광무제의 황후 陰麗華.

【束脩】'束修'로도 쓰며 약속을 잘 지켜냄을 뜻함.

【濯龍】庭園 이름. 북궁 근처에 있었다 함.

【蒼頭】노복을 가리킴. 푸른 수건을 머리에 둘러 이렇게 불렀음.

【褠】'韝', '鞲'와 같음. 팔뚝을 묶는 띠.《後漢書》皇后紀 李賢 주에 "臂衣, 今之臂韝, 以縛左右手, 於事便也"라 함.

【郡國旣珍】여러 군국의 진귀한 물건들. 郡國은 군국제를 말하며, 周代에는 封建制를, 秦代에는 郡縣制를 실시한 것이 폐단이 있다하여 한나라 때부터는 절충한 제도임.

【城門越騎校尉】馬皇后의 아우인 城門校尉 馬防과 越騎校尉 馬光을 가리킴.

【成墳】梁端의《校注》에 "二字疑衍,《後漢書》無"라 함.

【廣平鉅鹿樂成王】廣平王 劉羨과 鉅鹿王 劉恭, 그리고 樂成王 劉黨을 가리킴. 모두 明帝의 아들들임.

【紺縞】감청색의 아름다운 비단.

【衎衎】和樂한 모습.

【章帝】孝章皇帝. 東漢 3대 황제인 章帝. 劉炟. 76~88년까지 13년 재위.

【惟此惠君】《詩經》大雅 桑柔의 구절.

참고 및 관련 자료

1. 《詩經》大雅 桑柔 →039 참조.

2. 《後漢書》皇后紀第十上(明德馬皇后)

明德馬皇后諱某, 伏波將軍援之小女也. 少喪父母. 兄客卿敏惠早夭, 母藺夫人悲傷發疾慌惚. 后時年十歲, 幹理家事, 勅制僮御, 內外諮稟, 事同成人. 初, 諸家莫知者, 後聞之, 咸歎異焉. 后嘗久疾, 太夫人令筮之, 筮者曰:「此女雖有患狀而當大貴, 兆不可言也.」後又呼相者使占諸女, 見后, 大驚曰:「我必爲此女稱臣. 然貴而少子, 若養它子者得力, 乃當踰於所生.」

初, 援征五溪蠻, 卒於師, 虎賁中郎將梁松・黃門侍郎竇固等因譖之, 由是家益失埶, 又數爲權貴所侵侮. 后從兄嚴不勝憂憤, 白太夫人絶竇氏婚, 求進女掖庭. 乃上書曰:「臣叔父援孤恩不報, 而妻子特獲恩全, 戴仰陛下, 爲天爲父. 人情既得不死, 便欲求福. 竊聞太子・諸王妃匹未備, 援有三女, 大者十五, 次者十四, 小者十三, 儀狀髮膚, 上中以上. 皆孝順小心, 婉靜有禮. 願下相工, 簡其可否. 如有萬一, 援不朽於黃泉矣. 又援姑姊妹並爲成帝婕妤, 葬於延陵, 臣嚴幸得蒙恩更生, 冀因緣先姑, 當充後宮.」由是選后入太子宮. 是年十三. 奉承陰后, 傍接同列, 禮則脩備, 上下安之. 遂見寵異, 常居後堂.

顯宗卽位, 以后爲貴人. 時后前母姊女賈氏亦以選入, 生肅宗. 帝以后無子, 命令養之, 謂曰:「人未必當自生子, 但患愛養不至耳.」后於是盡心撫育, 勞悴過於所生. 肅宗亦孝性淳篤, 恩性天至, 母子慈愛, 始終無纖介之間. 后常以皇嗣未廣, 每懷憂歎, 薦達左右, 若恐不及. 後宮有進見者, 每加慰納. 若數所寵引, 輒增隆遇. 永平三年春, 有司奏立長秋宮, 帝未有所言. 皇太后曰:「馬貴人德冠後宮, 卽其人也.」遂立爲皇后.

先時數日, 夢有小飛蟲無數赴著身, 又入皮膚中而復飛出. 既正位宮闈, 愈自謙肅. 身長七尺二寸, 方口, 美髮. 能誦《易》, 好讀《春秋》・《楚辭》, 尤善《周官》・董仲舒書. 常衣大練, 裙不加緣. 朔望諸姬主朝請, 望見后袍衣疎麤, 反以爲綺縠, 就視, 乃笑. 后辭曰:「此繒特宜染色, 故用之耳.」六宮莫不歎息. 帝嘗幸苑囿離宮, 后輒以風邪露霧爲戒, 辭意款備, 多見詳擇. 帝幸濯龍中, 並召諸才人, 下邳王已下皆在側, 請呼皇后. 帝笑曰:「是家志不好樂, 雖來無歡.」是以遊娛之事希嘗爲焉.

十五年, 帝案地圖, 將封皇子, 悉半諸國. 后見而言曰:「諸子裁食數縣, 於制不已儉乎?」帝曰:「我子豈宜與先帝子等乎? 歲給二千萬足矣.」時楚獄連年不斷, 囚相證引, 坐繫者甚衆, 后慮其多濫, 乘間言及, 惻然. 帝感悟之, 夜起仿偟, 爲思所納, 卒多有所降宥. 時諸將奏事及公卿較議難平者, 帝數以試后. 后輒分解趣理, 各得其情. 每於侍執之際, 輒言及政事, 多所毗補, 而未嘗以家私干. (故)欲寵敬日隆, 始終無衰.

及帝崩, 肅宗即位, 尊后曰皇太后. 諸貴人當徙居南宮, 太后感析別之懷, 各賜王赤綬, 加安車駟馬, 白越三千端, 雜帛二千匹, 黃金十斤. 自撰《顯宗起居注》, 削去兄防參醫藥事. 帝請曰:「黃門舅旦夕供養且一年, 旣無褒異, 又不錄勤勞, 無乃過乎!」太后曰:「吾不欲令後世聞先帝數親後宮之家, 故不著也.」

建初元年, 帝欲封諸舅, 太后不聽. 明年夏, 大旱, 言事者以爲不封外戚之故, 有司因此上奏, 宜依舊典. 太后詔曰:「凡言事者皆欲媚朕以要福耳. 昔王氏五侯同日俱封, 其時黃霧四塞, 不聞澍雨之應. 又田蚡·竇嬰, 寵貴橫恣, 傾覆之禍, 爲世所傳. 故先帝防愼舅氏, 不令在樞機之位. 諸子之封, 裁令半楚·淮陽諸國, 常謂『我子不當與先帝子等』. 今有司奈何欲以馬氏比陰氏乎! 吾爲天下母, 而身服大練, 食不求甘, 左右但著帛布, 無香薰之飾者, 欲身率下也. 以爲外親見之, 當傷心自勑, 但笑言太后素好儉. 前過濯龍門上, 見外家問起居者, 車如流水, 馬如游龍, 倉頭衣綠褠, 領袖正白, 顧視御者, 不及遠矣. 故不加譴怒, 但絕歲用而已, 冀以默愧其心, 而猶懈怠, 無憂國忘家之慮. 知臣莫若君, 況親屬乎? 吾豈可上負先帝之旨, 下虧先人之德, 重襲西京敗亡之禍哉!」固不許.

帝省詔悲歎, 復重請曰:「漢興, 舅氏之封侯, 猶皇子之爲王也. 太后誠存謙虛, 奈何令臣獨不加恩三舅乎? 且衛尉年尊, 兩校尉有大病, 如令不諱, 使臣長抱刻骨之恨. 宜及吉時, 不可稽留.」

太后報曰:「吾反覆念之, 思令兩善. 豈徒欲獲謙讓之名, 而使帝受不外施之嫌哉! 昔竇太后欲封王皇后之兄, 丞相條侯言受高祖約, 無軍功, 非劉氏不侯. 今馬氏無功於國, 豈得與陰·郭中興之后等邪? 常觀富貴之家, 祿位重疊, 猶再實之木, 其根必傷. 且人所以願封侯者, 欲上奉祭祀, 下求溫飽耳. 今祭祀則受四方之珍, 衣食則

蒙御府餘資, 斯豈不足, 而必當得一縣乎? 吾計之孰矣, 勿有疑也. 夫至孝之行,
安親爲上. 今數遭變異, 穀價數倍, 憂惶晝夜, 不安坐臥, 而欲先營外封, 違慈母之拳
拳乎! 吾素剛急, 有匈中氣, 不可不順也. 若陰陽調和, 邊境淸靜, 然後行子之志.
吾但當含飴弄孫, 不能復關政矣.」

時, 新平主家御者失火, 延及北閤後殿. 太后以爲己過, 起居不歡. 時當謁原陵, 自引
守備不愼, 惄見陵園, 遂不行. 初, 太夫人葬, 其墳微高, 太后以爲言, 兄廖等卽時
減削. 其外親有謙素義行者, 輒假借溫言, 賞以財位. 如有纖介, 則先見嚴恪之色,
然後加譴. 其美車服不軌法度者, 便絶屬籍, 遣歸田里. 廣平・鉅鹿・樂成王車騎
朴素, 無金銀之飾, 帝以白太后, 太后卽賜錢各五百萬. 於是內外從化, 被服如一,
諸家惶恐, 倍於永平時. 乃置織室, 蠶於濯龍中, 數往親視, 以爲娛樂. 常與帝旦夕
言道政事, 及教授諸小王, 論議經書, 述敍平生, 雍和終日.

四年, 天下豐稔, 方垂無事, 帝遂封三舅廖・防・光爲列侯. 並辭讓, 願就關內侯.
太后聞之, 曰:「聖人設教, 各有其方, 知人情性莫能齊也. 吾少壯時, 但慕竹帛,
志不顧命. 今雖已老, 而復『戒之在得』, 故日夜惕厲, 思自降損. 居不求安, 食不
念飽. 冀乘此道, 不負先帝. 所以化導兄弟, 共同斯志, 欲令瞑目之日, 無所復恨.
何意老志復不從哉? 萬年之日長恨矣!」廖等不得已, 受封爵而退位歸第焉.

太后其年寢疾, 不信巫祝小醫, 數勅絶禱祀. 至六月, 崩. 在位二十三年, 年四十餘.
合葬顯節陵.

3.《蒙求》(115) 馬后大練

後漢, 明德馬皇后, 伏波將軍援小女. 年十歲幹理家事, 同成人. 嘗久疾. 太夫人令
筮之, 筮者曰:「此女雖久疾, 後當大貴. 兆不可言.」後又呼相者, 使占諸女. 見后
大驚曰:「我必爲此女稱臣.」後選入宮, 顯宗卽位, 以爲貴人. 時賈氏生肅宗. 帝命
令養之謂:「女人未必當自生子. 但患愛子不至耳.」后盡心撫育, 過於所生. 肅宗
亦孝性淳篤, 恩情天至. 母子慈愛, 無纖介之間. 有司奏立長秋宮, 帝未有所言, 皇太
后曰:「馬貴人德冠後宮. 卽其人也.」遂立爲皇后. 卽正位宮闈, 愈自謙肅. 能誦
《易經》, 好讀《春秋》・〈楚辭〉, 尤善《周官》・董仲舒書. 常衣大練, 裙不加緣.

124(8-20) 梁夫人嫕 辯通
양송의 딸 양예

양부인梁夫人 예嫕는 양송梁竦의 딸이며 번조樊調의 아내요, 한漢나라 효화황제孝和皇帝의 이모이며, 공회황후恭懷皇后의 언니이다.

처음, 공회황후가 선발되어 후궁 액정掖庭으로 들어가 장제章帝를 모셔 총애를 입어 아들 화제를 낳았으며 그가 태자가 되었다. 그러자 두태후竇太后가 그 태자를 친자식처럼 길렀다.

화제가 태어났을 때 양씨 집안에서는 즐거워 서로 기뻐하며 경축하였다. 이 일이 두태후에게 알려지자, 두태후는 교만하고 방자하며 게다가 오직 다른 외척들을 해칠 뜻을 가지고 있던 터라 이에 양씨 집안을 무고하고 모함하였다.

당시 양송은 자신의 고향 안정군安定郡에 있었는데 조서를 내려 이를 잡아다 죽이고 그 가족을 모두 멀리 구진九眞으로 유배를 보내 버렸다.

뒤에 화제가 들어서고 두태후도 죽었으며 두씨竇氏 집안도 죄와 악행을 저지른 일이 드러나 모두 주살되거나 추방되었다.

양부인예(梁夫人嫕)

그러자 민간에서 살아남은 예가 임금에게 글을 올려 이렇게 사실을 호소하였다.

"저의 친 여동생 양귀인은 지난날 후궁에 충원되어, 선제의 두터운 은혜를 입고 총애를 입어 황천이 명을 주어 명성한 황제를 낳아 그 몸이 폐하에게 의탁된 것입니다. 그런데 두헌竇憲 남매의 참소를 입어 결국 집안이 모두 깨어지고 말았습니다. 저의 아버지 양송은 억울하게 옥에서 죽어 그 유체나 뼈조차 거두지 못하였습니다. 그리고 늙은 어머니와 고아가 된 아우는 만리나 먼 곳으로 유배를 가 있습니다. 오직 저만은 몸이 살아나 초야에 묻혀 숨어 살아왔으나, 그 와중에도 일찍이 제 목숨까지도 사라지리라 걱정하여 스스로 말씀을 올릴 수도 없었습니다. 지금 저는 폐하의 신성한 덕이 세상 모든 것을 남통攬統하시고, 두헌 형제의 간악함도 주벌을 받음으로써 해내海內가 개명해졌고, 사람마다 각기 자신의 직무를 얻는 시대를 만났습니다. 저는 다행히 이러한 시대까지 살아남아 눈을 부비고 다시 보아 감히 죽음을 무릅쓰고 스스로 진술합니다. 아버지는 이미 돌아가셨으니 다시 살아날 수 없으나 어머니는 이미 연세가 일흔이 되셨고, 아우 당業 등은 멀리 절역絶域에 있어 생사조차 알 수 없습니다. 원컨대 어머니와 아우가 고향의 안정군으로 돌아와 아버지 송竦의 마른 뼈라도 거두어 장례를 치를 수 있도록 해 주시옵소서. 제가 듣건대 문제文帝께서 즉위하심에 박씨薄氏, 薄姬가 누명을 벗을 수 있었고, 선제宣帝가 제위를 이으심에 사씨史氏, 史良娣 집안이 다시 일어섰다 하더이다. 저는 스스로 이미 박희와 사량제의 친척과 같은 관계가 있음에도 홀로 외척으로서의 남은 은혜조차도 입지 못함을 슬피 여기고 있습니다."

상서가 올라가자 천자는 감탄하며 깊이 깨달아, 중상시中常侍와 액정령掖庭令으로 하여금 교차 신문토록 하여 사건을 명확하게 알게 되었다. 그리하여 예를 인견하자 그는 임금을 대하고 눈물을 흘렸다. 임금은 그에게 의로운 누이라 칭찬하였다.

예는 이미 본래 절의 있게 행동을 하였고, 게다가 이 일을 처음으로 건의하여 화제는 그를 가상히 여겨 총애하며 양부인梁夫人이라 칭하였다. 그리고 예의 남편 번조를 낭중郎中으로 삼았다가 다시 우림랑장羽林郎將으로 승격시켜 주었다.

공회황후는 드디어 승광궁承光宮에 빈소를 고쳐 차리고, 서릉西陵에 장례를 치른 다음 양송에게는 포친민후褒親愍侯라는 시호를 추서하였다. 아울러 예의 어머니와 아우 등을 불러 이들이 다다르자, 모두 후侯로 봉하고 5천 호의 식읍을 내렸다.

군자가 말하였다.

"양부인은 슬픈 말로 집안일을 설명하여 당시 황제를 감동시켰다. 그리하여 아버지의 영혼을 영광스럽게 하고 어머니를 만 리 먼 곳으로부터 귀환시켰다. 그리하여 가문을 세 제후국을 여는 복으로 삼아 천자로 하여금 어머니에 대한 예를 성취시키도록 하였다."

《시詩》에 "대대로 섬기어 빛나는 공적, 일마다 삼가고 또 삼가며, 뛰어난 인재들 많기도 하지. 구름처럼 이 나라에 태어났도다"라 하였으니 이와 같은 경우를 두고 한 말이다.

梁夫人嫕者, 梁竦之女, 樊調之妻, 漢孝和皇帝之姨, 恭懷皇后之同産姊也.

初, 恭懷后以選入掖庭, 進御於孝章皇帝, 有寵, 生和帝, 立爲太子, 竇后母養焉. 和帝之生, 梁氏喜相慶賀, 聞竇后, 竇后驕恣, 欲專恣害外家, 乃誣譖梁氏.

時竦在本郡安定, 詔書收殺之, 家屬移九眞.

後和帝立, 竇后崩. 諸竇以罪惡誅放.

嫕從民間上書自訟曰:「妾同産女弟貴人前充後宮, 蒙先帝厚恩, 得見寵幸, 皇天授命, 育生明聖, 託體陛下. 爲竇憲兄弟所譖訴而破亡. 父竦冤死牢獄, 體骨不掩. 老母孤弟, 遠徙萬里.

獨妾脫身, 竄伏草野, 嘗恐沒命, 無由自達. 今遭陛下神聖之德,
攬統萬幾; 憲兄弟姦惡伏誅, 海內曠然, 各得其所. 妾幸蘇息,
拭目更視, 敢昧死自陳. 父旣湮沒, 不可復生; 母垂年七十, 弟棠
等遠在絶域, 不知死生, 願乞母弟還本郡, 收葬竦枯骨. 妾聞文
帝卽位, 薄氏蒙達, 宣帝繼統, 史氏復興, 妾自悲旣有薄史之親,
獨不得蒙外戚餘恩.」

　章疏上, 天子感悟, 使中常侍·掖庭令雜訊問, 知事明審.
引見嬺, 對上泣涕, 賞賜義姊.

　嬺旣素有節行, 又首建此事, 上嘉寵之, 稱梁夫人. 擢嬺夫樊調
爲郎中, 遷羽林郎將. 恭懷后遂乃改殯於承光宮, 葬西陵. 追諡
竦爲褒親愍侯. 徵還母及弟等, 及旣到, 皆封侯, 食邑五千戶.

　君子謂:「梁夫人以哀辭發家, 開悟時主, 榮父之魂, 還母萬里.
爲家門開三國之祚, 使天子成母子之禮.」

　詩云:『世之不顯, 厥猶翼翼, 思皇多士, 生此王國.』此之謂也.

【梁竦】 자는 叔敬. 東漢 安定 烏氏(지금의 甘肅 平涼縣 서북) 사람으로 독서를
좋아하여《七序》를 남김. 그의 두 딸이 입궁하여 貴人이 되었으며 小貴人이
和帝를 낳음. 뒤에 竇后의 미움을 받아 두 귀인은 피살되고 양송 역시 옥사함.
화제가 즉위하여 褒親愍侯로 추봉함.《後漢書》梁統傳 참조.
【樊調】 동한 南陽 사람으로 光武帝 외삼촌이었던 樊宏의 증손.
【孝和皇帝】 동한 4대 황제인 和帝. 이름은 劉肇. 89~105년까지 17년간 재위.
【恭懷皇后】 동한 章帝의 황후이며 和帝의 어머니. 양송의 딸.
【孝章皇帝】 동한 3대 황제인 章帝. 劉炟. 76~88년까지 13년간 재위.
【竇后】 章帝의 황후. 竇太后. 竇憲의 여동생으로 장제의 태후가 됨. 질투심이
많아 결국 공회황후를 시기하고 질투함.
【九眞】 군 이름. 지금의 越南 북부 지역.

【竇憲】 자는 伯度. 동한 扶風 平陵(지금의 陝西 咸陽 서북) 사람으로 竇后의 오빠.
章帝가 죽고 和帝가 즉위하자 조정을 휘둘렀음. 일찍이 흉노 토벌에 공이 있어
燕然山까지 다녀와 大將軍에 올랐으며 뒤에 두씨 일족이 주살되자 자살함.
《後漢書》竇融傳 참조.
【蘇息】 소생하여 살아남을 뜻함.
【文帝】 文帝가 즉위하자 薄姬를 皇太后로 추존한 사건을 말함.《漢書》文帝紀
참조. 文帝는 서한 3대 황제 劉恒. 漢 高祖(劉邦)의 姬였던 薄姬 소생이었음.
【宣帝繼統】 宣帝는 西漢 7대 황제 劉詢. 그가 태어나자 어머니 王夫人이 죽어
史良娣의 어머니 貞君이 길렀음. 선제가 황제에 오르자 사량제의 오빠 史恭의
세 아들을 봉하여 은혜를 갚음.《漢書》宣帝紀 참조.
【中常侍】 관직 이름. 황제를 시중들며 법령과 문서를 전달하고 관리함. 동한
때는 주로 환관이 이 일을 맡았으며 권력이 지대하였음.
【掖庭令】 '掖庭'은 후궁을 뜻함. 후궁의 일을 총괄하여 관장하는 사람으로 그
때의 사건을 소상히 알고 있는 관리.
【三國之祚】 和帝가 梁竦의 아들 梁棠을 樂平侯로, 梁雍을 乘氏侯로, 梁翟을
單父侯로 봉한 일을 말함.
【世之不顯】《詩經》大雅 文王의 구절. '不顯'은 '丕顯'과 같음.

참고 및 관련 자료

1.《詩經》大雅 文王 →009 참조.

2.《後漢書》梁統傳

永元九年, 竇太后崩, 松子扈遣從兄禪奏記三府, 以爲漢家舊典, 崇貴母氏, 而梁
貴人親育聖躬, 不蒙尊號, 求得申議. 太尉張酺引禪訊問事理, 會後召見, 因白禪
奏記之狀. 帝感慟良久, 曰:
「於君意若何?」酺對曰:「春秋之義, 母以子貴. 漢興以來, 母氏莫不隆顯, 臣愚以爲
宜上尊號, 追慰聖靈, 存錄諸舅, 以明親親.」帝悲泣曰:「非君孰爲朕思之!」會貴人
姊南陽樊調妻嫕上書自訟曰:「妾同産女弟貴人, 前充後宮, 蒙先帝厚恩, 得見寵幸.
皇天授命, 誕生聖明. 而爲竇憲兄弟所見譖訴, 使妾父竦冤死牢獄, 骸骨不掩. 老母
孤弟, 遠徙萬里. 獨妾遺脫, 逸伏草野, 常恐沒命, 無由自達. 今遭値陛下神聖之運,

親統萬機, 羣物得所. 憲兄弟姦惡, 旣伏辜誅, 海內
曠然, 各獲其宜. 妾得蘇息, 拭目更視, 乃敢昧死自
陳所天. 妾聞太宗卽位, 薄氏蒙榮; 宣帝繼統, 史族
復興. 妾門雖有薄·史之親, 獨無外戚餘恩, 誠自
悼傷. 妾父旣冤, 不可復生, 母氏年殊七十, 及弟
棠等, 遠在絶域, 不知死生. 願乞收竦朽骨, 使母
弟得歸本郡, 則施過天地, 存歿幸賴.」

帝覽章感悟, 乃下中常侍·掖庭令驗問之, 嬺辭
證明審, 遂得引見, 具陳其狀. 乃留嬺止宮中, 連月
乃出, 賞賜衣被錢帛第宅奴婢, 旬月之間, 累資
千萬. 嬺素有行操, 帝益愛之, 加號梁夫人; 擢樊
調爲羽林左監. 調, 光祿大夫宏兄曾孫也.

於是追尊恭懷皇后. 其冬, 制詔三公·大鴻臚曰:
「夫孝莫大於尊尊親親, 其義一也. 詩云:『父兮
生我, 母兮鞠我, 撫我畜我, 長我育我, 顧我復我,
出入腹我. 欲報之德, 昊天罔極.』朕不敢興事,

覽于前世, 太宗·中宗, 寔有舊典, 追命外祖, 以篤親親. 其追封謚皇太后父竦爲褒親
愍侯, 比靈文·順成·恩成侯. 魂而有靈, 嘉斯寵榮, 好爵顯服, 以慰母心.」遣中謁者與
嬺及虎, 備禮西迎竦喪, 詣京師改殯, 賜東園畫棺·玉匣·衣衾, 建塋於恭懷皇后陵傍.
帝親臨送葬, 百官畢會.

徵還竦妻子, 封子棠爲樂平侯, 棠弟雍乘氏侯, 雍弟翟單父侯, 邑各五千戶, 位皆
特進, 賞賜第宅奴婢車馬兵弩什物以巨萬計, 寵遇光於當世. 諸梁內外以親疏並
補郎·謁者.

棠官至大鴻臚, 雍少府. 棠卒, 子安國嗣, 延光中爲侍中, 有罪免官, 諸梁爲郎吏者
皆坐免.

부 록

《列女傳》 관련 序文 및 題跋 등

《列女傳》 관련 序文 및 題跋 등

1. 御製《古列女傳》序 ································ 乾隆皇帝

劉向列女傳, 宋嘉定間, 閩中所刊圖書, 並列殆古遺製大, 內有顧愷
之女史箴. 圖旁書箴文, 卽董其昌所刻入鴻堂. 帖者不知蘇子容所見
列女傳, 畫爲墨跡耶抑刻本也. 乾隆甲子秋九月.

2.《古列女傳》提要 ·················· 四庫全書 文淵閣本 史部(七),
傳記類(三), 總錄之屬

臣等謹案古列女傳七卷續一卷列女傳, 漢劉向撰. 向字子政, 本名更生,
楚元王之後, 以父任爲輦郎歷中壘校尉, 事蹟具漢書本傳. 漢書藝文志
儒家類傳向所序六十七篇. 注曰: 新序, 說苑, 世說, 列女傳頌圖也. 隋書
經籍志雜傳類載列女傳十五卷. 註曰: 劉向撰曹大家注. 其書屢經傳寫
至宋代已非復古本. 故曾鞏序錄稱曹大家所注離其七篇爲十四, 與頌義
凡十五篇. 而益以陳嬰母及東漢以來凡十六事, 非向本書然也. 嘉祐中集
賢校理蘇頌始以頌義篇次復定. 其書爲八篇, 與十五篇者, 並藏於館閣.
是鞏校錄時已有二本也. 又王回序曰: 此書有母儀, 賢明, 仁智, 貞節,
愼義, 辨通, 孽嬖等目, 而各頌其義, 圖其狀. 總爲卒篇. 傳與太史公記頌,
如詩之四言而圖爲屏風, 然世所行向書乃分傳每篇上下, 併頌爲十五卷,
其十二卷, 無頌三傳, 同時人五傳. 其後人通題曰向撰, 題其頌曰向子歆撰.
與漢史不合, 故崇文總目以陳嬰母等十六傳爲後人所附. 予以頌考之,
每篇皆十五傳耳, 則凡無頌者, 宜皆非向所奏. 書不特自陳嬰母爲斷也.
向所序書多散亡, 獨此幸存, 而復爲他手所亂. 故併錄其目而以頌證之.
刪爲八篇, 號古列女傳. 餘十二傳, 其文亦奧雅可喜, 故又以時次之, 別爲
一篇, 號續列女傳. 又稱直秘閣呂縉叔集賢校理蘇子容, 象山令林次中,
各言嘗見, 母儀賢明四傳於江南人家, 其書爲古佩服而各題其頌像側,
是回所見一本所聞一本所刪定, 又一本也.

錢曾讀書敏求記曰: 此本始於有虞二妃至趙悼后號古列女傳, 周郊婦
人至東漢梁嬺等, 以時次之, 別爲一篇, 號續列女傳. 頌義大序列於目錄,
前小序七篇散見目錄, 中間頌見各人傳後, 而傳各有圖. 卷首標題晉大
司馬參軍顧愷之圖畫, 蘇子容嘗見江南人家舊本, 其畫爲古佩服, 各題
其頌像側者, 與此恰相符, 合定爲古本無疑云云. 此本卽曾家舊物, 題識
印記並存, 驗其板式紙色, 確爲宋槧, 誠希覯之珍笈. 惟蘇頌等所見江南本,

在王回刪定以前, 而此本八篇之數, 與回本合古列女傳・續列女傳之目, 亦與回本合, 卽嘉祐八年回所重編之本, 曾據以爲江南舊本, 則稍失之耳. 其頌本向所作, 曾鞏及回所言不誤, 而晁公武讀書志, 乃執隋志之文, 試其誤信顔籀之註, 不知漢志舊註凡稱師古曰者, 乃籀註其不題姓氏者, 皆班固之自註, 以頌圖屬向, 乃固說非籀說也. 考顔氏家訓稱列女傳劉向所造, 其子歆又作頌, 是訛傳. 頌爲歆作, 始於六朝, 修隋志時去之. 推僅四五十年襲其誤耳. 豈可遽以駁漢書乎? 續傳一卷, 曾鞏以爲班昭作, 其說無證, 特以意爲之晁公武竟以爲項原作, 舛謬彌甚. 隋志載項原列女後傳十卷, 非一卷也. 必牽引旁文, 曲相符會則隋志又有趙母註列女傳七卷, 高氏列女傳八卷, 皇甫謐列女傳六卷, 綦母邃列女傳七卷. 又有曹植列女傳頌一卷, 繆襲列女讚一卷將續傳亦可牽爲趙母等, 頌亦可牽爲曹植等矣. 又豈止劉歆・班昭・項原乎? 今前七卷及頌題向名, 續傳一卷則不署撰人, 庶幾核其實而闕所疑焉.

乾隆四十六年十一月恭校上.

總纂官臣紀昀, 臣陸錫熊, 臣孫士毅. 總校官臣陸費墀.

3. 四庫全書總目解題《古列女傳》三卷 兩江總督採進本.

明解縉等奉敕撰. 先是明洪武中, 孝慈高皇后每聽女史讀書至列女傳, 謂宜加討論. 因請太祖命儒臣考訂, 未就. 永樂元年, 成祖既追上高皇后尊諡冊寶, 仁孝皇后因復以此書爲言. 遂命縉及黃淮, 胡廣, 胡儼, 楊榮, 金幼孜, 楊士奇, 王洪, 蔣驥, 沈度等同加編輯. 書成上進, 帝自製序文, 刊印頒行. 上卷皆歷代后妃, 中卷諸侯大夫妻. 下卷士庶人妻. 時仁孝皇后又作貞烈事實, 以闡幽顯微, 頗留意於風教. 故諸臣編輯是書. 稍爲經意, 不似五經四書大全之潦草, 所錄事蹟, 起自有虞, 迄於元明. 漢以前多本之劉向書, 後代則略取各史列女傳, 而以明初人附益之, 去取頗見審慎, 蓋在明代官書之中, 猶爲善本. 此本爲秀水項元汴家所藏, 猶明內府初刊之版. 黃虞稷千頃堂書目, 稱此書成於永樂元年十二月. 今考成祖御製序, 實題九月朔旦, 知虞稷未見原書, 僅據傳聞著錄矣.

劉向列女傳有頌有圖, 據漢書藝文志, 當是九篇: 傳七篇, 頌一篇, 圖一篇.
本傳言八篇者, 圖不數也. 漢班昭, 馬融, 魏虞韙妻, 趙晉, 綦母邃皆爲
之注, 今竝不傳. 此書自北齊顏之推作家訓時, 已有羼入, 宋蘇頌, 王回遂
各以己意更定篇次. 蔡驥復散頌入傳, 而劉氏之舊久不可考見矣. 世所
傳者, 以建安余氏本爲最古. 母儀止十四傳蓋闕, 其一又佚去頌義·大序.
且唐宋人所援引, 今本亦往往誤奪羼亂譌謬. 古書之阨莫此爲甚. 室人
梁端幼從其大父淸白翁受是書, 略通大義, 時元和顧之逵重刊. 余本翁復
爲審定, 端輒臚其同異, 退而筆之, 翁見之哂曰:「汝欲爲班趙之業耶?」
遂益爲之折衷. 端讀書犏明義例, 其淵源有自也. 歲辛未歸余侍養重闈,
動如禮纏, 閨門雍睦, 內外無間, 言蓋能不負所習者. 刀尺之暇, 恆手是編
不置, 每獲一義, 輒共余商榷. 余亦時擧所聞益之. 乙酉六月子曾撰, 生而
端沒. 余哭之慟, 殘編賸墨, 鐍置篋中, 不忍復啓視, 今忽忽十稔矣. 懼是
書之終無善本, 而端之各與身沒也. 遂更爲之整比, 條分件繫, 三月而畢.
前賢時彥, 竝載其說, 題姓名以識之. 嗟乎! 余與端倡隨十有五載, 回憶
燒燭, 檢書簹香校帖閨房之樂. 仿彿靜治堂故事. 忽焉中祖喪, 此佳偶形
單影隻, 能勿神傷, 雖然, 端不幸前死而得後死者, 敎育子女, 且爲之刊其
書以傳. 不可謂非端之厚幸也已. 道光癸巳立秋日, 借閒漫士, 汪遠孫識
於觀馴齋.

5. 列女傳序 .... 梁德繩

　　關雎爲風始, 易家人卦彖辭曰:「利女貞化起於閨門.」此漢劉子政列女傳八篇, 所由昉也. 班昭·馬融輩爲之注, 蓋此傳爲風化之原, 誠鄭重之也. 余伯兄曜北置之案頭, 以備覽觀, 暇時爲諸姑姊妹講說, 姪孫女端伯兄之長孫女, 汪遠孫孝廉之室也, 自幼沈靜寡言. 笑伯兄篤愛之, 名之曰:「端少長敎之讀, 能通大義.」時竊覘父書, 尤好此傳, 伯兄謂曰:「汝亦好此乎?」爲之講解, 輒能領悟. 余亦得與聞, 緒論或擧古人評, 驚之深相契然. 用心之專壹, 余萬不及端. 歲辛未媵於汪奉章, 姑莊鴻案事, 上接下動循禮法. 平陽稱爲女宗家政, 稍暇輒手是編. 或籤鐙瀏覽, 直至夜分久之心. 悟爰爲之注釋. 時與孝廉參酌字句間, 略加增損, 哀然成帙, 棄之篋中, 不輕示人. 然用是心, 氣沖耗以娩亡孝廉, 慟絶十餘稔, 不忍啓篋. 今年秋深懼是書是人之俱亡也. 將付梓垂爲家範, 以永其傳, 乞序於余, 余雖不敏與端爲知己, 敬之重之, 爰樂爲之序, 至此傳歷漢晉唐宋, 千餘年間, 存亡訛舛, 以及篇帙至繁簡, 卷數之分合, 或又以爲向子歆所作, 諸說紛紜, 備詳舊序, 玆不贅云. 錢唐梁德繩楚生氏譔.

6. 古列女傳序 .... 曾鞏

古列女傳八篇, 劉向所序也. 向爲漢成帝光祿大夫, 當趙后姊娣嬖寵時, 奏此書以諷宮中, 其文美刺, 詩書已來, 女德善惡, 繫於家國治亂之效者. 故有母儀・賢明・仁智・貞愼・節義・辯通・孽嬖等篇, 而各頌其義, 圖其像, 總爲卒篇. 傳如太史公記, 頌如詩之四言, 以圖爲屏風云.

然世所行班氏注向書, 乃分傳每篇上下幷頌爲十五卷, 其十已傳無頌, 三傳其同時人, 五傳其後人, 而通題曰向撰: 題其頌曰向子歆譔. 與漢史不合. 故崇文總目以陳嬰母等十六傳爲後人所附. 予以頌攷之, 每篇皆十五傳耳, 則凡無頌者, 宜皆非向所奏, 書不特自陳嬰母爲斷也. 頌有齊倉公女等, 亦漢時人, 而秦已上女史見於他書, 而此顧不錄者, 猶衆亦不特周郊婦等四人而已. 頌云畫之屏風, 而史有頌圖在八篇中, 今直秘閣呂縉叔・集賢校理蘇子容・象山令林次中, 各言嘗見母儀・賢明四卷於江南人家, 其畫爲古佩服, 而各題其頌像側. 然崇文及三君北游諸藏書家, 皆無此本, 不知其傳果向之頌圖歟? 抑後好事者, 據其頌取古佩服而圖之歟? 莫得而攷已. 余讀向書, 每愛其文, 嘉其志, 而惜其所序散亡脫繆, 於千歲之間, 幸存而完者, 此一書耳. 後爲他手竄, 疑於其眞. 故幷錄其目, 而以頌證之, 刪爲八篇, 號古列女傳. 蓋凡以列女各書者, 皆祖之劉氏故云. 餘二十傳, 其文亦奧雅可喜, 非魏晉諸史所能作也. 故又自周郊婦至東漢梁嫕等以時次之, 別爲一篇, 號續列女傳.

余友介甫嘗譴余曰: 「子政述諸狂女而成書, 證其君迂哉! 其所學也, 子何區區喜治之耶?」余以謂: 「先王之俗旣熄, 學士大夫誦詩書・脩仁義・進取當路之功, 有卓犖顯赫, 若不可攀者, 試窮其迹, 其不槪於聖人多矣. 然聖人之道, 亦未嘗廢狂狷也. 況女子哉! 且其所列其惡者, 固足以垂家國之戒. 狂者, 雖未中禮義, 而壹志於善行, 成於房闥, 使其皆遭先王之俗, 追琢其質, 而充其美, 自家形國, 則雖列於賢妃治臣, 著之詩書可也. 余是博極群書, 而此傳稱詩茉苢・柏舟・大車之類, 與今序詩者

之說, 尤乖異, 蓋不可考至於式微之一篇, 又以謂二人之作, 豈其所取者,
博故不能無失歟! 其言象計謀殺舜及舜所以可脫者, 頗合於孟子, 然此
傳或有之, 而孟子所不道者, 蓋亦不足道也. 凡後世諸儒之言, 經傳者,
固多如此, 覽者采其有補而擇其是非可也. 故爲之敍論以發其端云爾.」
編校館閣書籍臣曾鞏序.

劉向所敍列女傳, 凡八篇, 事具漢書向列傳, 而隋書及崇文總目皆稱向列女傳十五篇, 曹大家注, 以頌義攷之, 蓋大家所注, 離其七篇爲十四與頌義凡十五篇, 而益以陳嬰母及東漢以來凡十六事, 非向書本然也. 蓋向舊書之亡久矣. 嘉祐中集賢校理蘇頌, 始以頌義篇次復定, 其書爲八篇, 與十五篇並藏於館閣, 而隋書以頌義爲劉歆作, 與向列傳不合. 今驗頌義之文, 蓋向之自敍. 又執文志有向列女傳頌圖, 明非歆作也. 自唐之亂, 古書之在者少矣, 而唐志錄列女傳凡十六家, 至大家注十五篇者, 亦無錄, 然其書今在, 則古或有錄而亡, 或無錄而在者, 亦衆矣. 非可惜哉! 今校讎其八篇及十五篇者, 已定可繕寫, 初漢承秦之敝, 風俗已大壞矣. 而成帝後宮趙衛之屬尤自放. 向以謂王政必自內始, 故列古女善惡, 所以致興亡者, 以戒天子, 此向述作之大意也. 其言大任之娠文王也, 目不視惡色, 耳不聽淫聲, 口不出敖言. 又以謂古之人胎教者, 皆如此. 夫能正其視聽言動者, 此大人之事, 而有道之所畏也. 顧令天下之女子能之何其盛也! 以臣所聞, 蓋爲之師傅保姆之助, 詩書圖史之戒, 珩璜琚瑀之節, 威儀動作之度, 其教之者, 有此具然. 古之君子未嘗不以身化也. 故家人之義歸於反身, 二南之業本於文王, 豈自外至哉! 世皆知文王之所以興, 能得內助而不知其所以然者. 蓋本於文王之躬化. 故內則后妃有關雎之行, 外則群臣有二南之美, 與之相成, 其推而及遠則商辛之昏, 俗江漢之小國. 冤置之野人莫不好善, 而不自知此所謂身脩, 故家國天下治者也. 後世自學問之士, 多徇於外物而不安其守, 其室家旣不見可法, 故競於邪侈, 豈獨無相成之道哉! 士之苟於自恕, 顧利冒恥而不知反己者, 往往以家自累故也. 故曰身不行道・不行於妻子, 信哉! 如此人者, 非素處顯也. 然去二南之風, 亦已遠矣, 況於南鄉天下之主哉! 向之所述勸戒之意, 可謂篤矣. 然向號以閔其不幸而與向之舉於其君, 固有直諒多聞之益也. 竊明而存之, 以告後世君子何尤焉? 嘉祐八年九月二十八日 長樂王回序幷撰.

8. 四部刊要本〈小序〉按言

謹按列女傳頌義大序小序及頌, 或者皆以爲劉向子劉歆作, 考之隋書崇文總目及本朝曾校書序, 則非歆作明矣. 然崇文總目則以續二十傳無頌, 附入向七篇中, 分上下爲一十四篇, 幷傳頌一篇, 共成一十五篇. 今人則以向所撰列女傳七篇幷續列女傳二十傳爲一篇, 共八篇. 今止依此將頌義大序列于目錄前. 小序七篇散見目錄中間, 頌見各人傳後, 觀者宜詳察焉.

9.〈續列女傳〉解義 ……………… 清 潘介繁(四部刊要本)

此八篇爲錢唐王小米, 年丈正室梁孺人所校釋, 刻于振綺堂者. 音義
並述鑱削, 精好庚辛寇至, 書板損佚世尟傳本, 會其從子曾唯與余同官
鄂州, 得見初印本, 循誦不釋, 因商刺劌之資補刊, 旣畢, 殺靑斯竟乃
序曰:「更生成頌見于漢宣之世, 賢妃·貞婦, 興國顯家, 及孽嬖亂萌, 咸爲
採取, 以資法戒. 宣城史傳, 實踵斯志, 厥怊微已, 於時內戚柄國, 宮壺失職,
淄蠹傾輖, 靡有稱述, 炎靈中興, 女后御政. 於是扶風曹惠班之屬, 校讎
中秘, 用始脩明, 掇其要略, 衍爲七誡, 授之郡生, 垂爲世典. 建元之初,
稱盛治焉. 夫二南之化, 罔閒於崇, 夷家人之䌷, 利貞於上下, 古者女史
記言, 動阿保, 陳得失, 至於縢婢乳媼類, 能通㘙經義其所習然也. 陰陽
合德性情與媲風俗, 隨之可不重與! 更生以賅博之詣, 表徽美之業. 扶風
顯於六后相承之朝, 夫人闓於嬋族, 貴盛之日, 齊治之蘊, 殆將一揆. 予與
子用, 躬際明聖, 家國之責, 身焉係之. 用是延其墜緒, 述於終篇, 有識者
覽焉. 若夫左史之佚·浮邱之作, 亦箋注訓詁者之所尙也. 光緒元年冬
吳縣潘介繁譔.

10. 《顔氏家訓》 書證篇 ……………………… 北齊 顔之推

　《列女傳》, 亦向所造, 其子歆又作頌, 終于趙悼后, 而《傳》有更始韓
夫人·明德馬后及梁夫人嫕: 皆由後人所羼, 非本文也.

임동석(茁浦 林東錫)

1949년생. 慶北 榮州 上茁에서 출생. 忠北 丹陽 德尙골에서 성장. 丹陽初中 졸업.
京東高 서울教大 國際大 建國大 대학원 졸업. 雨田 辛鎬烈 선생에게 漢學 배움. 臺灣
國立臺灣師範大學 國文硏究所(大學院) 博士班 졸업. 中華民國 國家文學博士(1983).
建國大學校 教授. 文科大學長 역임. 成均館大 延世大 高麗大 外國語大 서울대 등
大學院 강의. 韓國中國言語學會 中國語文學硏究會 韓國中語中文學會 會長 역임. 저서에
《朝鮮譯學考》(中文)《中國學術槪論》《中韓對比語文論》, 편역서에《수레를 밀기 위해
내린 사람들》《栗谷先生詩文選》. 역서에《漢語音韻學講義》《廣開土王碑硏究》《東北
民族源流》《龍鳳文化源流》《論語心得》〈漢語雙聲疊韻硏究〉등 학술 논문 50여 편.

임동석중국사상100

열녀전列女傳

劉向 撰 / 林東錫 譯註
1판 1쇄 발행/2009년 12월 12일
발행인 고정일
발행처 동서문화사
창업 1956. 12. 12. 등록 16-3799(윤)
서울강남구신사동540-22 ☎546-0331~6 (FAX)545-0331
www.epascal.co.kr
잘못 만들어진 책은 바꾸어 드립니다.

*

*

사업자등록번호 211-87-75330
ISBN 978-89-497-0604-7 04080
ISBN 978-89-497-0542-2 (세트)